AU NOM DE DIEU

DAVID A. YALLOP

AU NOM DE DIEU

Traduit de l'anglais
par Claude Gilbert

CHRISTIAN BOURGOIS ÉDITEUR
8, rue Garancière - Paris VIe

ISBN 2-267-00381-3

A la mémoire de ma mère, Una Norah Stanton, pour les années écoulées — et pour Fletcher et Lucy, enfants de l'amour des années heureuses.

PRÉFACE

Ce livre, produit de bientôt trois années de recherches intensives, n'aurait pas vu le jour sans l'aide et la coopération actives de nombreuses personnes et organisations. Une très grande partie d'entre elles ont accepté de m'aider à la condition expresse que le public ne pourrait pas les identifier. Comme pour les livres précédents que j'ai écrits dans des circonstances semblables, je respecterai leurs souhaits. En l'occurrence, la protection de leur identité est encore plus nécessaire. Ainsi que le lecteur s'en rendra compte, l'assassinat accompagne fréquemment les événements ici rapportés. Ces assassinats restent, dans une très large mesure, officiellement non résolus. Personne ne devrait douter que les individus responsables de ces morts ont les moyens de tuer encore. Révéler les noms des femmes et des hommes qui m'ont apporté une aide cruciale et qui sont en danger constituerait un acte d'une irresponsabilité criminelle. C'est à ces personnes que je dois une reconnaissance spéciale. Elles avaient des raisons nombreuses et variées de divulguer des renseignements de tous ordres mais, toujours revenait comme un leitmotiv : « Il faut que la vérité éclate. Si vous êtes prêt à la dire, ainsi soit-il ». Je leur témoigne ici toute ma reconnaissance, ainsi qu'à ceux dont le nom suit dont je dirais, avec le plus grand respect, qu'ils forment la partie visible de l'iceberg.

Le Professeur Amedeo Alexandre, le Professeur Leonardo Ancona, William Aronwald, Linda Attwell, Josephine Ayres, Alan Bailey, Dr. Shamus Banim, Dr. Derek Barrowcliff, Pia

Basso, le Père Aldo Belli, le Cardinal Giovanni Benelli, Marco Borsa, Vittore Branca, David Buckley, le Père Roberto Busa, Dr. Renato Buzzonetti, Roberto Calvi, Emilio Cavaterra, le Cardinal Mario Ciappi, le Frère Clemente, Joseph Coffey, Annaloa Copps, Rupert Cornwall, Monseigneur Ausilio Da Rif, Maurizio De Luca, Danielli Doglio, Monseigneur Mafeo Ducoli, le Père François Evain, le Cardinal Pericle Felici, le Père Mario Ferrarese, le Professeur Luigi Fontana, Mario di Francesco, Dr. Carlo Frizziero, le Professeur Piero Fucci, le Père Giovanni Gennari, Monseigneur Mario Ghizzo, le Père Carlo Gonzalez, le Père Andrew Greeley, Diane Hall, Dr. John Henry, le Père Thomas Hunt, William Jackson, John J. Kenney, Peter Lemos, Dr. David Levison, le Père Diego Lorenzi, Eduardo Luciani, William Lynch, Ann McDiarmid, le Père John Magee, Sandro Magister, Alexander Manson, le Professeur Vincenzo Masini, le Père Francis Murphy, Monseigneur Giulio Nicolini, Anna Nogara, le Père Gerry O'Collins, le Père Romeo Panciroli, le Père Gianni Pastro, Lena Petri, Nina Petri, le Professeur Pier Luigi Prati, le Professeur Giovanni Rama, Roberto Rosone, le Professeur Fausto Rovelli, le Professeur Vincenzo Rulli, Ann Ellen Rutherford, Monseigneur Tiziano Scalzotto, Monseigneur Mario Senigaglia, Arnaldo Signoracci, Ernesto Signoracci, le Père Bartolmeo Sorges, Lorana Sullivan, le Père Francesco Taffarel, Sœur Vincenza, le Professeur Thomas Whitehead, Phillip Willan.

Je remercie également les organisations suivantes : la Résidence augustinienne à Rome, la Banque San Marco, la Banque d'Angleterre, la Banque des règlements internationaux à Bâle, la Banque d'Italie, la Bibliothèque Catholique centrale, Catholic Truth Society, la police de la Cité de Londres, le département du Commerce, la Bibliothèque des Données Statistiques et du Marché, le Collège anglais à Rome, le Bureau fédéral d'Investigation, l'université Grégorienne à Rome, le service des Poisons à l'Hôpital New Cross, Opus Dei, la Société pharmaceutique de Grande-Bretagne, le Tribunal du grand Duché du Luxembourg, le département d'Etat américain, le Tribunal de District du District Sud de New York, le bureau de Presse du Vatican et Radio Vatican

Parmi ceux que je ne puis remercier publiquement figurent les habitants de la Cité du Vatican qui sont entrés en contact avec moi et sont à l'origine de mon enquête sur les événements entourant la mort du Pape Jean-Paul Ier, Albino Luciani. Le fait que des hommes et des femmes qui vivent au cœur même de l'Eglise catholique romaine ne peuvent s'exprimer ouvertement ni prendre le risque d'être identifiés révèle sans autre commentaire l'état de choses qui règne au Vatican.

Je sais bien que ce livre sera attaqué par certains et considéré comme nul et non avenu par d'autres. D'aucuns y verront une agression dirigée contre la foi catholique romaine en particulier et la chrétienté en général. Il ne s'agit ni l'une ni l'autre, mais principalement d'un réquisitoire contre des gens nommément désignés qui sont nés catholiques romains mais qui ne furent jamais chrétiens.

Comme je l'ai déjà indiqué j'ai rencontré une difficulté insurmontable quand j'ai voulu citer des sources précises qui donnaient des faits et des détails précis. Je me suis par conséquent très largement abstenu d'identifier ces sources dans le texte. Qui m'a dit quoi doit demeurer secret. Je peux assurer au lecteur que tous les renseignements, tous les faits, tous les détails ont été vérifiés et revérifiés d'où qu'ils proviennent. Lorsque je parle de documents confidentiels et de certaines listes secrètes, c'est que je les ai vus personnellement. S'il existe la moindre erreur, j'en serais responsable. Chaque fois que c'était possible, en particulier lorsque je rapporte des conversations de seconde main, j'ai obtenu confirmation d'au moins deux sources.

Je sais bien que le fait que je raconte des conversations ayant eu lieu entre des gens décédés avant le début de mon enquête donnera lieu à des critiques. Par exemple, comment pourrais-je savoir ce qui se passa entre Jean-Paul Ier et le cardinal Villot le jour où ils discutèrent de la question du contrôle des naissances ? A l'intérieur du Vatican il n'existe pas d'audience, aussi privée soit-elle, qui reste complètement privée. Tout simplement, les deux hommes commentèrent par la suite, devant d'autres, ce qui avait transpiré. Ces sources secondaires, qui affichent souvent des opinions personnelles profondément différentes sur la question discutée par le Pape et son Secrétaire d'Etat, ont fourni la base des propos que je leur ai attribués. Aucun dialogue figurant dans cet ouvrage n'est imaginaire, pas plus que les événements rapportés.

David A. Yallop
Mars 1984

PROLOGUE

Le chef spirituel de près d'un cinquième de la population mondiale exerce un pouvoir immense : mais n'importe quel observateur mal informé sur Albino Luciani au début de son règne sous le nom de Jean-Paul Ier aurait eu bien du mal à croire que cet homme incarnait véritablement pareil pouvoir. L'humilité et l'excessive modestie qui émanaient de ce petit Italien tranquille de soixante-cinq ans en avaient conduit plus d'un à conclure que cette papauté ne serait pas particulièrement remarquable. Les gens bien informés, en revanche, savaient qu'Albino Luciani s'était lancé dans une révolution.

Le 28 septembre 1978, il était pape depuis trente-trois jours. En un peu plus d'un mois il avait pris plusieurs décisions qui, une fois complètement mises en œuvre, allaient exercer une action immédiate et dynamique sur chacun de nous. La majorité allait applaudir à ces mesures ; une minorité en serait consternée. L'homme qu'on avait vite surnommé « Le Pape qui sourit » avait l'intention d'effacer les sourires d'un certain nombre de visages, dès le lendemain.

Ce soir-là, Albino s'assit pour dîner dans la salle à manger du troisième étage du palais apostolique au cœur de la Cité du Vatican. L'accompagnaient ses deux secrétaires, le Père Diego Lorenzi qui avait travaillé avec lui en étroite collaboration à Venise pendant plus de deux ans alors que le cardinal Luciani exerçait la fonction de Patriarche, et le Père John Magee, qui l'avait rejoint depuis son élection à la papauté. Tandis que les bonnes sœurs qui travaillaient dans les appartements pontificaux s'affairaient nerveusement, Albino Luciani absorbait un repas frugal : un potage léger, du veau avec des haricots frais et une petite salade. Entre deux gorgées d'eau fraîche il méditait sur les événements du jour et sur les décisions qu'il avait prises. Il n'avait pas désiré ce travail. Il n'avait pas cherché ni intrigué pour devenir pape. Pourtant désormais, en tant que chef de l'Etat il devait assumer ces redoutables responsabilités.

Tandis que les sœurs Vincenza, Assunta, Clorinda et Gabrietta servaient en silence les trois hommes qui regardaient à la télévision les événements qui préoccupaient l'Italie ce soir-là, d'autres, ailleurs, étaient plongés dans une profonde inquiétude du fait des activités d'Albino Luciani.

A l'étage en dessous des appartements pontificaux les lumières étaient encore allumées à la Banque du Vatican. Son chef, l'évêque Paul Marcinkus, avait en tête des problèmes bien plus urgents que son dîner. Né à Chicago, Marcinkus avait appris la survie dans les ruelles de Cicero, dans l'Illinois. Pendant son ascension météorique vers la position de « Banquier de Dieu » il avait survécu à bien des moments de crise. Ce soir-là, il faisait face au plus grave qu'il eût jamais affronté. Lors des trente-trois derniers jours ses collègues à la banque avaient observé un changement remarquable chez celui qui contrôlait les millions du Vatican. Cet extraverti d'un mètre quatre-vingt-neuf qui pesait cent kilos était devenu taciturne et renfermé. Il maigrissait à vue d'œil et son visage avait acquis une pâleur grisâtre. A bien des égards la Cité du Vatican est un village et on a du mal à garder un secret dans un village. La rumeur avait atteint Marcinkus selon laquelle le nouveau pape avait tranquillement commencé son enquête personnelle sur la Banque du Vatican et plus précisément sur les méthodes qu'employait Marcinkus pour gérer cette banque. Combien de fois depuis l'arrivée du nouveau pape Marcinkus avait-il regretté cette affaire de la Banca Cattolica del Veneto, en 1972. Malgré l'air conditionné du Vatican, Marcinkus commençait à transpirer.

Le secrétaire d'Etat du Vatican, le Cardinal Jean Villot, se trouvait lui aussi à son bureau en cette soirée de septembre. Il examinait la liste des nominations, des démissions à demander et des transferts que le pape lui avait donnée une heure auparavant. Il avait conseillé, discuté, protesté, sans résultat. Luciani était resté inflexible.

C'était un remaniement spectaculaire à tous égards. Il allait diriger l'Eglise dans de nouvelles orientations que Villot et les autres sur la liste, qui seraient bientôt remplacés, considéraient comme excessivement dangereuses. Quand on annoncerait ces changements, les media du monde entier prononceraient et écriraient des millions de mots pour analyser, disséquer, prophétiser, expliquer. Pourtant, de l'explication réelle on ne parlerait pas, ni dans la presse ni sur les ondes — il s'agissait du dénominateur commun, du fait qui unissait chacun de ces hommes sur le point d'être remplacés. Villot le connaissait. Plus important encore, le pape aussi. C'était l'un des facteurs qui l'avaient poussé à agir : ôter à ces hommes tout pouvoir réel pour leur confier des postes relativement inoffensifs. Il s'agissait de la Franc-Maçonnerie.

Ce n'est pas la Franc-Maçonnerie conventionnelle qui inquiétait le Pape, bien que l'Eglise considérât qu'en être membre constituait une cause d'excommunication automatique. Il était préoccupé par une loge maçonnique illégale qui avait essaimé bien au-delà de l'Italie dans sa recherche des richesses et du pouvoir. Elle se donnait le nom de P2. Aux yeux d'Albino Luciani, le fait qu'elle eut pénétré à l'intérieur des murs du Vatican et noué des liens avec des ecclésiastiques était anathème.

Le nouveau pape avait déjà profondément inquiété Villot avant cette dernière bombe. Le cardinal était l'une des rares personnes au courant du dialogue qui s'instaurait entre le pape et le Département d'Etat de Washington. Il savait que le 23 octobre le Vatican recevrait une délégation du Congrès des Etats-Unis et que le 24 cette délégation aurait une audience privée avec le pape. Au programme : le contrôle des naissances.

Villot avait soigneusement examiné le dossier du Vatican sur Albino Luciani. Il avait également lu le mémorandum secret que Luciani, alors évêque de Vittorio Veneto, avait adressé à Paul VI avant l'encyclique *Humanae Vitae* qui avait interdit aux catholiques toute forme de contrôle artificiel des naissances. Ses propres entretiens avec Luciani ne lui laissaient aucun doute sur les positions du pape en cette matière. Pas plus qu'il n'y avait de doute dans l'esprit de Villot sur les intentions du Saint-Père. La position de l'Eglise devait changer. Certains parleraient de trahison envers Paul VI. Beaucoup d'autres l'accueilleraient avec joie comme la plus importante contribution de l'Eglise au xxe siècle.

A Buenos Aires, un autre banquier songeait à Jean-Paul Ier tandis que le mois de septembre 1978 touchait à sa fin. Les semaines précédentes il avait discuté des problèmes posés par le nouveau pape avec ses protecteurs, Licio Gelli et Umberto Ortolani, deux hommes qui pouvaient faire figurer parmi leurs nombreux actifs le contrôle total qu'ils exerçaient sur Roberto Calvi, patron de la Banco Ambrosiano. Calvi n'avait pas attendu l'élection du nouveau pape pour être assailli de problèmes. Depuis le mois d'avril, la Banque d'Italie menait une enquête secrète sur son empire financier. Cette enquête avait démarré à la suite d'une mystérieuse campagne d'affichage contre Calvi vers la fin de 1977 : les affiches donnaient des détails sur des comptes suisses secrets et elles laissaient deviner que Calvi était impliqué dans une grande variété d'activités illégales.

Calvi savait exactement où en était l'enquête de la Banque d'Italie. Son étroite amitié avec Licio Gelli lui assurait un compte rendu au jour le jour des progrès des enquêteurs. Il savait aussi que le pape menait son enquête sur la Banque du Vatican. Tout comme Marcinkus, il savait que c'était seulement une question de temps avant que ces deux procédures indépendantes ne se rendent compte que pénétrer au cœur de l'un de ces empires financiers équivalait à explorer les deux ensemble. Il faisait tout ce qui était en son pouvoir — considérable — pour contrecarrer la Banque d'Italie et protéger son empire financier, à qui il était en train de voler plus d'un milliard de dollars.

L'analyse précise de la position de Roberto Calvi en septembre 1978 montre clairement que si le successeur du pape Paul était un homme honnête, Calvi allait devoir affronter la ruine totale, l'effondrement de sa banque et la prison. Or il ne fait pas le moindre doute qu'Albino Luciani était précisément ce genre d'homme.

A New York, le banquier sicilien Michele Sindona suivait lui aussi avec inquiétude les activités du pape Jean-Paul.

Depuis plus de trois ans Sindona luttait contre les efforts de l'Etat italien pour le faire extrader. On voulait le ramener à Milan pour l'entendre sur un certain nombre d'accusations, dont le détournement frauduleux de 225 millions de dollars. En mai de la même année, il sembla que Sindona avait fini par perdre cette longue bataille. Un juge fédéral avait décidé que la demande d'extradition devait être acceptée.

Sindona resta en liberté, sous une caution de trois millions de dollars, tandis que ses avocats se préparaient à jouer une dernière carte. Ils exigeaient que le Gouvernement des Etats-Unis apporte la preuve qu'il existait des justifications fondées à l'extradition. Sindona assurait que les accusations portées contre lui par l'Italie étaient l'œuvre des communistes et autres politiciens de gauche. Ses avocats affirmaient aussi que le procureur de Milan possédait des preuves secrètes qui blanchissaient Sindona et que si leur client retournait en Italie il serait presque certainement assassiné. L'audience était prévue pour courant novembre.

Cet été-là, à New York, d'autres individus ne manquèrent pas de travailler au profit de Michele Sindona. Luigi Ronsisvalle, tueur professionnel et membre de la Mafia, menaçait la vie de Nicola Biase, témoin qui avait apporté des preuves défavorables à Sindona au cours de la procédure d'extradition. La Mafia avait aussi un contrat sur la vie du procureur adjoint des Etats-Unis, John Kenney, qui conduisait l'accusation dans la procédure d'extradition. Pour le meurtre du procureur on avait offert cent mille dollars.

Si le pape Jean-Paul Ier continuait de fouiller dans les affaires de la Banque du Vatican, alors aucun contrat de la Mafia ne pourrait plus aider Sindona dans sa lutte pour éviter d'être renvoyé en Italie. La corruption à l'intérieur de la Banque du Vatican, qui servait entre autres à blanchir l'argent de la Mafia, remontait au-delà de Calvi ; elle allait jusqu'à Michele Sindona.

A Chicago, un autre prince de l'Eglise catholique se faisait aussi du souci à propos de ce qui se passait à la Cité du Vatican : le cardinal John Cody, chef du plus riche archevêché du monde. Cody régnait sur plus de deux millions et demi de catholiques et presque trois mille prêtres, sur plus de 450 paroisses et sur un revenu annuel qu'il refusait de révéler en totalité à qui que ce soit. En fait, le montant devait dépasser 250 millions de dollars. Le secret fiscal ne constituait qu'un des problèmes qui assaillaient Cody. En 1978, il dirigeait Chicago depuis treize ans. Ces années avaient vu les demandes en vue de son remplacement atteindre des proportions extraordinaires. Prêtres, sœurs, laïcs exerçant de nombreuses professions, tous avaient signé des pétitions adressées à Rome, par milliers, pour le remplacement d'un homme qu'ils considéraient comme un despote.

Pendant des années le pape Paul avait temporisé, non sans angoisses, sur le remplacement de Cody. En une occasion au moins, il avait pris sur lui et s'était enfin décidé ; malheureusement, au dernier moment, il avait annulé l'ordre. La personnalité complexe, torturée de Paul n'expliquait qu'en partie cet atermoiement. Paul connaissait d'autres allégations secrètes contre Cody, soutenues par un nombre important de témoignages et de preuves qui soulignaient le besoin urgent de remplacer le cardinal de Chicago.

Vers la fin du mois de septembre, Cody reçut un coup de téléphone de Rome. Le village de la Cité du Vatican avait laissé transpirer une information de plus — informations largement rétribuées au fil des années par le cardinal Cody. A l'autre bout du fil on apprit au cardinal que là où le pape Paul avait hésité, son successeur Jean-Paul avait tranché. Le Saint-Père avait décidé que le cardinal John Cody devait être remplacé.

Au moins trois de ces hommes se tapissaient dans l'ombre d'un quatrième : Licio Gelli. Certains l'appelaient « Il Burattinaio » — le montreur de marionnettes. Les marionnettes étaient nombreuses et on les rencontrait dans de nombreux pays. Il contrôlait P2 et, par cette Loge illégale, l'Italie tout entière. A Buenos Aires, où il avait examiné avec Calvi les problèmes posés par le nouveau pape, le montreur de marionnettes avait organisé le retour triomphal du général

Perón — fait que Perón reconnut en s'agenouillant aux pieds de Gelli. Si Marcinkus, Sindona ou Calvi étaient menacés par diverses mesures envisagées par Albino Luciani, il était dans l'intérêt immédiat de Gelli que l'on mît fin à cette menace.

Il est parfaitement clair que le 28 septembre 1978 ces six hommes, Cody, Marcinkus, Villot, Calvi, Sindona et Gelli avaient énormément à redouter du pape Jean-Paul Ier. Il est également très clair que tous avaient quelque chose à gagner, de bien des façons, si le pape Jean-Paul Ier devait mourir subitement.

Or c'est bien ce qui arriva.

Dans la soirée du 28 septembre 1978 ou tôt le matin du 29 septembre, trente-trois jours après son élection, le pape Jean-Paul Ier mourut.

Heure du décès : inconnue. Cause du décès : inconnue.

Je suis convaincu que les faits dans leur entier et les circonstances détaillées qui ne sont qu'esquissés dans les pages qui précèdent recèlent la clef de la vérité sur la mort d'Albino Luciani. Je suis également convaincu que l'un de ces six hommes avait, dès la fin d'après-midi de ce 28 septembre 1978, entamé une action destinée à résoudre le problème que posait la papauté d'Albino Luciani. Un de ces hommes se trouvait au cœur même d'un complot qui avait mis en œuvre la « Solution italienne ».

Albino Luciani avait été élu pape le 26 août 1978. Peu après ce conclave, le cardinal anglais Basil Hume déclarait :

> « La décision était inattendue. Mais une fois prise, elle a semblé totalement et entièrement juste. Le sentiment qu'il représentait exactement ce que nous voulions était si général qu'il était bien, sans l'ombre d'un doute, le candidat de Dieu. »

Trente-trois jours plus tard, le « candidat de Dieu » décédait.

Ce qui suit est le produit de trois années consacrées à une enquête approfondie et continue sur cette mort. J'ai suivi un certain nombre de règles pour mener une enquête de cette nature. Règle numéro un : commencer au commencement. M'assurer de la nature et de la personnalité de la personne décédée. Quelle sorte d'homme était Albino Luciani ?

LE CHEMIN DE ROME

La famille Luciani habitait le petit village de montagne de Canale d'Agordo[1] à presque mille mètres d'altitude et environ 120 kilomètres au nord de Venise.

A l'époque de la naissance d'Albino, le 17 octobre 1912, ses parents, Giovanni et Bortola, s'occupaient déjà de deux fillettes nées du premier mariage du père. Giovanni, jeune veuf avec deux fillettes et dépourvu d'un travail régulier, n'était pas précisément le rêve pour une jeune femme. Bortola avait envisagé d'entrer au couvent. Désormais, elle était mère de trois enfants. La naissance avait été longue et pénible, aussi Bortola, manifestant un surcroît d'inquiétude qui allait marquer l'enfance du garçonnet, craignait que l'enfant ne vive pas. On le baptisa sans tarder, du nom d'Albino, en souvenir d'un ami intime de son père tué dans un accident survenu dans un haut fourneau en Allemagne tandis qu'il travaillait tout près de Giovanni. Le garçon arriva dans un monde qui, deux ans plus tard, allait entrer en guerre après l'assassinat de l'archiduc François-Ferdinand et de son épouse.

Les quatorze premières années de ce siècle sont considérées par bien des Européens comme un âge d'or : « la Belle Epoque ». D'innombrables écrivains ont décrit la stabilité, le

1. Au moment de la naissance d'Albino Luciani le village s'appelait Forno di Canale. On le rebaptisa Canale d'Agordo en 1964 à l'instigation d'Eduardo, le frère Luciani. Ainsi le village retrouva-t-il son nom d'origine.

sentiment général de bien-être, l'accroissement partagé de la culture de masse, la vie spirituelle satisfaisante, l'élargissement des horizons et la réduction des inégalités sociales. Ils ont exalté la liberté de penser et la qualité de la vie comme si le monde était redevenu un jardin d'Eden. Il est certain que ce tableau idyllique n'est pas sans fondements ; pourtant existaient aussi une pauvreté effrayante, un chômage massif, des inégalités sociales, la faim, la maladie et une mortalité précoce. Ces deux réalités partageaient la plus grande partie du monde en deux. L'Italie ne faisait pas exception.

Naples était assiégée par des milliers de gens qui voulaient émigrer aux Etats-Unis, en Angleterre, n'importe où. Les Etats-Unis avaient déjà ajouté quelques restrictions discrètes à la déclaration « Envoyez-nous vos sans-foyer, vos affamés et vos malades. Vos foules enchaînées qui aspirent à la liberté. » Parmi les divers motifs de refus d'entrée aux Etats-Unis, les « indésirables » découvraient la maladie, l'insuffisance de fonds, la soumission au fermage, la criminalité et les malformations physiques.

A Rome, on voyait depuis Saint-Pierre des milliers de malheureux vivre dans des huttes de paille et de branchages. En été, nombre d'entre eux allaient s'installer dans les grottes des collines environnantes. Certains travaillaient de l'aube au coucher du soleil dans les vignobles pour quatre sous par jour. D'autres travaillaient dans des fermes, sur la même base, sans recevoir d'argent du tout. On les payait d'ordinaire en nature, avec du maïs pourri, une des raisons pour lesquelles autant de paysans souffraient de la pellagre. Debout dans les rizières de Pavie, de l'eau jusqu'à la taille, beaucoup attrapaient la malaria à cause des nombreux moustiques. Plus de la moitié était analphabète. Tandis que les papes, les uns après les autres, nourrissaient l'ardent désir de récupérer les Etats pontificaux, la réalité de la vie pour une large partie de ceux qui vivaient dans cette Italie unifiée restait misérable.

Le village de Canale était peuplé d'enfants, de femmes et de vieillards. La majorité des hommes en âge de travailler était obligée d'aller chercher plus loin. Giovanni Luciani devait partir pour la Suisse, l'Autriche, l'Allemagne et la

France, s'en allant au printemps pour s'en revenir à l'automne.

La maison des Luciani, une vieille grange à moitié transformée, ne disposait que d'un seul moyen de chauffage, un vieux poêle à bois qui réchauffait la pièce où Albino était né. Il n'y avait pas de jardin car ce genre de chose est considéré comme un luxe par les montagnards. Le paysage apportait une magnifique compensation : forêts de pins avec, jaillissant directement au-dessus du village, les montagnes sombres coiffées de neige ; un torrent, le Bioi, descendait en cascades tout près de la place du village.

Les parents d'Albino Luciani formaient un curieux mélange. Profondément religieuse, Bortola passait autant de temps à l'église que dans sa petite maison, se tourmentant pour sa famille qui s'agrandissait sans cesse. Elle était de ces mères qui, à la moindre toux, amenaient en hâte l'enfant atteint aux médecins militaires en garnison à la frontière. Dévote, aspirant au martyre, elle était portée à raconter fréquemment aux enfants les nombreux sacrifices qu'elle était obligée de faire pour eux. Le père, Giovanni, traversait une Europe en guerre à la recherche de travail, maçon, électricien ou mécanicien selon l'occasion. Les catholiques pratiquants considéraient ce socialiste militant comme un démon qui bouffait du curé et brûlait les crucifix. Cette combinaison produisait d'inévitables frictions. Le jeune Albino garda toute sa vie le souvenir de la réaction de sa mère lorsqu'elle vit le nom de son mari sur des affiches placardées dans tout le village et qui annonçaient qu'il se présentait comme candidat socialiste lors d'une élection locale.

Après Albino naquirent un autre fils, Eduardo, et une fille, Antonia. Bortola augmentait leur faible revenu en écrivant des lettres pour les analphabètes et en allant laver la vaisselle des autres.

Les repas de la famille se composaient de polenta, d'orge, de macaronis et de tous les légumes qu'ils pouvaient trouver. Pour des événements particuliers il y avait parfois un dessert de carfoni, pâtisserie remplie de graines de pavot moulues. La viande était exceptionnelle. A Canale, si un homme était assez riche pour s'offrir le luxe de tuer un cochon, on le salait et il nourrissait cette famille pendant toute l'année.

La vocation d'Albino pour la prêtrise apparut de bonne heure et fut activement encouragée par sa mère et le curé du village, le père Filippo Carli. Pourtant, si quelqu'un doit être tenu pour responsable des premiers pas d'Albino Luciani vers la prêtrise, c'est bien Giovanni, le socialiste irréligieux. Si Albino devait fréquenter le petit séminaire dans la ville voisine de Feltre, cela allait coûter à la famille Luciani une belle somme d'argent. La mère et le fils en parlèrent brièvement peu après le onzième anniversaire du garçon. Finalement, Bortola dit à son fils de s'asseoir pour écrire à son père qui travaillait alors en France. Albino devait déclarer plus tard que ce fut une des lettres les plus importantes de sa vie.

Son père la reçut et réfléchit à la question un bon moment avant de répondre. Il accorda sa permission et accepta le surcroît de fardeau par ces mots : « Ma foi, nous devons faire ce sacrifice. »

Donc, en 1923, à onze ans, Luciani s'en alla pour le séminaire — vers la guerre intestine qui faisait rage au sein de l'Eglise catholique romaine, Eglise où des livres comme *les Cinq Plaies de l'Eglise* d'Antonio Rosmini étaient frappés d'interdit. Prêtre et théologien italien, Rosmini avait écrit en 1848 que l'Eglise devait affronter une crise faite de cinq maux : un clergé trop éloigné du peuple, la faible instruction des prêtres, la dissension et l'acrimonie qui régnaient entre les évêques, les nominations de laïcs par des autorités séculières et la propriété de biens fonciers par l'Eglise et son asservissement à la richesse. Rosmini nourrissait l'espoir d'une réforme libérale. Résultat en grande partie d'une intrigue des jésuites, il vit son livre condamné et dut rendre la barrette de cardinal que Pie IX lui avait offerte.

Cinquante-huit ans seulement avant la naissance de Luciani, le Vatican avait proclamé le Syllabus, avec une encyclique correspondante *Quanta Cura.* La papauté y dénonçait la liberté de parole sans freins et la liberté de commentaire de la presse. Elle rejetait totalement l'idée d'un statut égal pour toutes les religions. Le pape responsable de ces mesures, Pie IX, fit aussi bien comprendre qu'il avait une « sainte » horreur de l'idée de gouvernement démocratique et que sa préférence allait aux monarchies absolues. Il dénonçait en outre « les partisans d'une liberté de conscience et de religion » ainsi que « tous ceux qui affirment que l'Eglise ne devrait pas utiliser la force ».

En 1870, ce même pape après avoir convoqué un concile au Vatican indiqua aux évêques réunis que le principal sujet à l'ordre du jour était l'infaillibilité pontificale. Après des pressions bien peu chrétiennes et un travail de persuasion en profondeur, le pape connut une importante défaite morale quand, sur plus d'un millier de membres qualifiés pour prendre part au concile, seuls 451 évêques votèrent en faveur de ce point. Par une manœuvre concertée tous les opposants sauf deux quittèrent Rome avant le vote final. Lors de la dernière assemblée du Concile, le 18 juillet 1870, il fut décidé par 535 voix contre 2 que le pape était infaillible lorsqu'il définissait une doctrine concernant la foi ou la morale.

Or, jusqu'à leur libération par les troupes italiennes, deux mois plus tard, les juifs de Rome étaient restés enfermés dans le ghetto du fait de ce pape devenu infaillible. Son intolérance envers les protestants était telle qu'il recommandait qu'on emprisonne ceux qui pratiquaient cette foi et qui prêchaient en Toscane.

Aujourd'hui, au moment où j'écris ces lignes, l'on assiste à des efforts considérables pour canoniser Pie IX et faire de lui un saint.

A Pie IX succéda Léon XIII que beaucoup considèrent comme un homme éclairé et d'une grande humanité. Il fut suivi par Pie X que les mêmes historiens jugent en général comme une totale calamité. Il régna jusqu'en 1914 et les dégâts qu'il accomplit apparaissaient encore très nettement quand Albino Luciani entra au séminaire de Feltre.

L'Index des livres interdits de lecture à tout catholique romain s'était encore allongé. Editeurs et auteurs étaient frappés d'excommunication. Lorsqu'on publiait dans l'anonymat des livres critiques, les auteurs, quels qu'ils soient, étaient également frappés d'excommunication. Le pape avait forgé un mot qui contenait tout ce qu'il tentait de détruire :

« modernisme ». Quiconque mettait en doute les enseignements acceptés de l'Eglise était frappé d'anathème. Avec la bénédiction du pape et quelques concours financiers un prélat italien du nom d'Umberto Benigni créa un système d'espionnage destiné à la chasse et à la destruction de tous les modernistes. Ainsi au xxe siècle renaissait l'Inquisition.

Avec la réduction de ses pouvoirs temporels du fait de la perte des Etats Pontificaux, celui qui se disait « Prisonnier du Vatican » n'était plus en mesure d'ordonner l'envoi au bûcher mais, un coup de coude par-ci, un clin d'œil par-là, les allégations anonymes et sans fondements sur un collègue ou un rival potentiel suffisaient à détruire bien des carrières à l'intérieur de l'Eglise. La mère dévorait ses propres enfants. La majorité des victimes de Pie X et de ceux qui l'entouraient se composait de membres loyaux et fidèles de l'Eglise catholique romaine.

On ferma des séminaires. On surveilla étroitement ceux qui reçurent l'autorisation de continuer à fonctionner pour former la prochaine génération de prêtres. Dans une encyclique le pape déclara que tous ceux qui prêchaient ou enseignaient dans l'exercice de leurs fonctions devaient prêter un serment spécial où ils abjuraient tout modernisme. Il ajoutait l'interdiction générale de lire les journaux à tous les séminaristes et autres étudiants en théologie, précisant que cette règle s'appliquait aussi aux meilleurs journaux.

Chaque année, le Père Benigni, le responsable du réseau d'espionnage qui finit par toucher le moindre diocèse italien ainsi que la plupart des communautés d'Europe, recevait directement du pape une subvention de mille lires. Cette organisation secrète ne fut démantelée qu'en 1921. Le Père Benigni devint alors un informateur et un espion de Mussolini.

Pie X mourut le 20 août 1914. Il fut canonisé et devint un saint en 1954.

Ainsi, à Feltre, Luciani découvrit que lire un journal ou un périodique constituait un acte criminel. Il se retrouva dans un monde austère où les professeurs étaient aussi vulnérables que les élèves. Le moindre mot ou commentaire qui n'obtenait pas l'approbation totale d'un collègue risquait de priver le prêtre enseignant du droit d'enseigner, à cause du cercle d'espions du Père Benigni. Bien qu'officiellement aboli en 1921, deux ans avant l'admission de Luciani au séminaire, son influence prévalait toujours tout au long de la période de formation de Luciani à la prêtrise. L'interrogation critique des matières enseignées méritait l'anathème. Le système était conçu pour apporter les réponses, pas pour encourager les questions. Les enseignants marqués par l'épuration allaient à leur tour imprimer leur marque à la génération suivante qui en garderait la cicatrice.

Les prêtres de la génération d'Albino Luciani ont dû affronter la mentalité antimoderne du Syllabus dans toute sa puissance. Luciani lui-même aurait bien pu devenir, soumis qu'il fut à cette influence dominante, un prêtre différent à l'esprit fermé. Divers facteurs lui épargnèrent ce destin. Non des moindres, il possédait le don simple quoique grand d'une forte soif de connaissance.

En dépit des exagérations maternelles concernant sa santé fragile dans l'enfance, cet excès de protection avait eu un effet très positif. En refusant à l'enfant d'aller se mêler au tumulte rude des jeux de ses camarades et en remplaçant le ballon par le livre, elle ouvrit à son fils tout un monde. Il commença très jeune à lire avec avidité — ainsi lut-il dès l'âge de sept ans les œuvres complètes de Dickens, Jules Verne et Mark Twain, fait très inhabituel dans un pays où presque la moitié de la population à cette époque était encore analphabète.

A Feltre il lut la plupart des livres qui s'y trouvaient. Plus intéressant, il se rappelait virtuellement tout ce qu'il lisait. Il était doué d'une mémoire étonnante. Et, bien qu'on désapprouvât les questions provocantes, il arrivait de temps en temps à Luciani d'avoir la témérité d'en poser. Ses professeurs le considéraient comme un élève assidu mais « trop vivant ».

L'été, le jeune séminariste rentrait chez lui et, vêtu de sa longue soutane noire, il travaillait aux champs. Quand il n'aidait pas à la moisson on pouvait le trouver en train de « mettre de l'ordre » dans la bibliothèque du Père Filippo. Les périodes scolaires s'éclairaient parfois d'une visite de son père. La première chose que Giovanni faisait à son retour au pays en automne fut toujours de se rendre au séminaire. Il passait ensuite l'hiver à faire campagne pour les socialistes.

Après Feltre, Luciani fut admis au grand séminaire de Belluno. Un de ses contemporains m'a parlé ainsi du régime de Belluno :

> « On nous réveillait à 5 heures et demie. Sans chauffage, il arrivait souvent que l'eau soit complètement gelée. Je perdais régulièrement ma vocation tous les matins pendant cinq minutes. Nous avions une demi-heure pour nous laver et faire notre lit.
>
> « J'ai fait la connaissance de Luciani en septembre 1929, il avait seize ans. Il se montrait toujours aimable, tranquille et serein — sauf si vous affirmiez quelque chose d'inexact — auquel cas il bondissait comme un ressort. J'ai appris qu'en face de lui il fallait choisir ses mots. A la moindre réflexion confuse, on était en danger avec lui. »

Parmi les lectures de Luciani, on trouve bon nombre de livres d'Antonio Rosmini. Bien en vue du fait de son absence dans la bibliothèque du séminaire, *les Cinq Plaies de l'Eglise* restait encore en 1930 à l'Index des Livres Interdits. Désormais au courant du tumulte provoqué par ce livre, Luciani fit tranquillement l'acquisition de son exemplaire personnel. Il devait exercer une influence durable et profonde sur sa vie.

Pour les professeurs de Luciani le Syllabus proclamé en 1864 par Pie IX devait être considéré, en 1930, comme l'ultime vérité. Dans tout pays où les catholiques se trouvaient en majorité, il était inconcevable de tolérer une opinion non catholique. La version du fascisme par Mussolini n'était pas la seule enseignée en Italie dans les années qui précédèrent immédiatement la Seconde Guerre mondiale. L'erreur n'a aucun droit. Apparemment, l'exception consistait en ceci : si le professeur se trouvait dans l'erreur, alors ses droits étaient absolus.

La vision de Luciani, loin de s'élargir grâce à l'action de ses professeurs, commença à certains égards à se rétrécir. Par bonheur il était soumis à d'autres influences qu'à celles de ses professeurs. Un autre ancien camarade de classe à Belluno se rappelle :

> « Il lisait les pièces de Goldoni. Il lisait les romanciers français du XIXe siècle. Il acheta la collection des écrits du jésuite français du XVIIe siècle, Pierre Couwase, et lut tout de bout en bout. »

Les écrits de Couwase exercèrent une telle influence sur lui qu'il commença à songer sérieusement à devenir jésuite. Il attendit qu'un, puis deux, de ses amis proches se rendent chez le supérieur, l'évêque Giosue Cattarossi, demander l'autorisation d'entrer dans l'ordre jésuite, qui fut accordée dans les deux cas. A son tour Luciani alla demander l'autorisation. L'évêque examina la demande et répondit : « Non, cela suffit. Vous feriez mieux de rester ici. »

Il fut ordonné prêtre à 23 ans, le 7 juillet 1935, à Saint-Pierre de Belluno. Le lendemain, il célébrait sa première messe dans sa ville natale, absolument ravi d'avoir été nommé curé de Forno di Canale. Pour lui, il importait peu qu'il s'agisse de la position la plus humble dans l'Eglise. Parmi les fidèles, au milieu des amis, des cousins, des prêtres locaux et de la famille, on remarquait un Giovanni Luciani excessivement fier. Il avait fini par trouver un emploi permanent relativement près de chez lui comme souffleur de verre dans l'île de Murano, près de Venise.

En 1937, on nomma Luciani au poste d'adjoint au supérieur de son ancien séminaire de Belluno. Si le contenu de son enseignement à cette époque différait peu de celui qu'il avait reçu, il en allait bien autrement de la façon de le délivrer. Il parvenait à donner à une théologie ennuyeuse et souvent pesante une fraîcheur mémorable. Au bout de quatre années il éprouva le besoin de s'élargir. Il voulait obtenir un doctorat en théologie. Cela signifiait qu'il lui faudrait s'installer à Rome pour étudier à l'université grégorienne. Ses supérieurs à Belluno désiraient qu'il continue son enseignement sur place pendant ses études de doctorat. Luciani tomba d'accord mais l'université grégorienne insista pour qu'il suive au moins un an de cours à Rome.

Après l'intervention d'Angelo Santin, directeur de Belluno, et du père Felice Capello, expert renommé en droit canon qui enseignait à l'université grégorienne et « se trouvait être » apparenté à Luciani, le pape Pie XII accorda personnellement une dispense dans une lettre signée du cardinal Maglione et datée du 27 mars 1941. (Le fait que la Seconde Guerre mondiale faisait rage à cette époque ne transparaît pas dans la correspondance du Vatican.) Luciani prit pour sujet de thèse « L'Origine de l'âme humaine d'après Antonio Rosmini ».

Il traversa la guerre avec un extraordinaire mélange d'expériences sacrées et profanes. Il améliora son allemand en écoutant les confessions des soldats du IIIe Reich. Il étudia attentivement les œuvres de Rosmini, ou du moins la partie d'entre elles qui n'était pas interdite. Par la suite, une fois devenu pape, on raconta que sa thèse était « brillante ». C'est du moins l'avis du journal du Vatican, l'*Osservatore Romano* — opinion d'ailleurs non exprimée dans les biographies qui précédèrent le conclave. Elle n'est pas non plus partagée par les professeurs de l'université grégorienne. L'un d'eux m'en parla ainsi : « un travail passable ». Un autre dit : « A mon avis, c'est mauvais. La thèse montre un conservatisme extrême ainsi qu'un manque de méthode. »

Beaucoup diraient que l'intérêt de Luciani, et son engagement, pour les travaux de Rosmini indiquaient clairement sa pensée libérale. Or l'Albino Luciani des années 1940 était loin d'être un libéral. Sa thèse tente de réfuter Rosmini point par point. Il s'en prend au théologien du XIXe siècle qui a utilisé des citations inexactes, de seconde main, il attaque sa superficialité, son « habileté naïve ». Il s'agit d'un travail de destruction systématique ainsi que le signe manifeste d'une mentalité réactionnaire.

Tout en établissant que Rosmini avait cité de travers saint Thomas d'Aquin, Albino Luciani empruntait un chemin délicat dans son enseignement à Belluno. Il disait à ses élèves de ne pas intervenir quand ils voyaient des soldats allemands encercler des groupes de résistants locaux. En privé, sa sympathie allait à la résistance mais il savait que parmi ses élèves beaucoup approuvaient les fascistes. Il savait également que le mouvement de résistance provoquait des représailles de la part des Allemands à l'encontre des populations civiles. On détruisait des maisons ; on emmenait des hommes qu'on pendait aux arbres. Pourtant, dans la dernière partie de la guerre le séminaire de Luciani devint un asile pour des membres de la résistance. Si les soldats allemands l'avaient découvert, il s'en serait ensuivi une mort certaine, non seulement pour les combattants de la résistance mais aussi pour Luciani et ses collègues.

Une fois la guerre terminée Luciani soutint sa thèse, le 23 novembre 1946. Elle fut publiée le 4 avril 1950. Il obtint la mention *magnum cum laude* et devint docteur en théologie.

En 1947, l'évêque de Belluno, Girolamo Bortignon, nomma Luciani Pro-Vicaire Général du diocèse et lui demanda d'organiser le synode prochain ainsi que la rencontre interdiocésaine entre Feltre et Belluno. Cet accroissement de responsabilités coïncida avec des conceptions plus larges. Bien que toujours incapable de s'accommoder des « Origines de l'âme » de Rosmini, Luciani avait commencé à apprécier et à accepter l'opinion de Rosmini sur ce dont souffrait l'Eglise. Le fait que les mêmes problèmes prévalaient un siècle plus tard rendait encore plus pertinents les facteurs : éloignement social, prêtres sans instruction, discorde parmi les évêques, emboîtement malsain entre l'Eglise et l'Etat et, par-dessus tout, préoccupations de l'Eglise pour la richesse matérielle.

En 1949, Luciani accepta la responsabilité de la catéchèse dans la préparation du Congrès eucharistique qui devait avoir lieu cette année-là à Belluno. Cela, ajouté à son expérience personnelle de l'enseignement, inspirèrent sa première incursion dans l'édition, sous la forme d'un petit ouvrage contenant ses vues, intitulé *Catechesi in Bricole* (Miettes de catéchisme).

Les cours de catéchisme : voilà peut-être les souvenirs les plus anciens de la plupart des catholiques adultes. Bien des théologiens les rejetteraient mais c'est précisément à ce moment de la croissance que les jésuites font allusion quand ils parlent de « prendre un enfant pour la vie ». En cette matière Albino Luciani fut l'un des meilleurs professeurs que l'Eglise ait eus en ce siècle. Il possédait cette simplicité de pensée qui n'appartient qu'aux êtres intelligents, sans compter que venait s'y ajouter une humilité profonde et authentique.

En 1958, Don Albino, comme chacun l'appelait, vivait une vie bien réglée. Sa mère et son père étaient décédés. Il rendait de fréquentes visites à son frère Eduardo, qui s'était marié et occupait la maison familiale, et à sa sœur Antonia, également mariée, qui habitait Trente. Ses fonctions de Vicaire Général de Belluno lui donnaient plus qu'assez de travail pour l'occuper. Pour ses loisirs, il avait ses livres. Il s'intéressait peu à la nourriture et mangeait ce qu'on lui servait. Quant à l'exercice physique, il consistait surtout à parcourir son diocèse à bicyclette et à escalader les montagnes toutes proches.

Ce petit homme tranquille réussissait à exercer, apparemment sans l'essayer, un effet extraordinaire et durable sur les gens. Quand j'interrogeais ceux qui l'avaient connu, immanquablement je constatais un changement très net chez celui qui se rappelait Albino Luciani. Le visage s'adoucissait, se détendait littéralement. Un sourire apparaissait. Ils souriaient tous beaucoup en se souvenant de cet homme. Ils devenaient gentils et doux sous mes yeux. Il avait manifestement touché quelque chose de très profond en eux. Les catholiques parleraient de l'âme. Heureux et innocent, Albino Luciani était déjà en train de faire un legs unique tandis qu'il circulait dans Belluno à bicyclette.

Au Vatican, il y avait un nouveau pape, Jean XXIII, né à Bergame, non loin de là, où était aussi né celui qui avait donné son prénom à Luciani. Jean était très occupé à nommer ses évêques. Urbani à Venise pour le remplacer, Carraro à Vérone. A Vittorio Veneto, il en manquait un. Le pape demanda un nom à l'évêque Bortignon. La réponse le fit sourire. « Je le connais. Je le connais. Il me conviendra parfaitement. »

Avec cette désarmante humilité que tant d'autres manqueront totalement de comprendre par la suite, Luciani déclara après sa nomination comme évêque de Vittorio Veneto : « Il est vrai que j'ai pris le train deux fois avec lui mais il a fait l'essentiel de la conversation. J'ai si peu parlé qu'il n'a pas pu me connaître. »

A 46 ans, Luciani est sacré évêque par le pape Jean en la basilique Saint-Pierre deux jours après Noël 1958.

Le pape connaissait parfaitement les activités pastorales du jeune évêque du Nord et il en fit un éloge chaleureux. Ouvrant un exemplaire de *l'Imitation de Jésus-Christ* de Thomas a Kempis, le pape Jean lut à haute voix le chapitre 23. Y sont citées les quatre règles pour conserver la paix et la liberté personnelles :

> « Mon fils, appliquez-vous plutôt à faire la volonté d'autrui que la vôtre. Choisissez toujours plutôt d'avoir moins que plus. Cherchez toujours la dernière place, et à être au-dessous de tous. Désirez toujours et priez que la volonté de Dieu s'accomplisse parfaitement en vous. Celui qui agit ainsi est dans la voie de la paix et du repos. »

Avant son sacre, Luciani avait commenté cet événement dans une lettre à Monseigneur Capovilla, secrétaire privé du pape. Une de ses phrases démontre à quel point il essayait déjà de mener une vie qui embrasse l'idéal de Thomas a Kempis. « Le Seigneur écrit parfois ses œuvres dans la poussière. »

Lors de la première assemblée de fidèles venus entendre leur nouvel évêque à Vittorio Veneto, il parla sur ce thème :

> « Avec moi le Seigneur emploie une fois de plus sa vieille méthode. Il choisit les humbles dans la saleté des rues. Il choisit les gens de la campagne. Il en choisit d'autres encore qu'il éloigne de leurs filets sur la mer ou le lac, et il en fait des apôtres. C'est sa vieille méthode. Dès que j'ai été ordonné prêtre, j'ai commencé à recevoir de mes supérieurs de nouvelles responsabilités et j'ai compris ce que cela signifie pour un homme d'exercer l'autorité. C'est comme un ballon gonflé. Regardez les enfants jouer au ballon autour de cette cathédrale, vous constaterez ceci : quand leur ballon est crevé ils ne le regardent même pas. Il peut rester tranquillement dans un coin. Mais

> s'il est bien gonflé, les enfants accourent de toutes parts et chacun croit avoir le droit de taper dedans. C'est ce qui arrive aux hommes lorsqu'ils montent. Ne soyez donc pas envieux. »

Plus tard, il s'adressa aux 400 prêtres désormais responsables devant lui. Nombre d'entre eux lui avaient offert des cadeaux, de la nourriture, de l'argent. Il les déclina. Une fois qu'ils furent tous réunis, il essaya d'en expliquer la raison : « Je suis venu, je n'avais pas cinq lires sur moi. Je veux m'en aller sans avoir ces cinq lires. Mes chers prêtres, mes chers fidèles. Je serais un évêque bien malheureux si je ne vous aimais pas. Je vous assure que je vous aime et que je veux être à votre service et mettre à votre disposition toutes mes pauvres énergies, le peu que j'ai et le peu que je suis. »

Il avait le choix entre vivre dans un luxueux appartement en ville et mener une vie plus spartiate à la forteresse de San Martino. Il opta pour la seconde solution.

Bien des évêques vivent à l'écart. Il y a un fossé automatique entre eux et leurs ouailles, d'ailleurs accepté des deux côtés. L'évêque est un personnage lointain qu'on n'aperçoit qu'en certaines occasions particulières. Albino Luciani manifesta une autre conception de son rôle à Vittorio Veneto. Il s'habilla comme un prêtre ordinaire et apporta l'évangile à son peuple. Avec ses prêtres il pratiqua une forme de démocratie extrêmement rare dans l'Eglise à cette époque. Son conseil diocésain, par exemple, était entièrement élu, sans aucune nomination épiscopale.

Quand ce même conseil recommandait la fermeture de tel ou tel petit séminaire, tout en étant en désaccord avec cette proposition, il visitait toutes ses paroisses et discutait calmement de la question avec les prêtres. Dès qu'il devenait clair pour lui que la majorité était favorable à la fermeture, il l'autorisait. Sur l'ordre de cet ancien séminariste, les élèves étaient renvoyés dans les écoles publiques. Il déclarait plus tard publiquement que la majorité avait eu raison et lui tort.

Aucun prêtre ne devait jamais prendre rendez-vous pour voir son évêque. Qu'il en vienne un, il le voyait. Certains considéraient que sa démocratie constituait une faiblesse ;

d'autres le voyaient différemment et le comparaient à l'homme qui l'avait fait évêque.

> « C'était comme si nous avions eu notre pape personnel. C'était comme si le pape Roncalli (Jean XXIII) était là, dans ce diocèse, au travail à nos côtés. A sa table, on rencontrait toujours deux ou trois prêtres. Il était tout simplement incapable de cesser de donner. Parfois, il allait rendre visite aux malades ou aux handicapés. Dans les hôpitaux, ils ne savaient jamais quand il venait. Il arrivait soudain sur sa bicyclette ou dans sa vieille auto, laissait son secrétaire lire dehors pendant qu'il parcourait les salles. Un peu plus tard, on le voyait dans un des villages de montagne examiner un problème particulier avec le curé. »

Dans la seconde semaine de janvier 1959, moins de trois semaines après avoir sacré l'évêque Luciani, le pape Jean parlait des affaires du monde avec son futur secrétaire d'Etat, le cardinal Domenico Tardini. Ils examinaient les conséquences de ce qu'un jeune homme du nom de Fidel Castro faisait au régime de Battista à Cuba, du fait que la France avait un nouveau président, le général de Gaulle, de la démonstration par les Russes de leurs progrès technologiques — ils avaient envoyé une fusée géante en orbite autour de la Lune. Ils parlaient de la révolte en Algérie, de l'effrayante pauvreté dans bien des pays d'Amérique latine, du nouveau visage de l'Afrique où il naissait une nation nouvelle toutes les semaines. Jean avait l'impression que l'Eglise catholique romaine ne parvenait pas à faire face aux problèmes du milieu du XXe siècle. L'histoire atteignait un point crucial alors qu'une part importante du monde se tournait vers les choses matérielles et se détournait des choses spirituelles. Au contraire de bien des gens au Vatican, le pape estimait que la réforme, tout comme la charité, devait commencer chez soi. Jean eut soudain une idée. Il devait dire plus tard que le Saint-Esprit l'avait inspirée. Quoi qu'il en soit, elle était excellente : « Un concile. »

Ainsi naquit l'idée du second concile œcuménique de

Vatican. Le premier, en 1870, avait donné à l'Eglise un pape infaillible. Les conséquences du second, des années après sa conclusion, résonnent encore à travers le monde.

Le 11 octobre 1962, 2381 évêques se réunissaient à Rome pour la cérémonie d'ouverture de ce second concile de Vatican. Parmi eux, Albino Luciani. Au fur et à mesure du déroulement des réunions, Luciani noua des amitiés qui allaient durer jusqu'à sa mort. Suenens, de Belgique. Wojtyla et Wyszynski, de Pologne. Marty, de France. Thiaudoum, de Dakar. Luciani connut aussi pendant ce concile son chemin de Damas personnel. Ce fut la déclaration conciliaire « De la liberté religieuse ».

Cette manière nouvelle de considérer un vieux problème en impressionna d'autres moins profondément. Des hommes comme le cardinal Alfredo Ottaviani, qui contrôlait le Saint-Office, étaient déterminés non seulement à ruiner la notion de tolérance implicite dans « De la liberté religieuse », mais encore ils menèrent un combat d'arrière-garde amer contre tout ce qui sentait ce que Pie X au début du siècle avait qualifié de « modernisme ». C'était cette génération qui avait appris à Luciani, au séminaire de Belluno, que la « liberté » religieuse était réservée aux catholiques romains et à eux seuls. « L'erreur n'a aucun droit. » A son tour, Luciani avait enseigné à ses propres élèves cette même doctrine effarante. Et là, pendant le concile Vatican II, il écoutait avec un étonnement grandissant les évêques, les uns après les autres, mettre cette notion en question.

Quand Luciani considéra les arguments de part et d'autre, il avait plus de 50 ans. En montagnard prudent, il parla du problème avec d'autres, il réfléchit tout seul et il finit par conclure que « l'erreur » résidait dans la notion qu'on leur avait enseignée.

Fait également caractéristique de cet homme, il publia par la suite un article où il expliquait comment et pourquoi il avait changé d'avis. Il commençait par une recommandation à ses lecteurs :

> « Si vous rencontrez une erreur, plutôt que de la déraciner ou de la pourfendre, voyez si vous pouvez la

traiter avec patience et permettre à la lumière d'éclairer le noyau de Bon et de Vrai qui, en général, ne manque pas de se trouver, même dans les opinions fausses. »

D'autres aspects des divers débats lui causèrent moins de difficulté. Quand le principe de l'Eglise des pauvres — une Eglise dépourvue de pouvoirs politique, économique et idéologique — apparut, le Concile cherchait tout simplement quelque chose en quoi Luciani croyait déjà.

Avant l'ouverture du concile, Luciani avait publié une lettre pastorale « Remarques sur le concile », afin de préparer ses fidèles. Alors que le concile siégeait encore, les changements qu'il avait déjà introduits dans le diocèse de Vittorio Veneto s'accélérèrent. Il pressa les enseignants de ses séminaires de lire les nouvelles revues théologiques et de rejeter les manuels qui lorgnaient encore amoureusement du côté du XIXe siècle. Il envoya ses professeurs suivre des cours dans les principales universités théologiques d'Europe. On trouva désormais non seulement des professeurs mais aussi des élèves à sa table, le soir pour dîner. Il écrivait une fois par semaine à tous ses prêtres, partageant avec eux idées et projets.

En août 1962, quelques mois avant l'ouverture du concile Vatican II, Luciani dut affronter un exemple d'erreur d'une tout autre espèce. Deux prêtres de son diocèse s'étaient laissé embarquer par un représentant à la langue bien pendue qui spéculait dans l'immobilier. Les prêtres furent tentés d'entrer dans la spéculation. Quand l'un d'eux vint voir Luciani, il confessa que la somme qui manquait, dont la plus grande partie appartenait à de petits épargnants, dépassait les deux milliards de lires.

Albino Luciani avait des idées très arrêtées sur la richesse et l'argent, en particulier la richesse de l'Eglise. Certaines venaient tout droit de Rosmini, beaucoup de sa propre expérience. Il croyait en une Eglise catholique romaine des pauvres, pour les pauvres. Les absences forcées de son père, la faim et le froid, les galoches en bois avec un tas de clous enfoncés dans la semelle pour ne pas qu'elles s'usent, le foin à couper pour améliorer les dîners de la famille, les longs séjours au séminaire sans voir une mère qui n'avait pas les moyens de lui rendre visite, tout cela avait produit chez Luciani une profonde compassion envers les pauvres, une indifférence totale à l'acquisition de richesses personnelles et la conviction que l'Eglise, son Eglise, devait non seulement être pauvre matériellement mais qu'il fallait qu'on la vît ainsi.

Conscient des dégâts que provoquerait le scandale il alla voir directement le rédacteur en chef du journal de Venise *Il Gazzetino.* Il lui demanda de ne pas traiter l'histoire en fait divers aguichant avec gros titres.

De retour dans son diocèse, il réunit ses 400 prêtres. La pratique normale aurait consisté à exiger l'immunité ecclésiastique. Agir ainsi aurait garanti que l'Eglise ne débourserait pas un sou. D'une voix douce, Luciani expliqua à ses prêtres :

> « Il est exact que deux d'entre nous ont mal agi. Je crois que le diocèse doit payer. Je crois aussi que la justice doit suivre son cours normal. Nous ne devons pas nous cacher derrière la moindre immunité. Dans ce scandale il y a une leçon pour nous tous. C'est que nous devons être une Eglise pauvre. J'ai l'intention de vendre des trésors ecclésiastiques. J'ai aussi l'intention de vendre un de nos bâtiments. L'argent servira à rembourser chaque lire que ces prêtres doivent. Je vous demande votre accord. »

Albino Luciani obtint leur accord. Sa moralité l'emporta. Certains admirèrent cet homme et sa moralité. D'autres remarquèrent sans beaucoup de vergogne qu'ils trouvaient Luciani trop moral dans ce genre d'affaires. Le spéculateur immobilier qui avait entraîné les deux prêtres faisait manifestement partie de ceux qui trouvaient l'évêque « trop moral ». Avant de passer en jugement il se suicida. Un des prêtres fut condamné à un an de prison et l'autre fut acquitté.

D'autres membres du clergé ne semblaient vraiment pas du tout enchantés de la façon dont Luciani adoptait de tout son cœur l'esprit du concile de Vatican. Comme Luciani, leur pensée avait été formée en des temps plus répressifs. Contrairement à lui, ils n'étaient pas disposés à modifier leur mode de pensée. Cet aspect des choses allait constamment occuper le travail de Luciani pendant tout le temps qu'il devait encore rester à Vittorio Veneto. Avec la même ardeur qu'il avait mise à dévorer livre sur livre dans sa jeunesse, il allait, pour citer les paroles de Monseigneur Ghizzo qui travaillait avec lui : « s'absorber complètement dans Vatican II. Il avait le concile dans le sang. Il connaissait les documents par cœur. Mieux, il incarnait les documents ».

Il jumela Vittorio Veneto avec Kiremba, petite ville du Burundi, ancienne colonie allemande de l'Est africain. Au milieu des années 1960, quand il s'était rendu à Kiremba, il avait fait la connaissance du Tiers Monde, face à face. Presque 70 pour cent des 3 250 000 habitants du pays étaient catholiques. La foi florissait, tout comme la pauvreté, la maladie, une mortalité infantile élevée et une guerre civile. Les églises étaient pleines, les ventres vides. C'était des réalités de cette sorte qui avaient inspiré le pape Jean à réunir le concile Vatican II, pour tenter de ramener l'Eglise dans le xxe siècle. Tandis que ce second concile aveuglait la vieille garde de la Curie romaine, il en illuminait d'autres, dont Luciani.

Jean donna littéralement sa vie pour garantir que le concile qu'il avait conçu ne fût pas mort-né. Ayant appris qu'il était gravement malade, il refusa l'opération fortement conseillée par ses spécialistes. Ils lui avouèrent que cette opération prolongerait sa vie. Il répondit que laisser Vatican II à la merci de l'élément réactionnaire à l'intérieur du Vatican pendant les premières et délicates étapes reviendrait à assurer un désastre théologique. Il préférait rester au Vatican pour aider à grandir l'enfant qu'il avait créé. Ce faisant, il signait, avec un calme et un courage extraordinaires, son propre arrêt de mort. Le 3 juin 1963, quand il mourut, l'Eglise catholique romaine, grâce au concile œcuménique Vatican II, essayait enfin de composer avec le monde tel qu'il était plutôt que tel qu'elle aurait aimé qu'il fût.

Jean disparu, remplacé par Paul VI, l'Eglise s'approchait lentement d'une réalité précise, d'une décision particulière, la plus importante qu'elle ait prise durant ce siècle. Dans les années 1960, on posait cette question avec une urgence croissante : « Quelle était la position de l'Eglise sur le contrôle artificiel des naissances ? »

En 1962, le pape Jean avait nommé une Commission pontificale sur la famille. Le contrôle des naissances figurait comme l'un des problèmes essentiels qu'elle avait instruction d'examiner. Le pape Paul nomma d'autres membres à cette commission, jusqu'à ce qu'elle en compte 68. Il créa ensuite un nombre considérable d'experts pour conseiller et guider la commission. Alors que des centaines de millions de catholiques à travers le monde attendaient et se posaient des questions, les spéculations sur un changement imminent de la position de l'Eglise prenaient une ampleur considérable. Beaucoup de pratiquants se mirent à prendre la pilule ou à employer d'autres formes de contraception artificielle. Tandis que les « experts » à Rome débattaient du sens des versets 7 à 10, chapitre 38 de la Genèse et d'un homme du nom d'Onan, la vie quotidienne devait suivre son cours.

Il n'est pas sans ironie que la confusion qui régnait dans le monde catholique à cette époque sur cette question reflétait exactement ce que pensait le pape là-dessus. Il ne savait quoi faire.

Pendant la première semaine d'octobre 1965, le pape Paul accorda une interview exceptionnelle au journaliste italien Alberto Cavallari. Ils abordèrent de nombreux sujets auxquels l'Eglise était confrontée. Cavallari remarqua par la suite ne pas avoir soulevé lui-même le problème du contrôle des naissances parce qu'il savait quel trouble existait à ce sujet. Ses craintes se révélèrent infondées. Paul souleva la question lui-même. Il faut se rappeler que c'était une époque où la papauté restait attachée aux illusions royales ; les pronoms personnels ne faisaient pas partie du style pontifical :

> « Prenez le contrôle des naissances, par exemple. Le monde demande ce que nous pensons et nous nous retrouvons en train d'essayer de donner une réponse. Mais quelle réponse ? Nous ne pouvons pas garder le silence. Et cependant parler est un véritable pro-

blème. L'Eglise n'a pas dû traiter ce genre de choses depuis des siècles. Et, pour les hommes d'Eglise, c'est un sujet assez étranger et même humainement embarrassant. Donc, les commissions se réunissent, les rapports s'entassent, les études et les travaux sont publiés. Oh, ils travaillent beaucoup, vous savez. Mais alors, c'est encore à nous de prendre les décisions finales. Et dans cet acte de décider, nous sommes complètement seul. Décider n'est pas aussi facile qu'étudier. Nous devons dire quelque chose. Mais quoi ? Il faudra simplement que Dieu nous éclaire. »

Pendant que le pape célibataire attendait la lumière de Dieu sur les rapports sexuels, sa commission continuait à travailler dur. Tandis que les 68 membres œuvraient, leurs efforts faisaient l'objet d'une étroite attention de la part d'une commission plus restreinte composée d'une vingtaine de cardinaux et évêques. Toute recommandation libérale des 68, avant d'atteindre le pape, devait obligatoirement passer par le groupe restreint que dirigeait un homme concentrant en lui tout ce qu'il y avait de réactionnaire au sein de l'Eglise, le cardinal Ottaviani. Beaucoup le considéraient comme le chef de cette tendance.

Le 23 avril 1966 fut un jour crucial dans l'histoire de la commission. Ce jour-là, on termina l'examen exhaustif et épuisant de la question du contrôle des naissances. Ceux qui avaient maintenu leur opposition à un changement de position de l'Eglise se réduisaient désormais à quatre prêtres irrémédiablement engagés dans une position interdisant toute forme de contrôle artificiel des naissances. Soumis à la pression des autres membres de la commission, les quatre admettaient qu'ils étaient incapables de prouver la justesse de leur position à partir de la loi naturelle. Pas plus qu'ils ne pouvaient citer les Ecritures ou la révélation divine pour justifier leur opinion. Ils soutenaient que diverses interventions papales au cours des ans avaient toutes condamné la contraception artificielle. Leur raisonnement semblait affirmer « une fois dans l'erreur, toujours dans l'erreur ».

En octobre 1951, Pie XII (1939-1958) avait adouci la position quelque peu austère sur le contrôle des naissances dont il avait hérité de ses prédécesseurs. Au cours d'une audience avec des sages-femmes italiennes il avait donné son approbation à l'emploi de la méthode des « rythmes » par tous les catholiques qui avaient des raisons sérieuses d'éviter la procréation. Etant donné le peu de confiance avéré de ce qu'on finit par appeler la « Roulette du Vatican », il n'est pas étonnant que Pie XII ait à son tour demandé des recherches supplémentaires sur la méthode des rythmes. Néanmoins, il avait fait bouger l'Eglise de sa position antérieure qui considérait la procréation comme le seul but des rapports sexuels.

Après Pie XII arriva non seulement un nouveau pape mais également l'invention de la pilule à la progestérone. On avait affirmé l'infaillibilité de certaines opinions pontificales mais personne n'affirmait plus la clairvoyance pontificale. Une situation nouvelle réclamait un nouvel examen du problème ; or les quatre prêtres en désaccord avec le reste de la commission insistaient pour que cette situation nouvelle reçoive les anciennes réponses.

Finalement, la commission pontificale rédigea son rapport. Pour l'essentiel, elle informait le pape qu'un accord avait été réalisé, à une majorité écrasante (64 votes contre 4) de théologiens, d'experts juridiques, d'historiens, de sociologues, de médecins, d'obstétriciens et de couples mariés, sur le fait qu'un changement de la position de l'Eglise catholique sur le contrôle des naissances était à la fois possible et judicieux.

Ce rapport fut soumis vers le milieu de 1966 à la commission de cardinaux et d'évêques qui supervisait la commission pontificale. Ces hommes d'Eglise réagirent avec une certaine perplexité. Obligés de consigner leurs opinions sur le rapport, 6 prélats s'abstinrent, 8 votèrent en faveur de la recommandation du rapport au pape et 6 votèrent contre.

Dans certains secteurs de la Curie romaine, corps central de l'administration qui contrôle et domine l'Eglise catholique, on assista à des réactions de grande ampleur. Certains applaudirent à la recommandation d'un changement, d'autres y virent la manifestation de la perversité malfaisante engendrée par le concile Vatican II. Le cardinal Ottaviani, secrétaire de la Suprême Sacrée Congrégation du Saint-Office, appartenait à cette seconde catégorie. La devise de ses armoiries disait : *Semper Idem* (Toujours le Même).

En 1966, Alfredo Ottaviani était, après le pape, la personne la plus puissante de toute l'Eglise catholique romaine. Ancien élève du séminaire de Rome, cet homme avait vécu toute sa carrière à la secrétairerie d'Etat et à la Curie, sans jamais occuper de poste hors de Rome.

Il avait mené une lutte sévère et souvent victorieuse contre les conséquences libéralisantes du concile Vatican II. Le front plissé en permanence, le crâne fuyant comme s'il évitait constamment une question directe, le cou dissimulé par des mâchoires proéminentes, il avait quelque chose de l'immobilité d'un sphinx. Non seulement cet homme était né vieux, il était né hors de son temps. Il représentait parfaitement cette partie de la Curie qui avait le courage de ses préjugés.

Il se voyait en défenseur d'une foi qui ne composait pas avec le ici et maintenant. Pour Ottaviani on touchait à l'avenir en embrassant des valeurs déjà vieillies aux temps médiévaux. Il n'était pas sur le point de céder sur le contrôle des naissances ; plus important, il était décidé à ce que le pape Paul VI ne cède pas non plus.

Ottaviani prit contact avec les quatre prêtres dissidents de la commission pontificale. Le rapport de cette commission intégrait déjà entièrement leur opinion. Il les persuada de présenter leurs conclusions dissidentes dans un rapport spécial. Ainsi le jésuite Marcellino Zalba, le rédemptoriste Jan Visser, le franciscain Emengildo Lio et le jésuite américain John Ford, créèrent-ils un second document.

Il importait peu qu'en agissant de cette manière ils se conduisent sans probité, car l'objet de cette manœuvre consistait à donner à Ottaviani une arme à brandir devant le pape. Ces quatre hommes portent une effrayante responsabilité dans ce qui devait suivre. Toutes les morts, les souffrances et la misère qui découlèrent directement de la décision finale du souverain pontife peuvent, pour une large part, être déposées à leurs pieds. On peut connaître la mesure de leurs processus mentaux en considérant un de ces quatre hommes, le jésuite américain John Ford. Il estimait être en contact direct avec le Saint-Esprit pour cette question et croyait que le divin guide l'avait conduit à la vérité des vérités. Ford avait déclaré que si la conception de la majorité prévalait il serait contraint de quitter l'Eglise catholique romaine. Le rapport de cette minorité restera comme l'exemple de la morgue. On le présenta au pape Paul en même temps que le rapport officiel de la commission. La suite illustre de manière classique le pouvoir qu'a une minorité à la Curie romaine de contrôler des situations, de manipuler des événements. Quand les deux rapports arrivèrent devant Paul, la plupart des 68 membres de la commission étaient éparpillés aux quatre coins du monde.

Convaincus que ce problème difficile avait fini par être résolu par une conclusion de libéralisation, les membres de la majorité de la commission attendaient dans leur pays que le pape annonce l'approbation du contrôle artificiel des naissances. Certains avaient commencé à préparer un document qui servirait d'introduction ou de préface à cette décision pontificale imminente et dans lequel ils justifiaient pleinement ce changement de la position de l'Eglise.

Pendant toute l'année 1967 et le début de 1968, Ottaviani profita de l'absence de Rome de la majorité des membres de la Commission. Ceux qui se trouvaient encore dans la Cité se contraignaient pour ne pas faire davantage pression sur Paul. Ce faisant ils jouaient entièrement le jeu d'Ottaviani qui plaçait des membres de la vieille garde partageant ses vues. Tous les jours, des cardinaux comme Cicognani, Browne, Parente et Samore rencontraient le pape par hasard. Tous les jours ils lui disaient qu'approuver le contrôle artificiel des naissances constituerait une trahison de l'héritage de l'Eglise. Ils lui rappelaient le Droit Canon de l'Eglise et les trois critères appliqués à tout catholique désireux de se marier. Sans ces trois facteurs le mariage est invalide aux yeux de l'Eglise : érection, éjaculation et conception. La légalisation de la contraception par voie orale, disaient-ils, reviendrait à détruire cet article de la loi de l'Eglise. Beaucoup, dont son prédécesseur Jean XXIII, ont souvent comparé le pape Paul à un Hamlet tourmenté par le doute. Tout Hamlet a besoin d'un château d'Elseneur où broyer du noir. A la fin, le pape décida que c'est lui et lui seul qui prendrait la décision finale. Il convoqua le secrétaire d'Etat Agostino Casaroli et lui fit savoir que le problème du contrôle des naissances serait enlevé à la compétence du Saint-Office. Puis il se retira à Castel Gandolfo pour travailler à l'encyclique.

A Castel Gandolfo, sur le bureau du pape, parmi les divers rapports, recommandations et études sur la question du contrôle artificiel des naissances se trouvait un document établi par Albino Luciani.

Tandis que ses commissions, ses experts et les cardinaux de la Curie disséquaient le problème, le pape avait aussi demandé l'avis des diverses régions d'Italie. Parmi elles, le diocèse de Vittorio Veneto. Le cardinal Urbani, patriarche de Venise, avait réuni tous les évêques de la région. Après une journée de débats on décida que Luciani rédigerait le rapport.

La décision de confier ce travail à Luciani reposait largement sur sa connaissance du problème. Il étudiait ce sujet depuis des années. Il avait parlé et écrit là-dessus, il avait consulté des médecins, des sociologues, des théologiens, et non des moindres, ceux qui possédaient une expérience vécue du problème, des couples mariés.

Parmi ces couples mariés, figurait son propre frère, Eduardo, qui luttait afin de gagner suffisamment pour élever une famille qui avait fini par compter dix enfants. Luciani était donc un témoin direct des problèmes posés par la poursuite de l'interdiction du contrôle artificiel des naissances. Il avait grandi au milieu de la pauvreté. A la fin des années 1960 il lui semblait y avoir autant de pauvreté et de privations qu'aux jours perdus de sa jeunesse. Quand ceux que l'on aime sont plongés dans le désespoir parce qu'ils ne parviennent pas à pourvoir aux besoins d'un nombre croissant d'enfants, l'on est enclin à considérer le problème du contrôle des naissances sous un jour différent de celui d'un jésuite en contact direct avec le Saint-Esprit.

Les messieurs du Vatican pouvaient bien citer la Genèse jusqu'au Jour du jugement dernier, cela ne mettrait pas de pain sur la table. Pour Albino Luciani, le concile Vatican II était destiné à relier l'Evangile et l'Eglise au XXe siècle ; aussi, dénier à des hommes et à des femmes le droit au contrôle artificiel des naissances revenait à replonger l'Eglise au cœur de l'âge des ténèbres. Tout cela, il le disait tranquillement en privé tandis qu'il préparait son rapport. En public, il avait une conscience aiguë de son obéissance au souverain pontife. En cela, Luciani demeurait un excellent exemple de son temps. Quand le pape ordonne, les fidèles acquiescent. Cependant, même dans ses homélies publiques on décèle des indices nets de ce qu'il pensait du contrôle des naissances.

Au mois d'avril 1968, après bien des consultations, le rapport de Luciani était terminé et soumis. Il avait reçu l'approbation des évêques de la région de Venise et le cardinal Urbani avait dûment signé le rapport avant de l'envoyer directement au pape Paul. Par la suite, Urbani vit le document sur le bureau du pape à Castel Gandolfo. Paul fit savoir à Urbani qu'il estimait hautement le rapport. Au point que, de retour à Venise, Urbani passa par Vittorio Veneto pour transmettre personnellement à Luciani le plaisir que le rapport avait procuré au souverain pontife.

Le point central du rapport recommandait au pape que l'Eglise catholique romaine devrait approuver l'utilisation de la pilule anovulatoire mise au point par le professeur Pincus. *Cette dernière devrait devenir la pilule catholique du contrôle des naissances.*

Le 13 avril, Luciani parla aux fidèles de Vittorio Veneto des problèmes que provoquait cette question. Avec la délicatesse désormais devenue la marque personnelle de Luciani, il désigna le sujet par l'expression « éthique conjugale ». Après avoir fait remarquer que les prêtres dans leurs paroles et en accueillant les confessions « devaient rester fidèles aux instructions données par le pape en plusieurs occasions jusqu'à ce que ce dernier se prononce à nouveau », Luciani poursuivait par trois remarques :

> 1. Etant donné la confusion causée par la presse, il est plus facile aujourd'hui de trouver des personnes mariées qui ne croient pas être en état de péché. Si cela devait arriver il serait opportun, dans les conditions habituelles, de ne pas les troubler.

2. Envers l'onaniste pénitent, qui montre à la fois sa contrition et son découragement, il est opportun d'user d'encouragements bienveillants à l'intérieur des limites de la prudence pastorale.

3. Prions pour que le Seigneur aide le pape à résoudre cette question. Il n'y a peut-être jamais eu de question aussi difficile pour l'Eglise : à la fois pour les difficultés intrinsèques et pour les nombreuses implications qui affectent d'autres problèmes, ainsi que pour la très grande sensibilité avec laquelle une grande masse de gens vit ce problème.

Humanae Vitae fut publiée le 25 juillet 1968. Le pape Paul demanda à monseigneur Lambruschini, de l'université du Latran, d'expliquer sa signification à la presse, exercice assez superflu en soi. Plus intéressant, on souligna que ce document n'était pas infaillible. Pour des millions de catholiques, cette encyclique devint un événement historique comparable à l'assassinat du président John F. Kennedy. Des années plus tard ils savaient exactement ce qu'ils étaient en train de faire et où ils se trouvaient quand ils avaient appris la nouvelle.

Sur l'échelle des catastrophes pour l'Eglise catholique romaine, elle monte plus haut que le traitement infligé à Galilée au XVIIe siècle ou la déclaration de l'infaillibilité pontificale au XIXe. Ce document qui devait renforcer l'autorité du pape eut précisément l'effet contraire.

Ce célibataire, âgé à l'époque de 71 ans, après avoir élargi la commission qui le conseillait sur le problème du contrôle des naissances, passait outre à son conseil. Il déclarait que les seules méthodes de contrôle des naissances que l'Eglise considérait comme acceptables étaient l'abstinence ou la méthode rythmique « ... quelle que soit l'utilisation du mariage, on ne doit y voir aucune altération de sa capacité naturelle à la procréation de la vie humaine. »

Par millions on ignora le pape et l'on continua de pratiquer sa foi tout en prenant la pilule ou n'importe quelle autre méthode jugée appropriée. Des millions perdirent patience et foi. D'autres allèrent chercher un peu plus loin un autre prêtre pour confesser leurs péchés. D'autres encore essayèrent d'obéir à l'encyclique et se rendirent compte qu'ils avaient évité une conception du péché pour en rencontrer une autre, le divorce. L'encyclique divisa complètement l'Eglise.

« Je ne peux arriver à croire que le salut repose sur la contraception par la température et la damnation sur le caoutchouc », déclara le Docteur André Hellegers, obstétricien et membre de la commission pontificale ignorée. Un argument étonnant en faveur de la défense du Vatican arriva du cardinal Felici. « L'erreur possible du supérieur (le pape) n'autorise pas la désobéissance des sujets. »

Albino Luciani lut l'encyclique avec consternation. Il savait quelle effervescence allait engloutir l'Eglise. Il se rendit dans son église à Vittorio Veneto et pria. Dans son esprit, il était hors de question de ne pas obéir à la décision pontificale mais, aussi profonde que fût son allégeance au pape il ne pouvait ni ne voulait simplement chanter les louanges d'*Humanae Vitae*. Il savait un peu ce que le document avait dû coûter au pape ; il savait parfaitement ce qu'il allait en coûter aux fidèles qui devraient tenter de l'appliquer dans leur vie quotidienne.

Dans les deux heures qui suivirent sa lecture de l'encyclique, Luciani avait rédigé sa réaction pour le diocèse de Vittorio Veneto. Dix ans plus tard, quand il deviendrait pape, le Vatican affirmerait que la réaction de Luciani avait été « Rome a parlé. L'affaire est close ». Ce serait un mensonge de plus du Vatican. Rien d'approchant cette impression n'apparaît dans ses paroles. Il commença par rappeler au diocèse son commentaire d'avril puis poursuivit :

> « Je confesse que, bien que ne l'ayant pas révélé dans ce que j'avais écrit, j'espérais en privé que les très graves difficultés existantes pourraient être surmontées et que la réponse du Maître, qui parle avec un charisme particulier et au nom du Seigneur, coïnciderait, au moins en partie, avec les espoirs de bien des couples mariés après l'installation d'une commission pontificale « ad hoc » pour examiner la question. »

Il reconnaissait ensuite tout le soin et la considération accordés au problème par le pape et disait que ce dernier savait « être sur le point de créer l'amertume chez beaucoup » mais, continuait-il, « l'ancienne doctrine, présentée dans un nouveau cadre d'idées positives et encourageantes sur le mariage et l'amour conjugal, offre de meilleures garanties au vrai bien de l'homme et de la famille ». Luciani affrontait enfin certains problèmes qui découleraient inévitablement d'*Humanae Vitae* :

> « Les pensées du pape, et les miennes, vont spécialement aux difficultés parfois graves des couples mariés. Puissent-ils ne pas perdre courage, pour l'amour du ciel. Puissent-ils se rappeler que pour tout le monde la porte est étroite et étroit le chemin qui conduit à la vie (Matth. 7. 14). Que l'espoir de la vie future doit illuminer la route des couples chrétiens. Que Dieu ne manque pas d'aider ceux qui Le prient avec persévérance. Puissent-ils faire l'effort de vivre avec sagesse, justice et piété dans le temps présent, tout en sachant que les coutumes de ce monde passent (Cor. 7. 31)... Et si le péché se trouvait exercer encore son empire sur eux, puissent-ils ne pas se décourager mais avoir recours avec humilité et persévérance à la miséricorde divine à travers le sacrement de Pénitence. »

Cette dernière phrase, tirée directement d'*Humanae Vitae*, fut l'une des rares miettes de réconfort pour ceux qui comme Luciani avaient espéré un changement. Confiant que son troupeau le suivait dans une « adhésion sincère à l'enseignement du pape », Luciani leur accorda sa bénédiction.

Dans d'autres pays, d'autres prêtres adoptèrent une ligne plus ouvertement hostile. Beaucoup quittèrent l'état sacerdotal. Luciani prit une orientation plus subtile.

En janvier 1969 il retourna une fois de plus à ce sujet, ce que le Vatican ferait prendre plus tard pour une déclaration dogmatique et monolithique. Il savait que certains de ses prêtres refusaient l'absolution à des couples mariés qui utilisaient la pilule contraceptive et que d'autres absolvaient facilement ce que Paul avait estimé être un péché. Traitant de ce problème, Luciani cita la réponse de la conférence épiscopale italienne à *Humanae Vitae,* qu'il avait d'ailleurs aidé à rédiger. On y recommandait aux prêtres de manifester une « bienveillance évangélique » envers ceux « dont les fautes dérivaient... des difficultés parfois très graves qu'ils rencontraient. Dans ce cas, le comportement des époux, quoique non conforme aux normes chrétiennes, ne devait certainement pas être jugé avec la même sévérité que lorsqu'il dérivait de motifs corrompus par l'égoïsme et l'hédonisme ». Luciani admonesta aussi ses ouailles troublées afin qu'elles n'éprouvent pas « un complexe de culpabilité angoissé et perturbant ».

Durant toute cette période, le Vatican continua de bénéficier des profits en provenance de l'une des nombreuses sociétés qu'il possédait, l'Istituto Farmacologico Sereno. L'un des produits les mieux vendus de ce laboratoire s'appelait Luteolas, un contraceptif oral.

La loyauté démontrée par Albino Luciani à Vittorio Veneto n'était pas perdue pour le Saint-Père à Rome. Mieux que beaucoup le pape savait que cette loyauté avait été payée d'un prix élevé. Le document sur son bureau, qui portait la signature du cardinal Urbani mais reprenait pour l'essentiel la position de Luciani sur le contrôle des naissances, témoignait en silence du coût personnel.

Profondément impressionné, le pape Paul VI fit remarquer à son sous-secrétaire d'Etat Giovanni Benelli : « Il y a à Vittorio Veneto un petit évêque qui semble bien me convenir. » L'avisé Benelli fit l'effort d'établir des liens d'amitié avec Luciani. Elle allait se révéler lourde de conséquences.

Le cardinal Urbani, patriarche de Venise, mourut le 17 septembre 1969. Le pape se souvint de son petit évêque. A l'étonnement de Paul, Luciani déclina ce qui aurait pu sembler une promotion brillante. Complètement dépourvu d'ambition il se trouvait heureux et satisfait de son travail à Vittorio Veneto.

Le pape Paul lança son filet plus loin. Le cardinal Antonio Samore, aussi réactionnaire que son mentor Ottaviani, devint un prétendant sérieux. Les murmures de mécontentement des laïcs vénitiens qui affirmèrent devoir être plus heureux si Samore demeurait à Rome, atteignirent les oreilles du pape.

Paul donna alors une autre démonstration de la danse pontificale qu'il avait inventée depuis son accession au trône de Saint-Pierre : un pas en avant, un pas en arrière — Luciani, Samore, Luciani.

Luciani commença à sentir la pression de Rome. Il finit par succomber. Ce fut une décision qu'il regretta dans les heures qui suivirent. Ignorant que son nouveau patriarche avait lutté pour ne pas accepter le poste, Venise célébra le fait que « l'homme du cru », Albino Luciani, avait été nommé le 15 décembre 1969.

Avant de quitter Vittorio Veneto, Luciani reçut un don d'un million de lires. Il refusa tranquillement le cadeau et après avoir suggéré que les gens en fassent don à leurs propres œuvres charitables, il leur rappela ce qu'il avait dit à ses prêtres quand il était arrivé dans le diocèse onze ans plus tôt : « Je suis venu sans avoir cinq lires. Je veux m'en aller sans avoir cinq lires. » Albino Luciani emporta à Venise une petite pile de linge, quelques meubles et ses livres.

Le 8 février 1970, le nouveau patriarche, désormais archevêque, faisait son entrée à Venise. La tradition décrétait que l'entrée d'un nouveau patriarche était une splendide excuse à une procession de gondoles joyeusement parées, aux orchestres de cuivre, à des parades et à d'innombrables discours. Luciani avait toujours nourri une profonde aversion envers ce genre de pompe et de cérémonies. Il annula la bienvenue rituelle et se limita à un discours au cours duquel il fit non seulement allusion aux aspects historiques de la cité mais reconnut encore que son diocèse comprenait également des zones industrielles comme Mestre et Marghera. « Ceci est l'autre Venise, fit remarquer Luciani, avec peu de monuments mais tellement d'usines, de maisons, de problèmes spirituels, d'âmes. Et c'est vers cette cité si diverse que la Providence m'envoie. Monsieur le Maire, les premières monnaies vénitiennes, frappées depuis l'an 850 après Jésus-Christ, portaient la devise " Christ, sauvez Venise ". Je la ferai mienne de tout mon cœur et la tournerai en une prière, " Christ, bénissez Venise ". »

La cité païenne avait rudement besoin de la bénédiction du Christ. Elle regorgeait de monuments et d'églises qui proclamaient les gloires passées d'une république impériale mais Luciani apprit bien vite que la majorité des églises dans les 127 paroisses restaient presque vides en permanence. Si l'on ne comptait pas les touristes, les très jeunes et les très vieux, la fréquentation des églises était épouvantablement basse. Venise est une ville qui a vendu son âme au tourisme.

Le lendemain de son arrivée, accompagné de son nouveau secrétaire, le père Mario Senigaglia, il se mettait au travail. Refusant les invitations à diverses soirées, cocktails et réceptions, il rendit plutôt visite au séminaire local, à la prison pour femmes de la Giudecca, à celle pour hommes de Santa Maria Maggiore, puis il célébra la messe dans l'église de San Simeone.

D'habitude, le patriarche de Venise avait son bateau personnel. Luciani n'avait ni la fortune ni le goût pour ce qui lui paraissait une extravagance superflue. Quand il voulait se déplacer dans les canaux, le père Mario et lui prenaient un vaporetto. S'il s'agissait d'un rendez-vous urgent, Luciani appelait les Pompiers, les carabiniers ou la brigade financière et demandait qu'on lui prête un de leurs bateaux. Finalement, les trois corps mirent au point un tour pour rendre service à ce prêtre inhabituel.

Pendant la crise pétrolière, le patriarche prit l'habitude d'aller à bicyclette visiter la terre ferme. La haute société vénitienne hochait la tête et murmurait en signe de désapprobation. Une bonne partie d'entre eux appréciait la pompe et la cérémonie qu'ils associaient à la fonction de patriarche. Pour eux, c'était une personne importante qu'il fallait traiter avec importance. Quand Albino Luciani et le père Mario faisaient une apparition à l'improviste dans un hôpital pour aller voir les malades ils étaient immédiatement entourés par les administrateurs, les médecins, les frères et les sœurs. Le Père Senigaglia m'a rapporté ses paroles en l'une de ces occasions : « Je ne veux pas abuser de votre temps précieux. Je peux me débrouiller tout seul.

— Vous n'abusez absolument pas, Votre Eminence, c'est un honneur pour nous. »

Une grande procession commençait à progresser à travers les salles, ce qui rendait Luciani de plus en plus mal à l'aise. Il finissait par dire : « Ma foi, il est peut-être préférable que je revienne une autre fois, il est déjà tard. »

Il faisait plusieurs fausses sorties pour essayer de se débarrasser de son entourage. Sans succès.

— Ne vous faites pas de souci, votre Eminence. C'est notre devoir.

Une fois dehors, il se tournait vers le père Senigaglia :

— Sont-ils toujours ainsi ? C'est très dommage. J'ai l'habitude d'autre chose. Soit nous devrons leur faire comprendre, soit je perdrai une bonne habitude.

Lentement, une partie du message passa, mais il n'en alla jamais comme à Vittorio Veneto.

Son approche empreinte de fraîcheur ne se limitait pas à sa technique de visite aux malades. Un nombre très important de monsignors et de prêtres dont la conduite ne s'accordait pas à la conception de Luciani selon laquelle « les vrais trésors de l'Eglise sont les pauvres, les faibles qu'il ne s'agit pas d'aider par une charité occasionnelle mais de telle sorte qu'ils puissent réellement en profiter », se retrouvèrent à la tête de paroisses lointaines.

Un prêtre de cette espèce, propriétaire foncier, reçut de Luciani une leçon personnelle de justice sociale qui le laissa stupéfait. Le prêtre avait augmenté le loyer de l'une de ses maisons ; il découvrit que le locataire, instituteur au chômage, ne pouvait pas faire face à l'augmentation. Il lui fit parvenir rapidement son congé. Entendant parler de l'incident par son secrétaire, Luciani fit en vain des remontrances au prêtre ; il se moquait de ce patriarche fantasque qui lui citait le Christ. « Mon Royaume n'est pas de ce monde. » Il fit expulser l'instituteur et sa famille. Luciani rédigea sur-le-champ un chèque de 3 millions de lires qui devait permettre à la famille de vivre dans une pension jusqu'à ce qu'ils trouvent une résidence permanente. L'instituteur a conservé la photocopie du chèque, elle est encadrée et accrochée dans son salon.

Une autre fois, Senigaglia interrompit par inadvertance une visite que Luciani faisait à un prêtre malade. Il découvrit son patriarche en train de vider son portefeuille sur le lit du prêtre. Un peu plus tard, le secrétaire fit ce gentil reproche à Luciani. « Vous ne pouvez pas faire cela. » La réponse d'Albino Luciani résume assez bien l'homme :

— Mais c'était tout ce que j'avais sur moi.

Senigaglia expliqua que la Curie avait un fonds spécial pour que le patriarche puisse aider ses prêtres, en silence. C'était de cette façon, expliqua Senigaglia, que le précédent patriarche avait accompli divers actes de charité. Luciani écouta puis demanda à son secrétaire de conclure le même arrangement avec la Curie.

Il découvrit qu'en tant que patriarche il avait acquis sans s'en douter une maison à San Pietro de Fileto. Il tenta de la donner au malheureux instituteur mais le Vatican objecta. Après une bataille avec la Curie les autorités acceptèrent finalement que Luciani permette à l'évêque en retraite Muchin d'y vivre.

Quelque temps après sa nomination au patriarcat ses bureaux débordaient en permanence de pauvres. « La porte du patriarche est toujours ouverte, demandez à Don Mario et tout ce que je pourrai faire pour vous, je le ferai toujours volontiers. » La foule, qui sentait fort, murmura ses remerciements.

Don Mario dit à son supérieur en grinçant des dents : « Votre Excellence, vous êtes en train de me ruiner, ils ne me laisseront jamais en paix. » Luciani sourit et répondit : « Quelqu'un nous aidera. »

Ainsi donc les bureaux du patriarche étaient souvent pleins d'anciens détenus, d'alcooliques, de pauvres, de mendiants, de femmes qui ne pouvaient plus travailler comme prostituées. Un de ces malheureux porte encore le pyjama que Luciani lui a donné et continue d'écrire des lettres de remerciements à un homme qui n'est plus là pour les lire.

Pendant sa première année dans la ville il montra le souci qu'il avait pour ceux qui habitaient dans ce qu'il avait qualifié, le jour de son arrivée, « d'autre Venise ». Quand des grèves et des manifestations violentes éclatèrent à Mestre et à Marghera il demanda aux travailleurs et à la direction de chercher un compromis. En 1971, quand 270 ouvriers furent licenciés à l'usine de La Sava il rappela aux patrons le besoin souverain de se souvenir de la dignité de la personne humaine. On entendit certaines parties des bastions du catholicisme traditionnel à Venise exprimer le souhait que leur patriarche se contente de faire des sermons pour des touristes qui ne comprenaient pas. Cependant, le pape Paul VI était manifestement ravi par Luciani. En 1971, il le désigna pour assister au synode mondial des évêques. A l'ordre du jour, le ministère des prêtres et la justice dans le monde. Une des propositions faites par Luciani lors de ce synode montre ce que réservait l'avenir :

> « Je propose, comme exemple d'aide concrète aux pays pauvres, que les églises les plus fortunées s'imposent une taxe et versent un pour cent de leurs revenus aux organisations d'aide du Vatican. On pourrait appeler ce un pour cent la « part des frères » et on ne la donnerait pas comme un don charitable mais comme un dû, pour compenser l'injustice de notre implication dans notre monde de consommation, contre le monde en développement, et afin de remédier d'une certaine façon au péché social, dont nous devons être tous bien conscients. »

Une des injustices à laquelle Luciani consacra sans relâche ses efforts à Venise concerne l'attitude qui prévalait envers les anormaux et les handicapés. Non seulement le maire et les autorités municipales manifestaient de l'indifférence mais Luciani constata les mêmes préjugés chez certains de ses curés. Quand il alla donner la première communion à un groupe important d'handicapés, à St.-Pie X, à Marghera, il dut affronter une délégation de prêtres qui protestaient car il ne devait pas, selon eux, faire ce genre de choses. « Ces créatures ne comprennent pas. » Il leur apprit qu'il avait lui-même donné l'ordre de les préparer à la première communion.

Après la messe il choisit une jeune fille atteinte de spina bifida. L'assemblée gardait un silence total.

— Sais-tu qui tu as reçu aujourd'hui ? demanda-t-il à la fillette.

— Oui. Jésus.
— Et es-tu contente ?
— Très.
Luciani se tourna lentement et regarda le groupe de prêtres protestataires.
— Vous voyez, ils sont meilleurs que nous autres adultes.
A cause de la réticence du conseil municipal à apporter sa contribution aux Centres de Travail Spéciaux, Luciani dut d'abord faire appel aux fonds du diocèse et à la banque connue sous le sobriquet de « banque des prêtres », la Banca Cattolica del Veneto. Plusieurs mois après avoir été fait cardinal il comprit qu'elle n'était plus la banque des prêtres. Outre la foule ordinaire qui se pressait pour demander un secours devant son bureau, il voyait désormais des évêques, des monsignors et des prêtres. Dans le passé, la banque avait toujours prêté de l'argent au clergé à faible taux d'intérêt. Fondée pour le diocèse, cette banque avait contribué au travail vital en faveur de cette partie de la société que Luciani décrivait ainsi : « Ils n'ont aucun poids politique. On ne saurait compter sur leur vote. C'est pour ces raisons que nous devons tous montrer notre sens de l'honneur, comme hommes et comme chrétiens, envers ces gens handicapés. »

Vers le milieu de l'année 1972 les prêts à bas taux d'intérêt cessèrent. Le clergé vénitien fut averti qu'à l'avenir il faudrait payer le taux d'intérêt normal, aussi louables que soient les œuvres. Les prêtres se plaignirent auprès de leurs évêques. Les évêques firent un certain nombre d'enquêtes discrètes.

Depuis 1946, l'Istituto per le Opere di Religione, l'I.O.R. que l'on appelle d'habitude la Banque du Vatican, détenait une majorité dans le capital de la Banca Cattolica del Veneto. Les divers diocèses de la région vénète détenaient aussi une petite part du capital, soit moins de 5 pour cent des actions.

Dans le monde commercial normal cette minorité d'actionnaires aurait été très vulnérable mais ce monde n'était ni ordinaire ni commercial. Il existait un accord clair entre Venise et le Vatican que la forte participation de l'I.O.R. (en 1972, elle s'élevait à 51 pour cent) constituait une assurance contre toute prise de contrôle éventuelle par un tiers. Malgré les très faibles taux d'intérêt accordés au clergé de Venise la banque était l'une des plus riches du pays. Car là où les prêtres déposaient leur argent, les fidèles suivaient. (Une part significative de la richesse de la banque provenait de biens immobiliers en Italie du nord.) Ces accords heureux venaient de se rompre. La banque que les évêques pensaient être la leur, du moins moralement, avait été vendue par-dessus leur tête sans que personne n'en ait parlé ni au patriarche ni à quiconque dans la région de Venise. Le responsable de cette vente était le Président de la banque du Vatican, Paul Marcinkus. L'acheteur s'appelait Roberto Calvi, de la Banco Ambrosiano, à Milan.

Les évêques de la région s'abattirent en masse sur le bureau du patriarche. Il les écouta tranquillement expliquer ce qui s'était passé. Ils lui dirent comment, dans le passé, pour augmenter son capital, la banque s'était tournée vers la Banque du Vatican pour obtenir un prêt. La Banque Vaticane y avait consenti. En échange, elle détenait pour garantir le prêt, un gros pourcentage des actions de la Banca Cattolica. Or, la Banque du Vatican avait vendu ces actions, avec d'autres acquises indépendamment, avec un énorme profit, pour l'I.O.R., au banquier milanais Roberto Calvi.

Les évêques vénitiens, furieux, soulignèrent à l'intention de Luciani que si on leur en avait laissé la possibilité, ils auraient presque certainement pu réunir l'argent nécessaire pour récupérer leurs propres actions. Plus important à leurs yeux, Marcinkus, agissant au nom du Vatican, avait brisé leur confiance alors que le Vatican affirmait vouloir être le dirigeant moral du monde ; Marcinkus avait pour le moins manifesté un manque total de moralité. Le fait qu'il ait conservé la totalité du bénéfice de la transaction pour la banque du Vatican avait peut-être aussi causé leur colère.

Les évêques exhortèrent Luciani à se rendre à Rome. Ils voulaient que le pape intervienne directement. Et si cette intervention devait prendre la forme du renvoi de Marcinkus, il était clair qu'on ne verserait guère de larmes. Luciani examina calmement le problème. Toujours prudent, il décida qu'il lui fallait davantage de faits avant d'aller soumettre pareil problème directement au pape Paul.

Luciani se mit tranquillement à fouiller. Il apprit beaucoup de choses sur Roberto Calvi ainsi que sur un homme du nom de Michele Sindona. Ce qu'il apprit l'épouvanta. Il comprit aussi les risques à se plaindre directement au pape. D'après les renseignements obtenus, il était clair que Calvi et Sindona jouissaient des faveurs de l'Eglise et qu'ils bénéficiaient de l'estime de Paul VI. Luciani se tourna vers un homme devenu son ami intime au cours des cinq dernières années, l'archevêque sous-secrétaire d'Etat Giovanni Benelli.

Bien que numéro deux de la Secrétairerie d'Etat sous les ordres du cardinal Villot, c'est Benelli qui dirigeait effectivement le département. Homme de confiance du pape Paul, Benelli non seulement savait où étaient enterrés tous les cadavres — il était responsable de la localisation de bon nombre d'entre eux.

Il écouta le patriarche de Venise raconter son histoire. Quand il en eut terminé, le Monsignor offrit une seconde tasse de café à Son Eminence tandis que Luciani précisait :

— Evidemment, je n'ai vu aucun document qui le prouve.

— Moi si, répondit Benelli. Calvi possède désormais la majorité des actions de la Banca Cattolica del Veneto. Marcinkus lui a vendu 37 pour cent le 30 mars.

Benelli aimait citer des faits et des chiffres précis. Il apprit à un Luciani stupéfait que Calvi avait payé 27 milliards de lires (environ 45 millions de dollars) à Marcinkus ; que la vente était le résultat d'un plan ourdi conjointement par Calvi, Sindona et Marcinkus ; une société du nom de Pacchetti avait été achetée par Calvi à Sindona après que son prix eut été largement surévalué, et par des pratiques illégales, sur la Bourse de Milan ; comment Marcinkus avait aidé Calvi à dissimuler la nature de cette opération, entre autres, aux regards des fonctionnaires de la Banque d'Italie en mettant les services de la banque du Vatican à la disposition de Calvi et Marcinkus.

Luciani était complètement abasourdi.

— Que signifie tout cela ?

— Evasion fiscale, mouvement illégal d'actions. Je crois aussi que Marcinkus a vendu les parts de votre banque de Venise à un prix délibérément bas et que Calvi a réglé le solde au moyen de cette transaction de 31 milliards de lires sur le

Credito Varesino. Je pense que le montant réel perçu par Marcinkus avoisine les 47 millions de dollars.

Luciani recommença à s'énerver.

— Qu'est-ce que tout cela a à faire avec l'Eglise des pauvres ? Au nom du Ciel...

Benelli leva la main pour le faire taire :

— Non, Albino, au nom du profit.

— Le Saint-Père est-il au courant de ces choses ?

Benelli hocha la tête.

— Alors ?

— Alors il faut vous rappeler qui a mis Paul Marcinkus à la tête de notre banque.

— Le Saint-Père.

— Précisément. Et je dois avouer que je l'ai approuvé. J'ai eu maintes occasions de le regretter.

— Et qu'allons-nous faire ? Que dois-je dire à mes prêtres et à mes évêques ?

— Il faut leur conseiller la patience, attendre. Marcinkus finira par être victime de lui-même. Son talon d'Achille est son avidité des louanges pontificales.

— Mais que veut-il faire avec tout cet argent ?

— Il veut faire encore plus d'argent.

— Dans quel but ?

— Pour faire plus d'argent.

— Et pendant ce temps-là mes prêtres devraient aller tendre la sébile et mendier dans le diocèse ?

— Pendant ce temps-là vous devez conseiller la patience. Je sais que vous en avez. Apprenez à vos prêtres. Je dois moi aussi m'y efforcer.

Albino Luciani revint à Venise et convoqua ses évêques dans son bureau. Il leur raconta une partie de ce qui avait transpiré à Rome, assez pour qu'ils soient persuadés que la Banca Cattolica del Veneto était perdue à jamais pour le diocèse. Plus tard, certains en parlèrent. Ils en conclurent que cela ne se serait jamais passé du temps du cardinal Urbani. Ils avaient l'impression que la bonté innée de Luciani avait été une arme inutile contre l'I.O.R. La plupart, y compris Luciani, vendirent les actions qu'ils détenaient afin d'exprimer leur désapprobation devant la conduite du Vatican. A

Milan, Roberto Calvi fut flatté d'apprendre que ses agents de change avaient acquis à son profit encore un petit bout de la banque des prêtres à Venise.

Albino Luciani et bien d'autres à Venise liquidèrent leur compte à la Banca Cattolica. Pour le patriarche de Venise transférer les comptes officiels du diocèse dans la petite Banco San Marco fut une mesure extraordinaire. Il confia à l'un de ses collègues :

— L'argent de Calvi est corrompu. L'homme est corrompu. Après ce que j'ai appris sur Roberto Calvi je ne laisserais pas les comptes dans sa banque même si les prêts consentis au diocèse ne portaient pas le moindre intérêt.

Luciani essaya ensuite d'obtenir des directeurs de la Banca Cattolica qu'ils changent le nom de la banque. Il soutint que de voir le mot Cattolica apparaître dans leur raison sociale constituait un outrage et une diffamation pour tous les catholiques.

A Rome, le pape Paul VI fut dûment averti du fardeau supplémentaire imposé à la région de Venise par la vente de Banca Cattolica. Giovanni Benelli pressa le Saint-Père d'intervenir mais la vente à Calvi était devenue une réalité entre-temps. Quand Benelli demanda le renvoi de Marcinkus, le pape réagit par un haussement d'épaules hésitant et faible mais le fait que Luciani n'ait pas entamé une révolte ouverte laissa sur Paul une profonde impression. A la première occasion il proclamerait la bonté de celui qu'il avait nommé patriarche de Venise. Lors d'une audience avec le prêtre vénitien Mario Ferrarese, il déclara à trois reprises : « Dites aux prêtres de Venise qu'ils doivent aimer leur patriarche, c'est un homme bon, saint, sage et bien savant. »

En septembre 1972, le pape Paul s'arrêta au Palais du patriarche, en route pour un congrès eucharistique à Udine. Sur une place Saint-Marc pleine de monde le pape ôta son étole et la déposa sur les épaules de Luciani qui s'empourpra. La foule se déchaîna. Paul n'était pas homme à accomplir des gestes publics sans signification.

Quand on servit le café aux deux hommes au palais, il en accomplit un bien plus privé. Il fit part à Luciani que « le petit problème local concernant les finances » avait atteint ses oreilles. Il avait aussi entendu dire que Luciani tentait de trouver de l'argent pour créer un centre de travail destiné aux anormaux de Marghera. Il dit à Luciani combien il approuvait ce travail et ajouta qu'il aimerait faire un don personnel. Entre Italiens, ce peuple si volubile, beaucoup de choses restent non dites mais on se comprend.

Six mois plus tard, en mars 1973, le pape éleva Albino Luciani à la dignité de cardinal. Malgré ses craintes profondes sur la politique fiscale de l'I.O.R., Luciani considérait qu'il devait au pape, son pape, une loyauté totale et constante. Les évêques italiens occupent une position unique quant à leurs relations avec le Vatican. Le contrôle de leurs décisions est plus étroit. Le moindre échec, réel ou imaginaire, est puni avec plus de rapidité.

Quand Luciani devint cardinal il savait qu'Ottaviani, avec d'autres réactionnaires de la Curie, loin de démontrer une obéissance totale étaient en réalité engagés dans une longue et aigre dispute avec le pape. Ils essayaient tout simplement de détruire tout le bien qui découlait des réunions historiques du concile Vatican II. Désigné pour faire un discours devant non seulement les nouveaux cardinaux et le pape mais aussi Ottaviani et sa clique, Albino Luciani fit observer :

— Le concile Vatican I a de nombreux partisans tout comme le concile Vatican III. Pourtant le concile Vatican II en a bien trop peu.

Deux mois plus tard, en mai 1973, Luciani devait accueillir encore un visiteur de Rome, Giovanni Benelli. De façon générale, Benelli était venu lui assurer que les problèmes dont ils s'étaient entretenus l'année précédente n'étaient pas oubliés. Plus particulièrement, il avait une histoire extraordinaire à raconter.

Elle concernait la mafia américaine, presque un milliard de dollars de faux titres et l'évêque Paul Marcinkus.

Le 25 avril 1973, Giovanni Benelli avait reçu des hôtes tout à fait inhabituels à ses bureaux de la secrétairerie d'Etat dans la Cité du Vatican : William Lynch, chef de la section du crime organisé et du racket au ministère américain de la Justice, William Aronwald, adjoint au chef des forces d'intervention du district sud de New York ; deux hommes du F.B.I. les accompagnaient.

Benelli adorait raconter une bonne histoire. Quand je l'ai rencontré il remarqua que rarement dans sa vie il en avait eu une meilleure à raconter que le récit qu'il exposa à Albino Luciani en 1973.

« Après avoir fait la connaissance de ces messieurs des Etats-Unis, m'a dit Benelli, je leur ai fait mes excuses et les ai laissés entre les mains expertes de trois de mes subordonnés. Bien entendu, ils m'ont rapporté ensuite exactement ce qui s'était passé. »

Le rapport secret que j'ai acquis bien des mois après ma conversation avec le cardinal Benelli confirme la grande exactitude de son récit. C'est aussi une histoire qui ressemble fort à l'intrigue d'un film hollywoodien.

Messeigneurs Edward Martinez, Carl Rauber et Justin Rigali écoutèrent donc William Lynch expliquer qu'une enquête de police avait été ouverte dans le monde de la mafia new-yorkaise et qu'elle conduisait inexorablement au Vatican. Il dit aux ecclésiastiques qu'un lot de faux titres américains, pour une valeur nominale de 14 millions et demi de dollars, avait été soigneusement fabriqué par un réseau de membres de la mafia aux Etats-Unis. Le lot avait été livré à Rome au mois de juillet 1971 et on disposait de preuves concluantes qui permettaient d'établir que la destination finale de ces titres était la banque du Vatican.

Lynch leur fit savoir qu'une partie des preuves, d'origines diverses, indiquait fermement que quelqu'un disposant d'une autorité financière à l'intérieur du Vatican avait commandé ces faux titres. Il souligna que d'autres éléments montraient tout aussi nettement que les 14 millions et demi de dollars constituaient simplement un acompte et que le montant des faux titres commandés s'élevait à un total de 950 millions de dollars.

Le juriste révéla ensuite le nom de « quelqu'un disposant d'une autorité financière » qui avait conçu cette transaction illégale. Sur la base des preuves dont disposait Lynch, c'était l'évêque Paul Marcinkus.

Manifestant une maîtrise remarquable les trois ecclésiastiques écoutèrent les deux fonctionnaires américains exposer leurs preuves.

A cette étape de l'enquête, un certain nombre de complices avaient déjà été arrêtés. L'un d'eux avait éprouvé le désir de décharger sa conscience ; Mario Foligni, soi-disant comte de San Francisco, était docteur honoris causa en théologie. Escroc de haut vol, Foligni avait plus d'une fois échappé de peu à la prison. Quand on le soupçonna d'avoir manipulé la faillite frauduleuse d'une société qu'il contrôlait, un magistrat de Rome avait lancé un mandat de perquisition pour la police financière. En ouvrant le coffre de Foligni, les policiers avaient découvert une bénédiction signée du pape Paul VI. Ils s'étaient excusés pour cette intrusion et s'en étaient repartis.

Par la suite, d'autres avaient été également impressionnés par les liens de Foligni avec le Vatican. Il avait ouvert les portes du Vatican à un sujet autrichien du nom de Leopold Ledl. Si Foligni était un escroc de grande classe, Ledl possédait la classe mondiale. C'est lui qui avait monté le coup du Vatican — l'achat de 950 millions de dollars de faux titres, au prix de 625 millions de dollars. La « commission » de 150 millions de dollars serait reversée par la bande au Vatican, ce qui laissait à la mafia 475 millions de dollars et au Vatican des titres d'une valeur nominale de presque un milliard de dollars.

La mafia américaine était restée sceptique sur l'affaire jusqu'à ce que Ledl produise une lettre du Vatican. Rédigée sur le papier à en-tête de la Sacra Congregazione dei Religiosi, elle confirmait que le Vatican souhaitait « acheter le lot complet de marchandise jusqu'à concurrence de 950 millions de dollars ».

Foligni avait dit aux enquêteurs américains que Marcinkus, toujours prudent, avait exigé qu'un échantillon d'un million et demi de dollars soit livré à Zurich, à la Handel's Bank. D'après Foligni, Marcinkus avait voulu vérifier lui-même que les titres seraient considérés comme authentiques. Vers la fin juillet, Foligni procéda donc au dépôt échantillon. Il donna le nom d'un ecclésiastique du Vatican, monseigneur Mario Fornasari, comme bénéficiaire du compte qu'il ouvrit chez Handel's.

Un second dépôt échantillon de deux millions et demi de dollars fut opéré à la Banco di Roma en septembre 1971. Les deux fois, les titres avaient déjoué les contrôles des banques, hommage à l'habileté de la mafia. Malheureusement pour les escrocs, les deux banques avaient envoyé quelques titres à New York pour examen physique. L'Association des Banques de New York affirma que les titres étaient faux. D'où la présence inhabituelle des fonctionnaires de justice américains et des hommes du F.B.I. dans les murs du Vatican.

Mis à part le désir de récupérer le solde de 10 millions de dollars de la première livraison, Lynch et ses collègues souhaitaient vivement que tous les complices de l'opération passent devant les tribunaux.

Foligni avait dit aux enquêteurs que la raison pour laquelle le Vatican avait besoin de faux titres était de permettre à Marcinkus, à un banquier italien et à un homme d'affaires italien Michele Sindona d'acheter Bastogi, énorme société italienne qui possédait des intérêts importants dans l'immobilier, les mines et la chimie. Le siège de Bastogi se trouvait à Milan, tout comme les bureaux de Sindona. C'est dans cette ville que Montini, alors archevêque et plus tard pape sous le nom de Paul VI, avait fait la connaissance de Sindona. Quand Montini devint pape le Vatican eut un nouvel héritier pour saint Pierre et la banque du Vatican gagna un nouveau conseiller financier laïc, Michele Sindona.

William Lynch, lui-même catholique pratiquant, poursuivit son récit. Mario Foligni, laissa-t-il entendre, avait lancé une volée d'accusations contre l'évêque Marcinkus pendant les interrogatoires du ministère américain de la Justice. Outre l'allégation que Sindona et Marcinkus avaient eu l'intention d'acheter Bastogi avec les faux titres, Foligni affirmait aussi qu'avec l'aide de Sindona, l'évêque avait ouvert plusieurs comptes bancaires à numéro aux Bahamas pour son usage personnel.

Lors de son interrogatoire, Mario Foligni avait prétendu avoir personnellement travaillé avec le service de Benelli, la secrétairerie d'Etat, et que, conséquence directe de cette coopération, « le secrétaire d'Etat avait fait prendre des mesures administratives rigoureuses à l'encontre de l'évêque

Marcinkus qui limitaient strictement l'énorme puissance financière de l'évêque à l'intérieur du Vatican ». Foligni maintenait avoir communiqué à la secrétairerie d'Etat les détails sur les dépôts échantillons opérés en Suisse et à Rome et que cette information était utilisée par les services de Benelli contre Marcinkus. Il avait aussi déclaré au ministère de la Justice qu'il avait reçu l'ordre des services de la secrétairerie d'Etat de ne pas donner aux enquêteurs d'autres détails concernant l'escroquerie.

Ayant donné ce témoignage, les Américains se turent et attendirent une réponse. Comme William Lynch et William Aronwald le déclarèrent quand je les interrogeai, cette première rencontre au Vatican n'était considérée par aucune des parties comme un interrogatoire. Cette réunion officieuse constituait l'occasion d'informer des membres de la secrétairerie d'Etat du Vatican de quelques très graves accusations.

Le ministère de la Justice était conscient que la pièce centrale des accusations provenait de deux escrocs très experts mais il existait aussi de puissants indices internes pour soutenir la validité des déclarations faites par Foligni et Ledl.

C'est à cause de ces indices que William Aronwald avait contacté le cardinal Cooke de New York par l'intermédiaire du procureur du district sud de cette ville. Le cardinal s'était montré tout à fait coopératif et par le biais de la délégation pontificale à Washington on avait organisé cette rencontre qui sortait de l'ordinaire. Son but réel consistait non seulement à présenter des renseignements mais encore à rencontrer Marcinkus.

Pendant qu'on servait un autre café les trois prélats gardaient le silence tout en réfléchissant. Finalement, monseigneur Martinez, assesseur du bureau de la secrétairerie d'Etat, répondit. Il assura aux Américains que lui et monseigneur Rauber étaient parfaitement au courant de toutes les affaires de l'archevêque Benelli et il nia catégoriquement que Foligni ait fourni la moindre preuve aux services de Benelli. Quant aux faux titres et aux dépositions judiciaires c'était la première fois que quelqu'un à la secrétairerie d'Etat entendait parler de l'affaire. Adoptant une position classique à la Curie, il fit remarquer : « Il n'entre pas dans l'intention du Vatican de collaborer avec les fonctionnaires des Etats-Unis dans leur enquête, pour le moment, puisque cette rencontre est considérée comme présentant un caractère officieux, et que notre intention pour l'heure se limite à écouter. »

Lynch et ses collègues se trouvaient confrontés à une mentalité qui en avait vaincu bien d'autres, et des esprits plus forts que les leurs — la mentalité de la Curie, corps d'hommes qui ne trahissent jamais absolument rien, machine de gouvernement qui tient l'Eglise catholique romaine dans une sorte d'étau. Lynch rappela aux prélats que pour l'instant seulement quatre millions de dollars de faux titres avaient été récupérés, puis il poursuivit :

— Puisque toutes les preuves montrent sans conteste que la destination finale des titres était la banque du Vatican et étant donné le fait que le montant total se monte à 950 millions de dollars, peut-être pourrais-je vous donner une liste des titres ?

Martinez esquiva le coup en toute simplicité. Lynch insista.

— De cette façon on pourra vérifier les livres de l'Istituto per le Opere di Religione afin de déterminer si l'on a reçu « par inadvertance » certains de ces faux titres en dépôt à cette banque.

Le style de Martinez dans cet échange fut vraiment impressionnant.

— Bien entendu, je n'ai aucune idée si un seul de ces faux titres américains a été reçu par notre banque. Je suis pourtant dans l'incapacité d'accepter de vous une liste pour vérifier. Cela reviendrait, du fait de ses fonctions, à l'évêque Marcinkus. Il s'occupe de ces choses. Peut-être que si vous rencontriez des difficultés à joindre l'évêque vous pourriez adresser une liste accompagnée d'une lettre officielle par les voies diplomatiques normales.

Manifestement, il était temps de changer de tactique.

Les procureurs américains produisirent un document qu'ils avaient saisi sur Leopold Ledl après son arrestation. Le sceau du Vatican ornait l'en-tête de la lettre tandis que plus bas on pouvait lire « Sacra Congregazione dei Religiosi ». C'était la commande du Vatican pour presque un milliard de dollars de faux titres. Elle avait convaincu la mafia. Les prélats l'examinèrent avec soin. On la regarda beaucoup et en pleine lumière.

Martinez se massa le menton d'un air pensif. Les Américains se penchèrent en avant, tendus. Ils avaient peut-être enfin réussi à marquer un point contre le redoutable Martinez.

— L'en-tête semble identique à celui d'une de nos sacrées congrégations qui a son siège ici au Vatican...

Il y eut une pause, juste le temps pour les Américains de jouir de l'instant. Puis Martinez continua :

— Pourtant, je remarque que si l'en-tête semble légitime cette congrégation particulière a changé de nom en 1968 et qu'à la date de cette lettre, 29 juin 1971, le nom qui apparaît sur l'en-tête serait incorrect. Le nouveau nom est Sacra Congregazione per i Religiosi e gli Istituti Secolari.

Pourtant les enquêteurs américains avaient atteint leur objectif principal. On se mit d'accord pour qu'ils puissent rencontrer l'évêque Paul Marcinkus en tête à tête le lendemain. C'était en soi un succès extraordinaire car la Cité du Vatican garde avec férocité sa qualité d'Etat indépendant.

Lors de mon entretien avec le cardinal Benelli il confirma qu'il avait effectivement reçu des informations sur toute l'affaire par Mario Foligni avant la visite au Vatican des enquêteurs américains. Le cardinal avait compris qu'il s'agissait d'une tentative de Foligni pour améliorer sa situation car à cette époque il savait que le jeu était terminé. Quant à la validité de l'information, Benelli se contenta de remarquer qu'il avait trouvé l'information « très intéressante et très utile ».

Le matin du 26 avril 1973, les deux procureurs américains et les deux hommes du F.B.I. furent introduits dans le bureau privé de l'évêque Paul Marcinkus. Lynch et Aronwald répétèrent le récit qu'ils avaient raconté la veille pendant que Marcinkus tirait sur un gros cigare. A la lumière de ses omissions par la suite, sa remarque initiale présente un intérêt tout particulier :

— Je suis très ennuyé par la gravité de ces allégations. Dans ces conditions je répondrai à chaque question au mieux de mes capacités.

Il commença par Michele Sindona.

— Michele et moi sommes de très bons amis. Nous nous connaissons depuis plusieurs années. Cependant, mes rapports financiers avec lui sont restés très limités. Il est, comme vous le savez, un des plus riches industriels d'Italie. Il est largement en avance sur son temps en ce qui concerne les questions financières.

Il exalta les vertus et les talents de Michele Sindona pendant un temps considérable. Puis, plaçant la banque du Vatican sur le même pied que le confessionnal, Marcinkus observa :

— Je préférerais ne pas citer de noms dans beaucoup d'exemples que j'ai l'intention de donner parce que, bien que les accusations de Foligni contre moi soient extrêmement graves, elles sont tellement folles que je ne crois pas nécessaire d'enfreindre le secret bancaire afin de produire ma défense.

Tandis que la réunion de la veille avait eu pour l'essentiel une nature officieuse, cette confrontation avec Marcinkus était un interrogatoire. D'après les preuves que le ministère américain de la Justice avait réunies avec soin et peine durant plus de deux ans, Lynch, Aronwald et les agents du F.B.I. Biamonte et Tammaro avaient devant eux l'homme qui avait conçu et organisé l'une des plus grandes escroqueries du monde. Si les preuves étaient correctes, la banlieue de Chicago du nom de Cicero pourrait à l'avenir s'enorgueillir de deux de ses anciens habitants, Paul Marcinkus et Al Capone. Mais, comme on dit, il ne faut pas vendre la peau de l'ours...

William Lynch fit monter un peu la température.

— Si cela se révèle nécessaire dans l'avenir accepterez-vous une confrontation face à face avec Mario Foligni ?

— Oui, j'accepte.

— Si cela se révèle nécessaire êtes-vous aussi prêt à témoigner devant un tribunal américain ?

— Ma foi, oui, si c'est absolument nécessaire. J'espère pourtant que cela n'arrivera pas.

— Pourquoi ?

— Eh bien les seuls qui y gagneraient quelque chose si on me voyait devant un tribunal serait la presse italienne.

— Comment cela ?

— Ces gens-là prennent souvent plaisir à écrire des choses incendiaires sur le Vatican, quand l'occasion se présente, que ce soit fondé ou non.

Lynch et Aronwald manifestaient un manque total d'intérêt pour la sensibilité du Vatican envers la presse italienne.

— Avez-vous un compte à numéro personnel aux Bahamas ?

— Non.

— Avez-vous un compte ordinaire aux Bahamas ?

— Non plus.

— En êtes-vous tout à fait certain ?

— Le Vatican possède effectivement des intérêts financiers aux Bahamas mais il s'agit strictement de transactions financières, comme bien d'autres, sous le contrôle du Vatican. Cela ne concerne pas les avoirs financiers de quiconque en particulier.

— Non, nous nous intéressons aux comptes personnels que vous avez.

— Je n'ai aucun compte, privé ou public, aux Bahamas ni nulle part ailleurs.

On n'explora pas le point de savoir comment Marcinkus transportait constamment son salaire et ses dépenses en espèces. Pas plus que Marcinkus ne révéla qu'il faisait partie du conseil d'administration de la Banco Ambrosiano Overseas de Nassau et cela depuis 1971. Deux hommes l'avaient invité à ce conseil, ceux qui avaient monté cette opération des Bahamas, Michele Sindona et Roberto Calvi. Ils utilisaient fréquemment le nom de l'évêque dans leurs transactions financières. Sindona lui en fit part sans ménagement lors d'une rencontre :

— Je vous ai mis au conseil parce que votre nom m'aide à emprunter de l'argent.

Sindona et Calvi manifestèrent leur gratitude en donnant à Marcinkus et à la banque du Vatican 2,5 pour cent des actions de la banque de Nassau. Cette part finit par atteindre 8 pour cent. Marcinkus assistait souvent aux réunions du conseil et prenait des vacances aux Bahamas. Ce devait être bien ennuyeux d'être obligé de changer constamment les grosses sommes en devises que, à en croire la déclaration qu'il fit aux enquêteurs américains, il portait sur lui.

Il était le premier président de banque de l'histoire du monde sans compte bancaire personnel.

Arrivés à ce point de l'interrogatoire, l'évêque Marcinkus fit remarquer :

— Vous savez que ma position à l'intérieur du Vatican est unique.

Cette manifestation très timide de la vérité fut suivie d'un développement : « Je suis responsable de ce que bien des gens appellent couramment la banque du Vatican. En tant que tel j'exerce un contrôle complet sur les affaires financières du Vatican. Une des choses qui rend ma position unique est que je ne dois de comptes qu'au pape sur la façon dont je traite ces affaires financières. En théorie mes opérations sont dirigées par un groupe de cardinaux qui se réunissent de temps en temps et agissent en général comme surveillants de la banque. En réalité, pourtant, je dirige virtuellement tout seul les affaires financières du Vatican.

Ce témoignage personnel n'impressionna pas les auditeurs de l'évêque.

— Qu'essayez-vous de démontrer ?

— Eh bien, cette position que j'occupe a conduit, pourrions-nous dire, à certaines jalousies chez d'autres qui exercent des fonctions de responsabilités au Vatican.

— Vraiment ?

— Oh oui, je crains que cela ne fasse partie de ce métier. Je suis le premier Américain à avoir jamais accédé à une telle situation de pouvoir au Vatican et je suis sûr que cela a aussi suscité un certain nombre de jalousies.

Coupable ou non d'avoir monté cette énorme escroquerie, Paul Marcinkus disait sans aucun doute la vérité quand il parlait de « certaines jalousies » de la part d'autres hommes importants au Vatican, et pas seulement là. A Venise, le cardinal Albino Luciani faisait partie de ceux dont les sentiments à l'égard de Marcinkus étaient devenus assez peu tendres tandis que Benelli lui racontait le dernier épisode de la saga Marcinkus. Ironie des choses, Benelli ignorait que, au cours de cet entretien avec les enquêteurs américains, Paul Marcinkus avait essayé de l'impliquer dans l'escroquerie.

A la lecture des déclarations de Marcinkus il apparaît clairement qu'à ses yeux tout le monde, sauf lui, méritait une enquête. A propos du Père Fornasari, soi-disant profondément impliqué dans l'affaire, Marcinkus affirmait :

« Certains de ceux qui travaillent pour moi à la Banque m'ont dit que Fornasari était une personne à éviter. Je suis sûr que vous savez qu'il a été dénoncé il y a quelque temps pour avoir rédigé des lettres diffamatoires.

— Vraiment, et qu'est-il arrivé ?

— Je crois bien qu'on a abandonné les poursuites.

Marcinkus concéda avoir eu affaire au moins en deux occasions à Mario Foligni, indubitablement un des personnages centraux de cette escroquerie d'un milliard de dollars. La première fois, il fut question d'un projet d'investissement de cent millions de dollars, qui n'aboutit pas. La seconde affaire, portant sur 300 millions de dollars, mettait en scène Foligni et l'industriel italien Carlo Pesenti. Celle-ci aussi avorta mais tout au long de son récit entortillé, Marcinkus s'efforça d'impliquer le nom de Benelli. Hormis la démonstration que son orgueil avait été froissé parce que Benelli avait demandé au pape Paul d'envisager cette affaire de 300 millions de dollars alors que Marcinkus croyait dur comme fer que personne n'était censé parler argent au pape, sauf lui, il tenta aussi de lier Benelli à Foligni, appliquant sans doute la loi de la culpabilité par association. Au vu des activités ultérieures de Michele Sindona et de Roberto Calvi, tous deux amis proches de Marcinkus, on aimerait savoir si Marcinkus croit toujours à cette finasserie juridique douteuse.

Pourtant, Marcinkus négligea d'expliquer une chose, peut-être parce qu'on ne le lui demanda pas : pourquoi il était simplement disposé à envisager l'affaire de 300 millions de dollars avec Foligni, quelque huit mois après que ce dernier eut livré un million et demi de dollars de faux titres dans une banque suisse et quelque six mois après avoir livré deux millions et demi de dollars de titres falsifiés à la Banco di Roma. En qualité de président de la banque du Vatican, il est inconcevable que Marcinkus ait été le seul patron de banque en Europe à ne pas être au courant de ces activités délictueuses.

A la fin d'un long interrogatoire, Marcinkus maintenait son innocence totale et affirmait tout ignorer. Il accepta de bon gré une liste des faux titres et promit d'ouvrir l'œil.

On trouva ensuite quantité de gens coupables de complicité dans cette escroquerie d'un milliard de dollars. A propos des allégations sur la complicité de l'évêque Paul Marcinkus, le procureur William Aronwald me déclara :

— Le plus qu'on puisse dire est que nous étions convaincus que l'enquête n'avait pas mis au jour de preuves suffisamment solides qui démontrent la vérité ou la fausseté de l'allégation. Par conséquent, puisque nous n'étions pas moralement convaincus qu'il y avait quelque chose qui clochait, ni que Marcinkus ou quiconque au Vatican avait commis des fautes, il eût été inconvenant de notre part de vouloir accaparer les gros titres.

Il est tout à fait évident que les freins sérieux mis à cette enquête ne provenaient pas d'un manque de volonté des enquêteurs de l'Etat américain. Ils firent tout ce qu'ils pouvaient, sans compter. On dira plus tard qu'ils faisaient eux-mêmes partie d'une gigantesque opération de camouflage [1], qu'ils s'en étaient simplement tenus à la forme d'une enquête. Cela est absurde et démontre une ignorance totale des problèmes bien réels qui se posent lorsqu'une enquête démarre dans un pays et doit se poursuivre dans un autre. La Cité du Vatican est un Etat indépendant. Le simple fait que Lynch et Aronwald, ainsi que les hommes du F.B.I. aient réussi à passer la grille du Vatican est en soi un hommage à leur ténacité. On ne peut pas traverser le Tibre en chargeant comme un flic new-yorkais de série télévisée, armé d'un calibre 45., de mandats de perquisition, du pouvoir de retenir et d'interroger les témoins et de tous les autres outils légaux dont on peut se servir aux Etats-Unis.

---

1. Richard Hammer, *The Vatican Connection*, Holt, Rinehardt and Winston, 1982.

Si la Cité du Vatican faisait partie des Etats-Unis, il ne fait alors aucun doute que tous les membres de la Curie qui travaillaient à la Sacra Congregazione dei Religiosi auraient été interrogés en profondeur. On aurait relevé les empreintes. On aurait mené les tests légaux sur toutes les machines à écrire de la Congrégation. Si l'on avait pu faire tout cela la question de la culpabilité ou de l'innocence de l'évêque Marcinkus aurait peut-être été résolue. Le fait que les autorités américaines aient pris les preuves suffisamment au sérieux pour prendre le risque d'une situation politique très délicate est éclairant en soi. Comme me l'a confié William Aronwald : « Nous ne voulions pas dépenser en pure perte tout cet argent du contribuable à moins de prendre nos informations très au sérieux, c'est évident. »

A la fin de l'enquête, il fallut classer le dossier d'accusation contre Marcinkus car les preuves susceptibles de convaincre un jury manquaient.

La question demeurait donc sans réponse. Qui avait commandé la fabrication d'un milliard de dollars de faux titres ? A partir de tous les renseignements officiels dont on dispose, il n'y a que deux réponses possibles. Chacune est bizarre. Leopold Ledl et Mario Foligni projetaient de voler à la Mafia américaine une fortune immense en titres falsifiés, après avoir d'abord incité la Mafia à faire la dépense considérable pour créer ces titres. Cette branche de la Mafia possède un bon nombre de membres qui tuent ou mutilent des gens uniquement quand ils croient avoir été insultés. Si telle est la vérité, alors Ledl et Foligni recherchaient une forme inhabituelle de suicide. L'autre conclusion est que les 950 millions de dollars de faux titres étaient bien destinés au Vatican.

A Venise, Albino Luciani continuait de porter les soutanes laissées par son prédécesseur, le cardinal Urbani. Durant toute la durée de son patriarcat il refusa d'en acheter des neuves, préférant que les sœurs qui s'occupaient de lui raccommodent encore et encore. En vérité, il portait rarement les soutanes de cardinal et de patriarche ; il préférait sa soutane de prêtre toute simple.

Son humilité personnelle le mettait souvent dans des situations intéressantes. Tandis qu'il voyageait en Allemagne, en 1975, avec le père Senigaglia, le cardinal arriva à Aix-la-Chapelle. Luciani voulait prier tout spécialement devant un autel très ancien dans la cathédrale. Senigaglia vit les autorités responsables de l'église répondre à Luciani, d'une manière assez péremptoire, que l'autel était fermé et qu'il devrait revenir un autre jour. De retour dans la voiture, Luciani traduisit la conversation qu'il venait d'avoir pour Senigaglia. Furieux, Senigaglia sortit comme une bombe de la voiture et se précipita vers l'église où il asséna aux dignitaires une volée de paroles véhémentes en italien. Ils en comprirent suffisamment pour savoir que le petit prêtre qu'ils avaient écarté était le patriarche de Venise. Ce fut alors au tour de Luciani de se mettre en colère contre son secrétaire tandis que les ecclésiastiques allemands le tiraient presque de force de la voiture. Quand Luciani entra dans l'église, un des Allemands, en s'excusant, lui murmura : « Eminence, un tout petit peu de rouge, au moins, ce serait utile. »

Une autre fois, à Venise, Luciani assistait à une conférence sur l'écologie. Il se laissa entraîner dans une conversation avec un des participants. Comme il souhaitait poursuivre ce dialogue il invita l'écologiste à venir le voir chez lui. « Où habitez-vous ? » demanda ce dernier. « Juste à côté de Saint-Marc », répondit Luciani. « Vous voulez parler du palais du Patriarche ? » « Oui. » « Et qui dois-je demander ? » « Demandez le Patriarche. »

Sous cette humilité et cette douceur, il y avait un homme qui, d'abord du fait de son environnement, ensuite par vocation, était exceptionnellement fort. Ni à gauche ni à droite, il refusait de se laisser impliquer dans aucune des factions en lutte à Rome. Les jeux du pouvoir à l'intérieur du Vatican laissaient parfois Luciani complètement médusé, car il se demandait pourquoi exactement des hommes pareils étaient devenus prêtres. Dans un sermon, à Pâques, il observa :

> Certains ne sont dans l'Eglise que pour mettre le désordre. Ils ressemblent à cet employé qui remue ciel et terre pour entrer dans l'entreprise mais qui, une fois qu'il a le poste ne cesse de s'agiter et finit par

devenir une véritable torture pour ses collègues et ses supérieurs. Oui, certains semblent ne regarder le soleil que pour y trouver des taches.

Son désir de réaliser une nouvelle synthèse en prenant ce qui, à son avis, était juste de chaque côté le conduisit à un conflit considérable à Venise. La question du divorce en est un exemple.

En Italie, au milieu des années 1970, le divorce était devenu légal aux yeux de l'Etat mais inacceptable à ceux de l'Eglise. Une nouvelle fois, on voulut tâter le terrain au moyen d'un référendum. Luciani s'opposait fortement à tout référendum car il était tout simplement convaincu qu'il couperait l'Eglise en deux et qu'il en sortirait une majorité qui s'engagerait à aller voter dans le sens du maintien des lois sur le divorce. Si cela se produisait, ce serait le signe d'une défaite officielle pour l'Eglise catholique romaine dans un pays qu'elle affirmait traditionnellement être le sien.

Benelli en décida autrement. Il était convaincu que l'Eglise remporterait la victoire s'il y avait un référendum.

Le débat, non seulement à l'intérieur de l'Eglise mais à travers toute l'Italie atteignit une grande intensité. Peu de temps avant qu'il n'ait lieu, un groupe d'étudiants à Venise, le F.U.C.I., organisé par un prêtre, adressa un document de 40 pages à tous les évêques de la région. Il s'agissait d'un argument puissant en faveur de la position favorable au divorce. Albino Luciani lut le document attentivement, réfléchit un certain temps puis fit les gros titres dans le pays en semblant dissoudre le groupe. Dans l'Eglise beaucoup y virent un acte de courage. Dans le pays, de nombreux commentateurs sautèrent sur la décision de Luciani comme donnant un exemple de plus du sectarisme de la hiérarchie catholique.

Ce qui avait atteint Luciani n'était pas les prises de position favorables au divorce mais le fait que pour appuyer leurs arguments les membres du groupe avaient cité un grand nombre d'autorités religieuses et de grands théologiens ainsi que beaucoup de documents en provenance de Vatican II. Utiliser ce concile de cette manière constituait pour Luciani une perversion de l'enseignement de l'Eglise. Il avait assisté à la naissance de *Lumen Gentium, Gaudium et Spes* et de *Dignitatis Humanae*. Il se pouvait que l'erreur eût des droits dans l'Eglise moderne mais à Venise en 1974, ces droits comportaient encore, aux yeux de Luciani, certaines limites. Ainsi, une citation de *Dignitatis Humanae* qui exaltait les droits de l'individu : « ... Protéger et promouvoir les droits inviolables de l'homme est le devoir essentiel de tout pouvoir civil. Le pouvoir civil doit par conséquent garantir à chaque citoyen, au moyen de lois justes et des moyens adéquats, la protection efficace de la liberté religieuse » était suivie de l'affirmation suivante :

> « En d'autres occasions l'Eglise s'est trouvée confrontée à des situations graves au sein de la société, pour lesquelles la seule possibilité raisonnable consistait manifestement à éviter d'utiliser des méthodes répressives mais à adopter des critères moraux et des méthodes juridiques favorisant le seul bien alors historiquement possible : le moindre mal. Ainsi, la morale chrétienne adopta-t-elle la théorie de la guerre juste ; ainsi l'Eglise permit-elle la légalisation de la prostitution (même dans les Etats pontificaux), alors qu'elle restait manifestement interdite au plan moral. Et il en va de même pour le divorce... »

Voir juxtaposées des affirmations comme celles-là dans un plaidoyer pour que l'Eglise adopte une position libérale sur le divorce pour des raisons de commodité était inacceptable pour Luciani. Manifestement, les enseignements de son cher Concile Vatican II, tout comme la Bible, pouvaient servir à démontrer et justifier n'importe quelle position. Luciani savait qu'il dirigeait le conseil épiscopal de la région vénète et que le public italien considérerait sa déclaration comme représentant la politique officielle ; ce public devrait ensuite affronter le dilemme suivant : suivre soit les évêques de leur région, soit ceux du reste de l'Italie. En fait, il n'a pas dissous le groupe comme on le croit généralement. Il employa une technique qui vient du cœur de sa philosophie. Il croyait fermement que l'on peut changer radicalement les groupes de pouvoir en identifiant avec précision le centre du pouvoir et en le faisant disparaître. Il se contenta donc de déplacer le prêtre qui conseillait le groupe.

En fait, comme le père Senigaglia me le confirma, l'opinion personnelle de Luciani sur le divorce aurait étonné ses censeurs :

> « Il était plus éclairé que ne l'aurait cru l'opinion populaire. Il pouvait accepter les divorcés, et le faisait. Il en acceptait aussi facilement d'autres qui vivaient dans ce que l'Eglise appelle « le péché ». Ce qui le révoltait, c'était la justification biblique. »

Comme Luciani l'avait prédit le référendum donna une majorité aux partisans du divorce. Il laissa l'Eglise coupée en deux, un pape qui exprima publiquement sa surprise et son incrédulité et un dilemme pour ceux qui devaient réconcilier les divergences entre l'Eglise et l'Etat.

Le dilemme personnel de Luciani était son engagement dans une obéissance absolue au souverain pontife. Le pape prenait souvent une position différente de celle adoptée par le patriarche de Venise. Quand celle-ci devenait publique, Luciani estimait de son devoir de la soutenir publiquement. Ce qu'il faisait, en tête à tête avec des membres de son diocèse, ressemblait souvent bien peu à la ligne du Vatican. Au milieu des années 1970 il avait encore évolué vers une position libérale vis-à-vis du contrôle des naissances. Cet homme qui, à l'annonce du *Humanae Vitae,* avait soi-disant dit : « Rome a parlé. L'affaire est close », sentait très clairement que rien n'était vraiment clos.

Quand son jeune secrétaire le père Senigaglia discutait avec Luciani, envers qui il avait développé une relation quasiment filiale, de cas moraux impliquant des paroissiens, Luciani approuvait toujours l'optique libérale qu'adoptait Senigaglia. Ce dernier m'a confié : « C'était un homme très compréhensif. Combien de fois l'ai-je entendu dire à des couples : " Nous avons fait du sexe le seul péché alors qu'en fait il est lié à la fragilité et à la faiblesse humaines, ce qui en fait peut-être le moindre des péchés. " »

Certains de ces censeurs à Venise considéraient qu'Albino Luciani exprimait plutôt une nostalgie du passé qu'un désir de changement. Certains le disaient à droite, d'autres à gauche. D'autres encore considéraient sa douceur et son humilité comme une simple faiblesse. La postérité devra peut-être juger l'homme sur ce qu'il a vraiment dit plutôt qu'à partir de ce que d'autres pensaient qu'il aurait dû dire.

Sur la violence :

Arrachez Dieu du cœur des hommes, dites aux enfants que le péché n'est qu'un conte de fées inventé par leurs grands-parents pour les rendre bons, publiez des textes pour l'école élémentaire qui ignorent Dieu et se moquent de l'autorité mais ne vous étonnez pas de ce qui se passe alors. L'éducation seule ne suffit pas ! Victor Hugo a écrit qu'une école de plus signifie une prison de moins. Que cela n'est-il vrai aujourd'hui !

Sur Israël :

L'Eglise doit aussi penser aux minorités chrétiennes qui vivent dans des pays arabes. Elle ne peut pas les abandonner au hasard... pour moi, personnellement, il ne fait aucun doute qu'il existe des liens particuliers entre le peuple d'Israël et la Palestine. Mais le Saint Père, même s'il le voulait, ne pourrait pas dire que la Palestine appartient aux Juifs, car cela reviendrait à porter un jugement politique.

Sur les armes nucléaires :

Les gens disent que les armes nucléaires sont trop puissantes et que s'en servir signifierait la fin du monde. On les fabrique et on les accumule mais uniquement pour « dissuader » l'adversaire d'attaquer et conserver la stabilité de la situation internationale.

Regardez autour de vous. Est-il vrai ou pas que pendant trente ans il n'y a pas eu de guerre mondiale ?

Est-il vrai ou pas que les crises graves entre les deux grandes puissances, les Etats-Unis et l'U.R.S.S. ont été évitées ?

Réjouissons-nous de ce résultat partiel... Un désarmement progressif, contrôlé et universel est possible uniquement si une organisation internationale disposant de pouvoirs plus réels et de possibilités de sanctions plus efficaces que les Nations Unies actuelles venait à naître et que l'éducation en faveur de la paix devienne sincère.

Sur le racisme aux Etats-Unis :

Aux Etats-Unis, malgré les lois, les Noirs sont pratiquement en marge de la société. Les descendants des Indiens n'ont vu leur situation s'améliorer de façon significative que ces toutes dernières années.

Qualifier cet homme de nostalgique réactionnaire a peut-être une certaine validité. Il aspire à un monde qui ne soit pas largement dirigé par des philosophies communistes, un monde où l'avortement ne soit pas un événement de tous les instants. Mais pour un réactionnaire il a quelques idées remarquablement progressistes.

Au début de 1976, Luciani assista à une autre conférence des évêques italiens à Rome. Un des sujets discutés ouvertement était la grave crise économique qu'affrontait alors l'Italie. Autre sujet, discuté moins publiquement, ce bon ami de l'évêque Marcinkus, Michele Sindona. Son empire s'était écroulé de façon spectaculaire. Des banques s'effondraient en Italie, en Suisse, en Allemagne et aux Etats-Unis. Sindona était réclamé par les autorités italiennes en vertu d'un bel éventail de charges et il luttait pour ne pas se faire extrader des Etats-Unis. La presse italienne avait affirmé que le Vatican avait perdu plus de cent millions de dollars. Le Vatican avait nié le chiffre mais admis avoir subi une perte. En juin 1975, les autorités italiennes, tout en continuant leur lutte pour ramener Sindona devant la justice, le condamnèrent par défaut à une peine de trois ans et demi de prison, le maximum possible dans ces conditions. De nombreux évêques estimaient que le pape Paul VI aurait dû écarter Marcinkus de la banque du Vatican dès le premier signe du scandale Sindona en 1974. Et pourtant, deux ans plus tard, l'ami de Sindona tenait toujours les cordons de la bourse du Vatican.

Albino Luciani quitta Rome, cette ville bourdonnante de spéculations sur le nombre exact de millions que le Vatican avait perdus dans l'affaire Sindona, il quitta une conférence épiscopale où la conversation avait porté sur les dettes de la banque du Vatican envers la Banca Privata, le nombre de parts que la Banque possédait dans ce conglomérat, ou dans cette société. Il rentrait à Venise où l'école Don Orione pour les handicapés n'avait pas assez d'argent pour acquérir des livres scolaires.

Luciani s'installa devant sa machine à écrire et rédigea une lettre qui parut dans l'édition suivante du magazine diocésain. Elle s'intitulait « Une miche de pain pour l'amour de Dieu ». Il commençait par un appel à l'argent pour aider les victimes d'un récent tremblement de terre catastrophique au Guatemala, autorisant une quête dans toutes les églises le dimanche 29 février. Il commentait ensuite l'état de l'économie en Italie informant ses lecteurs que les évêques italiens et leurs communautés ecclésiastiques s'étaient engagés à montrer des signes concrets de compréhension et d'aide. Il continuait, en déplorant

> « La situation de tant de jeunes qui cherchent du travail et ne peuvent en trouver. De ces familles qui connaissent le drame ou la perspective du chômage forcé. Ceux qui avaient cherché la sécurité en émigrant au loin et qui se trouvaient désormais confrontés à la perspective d'un retour dans la misère. Ceux qui sont vieux et malades et qui du fait de l'insuffisance des pensions sociales souffrent encore plus que les autres des conséquences de cette crise...
>
> Je souhaite que les prêtres se rappellent et fassent fréquemment allusion, de la manière qu'ils souhaitent, à la situation des travailleurs. Nous nous plai-

gnons parfois que les ouvriers aillent chercher de mauvais conseils tant à gauche qu'à droite. Mais en réalité qu'avons-nous fait pour garantir que l'enseignement social de l'Eglise soit normalement inclus dans notre catéchisme, dans le cœur des chrétiens ?

Le pape Jean avait affirmé qu'il fallait donner aux ouvriers le pouvoir d'exercer une influence sur leur propre destin à tous les niveaux, même les plus élevés. Avons-nous toujours enseigné cela avec courage ? Pie XII tout en montrant d'une main les dangers du marxisme, condamnait de l'autre les prêtres qui demeuraient incertains en face de ce système économique qu'on connaît sous le nom de capitalisme, dont l'Eglise n'a pas manqué de dénoncer les graves conséquences. Avons-nous toujours écouté ces choses ? »

Albino Luciani donna alors une extraordinaire démonstration de son dégoût profond d'une Eglise riche et matérialiste. Il exhorta et autorisa tous ses curés et tous les prêtres des sanctuaires à vendre leurs objets précieux, colliers et autres objets en or. Le produit irait au centre Don Orione pour les handicapés. Il informa ses lecteurs qu'il avait l'intention de vendre la croix de pierres et la chaîne d'or qui avaient appartenu à Pie XII et que le pape Jean lui avait données quand il l'avait fait évêque.

« C'est très peu en termes d'argent mais c'est peut-être quelque chose si cela aide à faire comprendre aux gens que les vrais trésors de l'Eglise sont, comme l'a dit saint Laurent, les pauvres, les faibles qu'on doit aider non par une charité occasionnelle mais de telle sorte qu'on puisse peu à peu les élever jusqu'à ce niveau de vie et ce niveau de culture auxquels ils ont droit. »

Il annonça aussi son intention de vendre au plus offrant une croix pectorale de valeur avec la chaîne en or et l'anneau du pape Jean. Le pape Paul avait donné ces objets à Venise lors de sa visite en septembre 1972. Un peu plus loin dans le même article il citait deux Indiens. D'abord, Gandhi : « J'admire le Christ mais pas les chrétiens. »

Luciani exprimait ensuite le souhait que les paroles de Sandhu Singh, un jour peut-être, deviennent fausses.

> « Un jour j'étais assis au bord d'une rivière. Je sortis une pierre ronde de l'eau et la brisai. A l'intérieur, elle était parfaitement sèche. Cette pierre était restée dans l'eau pendant très longtemps mais l'eau n'y avait pas pénétré. Ensuite je pensai que la même chose était arrivée aux hommes en Europe. Pendant des siècles ils avaient été plongés dans le christianisme mais le christianisme n'a pas pénétré en eux, il ne vit pas en eux. »

La réaction fut mitigée. Certains membres du clergé vénète s'étaient attachés aux précieux bijoux qu'ils avaient dans leurs églises. Luciani fut aussi attaqué par certains traditionalistes de la ville, ceux qui aimaient à se rappeler la gloire et la puissance intimement liées au titre de patriarche, dernier vestige de la splendeur de la Sérénissime. Cet homme qui se vouait à la recherche et au vécu de la vérité essentielle et éternelle de l'Evangile rencontra une délégation de ces citoyens-là dans son bureau. Après les avoir écoutés, il leur dit :

> « Je suis avant tout évêque parmi les évêques, un berger parmi les bergers ; mon premier devoir est l'annonce de la Bonne Nouvelle et la sécurité de mes brebis. Ici à Venise, je ne peux que répéter ce que j'ai dit à Canale, à Belluno et à Vittorio Veneto. »

Puis il appela les pompiers, emprunta un bateau et s'en alla rendre visite aux malades dans un hôpital proche.

Comme nous l'avons déjà mentionné, une des méthodes utilisées par ce berger particulier pour communiquer avec son troupeau était la plume. Plus d'une fois Luciani fit part à son secrétaire que s'il n'était pas devenu prêtre il aurait sans doute été journaliste. A en juger par ses écrits, il aurait honoré sa profession. Au début des années 1970 il conçut une technique intéressante pour faire ressortir divers points de morale aux yeux des lecteurs du magazine diocésain : une série de lettres adressées à des personnages littéraires et historiques variés. Les articles attirèrent l'attention du directeur d'un journal local qui persuada Luciani d'élargir son public grâce à lui. Luciani se dit qu'il avait plus de chances de répandre la Bonne Nouvelle par ce moyen qu'en prêchant dans des églises à demi vides. Finalement, ces lettres furent réunies dans un livre, *Illustrissimi,* les plus illustres.

Ce livre est délicieux. A part l'aperçu sans prix sur l'esprit d'Albino Luciani qu'elle apporte, chaque lettre commente des aspects de la vie moderne. Le don tout à fait unique de Luciani pour communiquer, c'est-à-dire unique pour un cardinal italien, s'y manifeste à l'envi. Les lettres démontrent tout aussi clairement la culture étendue de Luciani. Chesterton et Walter Scott reçurent une lettre du patriarche, tout comme Goethe, Alessandro Manzoni, Marlowe et tant d'autres. Il y en a même une adressée au Christ qui commence à la manière typique de Luciani :

> Cher Jésus,
>
> On m'a critiqué. Il est évêque, il est cardinal, ont dit les gens, il écrit des lettres à toutes sortes de gens : Mark Twain, Péguy, Casella, Pénélope, Dickens, Marlowe, Goldoni et dieu sait combien d'autres. Et pas une ligne à Jésus Christ.

Sa lettre à saint Bernard se transformait en dialogue, où le saint donnait de sages conseils, dont un par exemple sur l'extrême inconstance de l'opinion publique.

> En 1815 le journal officiel français, *le Moniteur,* montra à ses lecteurs comment suivre la progression de Napoléon : « Le *brigand* s'enfuit de l'île d'Elbe » ; « L'*usurpateur* arrive à Grenoble » ; « *Napoléon* entre à Lyon » ; « L'*Empereur* sera à Paris ce soir. »

Dans chaque lettre, il mêle un conseil à ses ouailles, sur la prudence, la responsabilité, l'humilité, la fidélité, la charité. En tant qu'elle était destinée à communiquer le message chrétien, une lettre valait vingt encycliques pontificales.

Répandre la Bonne Nouvelle constitue l'une des constantes des années de Luciani à Venise. Une autre est l'esprit réfractaire démontré avec opiniâtreté par certains de ses prêtres. En dehors de ceux qui passaient leur temps à expulser des locataires ou à se plaindre de devoir vendre les trésors de l'Eglise, il y en avait d'autres qui embrassaient le marxisme avec autant d'enthousiasme que d'autres encore se préoccupaient de capitalisme. Un prêtre écrivit à la peinture rouge sur les murs de son église « Jésus fut le premier socialiste » ; un autre monta en chaire, à Mestre, et déclara à ses fidèles ébahis : « Je ne travaillerai plus pour le patriarche jusqu'à ce qu'il m'accorde une augmentation de salaire. »

Homme au sens de l'humour très développé, Albino Luciani ne s'amusait pas de ce genre de bouffonneries. En juillet 1978, du haut de la chaire de l'église du Rédempteur à Venise, il entretint ses fidèles des fautes du clergé : « Il est vrai que le pape, les évêques et les prêtres ne cessent pas d'être de pauvres hommes sujets aux erreurs et il nous arrive souvent d'en commettre. »

Arrivé là il leva la tête de son texte et regardant les gens directement il leur dit avec une totale sincérité : « Je suis convaincu que quand le pape Paul VI me destina à l'archevêché de Venise il commit une erreur. »

Dans les quelques jours qui suivirent cette appréciation, Paul VI mourait, le dimanche 6 août 1978, à 21 h 40. Le trône était vacant.

LE TRÔNE VACANT

Dans les 24 heures de la mort de Paul, alors que son corps n'était pas encore inhumé et son règne pas encore évalué, les bookmakers de Londres, Ladbrokes, ouvraient un registre concernant l'élection pontificale. Le *Catholic Herald,* malgré des articles à la une critiquant ce geste, prenait soin de donner les cotes admises à ses lecteurs.

Le cardinal Pignedoli était favori à 5 contre 2. Les cardinaux Baggio et Poletti se trouvaient en seconde position à 7 contre 2, suivis du cardinal Benelli à 4 contre 1. Egalement sérieusement envisagé, on trouvait le cardinal Willebrands à 8 contre 1. Le cardinal Koenig était donné à 16 contre 1. Le cardinal d'Angleterre Hume figurait à 25 contre 1. On peut penser que les chances relativement fortes de l'Anglais venaient d'une déclaration où il avait affirmé ne pas avoir les qualités requises pour la fonction. On citait une cote encore plus élevée pour le cardinal Suenens. Albino Luciani n'apparaissait pas dans la liste des prétendants au Saint-Siège.

Accusés pour leur manque de bon goût, Ladbrokes se défendirent en soulignant qu'eu égard au trône vide « les journaux étaient pleins de spéculations sur les favoris, les outsiders et les prétendants ».

Il est de fait que la spéculation avait commencé avant même la mort du pape Paul. Un ancien prêtre jésuite reconverti dans l'observation du Vatican, Peter Hebblethwaite avait demandé dans le *Spectator* du 29 juillet « Qui sera pape ? » Il avait choisi trois chevaux en forme à suivre — Pignedoli, Baggio et

Pironio. On ignore si le pape Paul avait lu dans ses derniers jours sur terre le commentaire de Hebblethwaite selon lequel « on ne s'attend guère à ce qu'il vive encore longtemps ».

Les media italiens se montrèrent un peu moins vifs. Le lendemain de la mort du pape, la radio ne diffusa que du Beethoven et deux jours après ils se détendirent un peu en passant du Mozart sans interruption. Le troisième jour, on suivit un régime de musique légère. Le quatrième jour, on réduisit encore un peu la solennité avec des versions chantées de la Sérénade au Clair de Lune et de Star Dust. Pendant les quelques premiers jours la télévision italienne offrit à ses spectateurs un lot de films entièrement peuplés de bonnes sœurs, de papes et de cardinaux.

L'analyse précise de la presse anglo-saxonne couvrant les premières semaines d'août 1978 montre que si les 111 cardinaux étaient aussi perplexes que les vaticanologues, eh bien l'Eglise entrait dans un conclave long et embrouillé.

Les lecteurs de Hebblethwaite ont dû avoir des moments bien difficiles pour découvrir un vainqueur. Dans le *Sunday Times* du 13 août, il ajoutait à ses tuyaux les cardinaux Felici, Villot, Willebrands, Pellegrino et Benelli. Le dimanche suivant, il disait à ses lecteurs : « Le nouveau pape, ce pourrait être Bertoli. » Encore un dimanche et il parlait même de Luciani. On avait l'impression d'entendre le spécialiste hippique donner les pronostics du Derby ou du Prix de l'Arc de Triomphe. En citant tous les chevaux, son journal pourrait, après la course, utiliser son commentaire sur le vainqueur.

Un poissonnier de Naples eut plus de chance. A partir des chiffres tirés de la date du décès du pape Paul, il gagna le gros lot à la loterie nationale.

Malgré toute la pompe et la cérémonie les funérailles du pontife laissèrent une impression curieusement dépourvue d'émotion. Tout se passa comme si son pontificat avait pris fin longtemps auparavant. Après *Humanae Vitae* il n'y avait eu aucune encyclique et mis à part ses remarques courageuses lorsque son ami proche, l'ancien président du Conseil Aldo Moro, avait été kidnappé puis assassiné, ces dix dernières années n'avaient pas livré grand-chose de Paul qui inspirât un épanchement de tristesse lors de sa mort. Il avait été respecté, il n'était pas de ceux qu'on aimait. Il y eut un grand nombre d'articles longs et savants qui analysèrent son pontificat en profondeur mais s'il doit être présent dans la mémoire de l'histoire ce sera parce qu'il a interdit la pilule. Ce peut être une épitaphe cruelle, le résumé injuste d'un esprit parfois brillant et souvent torturé, mais ce qui se passe dans le lit conjugal présente plus d'importance pour les gens ordinaires que le fait que Paul ait pris de nombreux avions, qu'il se soit rendu dans de nombreux pays, ait salué bien des gens et enduré bien des souffrances mentales.

En octobre 1975, le pape Paul avait prononcé une série de règles qui devaient s'appliquer à partir de sa mort. L'une d'elles énonçait que tous les cardinaux responsables de département de la Curie Romaine abandonneraient automatiquement leurs fonctions. Cela garantissait au successeur du pape une totale liberté quant aux nominations. Cela assurait aussi pendant la période de *sede vacante*, entre le décès et l'élection, une agitation et une nervosité considérables. L'une des rares exceptions à cette règle de démission automatique concernait le Camerlingue. Cette fonction était occupée par le secrétaire d'Etat cardinal Jean Villot. Jusqu'à ce que le trône soit garni Villot devenait le gardien des clefs de saint Pierre. Pendant la période de vacance le gouvernement de l'Eglise était confié au Sacré Collège des cardinaux qui devaient tenir des réunions quotidiennes ou « Congrégations Générales ».

Une autre règle du défunt pape fit bientôt l'objet de débats acharnés lors des premières Congrégations Générales. Paul avait bien spécifié qu'il fallait exclure du conclave qui allait élire son successeur tous les cardinaux âgés de plus de 80 ans. Ottaviani organisa une attaqua hargneuse contre cette mesure. Soutenu par le cardinal Confalonieri, âgé de 85 ans, et par les autres octogénaires il essaya de la faire abroger. Ce n'était pas la première bataille que Paul livrait contre ce groupe. Dans la mort, il remporta la dernière. Les cardinaux votèrent le maintien des règles. Les Congrégations Générales se poursuivirent, discutant une fois pendant plus d'une heure pour savoir si les bulletins de vote devraient être pliés deux fois ou une seule.

Rome commençait à se remplir, mais pas d'Italiens — la plupart se trouvaient sur les plages. Hormis les touristes la ville grouillait de groupes de pression, de vaticanologues, de correspondants étrangers et de marginaux un peu fous. Quelques membres de cette dernière catégorie parcouraient la ville en collant des affiches qui proclamaient « Elisez un pape catholique. »

Un des « experts » informa sans attendre *Time Magazine :* « Je ne connais pas un seul cardinal italien qui voterait avec joie pour un étranger. » Manifestement, il ne connaissait pas beaucoup de cardinaux italiens, certainement pas celui qui occupait le siège du patriarcat de Venise. Avant de partir pour Rome, Luciani s'en était ouvert au père Mario Senigaglia qui officiait désormais à l'église Santo Stefano : « Je crois le moment venu pour avoir un pape du Tiers Monde. »

Il ne laissa guère de doute sur celui qu'il avait en tête : le cardinal Aloisio Lorscheider, archevêque de Fortaleza, au Brésil. On considérait généralement que Lorscheider possédait l'un des meilleurs esprits de l'Eglise moderne. Au cours de ses années à Venise Luciani en était venu à bien le connaître et il avait confié à Senigaglia : « C'est un homme de foi et de culture. En outre, il possède une bonne connaissance de l'Italie et de l'italien. Plus important que tout, son cœur et son esprit se trouvent avec les pauvres. »

En plus de leurs rencontres en Italie, Luciani avait passé un mois au Brésil avec Lorscheider en 1975. Ils s'étaient entretenus dans pas mal de langues et s'étaient découvert bien des choses en commun. Ce qu'ignorait Luciani c'était la grande considération que Lorscheider nourrissait envers lui. Il devait faire remarquer, par la suite, à propos du séjour de Luciani au Brésil : « A cette occasion, beaucoup de gens avancèrent l'idée qu'un jour le patriarche de Venise pourrait bien devenir pape. »

Conduit à Rome par le père Diego Lorenzi, qui avait remplacé Senigaglia au poste de secrétaire du patriarche deux ans plus tôt, Luciani s'installa à la résidence des Augustins près de la place Saint-Pierre. Hormis sa participation aux Congrégations Générales quotidiennes, il restait souvent de son côté, préférant se promener dans les jardins augustins où il méditait en silence. Nombre de ses collègues menaient une vie plus tendue : le favori de Ladbrokes, par exemple, le cardinal Pignedoli.

Pignedoli était un ami du défunt pape. Certains commentateurs italiens observaient cruellement qu'il était le seul ami que Paul ait eu. Il est certainement le seul à s'être adressé à lui par l'expression intime « Don Battista ». Le cardinal brésilien Rossi qui soutenait Pignedoli, s'efforçait de rappeler aux autres cardinaux la tradition selon laquelle le pape indique quel devrait être son successeur et soulignait que Pignedoli était « le fils préféré de Paul ». Parmi les cardinaux de la Curie, Pignedoli était l'un des plus progressistes et de ce fait généralement peu aimé des autres membres de la Curie. Cultivé, il avait pas mal voyagé et, peut-être encore plus important pour sa candidature, il avait influencé, directement ou indirectement, la nomination d'au moins 28 de ses frères cardinaux.

La course franche et honnête au trône du Vatican est plutôt mal considérée dans les plus hautes sphères de l'Eglise catholique romaine. On n'encourage guère les candidats à se dresser pour annoncer publiquement quel sera leur programme. En théorie il n'y a pas de campagne, pas de groupes de pression. En pratique, tout cela existe, et bien plus encore. En théorie, les cardinaux se réunissent en un conclave secret et attendent que le Saint-Esprit les inspire. Tandis que passaient les chaudes journées d'août, les coups de téléphone, les réunions secrètes et les promesses pré-électorales garantissaient que le Saint-Esprit recevait une aide terrestre tout à fait considérable.

Une technique ordinaire consiste pour un candidat à déclarer qu'il ne croit vraiment pas être à la hauteur de la tâche. Lors de cette élection, un certain nombre le dirent avec une sincérité totale, comme le cardinal Basil Hume par exemple. D'autres firent des déclarations analogues mais auraient été désolés que leurs collègues les prennent pour argent comptant.

En prenant le thé, l'après-midi du 17 août, Pignedoli déclara à un groupe de cardinaux italiens qui couvraient tout le spectre des opinions, de la droite à la gauche en passant par le centre, que malgré toutes les demandes et les pressions il ne se sentait pas fait pour la papauté. Il suggéra plutôt à ses collègues de voter pour le cardinal Gantin. C'était une proposition pleine d'imagination.

Gantin, cardinal noir du Bénin, avait 56 ans. Il y avait donc très peu de chances qu'il soit élu du fait de sa relative jeunesse. L'âge idéal se situait aux environs de la soixantaine avancée. Pignedoli avait 68 ans. En outre, Gantin était noir. Le racisme n'est pas confiné à une seule rive du Tibre. Avancer le nom de Gantin pouvait parfaitement attirer sur Pignedoli des voix du Tiers Monde dont les cardinaux détenaient 35 votes cruciaux.

Pignedoli fit aussi remarquer que quel que soit l'élu, il faudrait faire le plus vite possible. Le vote du conclave devait commencer le matin du 26 août, un samedi. Pignedoli avait l'impression qu'il serait bon que le nouveau pape soit élu le dimanche 27 au matin afin qu'il puisse s'adresser dès midi à la foule qui se presserait sur la place Saint-Pierre.

Si les cardinaux désiraient largement un conclave bref, cela servait évidemment les intérêts du candidat qui avait d'emblée le plus de partisans. L'effet de groupe est tout aussi manifeste chez les cardinaux que chez les simples mortels. Pour parvenir à la papauté, Pignedoli savait qu'il devait tourner ses regards vers les cardinaux qui n'appartenaient pas à la Curie pour obtenir les 75 voix (deux tiers plus une) essentielles à son élection. Quand la Curie en aurait terminé avec ses luttes intestines, elle se concentrerait finalement sur un candidat précis, de préférence un des siens. Tels des jongleurs déments, les experts lançaient en l'air une variété de noms de candidats de la Curie : Bertoli, Baggio, Felici.

Dans une manœuvre bizarre pour contribuer à sa propre candidature, Baggio prit contact avec Paul Marcinkus et lui assura qu'il serait confirmé à son poste de patron de la banque du Vatican si Baggio était élu. L'évêque Marcinkus, au contraire des cardinaux dépossédés de leurs fonctions par les règles du défunt pape, dirigeait toujours la banque. Aucun signe apparent ne montrait qu'il ne devait pas continuer à le faire. Le geste de Baggio mystifia les observateurs italiens. Mais si ces observateurs avaient su persuader un seul des cardinaux présents aux Congrégations Générales privées de parler, l'acte de Baggio aurait revêtu une signification bien plus profonde.

Ces réunions accordaient une considération très sérieuse aux problèmes qu'affrontait l'Eglise ainsi qu'aux solutions possibles. De cette façon, émergent les candidats dont on pense qu'ils ont les capacités de mettre en œuvre les solutions. Les réunions d'août couvraient un vaste champ, c'était inévitable. Parmi les sujets importants qui apparaissaient, on trouvait la discipline à l'intérieur de l'Eglise, l'évangélisation, l'œcuménisme, la collégialité et la paix dans le monde. Un autre sujet occupait les esprits des cardinaux : les finances de l'Eglise. Nombre de cardinaux étaient effarés par le fait que Marcinkus dirigeait toujours la banque du Vatican après le scandale Sindona. D'autres voulaient une enquête approfondie sur les finances du Vatican. En tant que secrétaire d'Etat et Camerlingue, le cardinal Villot était obligé d'écouter une longue liste de doléances qui avaient toutes un dénominateur commun, le nom de l'évêque Paul Marcinkus. Telle avait été la raison de la proposition de Baggio de le garder en fonction, tentative pour maintenir le statu quo et aussi gambit pour emporter le vote d'hommes comme le cardinal Cody de Chicago, qui seraient parfaitement satisfaits de laisser Marcinkus en place.

Giovanni Benelli, cardinal de Florence, faisait partie de ceux qui préoccupaient les observateurs. Exécuteur et homme de confiance de Paul, il s'était fait beaucoup d'ennemis **mais** on reconnaissait ouvertement qu'il pouvait attirer sur lui au moins quinze votes.

Pour ajouter encore au trouble, les quinze vieillards très contrariés qui allaient être exclus du conclave commencèrent à faire pression sur leurs collègues. Leur groupe, qui comprenait quelques-uns des hommes les plus réactionnaires du Vatican, se mit à pousser, comme on pouvait le prévoir, en faveur de celui qu'ils pensaient représenter le plus parfaitement leur point de vue collectif, le cardinal archevêque de Gênes, Giuseppe Siri. Ce dernier avait conduit la lutte contre une bonne partie des réformes du concile de Vatican II. Il avait été le principal candidat de la droite au conclave qui avait élu Paul. Aujourd'hui, bon nombre des cardinaux trop âgés considéraient que Siri était l'homme idéal pour le fauteuil de Pierre. Pourtant, les octogénaires n'étaient pas unanimes et au moins un, le cardinal Carlo Confalonieri, chantait tranquillement les louanges d'Albino Luciani. Quoi qu'il en soit, le groupe en tant que groupe n'avait qu'une pensée : Siri devait être le prochain pape.

Le cardinal Siri prétend être un incompris. Dans un sermon, il avait réprimandé les femmes qui portaient des pantalons et les avait exhortées à revenir aux robes « afin qu'elles puissent se souvenir de leur vraie fonction sur cette terre ». Souhaitant donner à Son Eminence une occasion de retirer cette remarque, de la justifier ou de la développer, j'ai essayé d'obtenir un entretien avec lui durant mon enquête. Après avoir d'abord accepté, il insista ensuite pour voir une liste de questions écrites. Je les lui soumis donc, y compris celle qui portait sur son commentaire au sujet des femmes en pantalons. Il refusa l'entretien.

Au cours de la série de neuf messes en mémoire du pape Paul, il y eut des homélies, dont une en particulier par le cardinal Siri. Cet homme qui avait bloqué et fait obstruction au pape Paul à chaque occasion s'engagea envers les objectifs du défunt pontife. La campagne en faveur de Siri resta largement étrangère à la presse. L'un des arguments utilisés par les partisans de Siri était que le prochain pape devait être italien. Cette insistance sur le fait que le prochain pape soit un national, alors que 27 seulement des 111 cardinaux votants étaient italiens, est une attitude typique répandue au Vatican.

La croyance que seul un pape italien peut contrôler non seulement le Vatican et l'Eglise au-delà, mais aussi l'Italie elle-même, est profondément ancrée dans les schémas mentaux du village du Vatican. Le dernier pape soi-disant « étranger » fut Adrien VI, de Hollande, en 1522. Cet homme plein de talent et d'une honnêteté scrupuleuse dut apprendre combien nombreux étaient les maux qui florissaient à Rome. Dans une tentative pour stopper la vague de protestantisme en Allemagne il écrivit à son légat dans ce pays :

« Vous devez aussi dire que nous reconnaissons franchement que... pendant de nombreuses années des choses qui méritent d'être tenues en horreur se sont assemblées autour du Saint-Siège. Des choses sacrées ont été détournées de leur destination, des ordonnances transgressées, si bien qu'en toute chose il y a eu un changement pour le pire. Aussi n'est-il pas surprenant que la maladie ait rejailli de la Tête sur les membres, des Papes sur la hiérarchie. Nous tous, prélats et clercs, avons quitté le droit chemin... En conséquence, promettez en notre nom que nous emploierons toute diligence pour réformer avant toutes choses ce qui est peut-être la source de tous ces maux, la Curie romaine. »

Quelques mois après avoir fait cette déclaration le pape Adrien mourut. Les preuves laissent à penser qu'il fut empoisonné par son médecin.

Aujourd'hui, Paul VI enterré, la Curie romaine minoritaire essayait une fois encore de l'emporter sur la majorité. Lors de l'une des premières Congrégations Générales, avec seulement 32 cardinaux présents, italiens pour la plupart, il avait été décidé que les 111 cardinaux n'entreraient pas en conclave avant le 25 août et que les votes ne commenceraient pas avant le 26 août. Le délai de vingt jours était à un jour près le plus long possible d'après les règles édictées par le défunt pape. C'était aussi le plus long de l'histoire moderne. En 1878, sans le secours de la TWA ou de la Panam, les cardinaux n'avaient attendu que dix jours pour entrer en conclave et élire Léon XIII. La période de trois semaines donnait aux cardinaux italiens le maximum de temps pour persuader les « étrangers » de la sagesse qu'il y aurait à élire un successeur italien à Paul VI. Ils rencontrèrent une opposition inattendue. Albino Luciani n'était pas seul à penser que le temps était venu pour un pape du Tiers Monde. Beaucoup de cardinaux de ce Tiers Monde le pensaient aussi.

La majorité des cardinaux d'Amérique latine assista à une réunion secrète au collège brésilien à Rome, le 20 août. Aucun candidat important n'en sortit mais on s'accorda sur la nécessité d'un pape pastoral, d'un homme qui manifestait clairement sa sainteté, qui reconnaissait les besoins des pauvres, un homme favorable au partage du pouvoir, à la collégialité, un homme qui par sa nature et ses qualités exercerait une attraction sur le monde entier. Le groupe se souciait principalement de ce que le nouveau pape devait représenter plutôt que de qui il s'agirait, bien que les caractéristiques avancées réduisent le champ des élus possibles de façon spectaculaire.

A Florence, Giovanni Benelli [1], que beaucoup d'observateurs croyaient à tort candidat à la papauté, reçut les observations des Latino-Américains. Il sourit en considérant les qualités recherchées par ses collègues. On aurait dit un portrait exact de l'homme que précisément Benelli recherchait pour pape. Il prit son téléphone, composa un numéro hors de Florence et quelques instants plus tard il était engagé dans une conversation animée avec le cardinal belge Suenens.

A Rome, Pignedoli continuait de donner des dîners somptueux, les cardinaux de la Curie continuaient de faire discrètement pression en faveur de Siri et l'office de presse du Vatican poursuivait sa politique consistant à offrir aux commentateurs du monde entier le minimum de coopération, tandis que la date approchait de ce que Peter Nichols du *Times* appelait « Le scrutin le plus secret du monde ».

Les cardinaux latino-américains n'étaient pas le seul groupe à formuler un document qui revenait à un profil idéal du candidat. Une semaine plus tôt, un groupe de catholiques qui se désignaient eux-mêmes comme le C.R.E.P. (Committee for the Responsible Election of the Pope) tenait une conférence de presse à l'hôtel Columbus à Rome. Le brave homme choisi pour répondre aux questions de plus de 400 journalistes fut le père Andrew Greeley. Tout en n'étant pas lui-même membre du C.R.E.P. Greeley et un groupe de théologiens

1. Giovanni Benelli avait été écarté de Rome en 1977. Ses efforts constants pour faire révoquer Marcinkus de la banque du Vatican avaient eu le résultat inverse et une cabale qui comprenait entre autres Marcinkus et le secrétaire de Paul monseigneur Macchi, avait réussi à chasser Benelli de la secrétairerie d'Etat. Il avait été fait cardinal et on lui avait donné Florence en compensation.

avaient rédigé cette véritable offre d'emploi pour le compte du comité.

Le document allait susciter bien des critiques. La plupart étaient banales, la plupart équivalaient à un rejet. Les signataires semblaient à la recherche d'un homme tout à fait extraordinaire. Il ne fait pas de doute non plus que ce document montrait un amour profond pour l'Eglise catholique romaine. Ces hommes se souciaient terriblement de la nature et de la qualité du nouveau pape. Rejeter des gens de la qualité de Hans Kung, Yves Congar et Edward Schillebeeck exige une mentalité qui frise la stérilité spirituelle. Le professeur Kung, par exemple, est considéré par beaucoup de gens qualifiés pour en juger comme le plus brillant théologien catholique vivant. Tous les signataires du communiqué de presse étaient du même acabit.

> ON DEMANDE DU SECOURS :
> Homme saint et plein d'espoir, sachant sourire.
> Travail intéressant, revenus garantis, logement assuré.
> Couverture sociale par organisation ayant fait ses preuves. Envoyer candidature à Collège des Cardinaux, Cité du Vatican.

Ainsi commençait « l'offre d'emploi ». Elle se poursuivait par une description de l'homme qu'ils aimeraient voir choisi par le conclave secret. Le fait qu'il appartienne ou non à la Curie importait peu ; pas plus que ne comptait le fait qu'il soit italien ou pas, qu'il vienne du premier, du second ou du Tiers Monde, qu'il soit ou non un intellectuel, un diplomate ou un pasteur, progressiste ou modéré, administrateur efficace ou dépourvu d'expérience dans ce domaine... Ce qu'il fallait, disaient les théologiens, en ce moment critique de l'histoire, c'était un « homme de sainteté, un homme d'espoir, un homme de joie. Un saint homme qui sache sourire. Un pape non seulement pour tous les catholiques mais pour tous les hommes. Un homme entièrement dépourvu de la moindre implication dans des questions de finances et d'organisation, d'accords et de compromis. »

La liste se poursuivait par d'autres traits essentiels. A lire ces qualifications indispensables et à les comparer avec la liste des principaux candidats, on éprouvait l'impression accablante d'un besoin profond et urgent qui touchait au désespoir.

Greeley traversait un moment difficile qui ne s'arrangea guère quand il eut la témérité de suggérer que peut-être un pape du beau sexe ne serait pas une mauvaise idée. Proposer cela dans une pièce pleine de journalistes italiens, mâles et machos, demandait un énorme courage. La conférence de presse se termina dans le désordre tandis qu'une jeune Italienne hurlait au père Greeley qu'il était le diable et qu'il avait des problèmes sexuels.

Quelques jours plus tard, le professeur Hans Kung indiqua dans une interview accordée au magazine d'information italien *Panorama* qu'à son avis toute l'Eglise catholique romaine avait et continuerait d'avoir des problèmes sexuels jusqu'à ce qu'on fasse quelque chose à propos d'*Humanae Vitae*. Il mettait le contrôle des naissances en tête des problèmes que devrait résoudre le nouveau pape. « C'est une question fondamentale pour l'Europe et les Etats-Unis mais par-dessus tout pour le Tiers Monde... Une révision d'*Humanae Vitae* est nécessaire. Nombreux sont les théologiens et même les évêques qui n'auraient aucun mal à consentir au contrôle des naissances, même par des moyens artificiels, si l'on pouvait accepter l'idée que des règles instaurées dans le passé par des papes peuvent être amendées. »

Le 21 août, le cardinal brésilien Lorscheider rendait publique lors d'une interview la teneur exacte du document latino-américain. Ils cherchaient un pape qui soit un homme d'espoir disposé positivement envers le monde. Ils voulaient un homme qui ne cherche pas à imposer des solutions chrétiennes aux non-chrétiens, qui soit sensible aux problèmes sociaux, ouvert au dialogue et engagé dans une recherche de l'unité ; ils voulaient un bon pasteur, un bon berger dans le sens où l'avait été Jésus, un homme qui croyait sincèrement que la conférence épiscopale devait exercer une influence réelle sur la papauté. Il devait être ouvert à la recherche d'une nouvelle solution au contrôle des naissances qui, tout en ne contredisant pas *Humanae Vitae,* aille plus loin.

Les cardinaux Benelli et Suenens, qui évitaient encore la chaleur de Rome, construisaient tranquillement la candidature d'un homme qui correspondait aux désirs des cardinaux latino-américains, du père Greeley et du professeur Kung : Albino Luciani.

Quand le nom de Luciani apparut dans la presse italienne pendant la période antérieure au conclave, il fut rejeté comme une manœuvre. Un expert en matière de Vatican, Sandro Magister, parla du « peu original patriarche de Venise ». Un autre, qui aurait dû être mieux informé, se nommait Giancarlo Zizola. Quelques jours avant le conclave, Zizola — qui avait fait une interview en profondeur d'Albino Luciani neuf ans plus tôt — rédigea une petite biographie peu convaincante intitulée « Avec les pauvres (pas à gauche) ». Zizola citait une source anonyme qui avait remarqué « Le moins que l'on puisse dire est qu'il est maintenant reconnu comme le chef de la droite ecclésiastique, sorte de réplique vénitienne du cardinal Ottaviani ».

Quand la presse interrogea Luciani sur l'apparition épisodique de son nom parmi les prétendants, il rejeta cette suggestion avec un rire. « Au mieux, je suis sur la liste C. » Satisfaits, les media le laissèrent. On oublia vite son nom.

Se tenant à l'écart des marchandages et des revirements, Luciani se promenait dans les jardins augustins à l'ombre de Saint-Pierre. Il engageait parfois la conversation avec le frère Clemente qui transpirait en travaillant dans les parterres de fleurs. Luciani se rappelait qu'enfant il avait travaillé aux champs. « A l'époque j'avais des cals aux mains. Aujourd'hui j'ai des cals au cerveau. »

Comme approchait le jour du conclave, Albino Luciani avait d'autres soucis. Sa Lancia 2 000, âgée de cinq ans, était tombée en panne. Il demanda à son secrétaire, le père Lorenzi, de la faire réparer rapidement. Le vote du conclave devait commencer le samedi 26 août. Luciani insista pour que la voiture soit prête pour le voyage de retour à Venise dès le mardi 29. Il voulait partir sans tarder car il avait beaucoup à faire chez lui.

Le 25 août, Luciani écrivit à sa nièce, Pia :

Chère Pia,

Je t'écris pour que tu aies les nouveaux timbres de la Sede Vacante et pour te féliciter de ton succès à ton premier examen. Espérons que le Seigneur t'aidera aussi pour la suite. Nous avons terminé aujourd'hui le pré-conclave avec la dernière Congrégation Générale. Après cela, nous avons tiré les cellules au sort et sommes allés les voir. J'ai eu le numéro 60, c'est un salon reconverti en chambre à coucher ; j'ai l'impression de me retrouver au séminaire à Feltre en 1923. Un lit de fer, un matelas, une cuvette pour me laver.

Au 61 se trouve le cardinal Tomasek, de Prague. Un peu plus loin, les cardinaux Tarancon, de Madrid, Medeiros, de Boston, Sin, de Manille, et Malual, de Kinshasa. Seul manque le cardinal d'Australie et nous aurions eu un résumé du monde entier. Je ne sais pas combien de temps durera le conclave, il est ardu de trouver la bonne personne pour affronter tant de problèmes qui sont de très lourdes croix. Par bonheur, je suis hors de danger. Dans ces circonstances, c'est déjà une très lourde responsabilité de donner sa voix. Je suis certain qu'en bonne chrétienne tu prieras pour l'Eglise en ces moments-là. Salue bien Francesco, Papa et Maman. Je ne leur écris pas car je suis assez occupé pour l'instant. Très affectueusement à toi,

Albino Luciani

Le lendemain, quelques heures avant le conclave il écrivit à sa sœur Antonia :

Chère sœur,

Je t'écris juste avant d'entrer en conclave. Ce sont des instants lourds de responsabilité, même si je ne cours aucun risque personnellement, malgré les bavardages des journaux. Donner sa voix pour un pape en ce moment est un lourd fardeau. Prie pour l'Eglise et salue affectueusement Errere, Roberto et Gino.

Albino Luciani

En tendant sa lettre aux frères augustins pour qu'ils la postent, il leur signala qu'il avait laissé l'essentiel de ses affaires dans sa chambre. Ce même matin il avait célébré une messe « pour l'élection d'un pape » avec ses frères cardinaux. Clemente avait déjà emporté pour la nuit les bagages de Luciani et de son voisin de chambre, Freeman, à la chapelle Sixtine. Les deux cardinaux rejoignirent ensuite leurs collègues dans la chapelle Pauline avec ses fresques de Michel-Ange. Guidés avec soin par monseigneur Virgilio Noe, le Maître de Cérémonies Pontifical, et précédés par le chœur de la chapelle Sixtine qui chantait l'hymne au Saint-Esprit, ils traversèrent la Sala Ducale, sous les chérubins du Bernin, puis pénétrèrent dans la chapelle Sixtine.

Quand monseigneur Noe lança *Extra omnes* (Tous dehors), le chœur, les servants, les équipes de télévision et tout le personnel étranger s'en furent. Tandis que le cardinal Villot se tenait juste à l'intérieur et Noe juste à l'extérieur, la porte se referma lentement sur les 111 cardinaux. Elle ne s'ouvrirait pas avant qu'un pape ait été élu. Le scrutin le plus secret du monde se poursuivrait jusqu'à ce que la fumée blanche dise à la foule qui attendait sur la place Saint-Pierre ainsi qu'aux millions d'observateurs dans le monde entier que le trône du Vatican n'était plus vide.

À L'INTÉRIEUR DU CONCLAVE

Quelles qu'aient pu être les défaillances du pape Paul, il savait certainement organiser un conclave secret. Il avait laissé des instructions très claires sur la manière d'élire son successeur.

Une des préoccupations de Paul avait été le secret. Deux jours avant le conclave, les cardinaux furent dans l'obligation de prêter un serment solennel. Sous peine d'excommunication ils se virent interdire par la suite de discuter du scrutin « que ce soit par signes, paroles ou écrits, ou de toute autre manière ». Pour que les choses soient bien comprises, les cardinaux durent aussi promettre et jurer « de ne pas utiliser au conclave aucune sorte d'appareils de transmission ou de réception, de ne pas employer de dispositifs destinés à prendre des photographies ». Manifestement, le pape Paul ne faisait pas une confiance totale à ces princes de l'Eglise catholique romaine.

Au cas où un cardinal aurait souffert d'un trou de mémoire entre ce serment du secret et son entrée au conclave, ils furent tous obligés de le prêter à nouveau dès que tous les étrangers aux opérations eurent quitté la chapelle Sixtine.

Pour une triple certitude, après que les cardinaux eurent rejoint leur chambre assignée, ou les « cellules » comme Paul préférait les appeler, le cardinal Villot, assisté de quelques collègues et de deux techniciens, procéda à la fouille de toute la surface du conclave afin de vérifier que personne ne s'y était dissimulé dans l'espoir du scoop de sa vie. Ensuite, d'une manière qui rappelait un peu le Stalag V ou Colditz, tous les membres du personnel furent fouillés et l'on fit l'appel nominal dans la chapelle.

Pour s'assurer que personne du dehors ne tentait de pénétrer au-dedans, Paul avait aussi décidé qu'une bonne partie du personnel du Vatican, dont les Gardes Suisses et les architectes du Vatican, devraient contrôler minutieusement les abords de la chapelle Sixtine. Les règles ne disent pas si Paul craignait que les octogénaires interdits de conclave ne tentent l'escalade des murs de la chapelle.

Villot et ses aides, accompagnés des deux techniciens, méritèrent certainement leur salaire durant le conclave. Une de leurs tâches consistait en outre à faire des fouilles au hasard dans le conclave, à la recherche de magnétophones, d'équipements vidéo et de toute forme d'appareils d'écoute et d'espionnage.

Avec toutes ces fouilles, ce décompte des personnes et les doubles contrôles, le défunt pape estimait manifestement qu'il resterait très peu de temps le premier jour pour procéder au vrai travail et voter pour un pape.

Tandis que Rome se reposait pendant la vague de chaleur, la température dans la chapelle Sixtine approchait certainement de la limite du supportable pour ces hommes assez âgés dans l'ensemble. Le défunt pape n'avait pas oublié les fenêtres. Selon ses instructions on les avait toutes scellées et bouchées. C'est dans ce cadre que 111 cardinaux devraient, le lendemain, prendre la plus importante décision de leur vie.

Si en dehors des murs les espoirs, les besoins et les désirs de millions de gens au sujet du nouveau pontificat étaient légions, ils reflétaient alors avec précision les opinions à l'intérieur du conclave. La droite se retrouvait dans les aspirations de ceux qui désiraient un retour à un monde tel qu'il existait avant le concile Vatican II, dont une discipline ecclésiastique rigide faisait la clef de voûte. La gauche cherchait un pape qui comprenne les pauvres et s'y rattache, un pape qui régnerait de manière démocratique et reconnaîtrait que ses évêques devaient exercer une influence sur la direction empruntée par l'Eglise. Ceux-ci souhaitaient un nouveau Jean XXIII, tandis que la droite attendait un Pie

XII. Au milieu, on trouvait des hommes qui se colletaient avec les deux points de vue et qui tentaient d'aller simultanément en avant et en arrière. Il y avait aussi Albino Luciani, homme doué d'une simplicité rarement accordée à quelqu'un d'aussi intelligent ; une simplicité qui jaillissait d'un esprit extrêmement raffiné et complexe. Il estimait que sa tâche consistait à reconnaître absolument les aspirations inassouvies du Tiers Monde. D'où sa décision de voter pour l'archevêque de Fortaleza, au Brésil, Aloisio Lorscheider, homme aux dons intellectuels brillants qui savait tout des problèmes des pauvres. Elire pape pareil homme témoignait d'un choix inspiré, avec ou sans l'aide du Saint Esprit.

Giovanni Benelli et Léon Joseph Suenens avaient fait un choix tout aussi inspiré. Avant le conclave, Benelli avait observé avec un amusement ambigu les spéculations des media qui le nommaient comme pape possible. Il était demeuré silencieux devant les attaques offensantes de cardinaux de la Curie comme Pericle Felici, Administrateur du Patrimoine du Saint-Siège, qui avait dit de lui : « Son vote n'ira qu'à lui-même. »

Felici devait bientôt découvrir que Benelli avait d'autres projets pour sa voix et, plus important, pour les voix des autres. Quand les bruits de la discrète campagne menée par Benelli et Suenens atteignirent la Curie, on s'y montra aussi négatif envers Albino Luciani que les hommes et les femmes des divers media. Parmi les nombreuses biographies d'avant le conclave éditées par le Vatican, celle de Luciani était la plus brève. Visiblement, les détenteurs du pouvoir étaient d'accord avec ses déclarations, il n'était rien d'autre qu'un candidat de la liste C. Comme la presse mondiale, la Curie ne connaissait pas l'homme. Malheureusement pour la Curie, les autres cardinaux le connaissaient. Après l'élection, bon nombre de journalistes de la presse mondiale, experts dans les affaires du Vatican, donneraient comme excuse à leur incapacité à découvrir le vainqueur le fait qu'il était « inconnu », qu'il n'avait pas voyagé hors d'Italie et qu'il ne parlait aucune langue étrangère.

Albino Luciani parlait couramment l'allemand, le français, le portugais et l'anglais, ainsi que sa langue maternelle l'italien, et bien sûr le latin. Hormis le fait que les cardinaux italiens hors de la Curie le connaissaient bien, il avait noué bien des amitiés ailleurs. Les Polonais Wojtyla et Wyszynski avaient habité chez lui à Venise. Le premier avait formé la pensée de Luciani sur le problème du marxisme. Il s'était arrêté chez Lorscheider lors d'un voyage au Brésil en 1975. Le cardinal Arns, également brésilien, faisait partie de ses amis intimes. Suenens, de Belgique, Willebrands, de Hollande, Marty, de France, Cooke, de New York, Hoeffner et Volk, d'Allemagne, Manning, de Los Angeles, Medeiros, de Boston, ils étaient tous, parmi beaucoup d'autres, amis de Luciani. Outre le Brésil, il s'était aussi rendu au Portugal, en Allemagne, en France, en Yougoslavie, en Suisse, en Autriche tout comme en Afrique où il avait créé un jumelage entre Vittorio Veneto et Kiremba, une ville du Burundi.

Il s'était aussi lié d'amitié avec de nombreux non-catholiques. Le Noir Phillip Potter, secrétaire du Conseil Mondial des Eglises, avait logé chez lui. On comptait aussi des juifs, des anglicans et des chrétiens pentecôtistes. Il avait échangé des livres et une correspondance avec Hans Kung. Si la Curie romaine avait su cela, les sonnettes d'alarme auraient retenti dans la Cité du Vatican.

Tel était donc l'homme qui souhaitait donner sa voix, voir élu le nouveau pape, monter dans sa Lancia réparée et rentrer chez lui à Venise. Il avait déjà envisagé la possibilité que par quelque absurde tour du destin son nom émerge du lot. Quand Mario Senigaglia lui avait souhaité bonne chance et l'avait poussé à prendre quelques-uns de ses discours « pour le cas où », Luciani avait rejeté la proposition. « Il y a toujours une façon de s'en sortir. On peut toujours refuser. »

A Rome, Diego Lorenzi, secrétaire de Luciani depuis 1976, avait aussi exprimé le souhait que cet homme qu'il considérait désormais comme un père devienne le prochain pape. Là encore, Luciani avait repoussé la suggestion. Il rappela à Lorenzi les règles que le défunt pape avait instaurées. Il fit allusion à ce moment suprême où l'un des cardinaux a reçu les deux tiers des voix plus une, en l'occurrence 75. Le cardinal en question doit alors répondre à la question solennelle :

« Acceptez-vous ? » Luciani avait souri à son secrétaire :

— Et s'ils m'élisent je leur dirais « Je suis désolé. Je refuse ».

Le samedi matin, 26 août, après avoir célébré la messe et pris leur petit déjeuner, les cardinaux se rendirent au siège qui leur était attribué à la chapelle Sixtine. Les règles demandaient à chaque cardinal de déguiser son écriture sur le bulletin de vote conçu de telle sorte qu'une fois plié en deux sa taille n'excédait pas trois centimètres. Après la désignation de scrutateurs pour vérifier les votes, on nomma trois autres cardinaux pour scruter les scrutateurs. La sauvegarde de Paul contre un cardinal votant pour lui-même se retrouvait dans la majorité des deux tiers plus un.

Finalement, tandis que la température montait tout autant que la tension, le premier scrutin commença[1].

Après le décompte des bulletins de vote, une première vérification, puis une seconde et enfin une troisième pour bien s'assurer qu'aucun cardinal n'avait voté deux fois, on réunit les bulletins de vote soigneusement à l'aide d'un fil, on les recompta, on revérifia puis on les déposa dans la boîte prévue à cet effet afin qu'ils soient brûlés. Le vote du premier tour de scrutin donna les résultats suivants :

Siri 25 voix
Luciani 23 voix
Pignedoli 18 voix
Lorscheider 12 voix
Baggio 9 voix

Les 24 voix restantes étaient dispersées. Les Italiens Bertoli et Felici, l'Argentin Pironio et le Polonais Wojtyla obtenaient

1. Le seul rapport officiel de ce qui transpira est enfoui au cœur des archives du Vatican. Ce qui suit est le résultat des preuves et témoignages que j'ai recueillis à un certain nombre de sources informées. Les chiffres ne s'accordent pas toujours et par conséquent je reconnais volontiers qu'il doit y avoir une marge d'erreur. Cela s'applique aussi au nom des cardinaux qui ont voté pour Luciani dès le premier tour. Bien qu'il soit inévitable qu'il y ait des variations, je sais que la forme générale et la structure du vote ici rapporté sont exactes.

des voix, tout comme les cardinaux Cordeiro du Pakistan et Franz Koenig, d'Autriche.

Albino Luciani avait écouté avec une incrédulité croissante le scrutateur annoncer son nom vingt-trois fois. Quand un certain nombre de cardinaux assis près de lui s'étaient tournés pour lui sourire il se contenta de secouer la tête en signe de stupéfaction. Comment se pouvait-il qu'il ait obtenu autant de voix ?

Les cardinaux Benelli, Suenens et Marty auraient pu lui fournir la réponse. Ils avaient créé ce qu'ils pensaient être une bonne base pour promouvoir Luciani. Hormis ces trois-là, ceux qui avaient voté pour Luciani lors de ce premier tour représentaient un bel échantillonnage international : la France avec Renard et Gouyon ; la Hollande avec Willebrands et Alfrink ; l'Autriche avec Koenig ; l'Allemagne avec Volk et Hoeffner ; le Zaïre avec Malula ; l'Ouganda avec Nsubuga ; Dakar avec Thiandoum ; la Curie, avec Bernardin ; le Bénin avec Gantin ; Milan avec Colombo ; Turin avec Pelligrino ; Naples avec Ursi ; Bologne avec Poma ; New York avec Cooke ; le Brésil avec Lorscheider ; le Nigéria avec Ekandem ; Cracovie avec Wojtyla ; et Manille avec Sin.

Ignorant l'identité de ses partisans, Luciani en conclut que cette aberration se corrigerait d'elle-même lors du second tour de scrutin et, prenant un second bulletin il y inscrivit le nom d'Aloisio Lorscheider.

Les cardinaux de la Curie regardaient Luciani avec un intérêt renouvelé. Leur première tâche avait consisté à stopper la campagne de Pignedoli à la papauté. Le second scrutin confirma qu'ils avaient atteint leur objectif.

Siri 35 voix
Luciani 30 voix
Pignedoli 15 voix
Lorscheider 12 voix

Les 19 voix restantes étaient éparpillées.

Les bulletins, avec ceux du premier tour, furent enfournés dans l'antique poêle, on tira la poignée « nero » et la fumée noire, au lieu de sortir du toit, remplit bientôt la chapelle Sixtine. Malgré le fait que les funérailles du pape Paul et le conclave coûtaient à l'Eglise plusieurs millions de dollars, certaines autorités au Vatican avaient décidé d'économiser une ou deux lires et avaient décrété qu'il ne fallait pas ramoner la cheminée. Le résultat, étant donné que toutes les fenêtres étaient scellées, menaça d'apporter au conclave une conclusion subite et dramatique. Le défunt pape n'avait pas prévu la possibilité que les 111 cardinaux périssent par suffocation mais il avait décidé que plusieurs membres des sapeurs pompiers du Vatican seraient enfermés dans les environs. Ils risquèrent promptement l'excommunication en ouvrant plusieurs fenêtres.

Finalement, un peu de la fumée noire réussit à se frayer un chemin par la cheminée de la chapelle Sixtine et Radio Vatican confirma que le matin n'avait pas produit de pape. De nombreux experts vaticanologues avaient prédit un long conclave, estimant qu'il faudrait pas mal de temps pour que 111 hommes arrivant d'un peu partout dans le monde parviennent à une forme d'unanimité relative. En voyant la fumée noire, les experts des media hochèrent sagement la tête et continuèrent leurs tentatives pour extorquer de l'office de presse du Vatican des détails aussi vitaux que le menu du déjeuner du conclave.

Le conclave le plus nombreux et le plus varié de toute l'histoire de l'Eglise sortit rapidement de la chapelle Sixtine pour se rendre à la cantine provisoire.

Le troisième tour de scrutin allait être crucial. Siri et Luciani se retrouvaient à égalité. Tandis que le patriarche de Venise, très troublé, mangeait du bout des lèvres, d'autres s'affairaient. Giovanni Benelli conversait calmement avec les cardinaux d'Amérique latine. Ils avaient bien fait ressortir leur point de vue, les assurait-il, mais il était net qu'un pape du Tiers Monde n'allait pas apparaître pendant ce conclave. Est-ce qu'ils voulaient d'un homme comme Siri, avec ses conceptions réactionnaires, sur le trône ? Pourquoi pas un homme qui, s'il ne venait pas du Tiers Monde l'aimait certainement ? Ce n'était un secret pour personne, leur dit Benelli, que Luciani votait pour un des leurs, Aloisio Lorscheider.

En fait, Benelli risquait d'en faire déjà trop. Les cardinaux latino-américains avaient préparé leur travail avec bien plus de soin que tout autre groupe géographique. Conscients que leurs chances d'élire Lorscheider restaient modestes, ils avaient préparé, avant le conclave, une brève liste des Italiens qui n'appartenaient pas à la Curie. Ils avaient discuté de cette liste avec plusieurs hommes dont un prêtre jésuite installé à Rome, le père Bartolmeo Sorges. Au cours d'une discussion de deux heures, Sorges avait souligné les divers aspects favorables et défavorables à chacun des possibles. Un nom était sorti : Albino Luciani. Le père Sorges m'a répété sa conclusion en forme de conseil au groupe de cardinaux :

> « Si vous voulez élire un pape qui contribuera à reconstruire l'Eglise dans le monde, alors vous devez voter pour Luciani. Mais rappelez-vous, il n'est pas habitué à gouverner, en conséquence, il aura besoin d'un bon secrétaire d'Etat. »

Tandis que les conversations feutrées se poursuivaient, les cardinaux Suenens, Marty et Gantin, avec moins de flamme mais une efficacité égale, parlaient à d'autres qui balançaient encore. Koenig, de Vienne, fit remarquer tranquillement à ceux qui étaient assis près de lui que des non-Italiens ne devaient pas formuler d'objection à ce qu'un autre Italien devienne leur chef spirituel.

Pendant le déjeuner, les membres de la Curie considéraient aussi leurs options. Pour eux, la matinée avait été bonne. Ils avaient stoppé Pignedoli. Siri, leur candidat du matin, avait nettement fait le plein de ses voix. Malgré toutes les pressions qu'ils avaient exercées avant l'ouverture du conclave il était désormais clair pour Felici et les siens que la gauche et le centre ne pourraient pas venir à Siri en nombre suffisant. Luciani, l'homme tranquille de Venise, serait certainement facile à contrôler au Vatican. Ceux qui désiraient un pape qui fasse retour à la situation précédant Vatican II n'étaient pas convaincus. Ils soulignaient que Luciani, plus que tout autre cardinal italien, avait mis en pratique l'esprit du concile inauguré par le pape Jean.

En Angleterre, tout s'arrête pour le thé. En Italie on

parvient au même état de suspens de l'animation par la sieste. Tandis que certains s'attardaient dans la salle à manger en parlant doucement, les autres se retiraient dans leur chambre pour dormir. Dans la cellule 60, Albino Luciani s'agenouilla pour prier.

« On ne peut pas faire des gnocchi avec cette pâte-là », avait fait remarquer Luciani à plusieurs personnes qui lui souhaitaient bonne chance avant le conclave. Il apparaissait désormais qu'un nombre significatif de ses collègues cardinaux n'étaient pas d'accord avec cette évaluation de lui-même.

Par la prière il cherchait la réponse, non au résultat final du scrutin mais à ce qu'il devrait faire s'il était élu. Luciani, qui n'avait jamais rien voulu d'autre qu'être curé de paroisse, se trouvait sur le seuil de la fonction la plus élevée de l'Eglise catholique romaine ; et il s'agenouillait en toute conscience pour demander à son Dieu de choisir quelqu'un d'autre.

Luciani sortit de sa cellule à 16 heures et fut chaleureusement embrassé par le cardinal Joseph Malula du Zaïre. Plein de joie, ce dernier lui présenta ses félicitations.

Luciani secoua la tête tristement.

— Une grande tempête me trouble, dit-il tandis que les deux hommes s'en allaient vers le troisième tour de scrutin.

Luciani 68 voix
Siri 15 voix
Pignedoli 10 voix

Les 18 voix restantes étaient dispersées. Albino Luciani se trouvait maintenant à quelques voix de la papauté. Une main sur le front, il murmura : « Non. S'il vous plaît, non. »

Les cardinaux Willebrands et Riberio, assis de chaque côté de Luciani, entendirent l'adjuration. Instinctivement, les deux hommes tendirent la main et saisirent Luciani. Willebrands parla doucement :

— Courage. Si le Seigneur donne le fardeau il donne aussi la force de le porter.

Riberio hocha la tête et ajouta :

— Le monde entier prie pour le nouveau pape.

Il n'y avait pas le plus petit doute dans l'esprit de maintes personnes présentes que le Saint-Esprit s'était manifesté durant cet après-midi torride. Pour d'autres, plus cyniques, autre chose inspirait le conclave. On entendit Taofina, de Samoa, murmurer : « Le pouvoir sous la forme d'un homme, ou plutôt d'un cardinal de la Curie. » Son regard était braqué sur Felici tandis qu'il faisait cette remarque.

Felici, qui avait passé la matinée à voter pour Siri, s'approchait d'Albino Luciani. Il lui tendit une enveloppe avec cette phrase :

— Un message pour le nouveau pape.

La feuille de papier à l'intérieur comportait ces mots : « Via Crucia », symbole du chemin de croix.

Une grande excitation régnait dans le conclave. Beaucoup étaient désormais convaincus d'agir sous l'inspiration divine. Oubliant le vœu insistant du défunt pape selon lequel chaque cardinal devait prononcer un serment solennel avant chaque tour de scrutin, le quatrième tour commença :

Luciani 99 voix
Siri 11 voix
Lorscheider 1 voix (celle d'Albino Luciani)

A l'annonce du vote final l'assemblée explosa en formidables applaudissements. Il était 18 heures 5 minutes. Finalement, la coterie de ceux qui soutenaient Siri, membres de la droite intransigeante, avait fini par céder. On ouvrit les portes de la chapelle et divers Maîtres des Cérémonies entrèrent, accompagnant le Camerlingue Villot vers l'endroit où Albino Luciani était assis. Villot prit la parole :

— Acceptez-vous votre élection canonique en tant que Pontife Suprême ?

Tous les regards étaient braqués sur Luciani. Le cardinal Giappi m'a raconté cet instant.

« Il était assis trois rangs derrière moi. Il hésitait encore au moment même de son élection. Le cardinal Villot lui posa la question et il continuait d'hésiter. Les cardinaux Willebrands et Riberio l'encourageaient visiblement. »

Luciani répondit enfin.

« Que Dieu vous pardonne ce que vous avez fait à mon égard. » Puis il ajouta : « Accepto. »

— Quel nom souhaitez-vous adopter ? demanda Villot.

Luciani hésita encore puis, pour la première fois, il sourit.

— Jean-Paul Premier.

On entendit certains cardinaux qui écoutaient proférer des murmures ravis. Le nom était une innovation, le premier nom double de l'histoire de la papauté. La tradition tient que par le choix d'un nom un pape donne une indication de la direction que son règne peut prendre. Par conséquence, le choix de Pie aurait ravi la droite, indiquant peut-être un retour à une Eglise préconciliaire. Quel message Luciani envoyait-il avec son choix ? Cela dépendait du message que ses auditeurs voulaient entendre.

Pourquoi cet homme sans ambition avait-il accepté cette charge qui représentait pour tant d'autres cardinaux présents la réalisation de l'ambition de toute une vie ?

La réponse, comme bien des choses concernant cet homme simple, est complexe. Tout indique qu'il fut submergé par la vitesse et le caractère massif du vote. Beaucoup m'en ont parlé. Cet aspect est peut-être le mieux résumé par un membre de la Curie qui connaissait intimement Albino Luciani depuis vingt ans.

> Il en était désolé. S'il n'avait pas été submergé par la simple quantité, si les événements s'étaient déroulé plus lentement, emmenant le conclave vers une seconde journée, il aurait eu le temps de se reprendre et de refuser ; et pourtant, s'il avait décidé, dans ce conclave, qu'il n'était pas l'homme qui devait être pape, il aurait refusé. C'est l'un des hommes les plus forts que j'aie connus en trente ans de Curie.

Il faut aussi tenir compte de l'élément vital qu'est l'humilité personnelle de Luciani. Il peut paraître contradictoire de décrire l'acceptation de la papauté comme un acte d'humilité. En fait, considérer l'accession au pouvoir suprême comme une soumission est parfaitement cohérent si la dernière chose du monde que vous désirez est précisément le pouvoir suprême.

A l'intérieur du conclave, tandis qu'on conduisait le nouveau pape à la sacristie, la joie régnait partout. Au-dehors, c'était la confusion. Pendant que les frères Gammarelli, tailleurs du Vatican, essayaient de trouver une soutane papale blanche qui lui aille, les cardinaux brûlaient joyeusement leurs bulletins de vote avec le produit chimique spécial conçu pour donner une fumée blanche au monde qui regardait. Or le monde qui regardait vit d'abord une fumée blanche puis, un tout petit peu après, des bouffées noires (indiquant que l'Eglise n'avait toujours pas de pape) commencèrent à sortir de la petite cheminée. La fumée commença à sortir à 18 h 24. Tandis qu'elle continuait de jaillir sans vouloir se fixer sur une teinte précise, à l'intérieur les frères Gammarelli n'avaient pas beaucoup plus de chance avec les soutanes blanches. Normalement, avant un conclave, ils en faisaient trois : une petite, une grande et une moyenne. Cette fois, travaillant à partir d'une liste de douze *papabili* ils en avaient fabriqué quatre, dont une très grande. Manifestement, Luciani avec sa constitution frêle ne figurait pas sur leur liste de cardinaux possibles. Finalement, flottant à moitié dans sa nouvelle soutane, il émergea de la sacristie et, assis sur un fauteuil devant l'autel, reçut chaque cardinal qui, après avoir baisé la main de Luciani, était chaleureusement embrassé par le nouveau pape.

Suenens, un des principaux responsables de son élection, fit remarquer : « Saint-Père, merci d'avoir dit oui. »

Luciani lui sourit :

— Il aurait peut-être été préférable que je dise non.

Les cardinaux responsables du poêle y enfournaient encore joyeusement les bulletins de vote ainsi que de larges quantités de bougies chimiques censées produire la fameuse fumée blanche. Radio Vatican en savait manifestement moins sur ce qui se passait que n'importe qui d'autre et on y entendit cette remarquable déclaration :

— Nous pouvons désormais dire avec une totale certitude que la fumée est soit blanche soit noire.

En fait, pour le moment, elle était grise. Radio Vatican

appela au téléphone les frères Gammarelli, chez eux et au bureau, mais n'obtinrent aucune réponse. Car pendant ce temps les frères essayaient, dans la sacristie, de rejeter la faute sur quelqu'un d'autre après le fiasco des soutanes. L'affaire était en train de se transformer rapidement en un de ces opéras que seuls les Italiens savent mettre en scène.

Pendant ce temps, à l'intérieur de la chapelle Sixtine, les cardinaux avaient entamé le Te Deum, l'hymne d'action de grâces.

Au-dehors, on aperçut le père Roberto Tucci, le jésuite qui dirigeait Radio Vatican, foncer comme un bolide à travers la Piazza vers la porte de bronze du palais pontifical. Le capitaine des Gardes Suisses, qui se devait d'accueillir le nouveau pape par le salut de fidélité de ses hommes, était en train d'interroger le garde qui racontait avoir entendu un tas d'applaudissements quand, à son grand étonnement, il entendit le Te Deum. Cela ne pouvait signifier qu'une chose : quel qu'il fût, ils avaient un nouveau pape. Le problème, c'est que lui n'avait pas suffisamment de gardes prêts.

Supposant que la fumée multicolore indiquait un conclave dans l'impasse, la foule sur la place s'était maintenant à peu près totalement dispersée quand une voix jaillit des gros haut-parleurs.

— Attenzione.

Les gens se hâtèrent de retourner sur la place. La grande porte qui donnait sur le balcon de Saint-Pierre s'ouvrit. On aperçut des silhouettes apparaissant sur le balcon... Il était alors 19 heures 18, soit plus d'une heure après l'élection. Le cardinal doyen diacre Felici fit son apparition sur le balcon et soudain la foule se tut.

Dans cette foule se trouvait le secrétaire de Luciani, Don Diego Lorenzi. Il était debout auprès d'une famille suédoise qui lui avait demandé quel était son travail. Le jeune Lorenzi avait dit : « Je suis à Rome pour quelques jours. Je travaille à Venise. » Puis il tourna son regard vers la silhouette de Felici sur le balcon.

— *Annuncio vobis gaudium magnum : Habemus Papam !* (je vous annonce une grande et heureuse nouvelle : nous avons un pape) *Cardinalem Albinum Luciani.*

A la mention du nom « *Albinum* » Lorenzi se retourna vers la famille suédoise. Des larmes lui coulaient sur le visage. Il sourit enfin et dit fièrement : « Je suis le secrétaire du pape nouvellement élu. »

Le rugissement de la foule couvrit presque le « Luciani ». Quand Felici poursuivit : « Qui a choisi le nom de Jean-Paul Ier » il y eut un chahut monstre. Beaucoup, la plupart en fait, n'avaient jamais entendu parler de Luciani mais ce qui importait c'était qu'ils avaient un pape. La réaction personnelle se produisit un court moment plus tard lorsque Albino Luciani s'avança sur le balcon. Tout le monde se rappelle parfaitement ce sourire. Il atteignait l'âme. L'homme rayonnait de bonheur et de joie. Quelle que soit la nature de ce pontificat, la joie en faisait partie intégrante. Après la mélancolie et la souffrance de Paul, le contraste provoquait un choc extraordinaire. Comme le nouveau pape entonnait la bénédiction *Urbi et orbi,* de la cité et du monde, on aurait dit l'éclat d'un soleil aveuglant et fort succédant à une éternité de jours sombres.

L'instant d'après il avait disparu, pour mieux revenir. Le capitaine des Gardes Suisses avait finalement réussi à réunir un bataillon. Albino Luciani saluait de la main en souriant. Ce sourire atteignait tout le monde. L'homme venu des montagnes du nord de l'Italie qui, enfant, n'avait pas voulu autre chose que devenir curé, se tenait là, sur le balcon de Saint-Pierre, en ce soir du samedi 26 août 1978, sous le nom de Jean-Paul Ier.

Ce soir-là, Luciani garda le conclave en session. Assis pour dîner à la place qui lui était réservée, une de ses premières pensées alla aux cardinaux exclus par la limite d'âge. On leur avait déjà appris le résultat de l'élection par téléphone. Luciani les invita au conclave pour célébrer la messe du lendemain matin.

La secrétairerie d'Etat avait préparé pour le nouvel élu un discours qui, théoriquement, était censé montrer la direction du nouveau pontificat, de n'importe quel nouveau pontificat. Luciani prit le discours et, se retirant dans la cellule 60, modifia et amenda les déclarations vagues sur l'amour, la paix et la guerre pour en faire des engagements précis.

Le discours fut prononcé à la fin de la messe d'action de grâces célébrée le lendemain matin. Luciani dédia son pontificat aux enseignements du concile de Vatican II. Il accordait une très haute valeur à la collégialité, au partage du pouvoir avec ses évêques. Il déclara avoir l'intention de redonner sa vigueur à la grande discipline de l'Eglise et, à cette fin, de donner la priorité absolue à la révision des deux codes du droit canon. L'union avec d'autres confessions serait poursuivie sans compromis avec les enseignements de l'Eglise mais aussi sans hésitations.

Le point central de ce discours révéla que celui qui se disait, à Venise, « un pauvre homme habitué aux petites choses, et au silence » avait un rêve : un rêve révolutionnaire et anarchique. Il fit part de son intention de poursuivre la pastoralisation de l'Eglise tout entière, et en fait du monde entier.

> « Aujourd'hui, le monde attend cela ; il sait bien que la sublime perfection qu'il a obtenue par la recherche et la technologie a déjà atteint un sommet, au-delà duquel s'ouvre l'abîme, aveuglant les regards par son obscurité. C'est la tentation de substituer aux décisions de Dieu les siennes propres, décisions qui se couperaient des lois morales. Le danger pour l'homme moderne réside en ceci qu'il voudrait réduire la terre à un désert, la personne à un automate, l'amour fraternel à une collectivisation planifiée, introduisant trop souvent la mort là où Dieu souhaite la vie. »

Tenant à la main le texte de *Lumen Gentium* (la Lumière des Nations), constitution dogmatique du concile de Vatican sur l'Eglise, Albino Luciani fit savoir qu'il avait l'intention de remettre l'Eglise à sa vraie place, dans le monde et les paroles du Christ, de la ramener à la simplicité et à l'intégrité de ses origines. Si le Christ revenait sur terre, Luciani voulait qu'il trouve une Eglise qu'il puisse reconnaître — une Eglise dégagée des intérêts politiques, libre de la mentalité du monde des affaires qui avaient corrompu la vision originelle.

« Telles étaient mes pensées. Le pape Jean a voulu me consacrer de ses propres mains, ici dans la Basilique Saint-Pierre. Ensuite, quoique indigne, je lui ai succédé dans la cathédrale Saint-Marc, dans cette Venise qui est toujours remplie de l'esprit du pape Jean. Les gondoliers se souviennent de lui, les sœurs, tout le monde. D'un autre côté, le pape Paul m'a non seulement fait cardinal, mais quelques mois avant cela, sur le grand pont de la place Saint-Marc il m'a fait rougir jusqu'à la racine des cheveux devant vingt mille personnes, parce qu'il a ôté son étole et l'a posée sur mes épaules. Je n'ai jamais autant rougi. En outre, dans les quinze années de son pontificat, ce pape a montré, et non seulement à moi mais au monde entier, combien il aimait l'Eglise, combien il l'a servie, travaillé pour elle, et souffert pour cette Eglise du Christ. Voilà pourquoi j'ai pris le nom de Jean-Paul.

Soyez assurés d'une chose. Je ne possède pas la sagesse de cœur du pape Jean, je n'ai ni la préparation ni la culture du pape Paul. Pourtant, je me trouve désormais à leur place. Je chercherai à servir l'Eglise et j'espère que vous m'aiderez par vos prières. »

C'est par ces mots simples, ces mots de tous les jours, suivis par l'Angelus et sa Bénédiction que le pape Jean-Paul 1er annonça son arrivée au monde. La réaction chaleureuse et enthousiaste de la foule romaine représenta très exactement ce qu'en pensait le monde qui observait.

Les observateurs du Vatican se creusèrent la tête pour savoir quelles clefs recelait le choix des noms. Est-il Jean, est-il Paul ? Une des personnes interrogées fut le cardinal Suenens.

— Il sera les deux à sa façon, répondit-il. Il est plus proche de Jean dans sa manière mais c'est comme de mêler de l'oxygène et de l'hydrogène — vous obtenez de l'eau, deux éléments différents produisent une troisième substance.

Le nom de Jean-Paul pouvait indiquer une continuité. Le

fait que Luciani se soit nommé Jean-Paul 1er, convention qui ne s'était encore jamais appliquée avant qu'un second du même nom n'apparaisse, aurait dû signifier quelque chose aux observateurs du Vatican. Ce qu'eux-mêmes et le reste de l'Eglise étaient sur le point de connaître n'était lié à aucun des prédécesseurs récents du nouveau pape. C'était quelque chose d'unique.

Il n'avait pas dit au monde qui l'écoutait ce premier jour comment exactement il avait l'intention de réaliser son rêve d'une Eglise pauvre mais, dans les heures qui suivirent, il adopta une ligne d'action d'une importance vitale si sa vision devait un jour prendre corps.

Le soir du dimanche 27 août 1978 il dîna avec le cardinal Jean Villot et lui demanda de garder, au moins pour un moment, ses fonctions de secrétaire d'Etat. Villot accepta. Le nouveau pape reconfirma aussi les divers cardinaux en poste aux départements de la Curie romaine. Comme il était entré au conclave sans la moindre aspiration à devenir pape, il eût été extraordinaire qu'il présentât une liste des nouveaux membres du cabinet.

Le 31 août, le périodique italien très respecté, *Il Mondo,* adressa une longue lettre ouverte à Albino Luciani. La lettre demandait une intervention pontificale afin d'imposer « ordre et moralité » aux affaires financières du Vatican qui comprenaient « des spéculations dans des eaux malsaines ». La lettre ouverte, intitulée « Votre Sainteté, est-ce juste ? » attaquait violemment ce qu'elle considérait comme l'état de choses qui régnait dans les opérations financières du Vatican. Accompagnant cette lettre ouverte, une longue analyse avait pour titre « La fortune de saint Pierre ».

Il Mondo posait à Albino Luciani un certain nombre de questions tout à fait pertinentes :

> Est-il juste que le Vatican opère sur des marchés comme un spéculateur ? Est-il juste que le Vatican possède une banque dont les opérations facilitent le transfert illégal des capitaux hors d'Italie vers d'autres pays ? Est-il juste que cette Banque aide des Italiens à échapper au fisc ?

Le responsable de la rubrique financière, Paolo Panerai, s'en prenait aux liens existant entre le Vatican et Michele Sindona. Il s'en prenait à Luigi Mennini et à Paul Marcinkus, de la banque du Vatican, et à leurs relations avec « les financiers les plus cyniques du monde, de Sindona aux patrons de la Continental Illinois Bank à Chicago (à travers laquelle, comme les conseillers de Votre Sainteté peuvent vous le dire, transitent tous les investissements de l'Eglise aux Etats-Unis) ».

Panerai demandait :

> « Pourquoi l'Eglise tolère-t-elle des investissements dans des sociétés, nationales et multinationales, dont le seul objectif est le profit ; des sociétés qui, quand c'est nécessaire, sont prêtes à violer et à piétiner les droits de l'homme de millions de pauvres, en particulier dans ce Tiers Monde si proche du cœur de votre Sainteté ? »

A propos de Marcinkus, la lettre ouverte faisait remarquer :

> « Il est, quoi qu'il en soit, le seul évêque membre du conseil d'administration d'une banque laïque, qui se trouve, par hasard, avoir une filiale dans l'un des plus grands paradis fiscaux du monde capitaliste. Nous voulons parler de la Cisalpine Overseas Bank, à Nassau, aux Bahamas. L'utilisation des paradis fiscaux est permise par la loi humaine et on ne saurait traîner devant un tribunal un banquier laïc, quel qu'il soit, pour avoir tiré parti de cette situation (ils le font tous) ; mais cela n'est peut-être pas licite au regard de la Loi divine qui devrait marquer de son empreinte tous les actes de l'Eglise. L'Eglise prêche l'égalité mais il ne nous semble pas que la meilleure manière d'assurer cette égalité soit l'évasion fiscale, moyen par lequel l'Etat laïc essaie de promouvoir cette même égalité. »

Le Vatican ne manifesta aucune réaction officielle mais à l'intérieur de la Cité du Vatican on en enregistra un vaste éventail, depuis la satisfaction tranquille de ceux qui objectaient aux activités de la Banque du Vatican et de la Section Extraordinaire de l'Administration du Patrimoine du Saint-Siège (connue sous le sigle APSA), jusqu'à la colère et la rancœur de ceux qui considéraient que le seul problème des spéculations financières du Vatican était qu'elles devaient rapporter des profits encore plus substantiels.

Le journal italien *la Stampa* intervint avec un autre article intitulé « Richesse et Pouvoirs du Vatican ». Le journaliste, Lamberto Furno, jetait un regard somme toute sympathique sur les finances du Vatican et rejetait certaines accusations publiées depuis des années qui affirmaient l'existence d'une énorme richesse au Vatican. Mais Furno soulignait un certain nombre de problèmes urgents que devait affronter le nouveau pape, dont la vérification que les réformes de l'Eglise pour réaliser un état de pauvreté qui, dans l'esprit de Furno, avaient été lancées par le pape Jean et poursuivies par le pape Paul, étaient bien entrées dans la réalité des faits. Cela ne pouvait se réaliser que par « la publication des budgets du Vatican ».

Et Furno de conclure :

> « L'Eglise ne possède pas de richesses et de ressources qui excèdent ses besoins. Mais il est nécessaire d'en donner la preuve. Bernanos a fait remarquer à son curé de campagne : Sur les sacs d'argent Notre Seigneur a écrit de sa propre main *Danger de mort.* »

Le nouveau pape lut ces articles avec intérêt. Ils lui confirmaient la sagesse de l'orientation qu'il avait déjà prise.

Avant son élection, Luciani était déjà au courant des nombreuses réclamations concernant les finances du Vatican qui avaient été exposées au cardinal Villot ; des réclamations sur la façon dont l'évêque Marcinkus dirigeait la Banque du Vatican ; des réclamations à propos de ses liens avec Michele

Sindona ; des réclamations concernant les rapports entre l'APSA et Sindona. Luciani avait personnellement expérimenté la façon dont Marcinkus procédait avec la Banque du Vatican, expérience qui remontait à 1972, quand Marcinkus avait vendu à Roberto Calvi ses parts de contrôle dans la Banca Cattolica del Veneto, sans en référer au patriarche de Venise.

Dès 1972, il lui était apparu qu'il y avait quelque chose de terriblement faux dans la structure générale et dans la philosophie des finances du Vatican. A l'époque il était démuni. Aujourd'hui, il possédait le pouvoir. Le dimanche 27 août 1978, tandis qu'il s'asseyait pour dîner avec le cardinal Villot, il ordonna à son secrétaire d'Etat fraîchement confirmé dans ses fonctions de lancer une enquête sur-le-champ. Il fallait réexaminer toutes les opérations financières du Vatican, en analyser chaque aspect en détail. « Il ne faudra exclure aucun département, aucune congrégation, aucune section » dit Luciani à Villot.

Il fit bien comprendre qu'il était particulièrement inquiet des opérations de l'Istituto per le Opere di Religione, l'institut pour les œuvres religieuses, que l'on connaît en général sous le vocable Banque du Vatican. L'examen financier devait s'effectuer discrètement, rapidement et complètement. Le nouveau pape confia à son secrétaire d'Etat qu'il déciderait des mesures à prendre une fois qu'il aurait étudié ce rapport.

Luciani était sans nul doute quelqu'un qui croyait fermement devoir mettre en pratique ce qu'il prêchait. Dans une de ses « lettres » à saint Bernard, il avait disserté sur la vertu de prudence.

> « Je conviens que la prudence devrait être dynamique et inciter les gens à l'action. Mais il faut envisager trois étapes : la délibération, la décision et l'exécution.
>
> La délibération signifie la recherche des moyens qui conduisent à une fin. Elle repose sur la réflexion, les conseils que l'on a sollicités, un examen attentif.
>
> La décision signifie, après l'examen des diverses méthodes possibles, prendre parti pour l'une d'elles...

La prudence n'est pas un éternel va-et-vient qui suspend toute chose et déchire l'esprit par l'incertitude ; elle ne consiste pas non plus à attendre pour décider au mieux. On dit que la politique est l'art du possible, et d'une certaine façon cela est vrai.

L'exécution est la plus importante des trois : la prudence alliée à la force prévient le découragement face aux difficultés et aux obstacles. C'est le moment où l'homme se montre un chef ou un guide.

Ainsi, Albino Luciani, cet homme entièrement engagé dans la certitude que l'Eglise catholique romaine devait être l'Eglise des pauvres, donna-t-il le coup d'envoi à une enquête sur la richesse du Vatican. Il avait l'intention de délibérer, de décider, puis d'exécuter.

VATICAN ENTREPRISE S.A.

Quand Albino Luciani accéda à la tête de l'Eglise catholique romaine en août 1978, il commandait à une organisation véritablement unique. Plus de 800 millions de personnes, presque un cinquième de la population mondiale, considéraient Luciani comme leur chef spirituel. Plus près de lui, à l'intérieur même de la Cité du Vatican, se trouvait la structure qui contrôlait non seulement la foi mais aussi la politique fiscale de l'Eglise.

Vatican Entreprise est une part essentielle de cette structure. Elle existe sous forme de briques et de ciment. Elle existe dans le cadre de certaines philosophies. On a attribué à Paul Marcinkus, de la Banque du Vatican, la déclaration suivante : « On ne saurait diriger l'Eglise à coups de Je Vous Salue Marie. » Manifestement, le pouvoir de la prière s'est bien dévalué au cours des dernières années, comme la plupart des monnaies mondiales.

Il ne faudrait pas condamner Marcinkus pour ce qui peut sembler être une remarque matérialiste. L'Eglise joue de nombreux rôles dans de nombreux pays. Elle a besoin d'argent. Combien ? voilà une autre question. Ce qu'elle devrait faire avec cet argent en est encore une autre. Nul doute qu'elle fasse beaucoup de bien. Nul doute non plus qu'une bonne partie de ce qu'elle fait soit extrêmement douteux. Il existe quantité de publications qui donnent le détail des nombreuses œuvres charitables financées par l'Eglise, de l'aide qu'elle apporte à soulager la famine, à alléger les souffrances de toutes sortes. Education, médecine, constructions d'abris et de logements — voilà quelques domaines positifs où s'exerce le travail de l'Eglise. Nous manquons cependant d'informations sur ce qui est acquis, comment et à quel prix. Sur ces aspects le Vatican a toujours été et reste très discret. Ce secret a inévitablement donné naissance à l'un des plus grands mystères encore non résolus du monde. Combien « vaut » l'Eglise catholique romaine ?

En 1970, dans son commentaire d'un article paru dans un journal suisse qui déclarait : « on peut estimer le capital productif du Vatican à un chiffre qui se situe entre 50 et 55 milliards de francs suisses » (ce qui approche les 13 milliards de dollars), l'*Osservatore Romano* écrivait : « Voilà un chiffre tout simplement fantastique. En réalité, le capital productif du Saint-Siège, y compris les dépôts et les investissements, placés tant en Italie qu'hors d'Italie, est loin d'atteindre un pour cent de cette somme. « Cela situerait le maximum de la fortune du Vatican, le 22 juillet 1970, à 46 millions de livres sterling, soit 111 millions de dollars.

Le premier mensonge contenu dans cette déclaration est l'exclusion des actifs de la Banque du Vatican. C'est comme si on demandait à I.B.M. ou à DuPont de Nemours une estimation totale et qu'on vous gratifiait du montant de la petite monnaie contenue dans les caisses. Même si l'on exclut les profits annuels de la Banque du Vatican, le chiffre cité est un mensonge éhonté. Et l'on devait réentendre ce mensonge au fil des ans. En avril 1975, Lamberto Furno, de *la Stampa*, demandait à son éminence le cardinal Vagnozzi : « Si je devais avancer le chiffre de 300 milliards de lires pour la valeur du patrimoine productif des cinq administrations[1], serais-je loin de la vérité ? »

Furno excluait délibérément la Banque du Vatican dans sa question. Il obtint ceci de Vagnozzi : « Je vais vous dire, le

1. La section ordinaire de l'Administration du Patrimoine du Saint-Siège (A.P.S.A.) 2. La section extraordinaire de l'Administration du Patrimoine du Saint-Siège, également connue sous le sigle A.P.S.A. 3. Le Gouvernatorat de l'Etat de la Cité du Vatican. 4. La Congrégation du Clergé. 5. La Préfecture pour les Affaires Economiques.

patrimoine productif du Saint-Siège, en Italie et dans le monde, se monte à moins du quart de la somme que vous avez citée. »

Si telle était la vérité, il s'ensuivrait qu'au 1er avril 1975 la richesse productive du Saint-Siège, sans compter la Banque du Vatican, n'atteignait pas le chiffre de 75 milliards de lires, soit approximativement 13 millions de dollars. L'une des administrations, à elle toute seule, est traitée comme une banque centrale par la Banque Mondiale, par le Fonds Monétaire International et par la Banque des Règlements Internationaux à Bâle. Chaque année, la direction de la B.R.I. publie des statistiques qui montrent ce que les banques centrales du monde entier ont déposé, ou emprunté, à d'autres banques du groupe des Dix. Les chiffres pour 1975 indiquent que le Vatican avait en dépôt 120 millions de dollars dans des banques étrangères et qu'il n'avait aucune dette, fait unique, car il était la seule banque au monde à se trouver dans cette situation. Et il ne s'agissait que d'une administration à l'intérieur du Vatican ; pour évaluer la richesse réelle de cette partie, exclusivement, il faut ajouter bien d'autres actifs tangibles.

Tout comme Rome, la fortune du Vatican ne s'est pas faite en un jour. Le problème que pose une Eglise riche — et tous ceux qui aspirent à suivre l'enseignement de Jésus-Christ doivent considérer cette richesse comme un problème — plonge des racines profondes jusqu'au IVe siècle. Lorsque l'empereur romain Constantin se convertit à la foi chrétienne, il fit don d'une fortune colossale au pape de l'époque Sylvestre Ier et créa ainsi le premier pape riche. Dante, au Chant XIX de l'Enfer, nous dit :

> « Hélas ! Constantin ! de quels maux fut la source, non ta conversion, mais la dot que reçut de toi le premier pape opulent ! »

La revendication d'unicité de la foi catholique est correcte. C'est la seule organisation religieuse au monde dont le quartier général occupe un Etat indépendant, la Cité du Vatican, ce qui signifie l'existence d'un droit spécifique. Avec

44 hectares, cet Etat est plus petit que bien des parcours de golf ; il couvre la même superficie que St James Park, à Londres et le huitième de Central Park, à New York. Faire le tour, à pied, de la Cité du Vatican, prend, sans se presser, un peu plus d'une heure. Compter la fortune du Vatican prendrait plus longtemps.

La fortune moderne du Vatican repose sur la générosité de Benito Mussolini. Le Traité du Latran conclu par son gouvernement avec le Vatican en 1929 apporta à l'Eglise catholique romaine bon nombre de garanties et de mesures de protection.

Le Saint-Siège obtint d'être reconnu comme un Etat souverain. Il fut exempté du paiement de l'impôt, à la fois sur ses biens et sur ses citoyens, exonéré de droits de douane sur ses importations. Il bénéficia de l'immunité diplomatique et des privilèges afférents pour ses diplomates et pour les personnes accréditées auprès de lui par des puissances étrangères. Mussolini garantissait l'introduction de l'enseignement religieux catholique dans tous les lycées d'Etat tandis que l'institution du mariage était entièrement soumise au droit canon, qui excluait le divorce. Le Vatican en tirait bien des avantages, et non des moindres, dans le domaine fiscal.

> Article Premier. L'Italie entreprend de payer au Saint-Siège à la ratification du traité la somme de 750 millions de lires et de céder en même temps des Bons d'Etat Consolidés à 5 pour cent, au porteur, pour une valeur nominale d'un milliard de lires.

Au cours du change de l'époque, cela représentait 81 millions de dollars, ce qui équivaudrait en 1984 à environ 500 millions de dollars. Vatican Entreprise se lançait dans les affaires. Il ne devait jamais regarder en arrière.

Pour gérer cette aubaine, le pape Pie XI créa le 7 juin 1929 l'Administration Spéciale et pour diriger ce département il nomma un laïc, Bernardino Nogara. Hormis de nombreux millions de dollars pour jouer, Nogara avait un autre atout très important. Cent ans plus tôt, l'Eglise catholique romaine avait complètement inversé sa position sur les prêts d'argent.

L'Eglise peut se vanter à juste titre d'avoir modifié le sens du mot usure.

Dans son sens classique, usure signifie *tous* les bénéfices retirés des prêts d'argent. Pendant plus de dix-huit siècles l'Eglise a affirmé comme un dogme qu'il était absolument prohibé de prendre le moindre intérêt sur un prêt et que c'était contraire à la Loi divine. Cette prohibition fut confirmée lors de divers conciles : à Arles (314), à Nicée (en 325), à Carthage (en 345), à Aix (en 789), à Latran (en 1139) — lors de ce dernier concile les usuriers furent condamnés à l'excommunication — diverses lois civiles rendirent cette pratique licite. Néanmoins, c'était encore une hérésie, du moins jusqu'en 1830. Ainsi, par la grâce de l'Eglise catholique romaine, l'usure consiste à prêter de l'argent à des taux d'intérêt exorbitants.

L'intérêt personnel produisit un renversement complet de l'enseignement de l'Eglise en ce qui concerne les prêts d'argent. Il se peut que si le célibat cessait d'être la règle pour les prêtres, l'enseignement de l'Eglise sur le contrôle des naissances changerait.

Nogara appartenait à une famille catholique pratiquante. Nombre de ses membres contribuaient diversement à l'Eglise. Il eut trois frères prêtres, un autre devint directeur du Musée du Vatican mais la contribution de Bernardino Nogara fut à tous égards la plus profonde.

Né à Bellano, près du lac de Côme, il réussit très jeune comme minéralogiste, en Turquie. En octobre 1912, il joua un rôle majeur dans le traité de paix d'Ouchy conclu entre l'Italie et la Turquie. En 1919, il était une nouvelle fois membre de la délégation italienne qui négociait le traité de paix entre l'Italie, la France, la Grande-Bretagne et l'Allemagne. Il travailla ensuite pour le gouvernement italien comme délégué à la Banca Commerciale à Istanbul. Quand Pie XI chercha un homme capable d'administrer les fruits du traité du Latran, son ami intime et confident monseigneur Nogara suggéra son frère Bernardino. En le choisissant, Pie XI mit la main sur une mine d'or.

Nogara hésitait à accepter ce poste et il ne céda que lorsque Pie XI lui accorda certaines conditions. Nogara souhaitait ne pas subir d'entraves dues aux conceptions traditionnelles que l'Eglise pouvait encore conserver sur l'argent. Parmi les règles de base sur lesquelles Nogara insista, on trouve celles-ci :

1. Tout investissement qu'il déciderait de faire devrait être complètement détaché de toute considération religieuse ou doctrinale.
2. Il serait libre d'investir les fonds du Vatican n'importe où dans le monde.

Le pape accepta et ouvrit la porte à la spéculation sur les monnaies et au jeu sur les marchés boursiers, ce qui comprenait l'acquisition d'actions de sociétés dont les produits n'étaient guère compatibles avec l'enseignement catholique. Des articles comme des bombes, des chars d'assaut, des fusils, des contraceptifs pouvaient bien être condamnés en chaire, les actions que Nogara achetait pour le Vatican, représentant des sociétés qui fabriquaient ces articles, contribuaient à remplir les coffres de Saint-Pierre.

Nogara jouait sur le marché de l'or et sur les marchés à terme. Il fit l'acquisition d'Italgas, unique fournisseur de gaz de nombreuses villes italiennes, plaçant au conseil d'administration, au nom du Vatican, un certain Francesco Pacelli. Le frère de Pacelli allait devenir le pape suivant (Pie XII) et le népotisme qui marqua ce pontificat se manifesta dans toute l'Italie. On pouvait affirmer d'une société : « S'il y a un Pacelli au conseil d'administration, il y a six chances sur dix qu'elle appartienne au Vatican. »

Parmi les banques qui tombèrent sous l'influence et le contrôle du Vatican grâce aux achats de Nogara, on trouve la Banco di Roma, la Banco di San Spirito et la Casa di Risparmio di Roma. Non seulement l'homme savait y faire avec l'argent mais encore il possédait le don de persuasion. Quand la Banco di Roma connut des difficultés et menaça d'engloutir avec elle une belle quantité d'argent du Vatican, Nogara persuada Mussolini d'acquérir les obligations sans grande valeur de la banque pour les transférer à un holding d'Etat, l'I.R.I. Mussolini accepta aussi de dédommager le Vatican non sur la base du cours actuel de ces obligations sur le marché, voisin de zéro, mais à leur prix d'achat originel. L'I.R.I. paya à la Banco di Roma plus de 630 millions de dollars. La perte fut épongée par le Trésor italien, autre façon de dire que les simples citoyens réglèrent la note, exactement comme ils l'avaient fait pour les clercs au Moyen Age.

La plupart des spéculations auxquelles se livrait Nogara en faveur du Vatican contrevenaient au droit canon comme aux lois civiles mais, comme il avait le pape pour client, qui ne posait pas de question et ne soulevait pas d'objection, Nogara, ancien juif converti au catholicisme, restait imperméable à ces détails.

Avec les capitaux du Vatican, Nogara se mit à acquérir des parts importantes et souvent majoritaires dans des sociétés commerciales. Après avoir pris le contrôle d'une société, il siégeait rarement au conseil, préférant y nommer un membre de confiance du Vatican pour surveiller les intérêts de l'Eglise.

Les trois neveux de Pie XII, les princes Carlo, Marcantonio et Giulio Pacelli faisaient partie de cette élite interne dont les noms commençaient à figurer dans les postes directoriaux d'un nombre toujours plus grand de sociétés. C'étaient les hommes de confiance de l'Eglise, « Uomini di fiducia ».

Les textiles, les communications téléphoniques, les chemins de fer, le ciment, l'électricité, l'eau, Bernardino Nogara était partout. Quand Mussolini eut besoin d'armes pour envahir l'Ethiopie en 1935, une part importante de son armement fut fournie par une usine de munitions que Nogara avait acquise pour le Vatican.

Surtout, avant beaucoup d'autres, Nogara sentit venir l'inévitable Seconde Guerre mondiale ; il convertit en or une partie des actifs à sa disposition. Il acheta de l'or pour 26,8 millions de dollars à 35 dollars l'once. Plus tard, il en revendit pour 5 millions aux Etats-Unis. Le profit sur cette vente excéda les 26,8 millions de dollars qu'il avait payés pour le stock initial. En réalité, grâce à ce maître qui savait quand acheter et quand vendre le précieux métal, le Vatican acquit 21,8 millions de dollars d'or « pour rien ». Mes recherches montrent que 17,3 millions de dollars de l'achat initial se trouvent toujours en dépôt à Fort Knox, pour le Vatican. Au cours actuel de l'or, ces 17,3 millions payés à l'origine 35 dollars l'once, valent maintenant quelque chose comme 230 millions de dollars.

En 1933, Vatican Entreprise démontre une nouvelle fois son habileté à négocier victorieusement avec les Etats fascistes. Le concordat de 1929 avec Mussolini fut suivi d'un autre passé entre le Saint-Siège et le IIIe Reich d'Hitler. L'un des personnages clefs de l'accord avec Mussolini avait été l'avocat Francesco Pacelli ; son frère le cardinal Eugenio Pacelli, le futur Pie XII, joua un rôle déterminant, en tant que secrétaire d'Etat du Vatican, dans la négociation du traité avec l'Allemagne nazie.

Hitler voyait de nombreux avantages potentiels dans ce traité, et non des moindres le fait que Pacelli, qui manifestait déjà des sentiments pronazis marqués, puisse se révéler un allié utile dans la guerre mondiale qui approchait. L'histoire devait démontrer que le jugement d'Hitler était juste. Malgré de fortes pressions venues du monde entier, le pape Pie XII refusa d'excommunier Hitler et Mussolini, refus qui se fondait peut-être sur le caractère inopérant d'un tel acte. Ce pontificat affecta la neutralité, parla à l'épiscopat allemand de « guerres justes » et fit exactement de même avec les évêques français. Il s'ensuivit que ces derniers soutenaient la France et les évêques allemands l'Allemagne. Ce fut un pontificat qui refusa de condamner l'invasion de la Pologne par les nazis parce que, affirma-t-on, « nous ne pouvons pas oublier les quarante millions de catholiques du Reich. A quoi seraient-ils exposés si le Saint-Siège prenait une telle décision ? »

Pour le Vatican, l'un des principaux avantages qui devaient sortir du très lucratif accord avec Hitler était la confirmation de l'impôt ecclésiastique dit « Kirchensteuer ». Il s'agit d'un impôt d'Etat toujours retenu à la source chez tous les salariés en Allemagne. On peut y échapper en renonçant à sa religion. Dans la pratique, très peu de gens le font. Cet impôt représente entre 8 et 10 pour cent de l'impôt sur le revenu levé par les autorités allemandes. L'argent est remis aux Eglises protestantes et catholique. Des sommes considérables issues du Kirchensteuer commencèrent à affluer au Vatican dans les années de l'immédiate avant-guerre. Le flot se poursuivit pendant la guerre, cent millions de dollars en 1943, par exemple. Au Vatican, Nogara faisait travailler le revenu allemand aux côtés des autres devises qui affluaient aussi.

Le 27 juin 1942, le pape Pie XII décida d'amener encore un pan du Vatican dans le monde moderne, et dans l'orbite de Bernardino Nogara. Il changea le nom de l'Administration des Œuvres Religieuses pour en faire l'Institut pour les Œuvres Religieuses. Cette nouveauté ne fit pas la une des journaux dans le monde, davantage préoccupés par la Seconde Guerre mondiale. L'I.O.R., ou banque du Vatican ainsi que la connaît tout un chacun, était né. Vatican Entreprise avait engendré un bâtard. La fonction de l'Administration, à l'origine, telle qu'énoncée par Léon XIII en 1887, consistait à rassembler et administrer des fonds pour les œuvres religieuses ; il ne s'agissait en aucun cas d'une banque. Sous le règne de Pie XII, sa fonction devint « la détention et l'administration des valeurs (titres et espèces) et des biens immobiliers transférés ou confiés à l'Institut lui-même par des personnes fiscales ou juridiques dans un but d'œuvres religieuses et d'œuvres pour la piété chrétienne ». C'était, et c'est encore aujourd'hui, une banque dans tous les sens du terme.

Nogara se mit alors à lire attentivement le traité du Latran, en particulier les clauses 29, 30 et 31 du Concordat. Ils traitaient des exonérations fiscales et de la formation des nouvelles « sociétés ecclésiastiques » non assujetties à l'impôt et non soumises au contrôle de l'Etat italien. D'intéressantes discussions commencèrent sur la signification de l'expression « société ecclésiastique ». Sans doute distrait par d'autres événements, Mussolini adopta une interprétation large. Le 31 décembre 1942, le ministre des finances du gouvernement italien publia une circulaire édictant que le Saint-Siège était dispensé du paiement de l'impôt sur les dividendes des actions. Elle était signée par le directeur général du ministère de l'époque qui s'appelait de façon tout à fait appropriée Buoncristiano (Bon chrétien). La circulaire précisait les diverses organisations relevant du Saint-Siège qui échappaient à l'impôt, une liste bien longue qui incluait l'Administration Spéciale et la Banque du Vatican.

L'homme choisi par Nogara pour contrôler la Banque du

Vatican fut le père Alberto di Jorio, qui deviendra un jour cardinal. Travaillant déjà comme assistant de Nogara à l'Administration Spéciale, il garda un pied dans les deux départements conservant la première fonction et assumant le rôle de premier secrétaire, puis de président de la Banque du Vatican. A côté des intérêts majoritaires que Nogara avait acquis, dans de nombreuses banques extérieures aux murs du Vatican, il disposait désormais pour jouer de deux banques « maison ».

Appliquant ses ressources intellectuelles à la tâche consistant à accroître les fonds du Vatican, Nogara devint de plus en plus fort. Les tentacules de Vatican Entreprise s'étendirent dans le monde entier. On forgea des liens étroits avec tout un ensemble de banques. Les Rothschild, de Paris et de Londres, étaient en affaires avec le Vatican depuis le début du XIXe siècle. Avec Nogara au gouvernail du Vatican, les affaires connurent un accroissement spectaculaire, avec le Crédit Suisse, Hambros, J. P. Morgan, le Bankers Trust Company de New York, particulièrement utile quand Nogara voulait acheter et vendre des actions à Wall Street, la Chase Manhattan, First National et Continental Bank of Illinois.

A l'évidence, il valait mieux éviter de jouer au Monopoly avec Nogara. Outre les banques, il acquit pour le Vatican des participations de contrôle dans des sociétés de divers secteurs : les assurances, l'acier, la finance, la minoterie et les spaghettis, l'industrie mécanique, le ciment et l'immobilier. A propos de ce dernier secteur, l'achat d'au moins 15 pour cent du géant italien Immobiliare donna à l'Eglise une partie d'un étonnant parc immobilier. La Società Generale Immobiliare est la plus ancienne société de construction immobilière d'Italie. A travers sa filiale dans le secteur du bâtiment, SOGENE, Immobiliare, et donc dans une mesure significative le Vatican, possédait après l'acquisition de ses 15 pour cent le Hilton de Rome, l'Italo-Americana Nuovi Alberghi, la Compagnia Italiana Alberghi Cavalieri et la Soc. Italiani Alberghi Moderni. Ce sont les plus grands hôtels d'Italie. La liste des grands bâtiments et des sociétés industrielles également contrôlées est deux fois plus longue.

En France, ce géant a construit à Paris un énorme

immeuble de bureaux et de boutiques au 90 Champs Elysées, un autre au 61 rue de Ponthieu et encore un au 6 rue de Berry.

Au Canada, il possédait le plus haut gratte-ciel du monde, la Tour de la Bourse installée à Montréal, le Port Royal Tower, tour de 224 appartements dans l'immense zone résidentielle de Greensdale, toujours à Montréal, etc.

Aux Etats-Unis, il possédait cinq gros immeubles d'habitation à Washington, dont le Watergate Hotel, et à New York une zone résidentielle de 112 hectares à Oyster Bay.

Au Mexique, il possédait dans sa totalité une cité satellite de Mexico, Lomas Verdes.

Cette liste d'avoirs immobiliers n'est absolument pas exhaustive. Nogara acquit aussi des titres dans General Motors, Shell, Gulf Oil, General Electric, Bethleem Steel, IBM et TWA. Si ces actions montaient, et elles montaient bien, ce sont des hommes comme Nogara qui créaient le mouvement.

Bien que Nogara ait pris sa retraite en 1954, il continua de prodiguer au Vatican ses conseils financiers absolument uniques jusqu'à sa mort en 1958. La presse signala brièvement son décès car la plus grande partie de ses activités en faveur de l'Eglise catholique romaine était restée couverte par un épais secret. Cet homme seul qui démontra que, où que puisse se situer le Royaume du Christ, celui de l'Eglise catholique était très assurément de ce monde, reçut une épitaphe appropriée de la part du cardinal de New York, Spellman : « Après Jésus-Christ, la plus grande chose qui soit arrivée à l'Eglise catholique c'est Bernardino Nogara. »

Avec, au départ, 80 millions de dollars, moins 30 millions que Pie XI et son successeur Pie XII avaient mis de côté pour les séminaires et les presbytères régionaux dans le sud de l'Italie, ainsi que pour la construction du San Trastevere et l'installation de la bibliothèque et de la galerie d'art du Vatican, Nogara avait créé Vatican Entreprise. Entre 1929 et 1939, il eut aussi accès à la collecte annuelle mondiale du denier de saint Pierre. Avec les « deniers » des fidèles, les lires de Mussolini et les Deutsche Mark d'Hitler, il put transmettre à ses successeurs un vaste réseau d'intérêts financiers d'une valeur, dans une estimation très modérée, de

500 millions de dollars pour l'Administration Spéciale, de 650 millions de dollars pour la Section Ordinaire de l'APSA ; les actifs de la Banque du Vatican dépasseraient 940 millions de dollars, dont les revenus annuels tombent directement dans l'escarcelle du pape et s'élèvent en moyenne à 40 millions de dollars par an. En termes capitalistes l'activité de Nogara au service de l'Eglise catholique romaine se soldait par une incroyable réussite. Considérée à la lumière du message contenu dans les Evangiles, c'était un désastre total. Le vicaire du Christ avait acquis un nouveau titre officieux : Président-Directeur Général.

Quatre ans après la mort de Nogara, en 1958, le Vatican éprouva le besoin urgent de ses conseils. Le gouvernement italien du jour avait évoqué le spectre d'une taxation des dividendes. La suite exerça une influence directe sur un enchaînement d'événements catastrophiques pour le Vatican ; la Mafia, les délits financiers et le meurtre.

Quelle que soit la période de référence, 1968 est certainement l'une des pires années de l'histoire de l'Eglise. Ce fut l'année d'*Humanae Vitae.* Ce fut aussi l'année où le Gorille et le Requin, ainsi qu'on les nommait, furent lâchés sur les deux banques du Vatican. Le Gorille est Paul Marcinkus, le Requin Michele Sindona.

L'on se souvient de la remarque de Benjamin Franklin : « Les seules choses certaines en ce monde sont la naissance, la mort et les impôts. » Ils sont peu nombreux à avoir choisi de mettre en doute cette déclaration. Parmi ceux-ci, on trouve les hommes qui contrôlent les finances du Vatican. Ils ont produit des efforts énergiques pour éliminer les impôts.

En décembre 1962, le gouvernement italien fit voter une loi taxant les bénéfices sur les dividendes d'actions. Au départ, le taux de l'impôt fut fixé à 15 pour cent puis il suivit la route de tous les impôts, et doubla.

D'abord, le Vatican ne souleva aucune objection au paiement de cet impôt, du moins pas publiquement. En privé cependant, par le canal diplomatique, il fit savoir au gouvernement italien que « Dans l'esprit de notre Concordat et considérant la loi du 2 octobre 1942, il serait désirable qu'un traitement favorable soit accordé au Saint-Siège ».

La lettre secrète du secrétaire d'Etat du Vatican, le cardinal Cicognani, à l'ambassadeur italien auprès du Saint-Siège, Bartolmeo Mignone, continue par le détail précis du « traitement favorable » envisagé : exemption fiscale pour une liste de départements aussi longue qu'un bras de cardinal, y compris, évidemment, les deux banques du Vatican, l'Administration Spéciale et l'I.O.R.

Le Vatican voulait jouer sur le marché mais éviter de payer pour ce privilège. Le gouvernement minoritaire du jour, chrétien-démocrate et soutenu par le Vatican, se toucha le front, baisa l'anneau de saint Pierre et accepta la demande du Vatican. Ni le Parlement italien ni l'opinion publique n'en furent informés. Quand le gouvernement minoritaire tomba, pour être remplacé par le chrétien-démocrate Aldo Moro avec une coalition démo-chrétienne et socialiste, le portefeuille des finances échut au socialiste Roberto Tremelloni. Il était peu enclin à approuver ce qui constituait nettement un accord illégal passé par son prédécesseur, sans ratification du Parlement et, encore plus grave, signé *huit jours après que le gouvernement eut donné sa démission.*

Pris entre un ministre des finances qui menaçait de démissionner et un Vatican intransigeant, Aldo Moro chercha un compromis. Il demanda au Vatican de soumettre un document contenant la liste de ses participations sous forme d'actions comme préliminaire à toute exonération. Le président du Conseil avait l'impression pas du tout déraisonnable que la nation italienne devait savoir de quelle somme on la privait. Le Vatican refusa de révéler en détail ses participations et affirma haut et fort sa qualité d'Etat souverain. Apparemment, il est parfaitement permis d'exploiter la Bourse des valeurs d'un autre Etat souverain, et d'en tirer profit, mais l'Etat exploité n'a pas le droit de savoir à combien se monte exactement ce profit qui lui échappe.

Les gouvernements se succédèrent. De temps en temps le problème faisait l'objet d'un examen devant le Parlement. En 1964, le Vatican indiqua à quel point précis la parole du Christ « mon Royaume n'est pas de ce monde » avait été abandonnée au profit des leçons de Bernardino Nogara : « Augmentez la taille de votre société car les contrôles fiscaux de l'Etat deviennent de plus en plus difficiles, à votre profit. » La « société » dont parlait Nogara était Vatican Entreprise, « l'Etat » représentait ces malheureux sur l'autre rive du Tibre, obligés de traiter avec un paradis fiscal « off-shore » en plein cœur de Rome.

En juin 1964, tandis qu'Aldo Moro se retrouvait aux commandes de l'Etat, l'Eglise des pauvres menaça d'effondrement toute l'économie italienne. Pendant la négociation, certains responsables du Vatican informèrent le gouvernement italien que s'ils n'obtenaient pas satisfaction ils jetteraient sur le marché toutes les actions qu'ils détenaient en Italie. Ils avaient bien choisi leur moment. La Bourse italienne traversait une période particulièrement sombre, les actions baissaient tous les jours. Mettre sur le marché d'un seul coup l'énorme portefeuille du Vatican aurait détruit toute l'économie. En face de cette réalité, le gouvernement italien capitula. En octobre 1964, on prépara un projet de loi pour la ratification de l'accord illégal.

Le projet de loi ne passa jamais devant le Parlement, principalement parce que les gouvernements tombaient plus vite que le temps nécessaire aux divers ministres des finances pour découvrir ce qui les attendait dans leur portefeuille. Pendant ce temps, le Vatican continuait à jouir d'une exonération d'impôt. Il ne payait plus rien sur les dividendes depuis avril 1963. En 1967, la presse italienne, plus précisément la presse de gauche, repartit à l'attaque. On voulait savoir pourquoi. On voulait aussi savoir combien. On voulait encore savoir quelle quantité d'actions le Vatican détenait dans le pays. Les chiffres commencèrent à valser. Les estimations de la valeur des investissements du Vatican à la Bourse italienne variaient entre 160 millions et 2,4 milliards de dollars.

En mars 1967, le ministre des finances d'alors, Luigi Preti, en réponse à une question du Sénat, jeta un peu de lumière officielle sur les participations financières du Vatican en Italie. Son exposé montra que le plus gros investisseur, et de loin, était l'I.O.R., suivi par l'Administration Spéciale. Il révéla aussi que divers autres départements du Vatican aux noms prestigieux : Fabrique de Saint-Pierre, Société Pontificale pour Saint Pierre Apôtre, Administration du Patrimoine du Saint-Siège et Propaganda Fide, intervenaient sur le marché financier. Le ministre Preti déclara que le Vatican possédait pour approximativement 100 milliards de lires en actions, soit 104,4 millions de dollars au taux de change de l'époque. Le chiffre réel est aujourd'hui certainement bien plus élevé. Les chiffres de Preti ne tenaient pas compte des gros investissements du Vatican en bons et emprunts d'Etat qui sont exonérés de tout impôt. Il ne considérait que les actions soumises à l'impôt.

Le ministre des Finances ne s'occupait pas non plus du fait que, d'après le règlement de la Bourse italienne, le détenteur d'actions a le droit de ne pas toucher ses dividendes pendant cinq ans. Certains indices laissent à penser que les investissements du Vatican couverts par ces deux aspects étaient pour le moins aussi importants que ceux qui avaient pénétré dans le domaine du ministre. Par conséquent, la valeur réelle de l'investissement du Vatican, rien qu'en actions italiennes, était en 1968 à tout le moins égal à 208,8 millions de dollars. Il faut y ajouter la valeur des biens immobiliers du Vatican, en particulier à Rome et aux alentours, ainsi que tous les investissements hors d'Italie.

Finalement, l'Italie décida de relever le défi du Vatican. L'Eglise catholique romaine devrait, au moins en Italie, rendre à César ce qui appartenait à César. En janvier 1968, un autre gouvernement éphémère conduit par Giovanni Leone déclara qu'à la fin de l'année, le Vatican devrait s'exécuter et payer. Avec une mauvaise volonté considérable et des commentaires acides sur le merveilleux stimulant de l'économie italienne que constituaient ces investissements, le Vatican accepta mais de manière tout à fait typique. Tel l'inculpé sur son banc, jugé coupable, le Saint-Siège demanda pourtant des délais pour payer par petites annuités.

Toute cette affaire eut un certain nombre de conséquences malheureuses pour le Vatican. Quel que fût le montant global, tout le monde en Italie savait désormais que l'Eglise des pauvres procédait à de gros investissements qui produisaient des profits annuels par millions de dollars. Ensuite, la dispute étalée sur six ans avait permis d'identifier de nombreuses sociétés qui appartenaient au Vatican ou se trouvaient sous son contrôle. Cet épais portefeuille pouvait bien indiquer un capitalisme astucieux, il était de mauvaise politique de laisser apprendre au monsieur qui se plaignait de la mauvaise marche des téléphones, de la distribution d'eau, du gaz et de l'électricité qu'il devait remercier l'Eglise pour cet état de choses. En troisième lieu, et plus important que tout, si le Vatican conservait ses gros investissements en Italie, ceux-ci allaient être frappés par de très lourds impôts. Le pape Paul VI avait un problème. Pour le résoudre, il se tourna vers ces hommes qu'on appelait le Gorille et le Requin.

Si les conclusions de Sigmund Freud — à savoir que toute la personnalité d'un individu est formée à l'âge de cinq ans — sont justes, Paul Marcinkus mérite une étude particulièrement attentive des spécialistes. Même si l'on réfute les opinions de Freud, on ne discutera guère que l'environnement joue certainement un rôle très important pendant les années de formation.

Marcinkus naquit dans une ville dirigée par la Mafia où l'assassinat crapuleux était un événement quotidien, où la corruption s'étendait du Maire aux jeunes pré-adolescents, une ville criblée de toutes les sortes de crimes envisageables. Entre 1919 et 1960, il s'y commit 976 assassinats crapuleux pour seulement deux assassins condamnés. C'est dans cette ville que, à l'automne 1928, le Président de la cour d'assises fit appel à un homme pour garantir que les prochaines élections de novembre se dérouleraient de manière honnête et démocratique. Cet homme s'appelait Al Capone. Cette ville, Chicago. Capone se vanta alors : « La police est à moi. » Il aurait plutôt dû dire : « La ville est à moi. » Capone répondit à l'appel pour la tenue d'élections honnêtes. Il demanda à la police de la seconde ville des Etats-Unis de faire son métier et la police obéit. Le Président de la cour d'assises fit remarquer par la suite : « Finalement, ce fut le jour d'élection le plus franc et le plus réussi en quarante années. Pas une réclamation, pas une fraude électorale et pas une menace de trouble de toute la journée. »

Paul Marcinkus naquit à Cicero, banlieue de Chicago, le 15 janvier 1922. L'année suivante, confronté au spectacle extraordinaire d'un maire honnête et d'un chef de la police tout aussi honnête à Chicago, Al Capone transféra son quartier général à Cicero. La population, environ 60 000 âmes, pour la plupart des Polonais, des Gitans et des Lithuaniens de la première ou de la seconde génération, s'habitua à voir la Mafia chez elle. Capone installa son quartier général à Hawthorne Inn au 4 833 32e Rue. Avec Capone arrivèrent des messieurs comme Jake « Greasy Thumb » Guzik, Tony « Mops » Volpi, Frank « The Enforcer » Nitti, Frankie « The Millionaire Newsboy » Pope[1].

Tel était le Cicero où grandit Paul Casimir Marcinkus. Ses parents, immigrants lithuaniens, travaillaient tous les deux : son père gagnait sa vie en lavant les vitres qui ne volaient pas en miettes sous les balles des mitraillettes, et sa mère dans une boulangerie. Ils maîtrisaient bien mal la langue anglaise et, comme bien des immigrants pauvres venus chercher une vie meilleure au pays de la liberté, ils étaient bien décidés à ce que leurs enfants vivent mieux qu'eux, par un travail acharné et des efforts honnêtes. Marcinkus, le plus jeune des cinq enfants, réussit au-delà de leurs rêves les plus fous. Il incarne l'histoire du petit gars du coin devenu banquier de Dieu.

Guidé par son curé, Marcinkus manifesta bientôt sa vocation pour la prêtrise. Il fut ordonné en 1947, l'année même où Al Capone mourait de la syphilis. L'enterrement catholique de l'Ennemi Public Numéro Un de toute l'histoire de l'Amérique eut lieu à Chicago sous les auspices de monseigneur William Gorman qui expliqua aux journalistes : « L'Eglise ne pardonne jamais le mal en général, ni le mal dans la vie de tout homme. Cette très brève cérémonie exprime la reconnaissance de sa (Capone) pénitence et le fait qu'il est mort fortifié par les sacrements de l'Eglise. »

Marcinkus se rendit à Rome et il y étudia dans cette même université catholique grégorienne où Albino Luciani avait obtenu son diplôme. Il y brilla également et obtint son doctorat de Droit canon. Pendant qu'il se trouvait au séminaire il employa avec succès son mètre quatre-vingt-neuf et

1. Jake « La Gomina », Tony « La Rafle », Frank « L'Exécuteur » et Frankie « Le Camelot Millionnaire ».

ses cent kilos de muscles sur les terrains de sport. Quand il allait chercher la balle lors des matches de football américain, en général il repartait avec. Sa force physique allait se révéler un atout décisif dans son ascension vers le sommet. Manifestement, certaines leçons apprises dans les rues de Cicero n'étaient pas perdues.

De retour à Chicago il travailla comme curé de paroisse puis devint membre du Tribunal Ecclésiastique du diocèse. L'un des premiers à être impressionné par Marcinkus fut le chef de l'archevêché de Chicago, le cardinal Samuel Stritch. Sur la recommandation du cardinal, Marcinkus fut nommé à la section anglaise de la secrétairerie d'Etat du Vatican en 1952. Puis il partit comme attaché au Nonce pontifical de Bolivie et du Canada ; et, en 1959, il retourna à Rome et à la secrétairerie d'Etat. Sa parfaite connaissance de l'espagnol et de l'italien lui assura un emploi constant d'interprète.

En 1963, le cardinal de New York Francis Spellman confia au pape Paul, lors d'un de ses fréquents séjours à Rome, que Marcinkus possédait d'excellentes possibilités. Etant donné que Spellman dirigeait le diocèse le plus riche du monde à l'époque, (on le surnommait généralement « cardinal tirelire » en hommage à son génie financier), le pape se mit tranquillement à s'intéresser à Paul Marcinkus.

En 1964, lors d'une visite dans la banlieue de Rome, la foule qui débordait d'enthousiasme risquait de piétiner le Vicaire du Christ. Soudain, Marcinkus fit son apparition. A coups d'épaule, de coudes et de poings, il ouvrit littéralement un chemin à travers la foule au pape qui commençait à avoir peur. Le lendemain, celui-ci le convoqua pour le remercier personnellement. Il devint garde du corps officieux du Souverain Pontife et ainsi naquit son surnom « le Gorille ».

En décembre 1964, il accompagna le pape Paul en Inde ; l'année suivante aux Nations Unies. Désormais, Marcinkus s'occupait de la sécurité pour ce genre de voyage. Garde du corps personnel. Conseiller personnel à la sécurité. Traducteur personnel. Le gamin de Cicero avait fait du chemin. Il était devenu ami intime du secrétaire particulier du pape, le père Pasquale Macchi. Ce dernier jouait un rôle clef dans l'entourage du Saint-Père que la Curie qualifiait de « Mafia milanaise ». Quand monseigneur Montini, archevêque de Milan, avait été élu pape en 1963, il avait amené avec lui toute une suite de conseillers, de financiers, de clercs. Macchi en faisait partie. Tous les chemins mènent peut-être à Rome ; bon nombre passent par Milan. La confiance que le pape plaçait en des hommes comme Macchi ne correspondait absolument pas à leur position officielle. Macchi avait l'habitude de gronder le Saint-Père quand il le voyait déprimé. Il lui disait quand il devait aller se coucher, qui devait être promu, qui devait être puni par une mutation désagréable. Après avoir bordé Sa Sainteté le soir, Macchi sortait invariablement dîner dans un excellent restaurant tout près de la Piazza Gregorio Settimo. On l'y voyait souvent avec Marcinkus.

D'autres voyages à l'étranger avec le « Pape Pèlerin », au Portugal en mai 1967, en Turquie en juillet de la même année, cimentèrent l'amitié du pape Paul et de Marcinkus. Un peu plus tard en 1967, Paul VI créait un département appelé Préfecture des Affaires Economiques du Saint-Siège. On eût tout aussi bien pu le désigner par Chancelier de l'Echiquier ou Contrôleur Général des Finances. Le pape voulait un département qui soit capable de produire le résumé annuel de l'état précis de la fortune du Vatican ainsi que les variations de tous les actifs et passifs de chaque administration du Saint-Siège afin de pouvoir établir un bilan global, avec des chiffres noir sur blanc tous les ans. Dès sa création, le département dut combattre deux très lourds handicaps. D'abord, sur les instructions expresses du pape Paul, la banque du Vatican était nommément exclue de l'exercice économique. Ensuite, on rencontrait la paranoïa du Vatican.

Après la mise en place du département par un trio de cardinaux, un homme fut nommé pour le diriger, le cardinal Egidio Vagnozzi. En théorie, il aurait dû être en mesure, après une année de travail tout au plus, de fournir au pape l'état exact des finances du Vatican. Dans la pratique, Vagnozzi constata que le désir maniaque du secret financier fréquemment manifesté par les divers départements du Vatican en face des questions des journalistes, s'étendait aussi à lui. La Congrégation pour le Clergé voulait garder ses chiffres pour elle. Il en allait de même pour l'A.P.S.A. Et ainsi pour toutes. En 1969, le cardinal Vagnozzi fit remarquer à un collègue : « Il faudrait combiner le K.G.B., la C.I.A. et Interpol pour avoir le commencement d'un indice sur le montant et la localisation des avoirs financiers. »

Pour aider le collègue vieillissant de Bernardino Nogara, le cardinal Alberto di Jerio qui allait sur ses 85 ans mais exerçait toujours les fonctions de chef de la banque du Vatican, Paul VI consacra Paul Marcinkus évêque. Le matin qui suivit la prosternation de Marcinkus aux pieds du Souverain Pontife, il devint Secrétaire de la banque du Vatican. Désormais, il dirigea pratiquement la banque. Faire l'interprète pour le président Johnson tandis qu'il parlait avec le pape s'était révélé relativement facile mais, comme l'admettait franchement Marcinkus, « Je n'ai aucune expérience du métier de banquier ». Le banquier innocent était arrivé. Le prêtre obscur de Cicero, Paul Marcinkus, s'était élevé plus haut et plus loin en termes de pouvoir réel que n'importe quel autre Américain avant lui.

L'un des hommes qui contribua à l'ascension de Marcinkus s'appelle Giovanni Benelli. Son évaluation initiale, adressée au pape Paul, de l'extraverti de Cicero, joueur de golf et mâcheur de cigare, se résumait à ceci : Marcinkus constituerait un actif valable pour la banque du Vatican. En deux ans, Benelli se rendit compte qu'il avait donné un avis erroné et désastreux et qu'il fallait muter Marcinkus ailleurs sur-le-champ. Il découvrit aussi que durant ce bref laps de temps Marcinkus s'était construit une base de pouvoir plus solide que la sienne. Lors de l'affrontement final en 1977, c'est Benelli qui quitta le Vatican.

L'extraordinaire promotion de Marcinkus faisait partie d'un changement de politique soigneusement préparé du Vatican. Pour Vatican Entreprise, payer de larges sommes d'impôts sur les bénéfices des actions et apparaître comme propriétaire d'innombrables sociétés italiennes, c'était du passé, surtout quand ces firmes fabriquaient des petits articles embarrassants comme cette pilule contraceptive sur laquelle Paul venait justement d'invoquer la colère de Dieu. Le pape et ses conseillers avaient pris la décision de réduire leurs engagements dans le marché italien des valeurs pour transférer la masse de la richesse du Vatican vers des marchés étrangers, en particulier aux Etats-Unis. Ils souhaitaient aussi entrer dans le monde extrêmement lucratif des Eurodollars et des profits sans patrie.

Marcinkus fut choisi comme un élément essentiel de cette stratégie. Le pape employa un membre de sa « Mafia milanaise » pour compléter l'équipe. Il choisit un homme qui appartenait effectivement à la Mafia, et non la « milanaise » bien que Milan fût sa ville d'adoption. « Le Requin » était né à Patti, près de Messine, en Sicile. Il s'appelait en réalité Michele Sindona.

Tout comme Albino Luciani, Michele Sindona avait connu la pauvreté enfant et, comme Luciani, cela l'avait profondément affecté et influencé. Tandis que le premier devenait un homme décidé à soulager la pauvreté des autres, le second se résolut de soulager les autres de leur richesse.

Né le 8 mai 1920, éduqué par les jésuites, Sindona manifesta très tôt une disposition pour les mathématiques et l'économie. Diplômé en Droit de l'université de Messine, en 1942, il évita la conscription dans les armées de Mussolini avec l'appui d'un parent éloigné de sa fiancée qui travaillait à la secrétairerie d'Etat du Vatican, un monseigneur Amleto Tondini.

Pendant les trois dernières années de la Seconde Guerre mondiale, Sindona mit son diplôme de Droit à la disposition d'un camp et gagna fort bien sa vie en faisant ce qui finirait par le rendre célèbre dans le monde entier : acheter et vendre. Il achetait de la viande au marché noir de Palerme et la faisait passer en fraude à Messine, avec l'aide de la Mafia, où on la vendait ensuite à une population affamée.

Après juin 1943 et le débarquement allié, Sindona se tourna vers les Forces américaines pour ses approvisionnements. Avec l'expansion des affaires venait l'extension de ses relations avec la Mafia. En 1946, il quitta la Sicile pour monter à Milan, emmenant avec lui sa jeune femme Rina, des leçons inestimables sur la loi de l'offre et de la demande et quantité de lettres d'introduction encore plus inestimables signées de l'archevêque de Messine, dont Sindona avait soigneusement cultivé l'amitié.

A Milan, il vécut dans la banlieue, à Affori, et travailla pour une firme d'expertise comptable. Avec l'arrivée des capitaux américains en Italie, Sindona se spécialisa ; il montrait aux investisseurs potentiels comment s'y retrouver dans le maquis des lois fiscales italiennes. Ses associés de la Mafia furent convenablement impressionnés par ses progrès. Il avait du talent, de l'ambition et, plus important encore aux yeux de la Mafia, il était aussi impitoyable, totalement corruptible et enfant du pays. Il connaissait l'importance des coutumes de la Mafia comme l' « omerta », la loi du silence. Il était sicilien.

Le jeune Sindona et sa dextérité dans le placement d'investissements en dollars sans se soucier des règlements fiscaux ennuyeux plaisaient particulièrement à la famille Gambino. Cette branche de la Mafia possède des intérêts dans le monde entier mais ses deux principaux centres de pouvoir se situent à New York et à Palerme. Le premier est contrôlé par les Gambino eux-mêmes, le second par des cousins siciliens, les Inzerillo. Le 2 novembre 1957 eut lieu une réunion de « famille » au Grand Hôtel des Palmes à Palerme. Y était invité à profiter des vins et de la nourriture notre Michele Sindona.

La famille Gambino fit une proposition à Sindona, qu'il accepta avec enthousiasme. Ils voulaient qu'il gère les réinvestissements des énormes profits qui commençaient à peine à affluer des ventes d'héroïne. Ils avaient besoin de quelqu'un pour blanchir cet argent. Avec ses capacités démontrées pour faire circuler l'argent en Italie et hors d'Italie sans troubler la tranquillité des douanes et du fisc, Sindona constituait un choix idéal. A cette habileté s'ajoutait le fait qu'au moment de cette conférence au sommet de la Mafia il était déjà directeur d'un nombre croissant de sociétés. Il disait souvent à des clients reconnaissants : « Non, je prendrai quelques actions de votre société en guise de paiement. » Il avait aussi commencé de perfectionner la technique d'acquisition de sociétés branlantes pour les morceler, les vendre par morceaux, remembrer d'autres parties, tout mélanger pour revendre avec un gros profit. C'était éblouissant, surtout si ce n'était pas vous qui deviez payer l'addition.

Dans les 17 mois qui suivirent la conférence au sommet de la Mafia, Sindona acheta sa première banque, avec l'aide des fonds de la Mafia. Il avait déjà découvert une des règles d'or du vol : la meilleure façon de voler une banque consiste à en acheter une.

Sindona créa une société holding au Liechtenstein, Fasco AG. Peu de temps après, Fasco fit l'acquisition de la Banca Privata Finanziara, de Milan, communément appelée B.P.F.

Fondée en 1930 par un idéologue fasciste, la B.P.F. était une petite institution très privée et très exclusive qui servait de canal au transfert illégal de fonds hors d'Italie pour quelques rares privilégiés. C'est sans doute cet héritage prometteur qui gagna le cœur de Sindona. Tout en ayant refusé de se battre pour Mussolini, Michele Sindona est un fasciste naturel. Il lui plaisait certainement d'acquérir une telle banque. Le « blanchisseur » possédait maintenant son usine à blanchir.

L'année même où il achetait la B.P.F., Sindona effectua un autre investissement tout à fait astucieux. L'archevêque de Milan essayait de rassembler des fonds pour une maison de retraite. Sindona arriva et réunit la somme entière, soit 2,4 millions de dollars. Quand le cardinal Giovanni Battista Montini inaugura la Casa della Madonnina, Sindona se trouvait à ses côtés. Les deux hommes devinrent bons amis et Montini s'en remit de plus en plus aux conseils de Sindona pour des problèmes qui ne concernaient pas les investissements diocésains.

Ce que le cardinal Montini ignorait peut-être, c'est que les 2,4 millions de dollars avaient été fournis à Sindona pour l'essentiel par deux bailleurs : la Mafia et la C.I.A. L'ancien agent de la C.I.A., Victor Marchetti, devait révéler plus tard :

> « Dans les années 1950 et 1960, la C.I.A. apporta un soutien économique à de nombreuses activités placées sous les auspices de l'Eglise catholique, des orphelinats aux missions. On donnait chaque année des millions de dollars à un grand nombre d'évêques et de monseigneurs. Parmi eux il y avait le cardinal Giovanni Battista Montini. Il est possible que le

cardinal Montini ait ignoré d'où venait l'argent. Il a pu croire qu'il provenait d'amis. »

Des « amis » qui du fait de leur détermination à empêcher l'Italie de voter et d'envoyer au pouvoir un gouvernement communiste, non seulement déversèrent de nombreux millions de dollars dans le pays mais étaient aussi tout disposés à accueillir avec le sourire des hommes comme Michele Sindona. Il pourra bien se révéler être un criminel de plus en plus important, il reste un criminel de droite.

Le Requin se mit à nager plus vite. Les Milanais qui sont par nature enclins à se méfier des Romains, sans parler des Siciliens, avaient commencé par ignorer ce méridional poli au parler tranquille. Au bout d'un certain temps, les milieux financiers de la ville, capitale de l'Italie en cette matière, concédèrent que Sindona était un conseiller fiscal assez brillant. Quand il commença d'acquérir une société ici ou là ils mirent cela sur le compte de la chance qui sourit aux débutants. Quand il devint propriétaire de banque et confident de celui que beaucoup estimaient être le futur pape, il était trop tard pour l'arrêter. Sa progression était devenue irrésistible. Une nouvelle fois à travers sa société holding Fasco il fit l'acquisition de la Banca di Messina. Cela plut particulièrement aux familles de la Mafia, les Bambino et les Inzerillo, car ils obtenaient ainsi un accès sans réserve à une banque de Sicile, dans la province natale de Sindona.

Sindona forgea des liens étroits avec Massimo Spada, un des hommes de confiance du Vatican, Directeur Général de la banque du Vatican et membre des conseils d'administration de vingt-quatre sociétés pour le compte du Vatican. Un autre dirigeant important de la banque du Vatican, Luigi Mennini, devint lui aussi un ami intime. Et ensuite le père Macchi, secrétaire de Montini. La Banca Privata commença à devenir florissante. Au mois de mars 1965, Sindona vendit 22 pour cent à la Hambros Bank de Londres. Avec ses liens financiers de longue date avec le Vatican, Hambros jugeait « brillante » l'orientation donnée par Sindona aux fonds qui affluaient à la B.P.F. Tout comme d'ailleurs les familles Gambino et Inzerillo. Ainsi que la Continental Bank of Illinois qui acheta aussi

22 pour cent de la banque à Sindona. Continental était devenu le canal principal des investissements du Vatican pour tous les Etats-Unis. Les liens que Sindona tissait tout autour de lui et des divers éléments du Vatican étaient maintenant bien diversifiés. Il devint l'ami intime de monseigneur Sergio Guerri, l'homme qui avait endossé la responsabilité de diriger la création monolithique de Nogara, l'Administration Spéciale.

En 1964, Sindona fit l'acquisition d'une banque de plus, en Suisse cette fois, la Banque de Financement à Lausanne, autrement dite Finabank. En grande partie possédée par le Vatican elle était, comme sa première banque, à peine plus qu'un canal illicite pour les capitaux qui voulaient fuir l'Italie. Après l'achat par Sindona d'un paquet d'actions de contrôle, le Vatican conserva encore 29 pour cent du capital de la banque. Hambros, de Londres, et la Continental Illinois of Chicago détenaient aussi une participation dans Finabank.

Pour trois institutions aussi augustes que Vatican Entreprise, Hambros et Continental, entretenir des liens aussi étroits avec Sindona indique certainement que ce dernier gérait sa banque de façon exemplaire. A moins que... ?

Carlo Bordoni a découvert une réalité tout autre. Bordoni rencontra Sindona pour la première fois vers la mi-novembre 1964 au Studio Sindona, 29 Via Turati, à Milan. Auparavant, Bordoni travaillait comme directeur de la branche milanaise de la First National City Bank, de New York. Peu avant la rencontre avec Sindona, Bordoni avait été renvoyé de sa banque parce qu'il avait excédé les limites de ses attributions dans des transactions avec l'étranger. On pouvait compter sur Sindona pour considérer avec bienveillance ce genre d'homme. Il offrit à Bordoni l'occasion de s'occuper de toutes les transactions de la B.P.F. avec l'étranger. Du fait que le total des dépôts de la banque ne dépassait pas 15 milliards de lires (soit environ 15 millions de dollars), Bordoni refusa. Comparé au chiffre courant d'un milliard de dollars dans son ancienne banque, c'était de la petite monnaie. En outre, à l'époque, la banque n'avait même pas le statut d'agent, ce qui ne lui permettait pas de traiter les devises étrangères. Elle était donc inconnue sur la scène internationale et dépourvue, de l'avis de Bordoni, « de toute possibilité de s'insérer dans le noble club des banques internationales ».

Bordoni eut une meilleure idée. Pourquoi ne pas créer une société de courtage international ? En travaillant beaucoup et avec les excellentes relations de Bordoni, pareille société gagnerait de grosses commissions. Elle pourrait, toujours pour citer Bordoni, « accroître le lustre du Groupe Sindona, encore modeste à l'époque, et au bout de quelque temps on serait quasi certain d'obtenir d'importants crédits en devises en faveur de la B.P.F. et de Finabank ».

Ainsi que le rappela Bordoni plus tard dans une déposition sous serment devant un magistrat milanais, Sindona s'enflamma visiblement et donna sans hésiter son approbation au projet. On comprend facilement le plaisir de Sindona. C'est une chose d'être un voleur, c'en est une bien meilleure d'être un voleur international. Moneyrex la bien nommée entra en activité le 5 février 1965. Gérée au départ de manière honnête, elle fit des profits substantiels. En 1967, elle traitait un volume de 40 milliards de dollars par an avec un profit net qui dépassait 2 millions de dollars — profits qui, dans les mains de Sindona, disparaissaient promptement avant que le fisc ait eu le temps de dire ouf. Mais Sindona voulait davantage qu'un bénéfice honnête. Il insista auprès de Bordoni pour que ce dernier envoie le montant maximum de devises vers ses deux banques. Bordoni souligna qu'il y avait plusieurs difficultés assez sérieuses rendant l'idée impraticable. Le Requin se mit en colère et hurla à l'adresse de Bordoni qu'il ne devait pas oublier sa « force de conviction » et sa « puissance ». Celui-ci répondit sur le même ton que c'était là précisément les difficultés dont il parlait. Pour le cas où Sindona conserverait le moindre doute, il ajouta : « Votre “ force ” est la Mafia et votre “ puissance ” la Franc-Maçonnerie. Je n'ai pas l'intention de risquer mon nom estimé et la réussite de Moneyrex simplement parce qu'un Mafioso me le demande. »

Finalement, la discrétion de Bordoni excéda sa vaillance et il accepta de superviser les opérations bancaires de la B.P.F. et de Finabank. Ce qu'il y découvrit en apprend autant sur le Vatican, Hambros et Continental que sur Sindona.

Dans son témoignage sous serment qu'il fit de l'hôpital de la prison de Caracas pour le magistrat milanais, il déclara :

> « Pendant l'été 1966, quand je commençai à m'occuper de la B.P.F., je fus profondément affecté par le chaos qui régnait dans les divers secteurs. C'était une banque minuscule qui ne réussissait à survivre que grâce aux marges, maquillées comme il se doit, bien entendu, provenant d'une myriade « d'opérations au noir » effectuées par la B.P.F. en faveur du Credito Italiano, de la Banca Commerciale Italiana et d'autres banques nationales importantes. Ces opérations au noir sur les devises étrangères, vaste exportation de capitaux illicite, avaient lieu tous les jours et concernaient des chiffres d'importance. La technique était vraiment la plus illégale et la plus grossière qu'on puisse imaginer. »

Il trouva de nombreux comptes à découvert sans garanties réelles et pour des montants qui dépassaient de loin la limite légale d'un cinquième du capital et des réserves. Il trouva aussi un pillage massif. Les dirigeants transféraient de grosses sommes des comptes des déposants sans qu'ils le sachent. Elles étaient ensuite virées sur le compte ouvert par la banque du Vatican. Celle-ci transférait à son tour ces montants, diminués de 15 pour cent de commission, sur le compte de Sindona à la Finabank, à Genève. Le nom du compte à la Finabank était Mani. MA signifiait Manco, NI voulait dire Nino, noms des deux fils de Sindona. Les 15 pour cent de commission payés au Vatican représentaient un chiffre variable dépendant du taux de change du jour sur le marché illégal des devises.

Si un client de Finabank se plaignait qu'un chèque issu de bonne foi ait été refusé ou encore que son compte aurait dû être davantage approvisionné, on commençait par lui dire de s'occuper de ses affaires. S'il persistait, un Directeur faisait son apparition et, débordant d'une sincérité milanaise, présentait ses excuses et offrait une explication : « Tout cela est une énorme erreur de comptabilité, vous savez, ces ordinateurs modernes. »

Les découvertes de Bordoni à la Finabank de Genève furent tout aussi épouvantables. Le Directeur général, un certain Mario Olivero, ignorait tout de la finance et de la banque. Il passait ses journées à jouer sur les marchés des actions, des obligations et des devises. S'il perdait, la perte était affectée au compte d'un client. S'il gagnait, il gardait le profit pour lui. Les chefs des différents services suivaient l'exemple du Directeur général, tout comme la banque du Vatican.

L'I.O.R., outre qu'il était actionnaire de la banque, y possédait aussi un certain nombre de comptes. Bordoni découvrit que ces comptes « reflétaient exclusivement de gigantesques opérations de spéculation qui aboutissaient à des pertes colossales. Comme celles de tout un chacun à Finabank, ces pertes étaient financées par une société fantôme dénommée Liberfinco (Liberian Financial Company). A l'époque de l'inspection de Bordoni, cette société fantôme avouait une perte de 30 millions de dollars. Quand les inspecteurs bancaires suisses se montrèrent en 1973, cette société présentait une perte officielle de 45 millions de dollars. Les Suisses dirent à Sindona, au Vatican, à Continental Illinois et à Hambros qu'ils avaient 48 heures pour fermer Liberfinco faute de quoi ils mettraient Finabank en faillite. Un autre assistant de Sindona, Gian Luigi Clerici di Cavenago, démontra alors qu'il avait autant d'idées brillantes que de noms. Au moyen d'un compte de compensation de 45 millions de dollars, procédé qui ne demandait aucun argent en espèces, il boucla Liberfinco et ouvrit une autre société, Aran Investment of Panama, qui se retrouva avec un déficit immédiat de 45 millions de dollars.

Lorsque Sindona avait demandé à Bordoni de jeter un coup d'œil dans Finabank, il avait fait remarquer dans l'un des plus beaux sous-entendus de tous les temps : « Il s'y passe des choses étranges. » Quand Bordoni lui rapporta à quel point ces choses étaient effectivement étranges, Sindona l'injuria et le jeta dehors. Les affaires continuèrent comme d'habitude dans les deux banques. Comme Bordoni essayait de tirer son épingle de ce guêpier, Sindona utilisa une de ses méthodes classiques : le chantage. Bordoni avait aussi violé la loi dans ses spéculations sur les devises. On pouvait le faire savoir au président de la Banque d'Italie. Bordoni resta.

Carlo Bordoni aurait dû avoir le nez un peu plus fin avant de mettre la main dans le sac. Lors de leur première rencontre, Sindona lui avait lancé : « Vous ne serez jamais un vrai banquier parce que non seulement vous êtes incapable de mentir mais vous êtes en plus un " homme à principes ". Vous ne saurez jamais comment employer l'arme solide du chantage. »

Le respect de Sindona pour son collègue aurait pu s'accroître démesurément s'il avait su que Bordoni avait commencé à siphonner l'argent à son profit dans des comptes secrets en Suisse. Avant la fin, Bordoni allait soulager Sindona de plus de 45 millions de dollars. C'était peu par rapport aux activités illégales de Sindona mais, évidemment, il n'avait pas bénéficié de la formation de Sindona.

Quand on en arrivait au chantage, Sindona était un maître. Outre un don inné, il avait bénéficié de la formation de la Mafia et il disposait aussi des talents du maître chanteur le plus habile qui pratiquait alors son art en Italie, Licio Gelli. Lorsque Bordoni avait jeté au visage, avec mépris, à Sindona ses liens avec la Mafia et la Franc-Maçonnerie, il jouait doublement avec le feu. Sindona n'était pas membre d'une Loge maçonnique qui pouvait prétendre à une origine remontant aux bâtisseurs de Salomon. Sa Loge ne prenait pas son inspiration chez le patriote italien Garibaldi. Le Duc de Kent n'en était pas Grand Maître. La Loge s'appelait Propaganda 2, ou encore P2, et son Grand Maître se nommait Licio Gelli.

Gelli naquit à Pistoia, en Italie centrale, le 21 avril 1919. Il abandonna ses études vers 15 ans quand on le renvoya de l'école. A 17 ans il avait déjà acquis une haine du communisme comparable à ce qu'éprouvait le roi Hérode envers les premiers-nés. Membres de la division italienne des Chemises noires, Gelli et son frère se battirent contre les communistes en Espagne aux côtés de l'armée de Franco. Sur cette période de sa vie, Gelli observe succinctement : « Je suis rentré vivant mais seul. »

Pendant les premières années de la Seconde Guerre mondiale il se battit en Albanie. Ensuite, il obtint le grade d'Oberleutnant dans les S.S. en Italie et travailla pour les nazis en tant qu' « officier de liaison ». Cette tâche comprenait l'espionnage et la dénonciation des partisans à ses maîtres allemands. Une partie de sa fortune provient de sa présence dans la ville italienne de Cattaro où, pendant la guerre, étaient cachés les trésors nationaux de Yougoslavie. Une partie significative de ce trésor n'est jamais retournée en Yougoslavie car elle fut volée par Gelli. La ferveur précoce de Gelli pour la haine de tout ce qui sentait le communisme diminua en rapport direct avec les défaites subies par les puissances de l'Axe au fur et à mesure que la guerre s'éternisait. Il commença à collaborer avec les partisans, communistes pour une très large part. Il parvenait ainsi à localiser une planque de partisans, avertissait les Allemands comme il se devait puis conseillait aux premiers de déménager avant l'attaque nazie.

Il continua à jouer sur les deux tableaux pendant le restant de la guerre et fut l'un des derniers fascistes à se rendre en Italie du nord, tout près de l'endroit où un jeune prêtre du nom d'Albino Luciani avait dissimulé des partisans à Belluno.

Pour sauver sa peau quand il dut affronter une commission antifasciste qui siégeait à Florence, il accepta de continuer à espionner au profit des communistes. Après une discrète intervention des communistes, on jugea insuffisants les indices selon lesquels il aurait torturé et assassiné des patriotes.

Blanchi de ces accusations il organisa aussitôt une filière d'évasion pour les nazis qui souhaitaient s'enfuir en Amérique du Sud. Il prenait 40 pour cent de leur argent. Autre membre de l'organisation, un prêtre catholique d'origine croate, le père Krujoslav Dragonovic. Parmi ceux qui s'échappèrent, on trouve le chef de la Gestapo Klaus Barbie, connu sous le sobriquet de Boucher de Lyon. Barbie n'eut rien à payer ni au père Dragonovic ni à Gelli car le « prix » du voyage fut entièrement versé par la U.S. Counter Intelligence Corporation (contre-espionnage américain) qui employa Barbie à des travaux d'espionnage jusqu'en février 1951.

Tout en continuant à aider les dirigeants du Vatican et les Renseignements américains, Gelli ne cessa d'espionner pour les communistes jusqu'en 1956. En 1954 il emprunta le chemin par lequel il avait expédié tant de membres du IIIe Reich et partit pour l'Amérique du Sud ; aligné sur les éléments d'extrême droite en Argentine il devint proche confident du général Juan Peron. Quand ce dernier fut excommunié par l'Eglise catholique, Gelli connut un de ses échecs en tentant d'intercéder auprès du Vatican. La campagne anticléricale de Peron, qui avait conduit à son excommunication, pesait plus lourd aux yeux de l'Eglise que les assurances de Gelli sur le fait que le Général était un génie complètement incompris. En 1956, lorsque Peron quitta le pays à la suite d'un coup d'Etat militaire, Licio Gelli noua rapidement des liens amicaux avec les membres de la nouvelle junte. Lentement et prudemment, Gelli construisait les bases de son pouvoir qui commençait à s'étendre à travers une bonne partie de l'Amérique du Sud. Il courtisait toujours les riches et les puissants, ou ceux qui risquaient de le devenir. Quant aux idéaux et aux philosophies politiques, Gelli était et reste une pute. Si vous pouviez vous l'offrir, il travaillait pour vous. Tout en aidant la junte d'extrême droite en Argentine, il espionnait parallèlement au profit de l'Union Soviétique, à travers ses liens avec la Roumanie. Il possédait une recommandation des communistes italiens, qui lui avait déjà sauvé la vie après la guerre, ainsi que les numéros de téléphone de contacts à la C.I.A., à qui il vendait également des informations.

Tandis que Sindona s'élevait dans les jungles financières de l'après-guerre milanaise, Gelli grimpait dans les cercles du pouvoir compliqués de la politique sud-américaine. Un général par-ci, un amiral par-là, des politiciens, des hauts fonctionnaires. Tandis que Sindona cultivait ses relations en croyant que le pouvoir réside dans l'argent, Gelli, grâce à ses nouveaux amis, aspirait à la source du pouvoir réel : les renseignements. Des informations, un dossier personnel sur tel ou tel banquier, le dossier secret sur tel ou tel politicien, son réseau passait de l'Argentine au Paraguay, s'étendait au Brésil, à la Bolivie, à la Colombie, au Venezuela, et au Nicaragua. En Argentine, il acquit la double nationalité et devint le conseiller économique de ce pays en Italie en 1972. Une de ses principales activités consistait à négocier et à conclure l'achat de quantités d'armes pour l'Argentine. Cela comprenait des chars, des navires, des avions, des installations radar et finalement les missiles Exocet si meurtriers pendant la guerre des Malouines. Avant cela, il occupa des postes moins exaltants. En Italie, il fut Directeur Général de Permaflex, société qui fabriquait des matelas, et passa une brève période à la tête de Remington Rand en Toscane. Parmi les directeurs inscrits à l'époque sur les listes du conseil de Remington Rand, on trouve Michele Sindona.

Toujours avide d'augmenter son pouvoir et son influence, il songea que le mouvement maçonnique réhabilité constituait le véhicule parfait. Ironie de l'histoire, c'est son chef bien-aimé Mussolini qui avait interdit la Franc-Maçonnerie. Mussolini considérait qu'elle était « un Etat dans l'Etat ». Il est tout aussi plaisant de constater que le gouvernement démocratique italien, que Gelli méprisait tant, restaura la liberté maçonnique, tout en conservant un aspect du droit fasciste qui faisait de la création d'une organisation secrète un délit punissable. En conséquence, les Maçons réformés étaient obligés de déposer la liste de leurs membres auprès de l'administration.

Gelli entra dans une Loge Maçonnique conventionnelle en novembre 1963. Il atteignit rapidement le troisième degré, ce qui le rendait éligible pour diriger une Loge. Le Grand Maître de l'époque Giordano Gamberini encouragea Gelli à former un cercle de gens importants, dont certains pourraient éventuellement devenir Maçons mais dont tous pourraient se révéler utiles au développement d'une Franc-Maçonnerie légitime. Gelli sauta sur l'occasion. Et ce qu'il conçut en fait fut une organisation secrète et illégale. Ce groupe reçut le nom de Raggruppamento Gelli P2. Le P signifiait Propaganda, nom d'une Loge historique du XIXe siècle. Au départ, il y amena des officiers supérieurs en retraite. A travers eux il obtint ses entrées auprès des chefs de l'active. Il tissait une toile qui devait progressivement recouvrir l'entière structure du pouvoir en Italie. Il abandonna très vite les idéaux et les aspirations de la vraie Franc-Maçonnerie, mais pas officiellement. Le but de Gelli n'avait rien à voir : il voulait que l'extrême droite dirige l'Italie. Mais cette direction devait prendre la forme d'un Etat secret dans l'Etat, à moins que l'inconcevable se produise et que les communistes soient élus au gouvernement. Si cela arrivait, il y aurait un coup d'Etat. L'extrême droite prendrait le pouvoir. Gelli pensait que les pays occidentaux accepteraient la situation. De fait, au début de la formation de P2 il reçut un soutien actif et les encouragements de la C.I.A. qui opérait en Italie. Si cela donne l'impression d'un scénario de fou condamné au sort de tous les projets du même ordre, on devra remarquer que parmi les membres de P2, uniquement en Italie (il existait, et existe encore des branches puissantes dans d'autres pays), on trouve le Commandant des Forces Armées Giovanni Torrisi, les chefs des services secrets, les généraux Giuseppe Santovito et Giulio Grassini, le chef de la Police Financière Italienne Orazio Giannini, des ministres du gouvernement et des politiciens de toutes les couleurs (hormis, évidemment, des communistes), trente généraux, huit amiraux, des directeurs de journaux, des patrons de télévision, de grands industriels et des banquiers, dont Roberto Calvi et Michele Sindona. Au contraire de la Franc-Maçonnerie conventionnelle, la liste des membres de P2 était tellement secrète que seul Gelli en connaissait tous les noms.

Pour accroître le pouvoir de P2, Gelli employait toutes sortes de moyens. Parmi eux, la méthode inoffensive du contact personnel et de la présentation par un membre. Il y en avait d'autres moins élégantes. Le chantage trônait en première place. Quand on devenait membre de P2, on devait démontrer sa loyauté en plaçant entre les mains de Gelli des documents compromettants, des renseignements sensibles, bref des secrets qui pourraient compromettre non seulement le nouveau membre mais d'autres cibles possibles. Celles-ci, confrontées aux preuves de leurs fautes ou de leurs manquements s'affiliaient à P2. Ainsi, cette technique servit-elle dans le cas de Giorgio Mazzanti, président de l'E.N.I., la société pétrolière d'Etat. Devant les preuves de sa corruption à propos des énormes pots-de-vin versés et reçus dans une affaire avec les Séoudiens, Mazzanti céda et fut admis à P2, apportant à Gelli encore plus de renseignements sur la corruption.

Une autre technique utilisée par Gelli pour séduire un futur membre consistait à s'assurer, à partir de sources déjà corrompues, du nom des trois personnes possibles pour un poste de responsabilité. Il appelait ensuite ces trois personnes au téléphone pour leur annoncer qu'il avait l'intention de régler cette question pour eux. Le lendemain de la nomination il avait un nouveau membre de P2 très reconnaissant.

En surface P2 était, et reste encore, une police d'assurances fanatique contre un gouvernement communiste potentiel. En dehors d'Italie, des branches fonctionnent encore en Argentine, au Venezuela, au Paraguay, en Bolivie, en France, en Espagne, au Portugal et au Nicaragua. Il y a aussi des membres actifs en Suisse et aux Etats-Unis. P2 est intimement liée à la Mafia en Italie et aux Etats-Unis ; elle est aussi très liée avec bon nombre de régimes militaires en Amérique Latine, ainsi qu'avec divers groupes néo-fascistes. Ses liens avec la C.I.A. sont notoires. Elle s'avance droit jusqu'au cœur du Vatican. L'intérêt central commun que partagent tous ces éléments semble la haine et la peur du communisme. En fait, P2 n'est pas une conspiration mondiale mais une communauté d'intérêts fondée non seulement sur l'abomination d'une idéologie particulière mais encore sur une avidité de pouvoir et de richesse.

Les contacts et les associés de Gelli s'étendaient loin et montaient haut. On y trouve Stephan Delle Chiaie, Pierluigi Paglioni et Joachim Fiebelcorn, tous membres de l'armée privée créée en Bolivie par l'ancien chef de la Gestapo Klaus Barbie. Le groupe avait pris le nom de « Fiancés de la Mort ». Ils commirent des assassinats politiques à la demande, dont celui du leader socialiste bolivien Marcela Quiroga Cruz, et contribuèrent aussi à l'arrivée au pouvoir en Bolivie en 1980 du général Garcia Meza. Klaus Barbie employait ses connaissances du temps du nazisme en tant que « conseiller à la sécurité » du colonel Gomez, un homme qui a bien du sang bolivien sur les mains. L'Italien Della Chiaie fit partie d'au moins deux tentatives de putsch dans son pays. En octobre 1982, lorsqu'un gouvernement civil reprit le pouvoir en Bolivie, Della Chiaie s'enfuit en Argentine. Il y reçut de l'aide et tout le confort souhaitable de la part d'un membre de P2, José Lopez Rega, créateur des célèbres Escadrons de la Mort, Triple A. Rega est également le créateur d'un vaste réseau de trafic de cocaïne entre l'Argentine et les Etats-Unis. Il ne fait aucun doute que Gelli est aussi habile à vendre sa vision du monde particulière qu'il le fut autrefois à vendre des matelas. Posséder dans ses amis proches et ses relations des créatures aussi éloignées que José Lopez Rega et l'ésotérique cardinal Paolo Bertoli représente une réussite considérable. Tout comme Gelli, le cardinal est toscan. Sa carrière comprend quarante années dans les services diplomatiques du Vatican. Bertoli n'était pas dépourvu de soutiens au conclave qui élut Albino Luciani.

Le cardinal Bertoli n'était qu'une des nombreuses portes d'entrée de Gelli au Vatican. Il obtint un grand nombre d'audiences avec le pape Paul. Il partagea le boire et le manger de l'évêque Paul Marcinkus. Bien des cardinaux, des archevêques, des évêques, et des curés qui aujourd'hui affirmeraient ne rien savoir de Licio Gelli, n'étaient que trop contents d'être vus en sa compagnie dans les années 1960 et 1970.

Un de ses collègues de P2 les plus proches, l'avocat Umberto Ortolani, faisait partie de ceux qui invitaient des gens comme l'évêque Marcinkus, chez lui à Rome, Via Archimede. Il se peut même qu'Ortolani ait eu accès plus facilement et plus immédiatement que Gelli à tous les gens et à tous les bureaux du Vatican. Ami proche du cardinal Casaroli, l'équivalent d'un ministre des Affaires Etrangères pour le Vatican, Ortolani s'était fait attribuer en 1963 par le pape Paul VI le titre de « Gentilhomme de Sa Sainteté. » Il reçut après cela encore plus de titres et de récompenses de la part du Vatican. Comme son maître Licio Gelli, Ortolani est, sur le papier du moins, citoyen de bien des pays. Né à Viterbo, en Italie, il a acquis depuis la nationalité brésilienne.

L'un des avantages secondaires de cette disposition réside dans l'absence de traité d'extradition entre l'Italie et le Brésil.

La liste des membres de P2, rien qu'en Italie, allait progressivement gonfler jusqu'à près de 1000 noms qui finiraient par être rendus publics. Mais ce millier n'est que la partie émergée de l'iceberg. Aux Renseignements italiens, SISMI, l'on croit qu'il y a au moins encore 2000 autres noms et que parmi ceux-ci figurent presque 300 des hommes les plus puissants de ce qu'il plaît au XXe siècle d'appeler le monde libre.

Quand, en 1981, près de 1000 membres de cette société secrète illégale furent connus du public, l'un d'eux, le sénateur Fabrizio Cicchitto, énonça une vérité fondamentale : « Si vous vouliez parvenir au sommet en Italie dans les années 1970, le meilleur moyen était Gelli et P2. »

Les liens étroits entre P2 et le Vatican, comme tous les liens forgés par Gelli, servaient utilement aux deux parties. Gelli jouait sur la peur presque paranoïaque du communisme qui existait au Vatican. Il aimait particulièrement citer les affirmations de l'avant-guerre qui avaient servi à justifier le fascisme, dont celle du cardinal Hinsley, de Westminster, qui avait dit aux catholiques en 1935 : « Si le fascisme s'écroule, la cause de Dieu s'écroulera avec lui. »

Bien que la Loge italienne P2 ne se réunisse jamais dans sa totalité (pour cela il leur aurait fallu louer la Scala), il ne fait aucun doute qu'avaient lieu des réunions de groupes choisis. Les discussions ne se limitaient pas à se lamenter sur les méfaits du communisme. On prenait des mesures actives pour combattre et contenir ce que Gelli et ses amis considéraient comme le désastre ultime, un gouvernement communiste démocratiquement élu.

Ces deux dernières décennies, eurent lieu en Italie un certain nombre d'attentats à la bombe qui n'ont jamais été résolus. Si les autorités italiennes parviennent un jour à se saisir de Gelli, elles seront en position, s'il décide de parler et de dire la vérité, de résoudre quelques-uns de ces mystères. Ce sont, entre autres : Milan 1969, l'attentat à la bombe à la Piazza Fontana — 16 tués ; Bologne 1974, attentat à la bombe contre l'express Rome-Munich, l'*Italicus*, près de Bologne —

12 tués; Bologne 1980, bombe dans la gare — 85 tués, 182 blessés. Selon un partisan déçu de Gelli, un néo-fasciste du nom de Elio Ciolini, ce dernier attentat fut organisé lors d'une réunion de P2 qui eut lieu à Monte-Carlo, le 11 avril 1980. Licio Gelli y exerçait la fonction de Grand Maître.

Là encore, d'après le témoignage sous serment de Ciolini, trois des soi-disant responsables de l'attentat de la gare de Bologne sont Stephan Delle Chiaie, Pierluigi Pagliani et Joachim Fiebelcorn.

Cette série d'attentats effrayants était censée diriger la colère publique vers les communistes italiens en laissant croire qu'ils en étaient responsables.

En juillet 1976, le magistrat italien Vittorio Occorsio se trouvait en pleine enquête sur les liens existant entre le mouvement néo-fasciste appelé Avant-Garde Nationale et la Loge P2. Le 10 juillet ce magistrat fut assassiné par une longue rafale de mitraillette. Le groupe néo-nazi Ordre Nouveau en revendiqua ensuite la responsabilité. Ordre Nouveau, Avant-Garde Nationale, les noms deviennent académiques. Ce qui importait c'est que Vittorio Occorsio, homme intègre et courageux, soit mort et que l'enquête sur P2 s'arrête.

Vers la fin des années 1960 Michele Sindona était à la fois membre de la Loge P2 et ami intime de Licio Gelli. Il avait beaucoup de points communs avec Gelli, et non des moindres : le grand intérêt que leur portaient à tous deux la C.I.A. et Interpol. Les fonctions de ces deux organismes ne suivent pas toujours des routes parallèles. En novembre 1967, Interpol à Washington télexa le message suivant au quartier général de la police à Rome :

> « Nous avons reçu récemment des renseignements non vérifiés selon lesquels les individus suivants sont impliqués dans le trafic illicite de drogues déprimantes, stimulantes et hallucinogènes entre l'Italie, les Etats-Unis et peut-être d'autres pays européens. »

Premier des quatre noms de la liste, Michele Sindona. La police italienne répondit qu'elle ne disposait d'aucun indice pour lier Sindona au trafic de la drogue. Une copie de la demande d'Interpol et de la réponse se retrouva entre les mains de Sindona la semaine même. La même demande d'Interpol Washington adressée à la C.I.A. opérant à partir de l'ambassade de Rome et du consulat de Milan, au cas où elle aurait reçu une réponse franche, aurait abouti à la confirmation que les renseignements d'Interpol étaient parfaitement corrects. On demanda une fois à Sindona où il trouvait l'argent de ses divers projets grandioses. Il répondit ceci : « Pour 95 pour cent, il s'agit de l'argent des autres. » Réponse juste à 95 pour cent. En tant que principal banquier de la Mafia, une proportion significative des fonds de Sindona provenait directement de la vente de l'héroïne.

Voilà quel était l'homme choisi par le pape Paul VI pour exercer les fonctions de conseiller financier du Vatican ; l'homme choisi, après une longue amitié avec le pape, pour défaire l'Eglise de ses engagements économiques trop apparents en Italie. L'idée consistait à vendre à Sindona une partie des actifs les plus importants acquis sous Nogara. Vatican Entreprise était sur le point de prendre ses distances par rapport au visage inacceptable du capitalisme. En théorie, on était sur le point d'adopter la philosophie contenue dans le message délivré au monde, en 1967, par le pape Paul VI dans son encyclique *Populorum Progressio.*

> « Dieu a destiné la terre et tout ce qu'elle contient à l'usage de tous les hommes et de tous les peuples, si bien que les bienfaits de la création doivent affluer dans la proportion juste entre les mains de chacun, selon la loi de justice qui reste inséparable de la charité. Tous les autres droits, quelle qu'en soit la nature, y compris ceux de la propriété privée et du libre échange, doivent y être subordonnés : ils ne doivent pas la contrarier mais au contraire en faciliter la réalisation, et c'est un devoir social grave et urgent que de la restaurer dans ses desseins originels. »

Dans la même encyclique, le pape Paul citait saint Ambroise, « Vous ne donnez jamais aux pauvres ce qui vous appartient ; vous ne faites que leur rendre ce qui leur appartient. Car ce que vous vous êtes approprié fut donné pour l'usage commun de tous. La terre est donnée à tous, et pas seulement aux riches. »

Quand cette déclaration fut prononcée, le Vatican était le plus gros propriétaire immobilier du monde. *Populorum Progressio* contenait aussi la remarque mémorable selon laquelle, même lorsque des populations entières souffraient une injustice massive, l'insurrection révolutionnaire ne constituait pas la réponse. « L'on ne saurait combattre un mal réel au prix d'un mal plus grand. »

Confronté au problème du mal incarné par une Eglise catholique romaine riche alors qu'ils semblaient souhaiter une Eglise pauvre pour les pauvres, le Pape et ses conseillers décidèrent de liquider une part importante de leurs actifs en Italie pour la réinvestir dans d'autres pays. Ils évitaient ainsi de lourds impôts et le rendement des investissements n'en serait que meilleur. Quand le pape Paul proclama les magnifiques aspirations de *Populorum Progressio* en 1967, Vatican Entreprise travaillait déjà depuis pas mal d'années en étroite collaboration avec Michele Sindona. A travers la fuite illicite de devises depuis les banques italiennes de Sindona, via la banque du Vatican, vers la banque suisse qu'ils possédaient en commun, Sindona et le Vatican, s'ils ne faisaient pas affluer les biens de la création vers les pauvres, les faisaient certainement se répandre hors d'Italie.

En 1969, Vatican Entreprise savait pertinemment qu'il avait perdu la longue lutte qui l'opposait au gouvernement italien au sujet de l'imposition des dividendes de son portefeuille d'actions. Le Vatican se rendit également compte qu'en réalisant son paquet d'actions sur le marché il entraînerait certes un effondrement possible de l'économie italienne dans son ensemble mais que cela constituait une mesure négative pour lui-même. Car un effondrement de cette ampleur entraînerait des pertes lourdes pour le Vatican. En accord avec le cardinal Guerri, chef de l'Administration spéciale de l'A.P.S.A., le pape décida de décharger le portefeuille italien d'un gros actif, les parts du Vatican dans le géant Società Generale Immobiliare. Avec son demi-milliard de dollars réparti dans le monde entier, cette fortune semblait trop visible. A nouveau on envoya chercher le Requin.

Les actions de la Società Generale Immobiliare se vendaient aux alentours de 350 lires. Le Vatican détenait, directement ou indirectement, quelque 20 pour cent des 143 millions d'actions. Sindona était-il acheteur ? C'est le cardinal Guerri qui posa la question. La réponse de Sindona fut immédiate et positive. Il prendrait le tout au double du prix du marché. Guerri et le pape Paul étaient ravis. L'accord entre Sindona et Guerri fut signé lors d'une réunion secrète, à minuit, au Vatican au printemps 1969.

Pour le Vatican, ce fut là une réunion particulièrement réussie. Il souhaitait aussi se défaire de ses parts majoritaires dans Condotte d'Acqua, la société de distribution des eaux de Rome, et de ses parts de contrôle dans Ceramica Possi, société de produits chimiques et de porcelaine qui perdait de l'argent. Le Requin sourit, tomba d'accord sur un prix et avala les deux grosses sociétés.

Qui précisément avait conçu toute cette opération ? Qui a empoché une superbe commission auprès de Sindona ainsi que les éloges du pape Paul VI et du cardinal Guerri ? La réponse apporte une preuve lourde de la mesure exacte dans laquelle P2 a noyauté le Vatican mais aussi de la manière dont les intérêts de P2, de la Mafia et du Vatican sont souvent identiques. Le second de Licio Gelli, Umberto Ortolani, était responsable de l'organisation de cette énorme transaction. Il ne restait à Sindona qu'à régler l'addition.

On achète facilement ces gros paquets d'actions si l'on se sert de l'argent des autres. Son premier règlement se fit en totalité avec de l'argent illégalement détourné des dépôts de la Banca Privata Finanziaria. La dernière semaine de mai 1969, Sindona transféra 5 millions de dollars dans une petite banque de Zurich, Privat Kredit Bank qui reçut l'ordre de renvoyer l'argent à la B.P.F. sur le compte de Mabusi Beteiligung. Mabusi était domicilié dans une boîte postale de Vaduz, capitale du Liechtenstein, et était placé sous le contrôle de Sindona. De là, les fonds furent à nouveau transférés vers une autre société contrôlée par Sindona, Mabusi Italiana. Enfin, depuis cette dernière, les 5 millions de dollars furent payés au Vatican. On trouva encore de l'argent pour payer ces immenses acquisitions grâce à l'intervention dans l'affaire de Hambros et du géant américain Gulf Western.

Manifestement, Sindona possédait un très grand sens de l'humour. L'une des sociétés du groupe Gulf Western s'appelait Paramount. Un des films de la firme qui avait connu le plus de succès à l'époque était l'adaptation du livre de Mario Puzo, *le Parrain.* Ainsi, un film qui jetait un regard amoral et prestigieux sur le monde de la Mafia produisait-il d'énormes bénéfices, dont une partie allait soutenir Michele Sindona, conseiller financier des familles de la Mafia, les Bambino et les Inzerillo. A leur tour, elles faisaient transiter les millions du profit tiré en grande partie des ventes d'héroïne, par les banques de Sindona. La boucle était bouclée. La Vie intimait l'Art.

Au début des années 1970 les fuites massives et illicites de capitaux hors d'Italie commençaient à exercer un effet sérieux sur l'économie. Sindona et Marcinkus faisaient peut-être de gros bénéfices en facilitant la sortie de cet argent mais les conséquences sur la lire se révélaient catastrophiques. Le chômage montait. Le coût de la vie augmentait. Indifférents, Sindona et ses associés continuaient de jouer sur les marchés. En faisant monter artificiellement le prix des actions jusqu'à un niveau bien trop élevé, les banques de Sindona dépensaient par millions de dollars l'argent d'autrui.

A cette époque, Sindona et son ami Robert Calvi de la Banco Ambrosiano se vantaient ouvertement de contrôler la Bourse des valeurs de Milan. Et ils exploitaient ce contrôle illégalement encore et encore : les actions montaient et descendaient telles des yo-yo ; on jouait avec les sociétés pour la distraction et les bénéfices financiers de Sindona et ses associés. La manipulation d'une société sous contrôle du Vatican, Pachetti, donne un exemple des activités quotidiennes de ces hommes.

Pachetti commença dans la vie comme une petite société insignifiante de tannage. Sindona en fit l'acquisition en 1969 et décida de la transformer en conglomérat. Il prit pour modèle la Gulf and Western, géant américain possédant une grande diversité d'intérêts allant des studios Paramount à des compagnies d'aviation en passant par des maisons d'édition. Les acquisitions de Sindona pour Pachetti restèrent plus modeste. En fait, la société se transforma en une poubelle commerciale récupérant des intérêts dans des aciéries qui perdaient de l'argent et des maisons de nettoyage périclitantes. Il y avait pourtant un diamant : il avait acquis auprès de l'évêque Marcinkus une option sur l'achat de la Banca Cattolica del Veneto. Il n'y a aucun doute que le fait que Massimo Spada, directeur général de la banque du Vatican, était aussi président de Pachetti aida Marcinkus à oublier les réclamations antérieures du clergé vénète et du patriarche Luciani.

Roberto Calvi, qui participait à ces négociations, accepta d'acheter à une date précise une société de Sindona nommée Zitropo. Le scénario était désormais prêt pour que démarre la manipulation illicite de la Bourse de Milan.

La valeur comptable des actions Pachetti se situait autour de 250 lires chacune. Sindona donna l'ordre au département boursier de la Banca Unione d'acheter des actions Pachetti. Utilisant des prête-noms les actions furent ensuite stockées illégalement dans des sociétés appartenant à Sindona. Le cours des actions commença à monter de façon spectaculaire sur le marché. En mars 1972, le jour où Calvi devait acheter Zitropo arriva. Simultanément, toutes les sociétés qui avaient conservé les titres Pachetti les déversèrent dans Zitropo. En conséquence, la valeur de Zitropo monta artificiellement. Calvi paya un prix astronomique par rapport à la valeur réelle de la société. Après avoir financé toute l'opération à l'aide de garanties fictives, Sindona réalisa un énorme profit illégal. On peut se faire une idée de la taille approximative du profit sur cette seule opération à partir du fait qu'en 1978 le liquidateur nommé par le gouvernement, Giorgio Ambrosoli, découvrit la preuve irrécusable que Sindona avait payé une commission de 6,5 millions de dollars à Calvi et que ce dernier avait partagé ce règlement illégal moitié-moitié avec l'évêque Paul Marcinkus.

Pourquoi Calvi acceptait-il de payer si cher l'achat de Zitropo ? Il y a trois raisons à cela. D'abord, il employa de l'argent qui appartenait à autrui pour procéder à cet achat. Ensuite, il y gagna 3,25 millions de dollars personnellement. Enfin, lors de la conclusion de l'affaire Pachetti il acquit une option pour l'achat de la Banca Cattolica del Veneto. Sindona avait lui-même acquis cette option auparavant. Le fait que personne n'avait consulté Albino Luciani, alors patriarche de Venise, ni les membres de son diocèse qui avaient confié la gestion de leurs actions à la banque du Vatican, était considéré comme tout à fait hors de propos par l'évêque Marcinkus.

Sindona et Calvi devinrent très experts dans ce genre de vol. Jamais dans l'histoire de la banque on ne paya autant pour si peu. En 1972, Calvi empocha encore 5 millions de dollars versés par Sindona quand les actions de Bastogi changèrent de mains, et un supplément de 540 millions de francs suisses quand Sindona lui vendit 7200 parts de Finabank. Chaque fois, Sindona paya la ristourne à Calvi à travers son compte MANI à la Finabank. Ces sommes énormes étaient payées dans les comptes secrets de Calvi en Suisse, ouverts conjointement avec sa femme. A l'Union de Banques Suisses et à la Credit Bank de Zurich, les Calvi avaient quatre comptes secrets : le compte numéroté 618934, le compte numéroté 619112, le compte numéroté Ralrov/G21, et le compte numéroté Ehrenkranz. Le moins que Sindona personnellement gagnait sur chaque affaire équivalait à la somme qu'il reversait à Calvi.

Roberto Calvi avait un appétit de plus en plus insatiable pour ce délit particulier et il le perpétrait parfois en solo. Ainsi, il obligea une de ses propres banques à acheter un gros paquet d'actions de Toro Assicurazioni en 1976, pour 25 milliards de lires de plus que ce qu'elles valaient. Ces 25 milliards terminèrent dans l'un des comptes suisses cités plus haut. Tout comme une autre somme de 20 milliards de lires après que Calvi eut joué ce jeu avec plus d'un million de parts de Centrale. Ces montants énormes n'étaient pas que des chiffres sur un bilan. L'argent sortait physiquement des poches d'une grande diversité d'actionnaires pour tomber directement dans celles de Calvi et de Sindona. Il reste encore à établir quelle utilisation l'évêque Marcinkus fit de sa ristourne de 3,25 millions de dollars pour l'escroquerie Pachetti.

Les actions de la Banca Cattolica furent aussi soumises à ce traitement. Sindona savait que Calvi négociait avec Marcinkus pour acquérir le contrôle de la banque, d'où le trafic d'actions. A la fin de la partie tout le monde se retrouva démesurément plus riche, hormis le diocèse de Veneto.

C'est Sindona qui présenta Calvi à Marcinkus en 1971. Ainsi, l'évêque Marcinkus, cet homme qui de son propre aveu « ignorait tout de la banque », avait deux excellents instructeurs. Entre-temps, Marcinkus avait été promu par le pape Paul et était devenu Président de la banque du Vatican.

Les divers secteurs du Vatican continuaient de se débarrasser d'une grande variété de sociétés au profit de Sindona puis de Calvi. En 1970, par exemple, ils finirent par vendre Serono, laboratoire pharmaceutique qui faisait un bon chiffre d'affaires avec un de ses produits : une pilule contraceptive.

Une autre source de profit pour Finabank, qui appartenait conjointement au Vatican et à Sindona, exerçait aussi une action sur le mauvais état de l'économie italienne ; je veux parler de la double facturation. Comme le fit remarquer Bordoni : « C'était moins succulent que les ristournes gagnées dans l'exportation illicite d'argent noir mais les chiffres n'étaient pas du tout négligeables. »

On facturait les exportations pour une valeur bien inférieure à la réalité. Ainsi, la facture falsifiée était réglée officiellement à travers la Banque d'Italie qui, bien entendu, transmettait l'information au Fisc. L'exportateur était ensuite imposé sur ce chiffre réduit.

Le solde était réglé directement à Finabank par celui qui recevait les marchandises à l'étranger. Bien souvent les exportateurs italiens présentaient en fait une perte que l'administration italienne convertissait en crédit d'impôt.

Un grand nombre des sociétés d'export possédées par Sindona montrait ce genre de pertes. Pour que cette situation puisse durer, Sindona devait acheter divers hommes politiques au gouvernement et dans l'administration ; il prétendait aussi qu'en agissant ainsi le gouvernement contribuait à maintenir l'emploi.

Pour les importations, on procédait à l'inverse, mais tout aussi illégalement. Dans ce cas la facture portait un montant bien plus élevé que la valeur réelle des biens. Quand ceux-ci passaient la douane, la société acheteuse réglait ce montant trop élevé au fournisseur étranger. Ce dernier, à son tour, reversait l'excédent sur un compte à numéro de la Finabank ou parfois de l'une des autres banques suisses.

L'Eglise pauvre pour les pauvres du pape Paul devenait au contraire de plus en plus riche. Le désengagement du Vatican hors de l'économie italienne se soldait par le fait que des hommes comme Sindona et Calvi volaient le monde pour payer Saint Pierre et le pape Paul.

Finabank appartenait au gigantesque réseau de blanchissage pour l'argent criminel de la Mafia et de P2. Le Vatican, qui détenait encore 5 pour cent de la Società Generale Immobiliare, conservait une part de cette blanchisserie. Bientôt, avec l'utilisation par la Mafia de la banque du Vatican pour faire entrer et sortir de l'argent d'Italie, le Vatican finit par posséder cette blanchisserie dans sa totalité. Nous avons déjà exposé comment Sindona et son état-major se servaient des comptes de la banque du Vatican à la B.P.F. C'était une des méthodes employées pour sortir l'argent sale du pays et le blanchir à la Finabank, mais l'opération se déroulait dans les deux sens. L'argent sale de la Mafia qui travaillait au Mexique, au Canada et aux Etats-Unis était également blanchi en entrant en Italie. L'opération se déroulait très simplement. Pour citer une fois encore Carlo Bordoni :

> « Ces sociétés au Canada et au Mexique servaient à amener aux Etats-Unis par les frontières canadiennes et mexicaines les dollars de la Mafia, des Francs-Maçons et de nombreuses opérations illicites et criminelles ; l'argent arrivait dans des valises et on l'investissait ensuite dans des bons d'Etat américains qu'on envoyait à Finabank. Propres et faciles à négocier. »

Manifestement, la Mafia américaine ne connaissait pas de problème avec les frontières. Son argent était converti directement en bons d'Etat par Ediltecno, de Washington ; ensuite ces titres se dirigeaient vers Finabank. Si la Mafia souhaitait faire entrer une partie de cet argent propre en Italie, elle utilisait le canal de la banque du Vatican.

Au début des années 1970, Sindona prôna à Bordoni ses propres vertus : « Ma philosophie de l'action se fonde sur ma personnalité qui est unique au monde, sur des mensonges bien dits et sur l'arme efficace du chantage. »

Une partie de la technique du chantage consistait à soudoyer. Pour Sindona, soudoyer quelqu'un représentait « un simple investissement. Cela vous confère une prise sur l'individu soudoyé ». C'est ainsi qu'il « finançait » officieusement le parti politique italien au pouvoir, les chrétiens-démocrates : 2 milliards de lires pour assurer la promotion de Mario Barone, candidat du parti, à la direction générale de la Banco di Roma ; 11 milliards de lires pour financer la campagne du même parti contre le référendum sur le divorce. Il s'arrangeait pour que les chrétiens-démocrates « gagnent » des milliards de dollars. Il ouvrit un compte pour le parti dirigeant italien à la Finabank, le compte nº SIDC. Au début des années 1970, environ 750 000 dollars transitèrent par ce compte. Héros de la lutte anticommuniste, ainsi qu'il se proclamait lui-même, Sindona n'était pourtant pas un homme à mettre tous ses œufs dans le même panier. Il ouvrit un autre compte à la Finabank pour le Parti communiste italien. Il y versa aussi 750 000 dollars par mois, argent qui appartenait à d'autres. Compte nº SICO.

Il spéculait contre la lire, le dollar, le mark allemand et le franc suisse. Pour ce qui concerne sa spéculation massive contre la lire (une opération de 650 millions de dollars entièrement montée artificiellement par Sindona), il fit part au président du Conseil italien Andreotti qu'il avait appris l'existence d'une sérieuse spéculation contre la lire et, afin d'en apprendre plus sur la taille et l'origine de l'opération il avait demandé à Bordoni, grâce à Moneyrex, d'y participer de manière « symbolique ». Après avoir recueilli d'énormes profits en attaquant la lire, il fut salué par Andreotti comme le « Sauveur de la Lire ». C'est au cours de cette période qu'il reçut une citation présentée par l'ambassadeur des Etats-Unis à Rome, qui lui décerna le titre d' « Homme de l'Année 1973 ».

Un an plus tôt, au cours d'une réception donnée à l'occasion de son achat du *Daily American* de Rome, Sindona avait annoncé son intention d'élargir ses intérêts et d'investir encore cent millions de dollars aux Etats-Unis. Parmi ceux qui écoutaient son discours se tenait son bon ami l'évêque Paul Marcinkus. En réalité, en achetant le *Daily American*, Sindona élargissait déjà ses intérêts américains. Le journal était soutenu par la C.I.A. Le Congrès faisait pression sur la C.I.A. pour qu'elle explique exactement ce qu'elle avait fait des millions qu'on lui avait alloués. Comme le pape Paul, les Renseignements américains jugeaient le moment propice pour se débarrasser de quelques investissements gênants. Sindona affirma avoir acheté le journal à la demande spécifique de l'ambassadeur Martin qui craignait qu'il ne « tombe entre les mains de la gauche ». Dans un langage décidément bien peu diplomatique, Martin nia cela et qualifia Sindona de « menteur ».

Quoi qu'il en soit, il ne fait aucun doute que le journal était auparavant financé par la C.I.A. Il est également avéré que ce n'était pas la première faveur que Sindona accordait à la Compagnie. En 1970, la C.I.A. lui avait demandé d'acheter une émission de 2 millions de titres de la Banque Nationale de Yougoslavie. Sindona rendit ce service. La Compagnie plaça les titres en Yougoslavie dans ce qu'on considérait comme des « mains amicales ». Sindona versa aussi de l'argent pour le compte de la C.I.A. à des groupes de droite en Grèce et en Italie.

Après avoir essuyé un échec dans sa tentative de prise de contrôle de Bastogi, la grosse société holding installée à Milan, du fait de l'Establishment italien motivé en partie par la crainte d'un Sindona toujours plus puissant et, en partie, par son mépris envers ce Sicilien, le Requin tourna son attention vers les Etats-Unis où il possédait plus de banques que bien des gens n'ont de chemises. Il en acheta encore une, la Franklin National Bank de New York.

La Franklin se classait au 20e rang des banques du pays. Sindona paya 40 millions de dollars pour un million d'actions, ce qui représentait une participation de 21,6 pour cent. Il paya 40 dollars l'action à une époque où elle valait 32 dollars. Plus important, cette fois il avait acheté une banque très malade. Elle vacillait au bord de la faillite. Le fait qu'il ait utilisé 40 millions de dollars appartenant à autrui mais déposés dans ses banques italiennes, sans référence aux propriétaires, ne doit pas nous cacher que, pour une fois, quelques personnes à New York virent venir l'enfant de Patti.

On peut évaluer la véritable mégalomanie de Sindona au fait que, s'étant rendu compte de ce qu'il avait acquis, il s'en moqua. Pour lui les banques chancelantes constituaient le pain quotidien du moment que l'on continuait de faire valser sur le papier d'énormes dépôts — tant qu'il restait un télex pour transférer A vers B puis vers C et enfin retourner le tout en A.

Vingt-quatre heures après son achat et avant même qu'il ait eu l'occasion de pénétrer dans la salle du conseil, la banque annonça ses chiffres pour le second trimestre 1972. Ils indiquaient une baisse de 28 pour cent par rapport à la même période de 1971. Sindona le Requin, le sauveur de la lire et l'homme que Marcinkus considérait « bien au-delà de son époque pour ce qui concerne les affaires bancaires » prit la nouvelle à sa manière, typique. « J'ai des relations importantes dans tous les grands centres financiers. Ceux qui font des affaires avec Michele Sindona feront des affaires avec Franklin National. » Pendant ce temps, les anciens propriétaires riaient tranquillement en changeant de banque.

En ce qui concerne ses « importantes relations » personne ne pourra nier la vérité de cette assertion. Elles allaient depuis les familles de la Mafia, les Gambino et les Inzerillo en Sicile et à New York, jusqu'au pape Paul VI, en passant par les cardinaux Guerri et Caprio et l'évêque Marcinkus au Vatican. Elles couvraient le spectre de la vie politique, depuis Andreotti et Fanfani en Italie jusqu'au président Nixon et à David Kennedy à la Maison-Blanche. Elles comprenaient d'étroites relations bancaires avec certaines des plus puissantes institutions du monde : Hambros de Londres, Continental de Chicago, Rothschild de Paris. A travers la Loge P2 de Gelli il avait forgé des liens étroits avec les dirigeants d'Argentine, du Paraguay, d'Uruguay, du Venezuela et du Nicaragua. Il confia à un avocat romain à propos du dictateur Somoza :

> « Je préfère traiter avec des hommes comme Somoza. Faire des affaires avec la dictature d'un seul est bien plus facile que de faire des affaires avec des gouvernements démocratiquement élus. Ils ont trop de commissions, trop de contrôles. Ils aspirent aussi à la sincérité, ce qui est mauvais dans les affaires bancaires. »

Voici une illustration parfaite de la philosophie de P2 telle qu'elle fut donnée à ses membres par son fondateur Licio Gelli : « Les portes de n'importe quelle banque s'ouvrent en grand à Droite. » Tandis que Sindona faisait des affaires avec Somoza et cherchait un équivalent aux Etats-Unis, Gelli ne restait pas oisif en Argentine. Sentant le désenchantement de la nation vis-à-vis de la junte au pouvoir, il se mit à préparer en secret le retour du général Peron d'exil. En 1971, il convainquit le président en exercice Lanusse que la seule façon pour l'Argentine de retrouver la stabilité politique passait par le retour de Peron. Ce dernier revint triomphalement. Un de ses premiers gestes consista à s'agenouiller en signe de gratitude aux pieds de Licio Gelli, scène à laquelle assista, entre autres, le président du Conseil italien Andreotti. En septembre 1973, Peron devenait président d'Argentine.

Tandis que Gelli s'affairait à créer un président, Sindona, après avoir examiné l'arène politique aux Etats-Unis, se concentrait sur l'homme qui, à son avis, s'approchait le plus des idéaux politiques de Somoza et de Peron, Richard Milhouse Nixon.

Afin de renforcer ses bonnes relations, Sindona organisa une rencontre avec Maurice Stans, patron du financement de la campagne présidentielle de Nixon en 1972. Il apporta à cette réunion une grosse valise qui contenait un million de dollars en espèces. Sindona l'offrit à Stans pour la campagne, afin de « montrer sa confiance en l'Amérique ». Cette confiance demeurait manifestement limitée car il insista pour que le don pour aider Nixon à accéder à la Maison Blanche restât secret. Selon des déclarations ultérieures, Stans déclina l'offre parce que, d'après une nouvelle loi fédérale, les dons électoraux anonymes n'étaient plus autorisés.

A peu près à l'époque où l'évêque Marcinkus vantait les brillantes capacités bancaires du Requin aux procureurs qui enquêtaient sur l'opération d'un milliard de dollars de titres falsifiés, il rédigeait un chèque de 307 000 dollars. C'était la somme que Sindona avait coûtée au Vatican après les manœuvres illégales sur la Bourse américaine des valeurs concernant les actions d'une société du nom de Vetco Industries. En violation des règlements de la S.E.C. (Commission de Contrôle de la Bourse) un agent de change de Los Angeles avait acquis au profit de Sindona et de Marcinkus environ 27 pour cent de Vetco. Le Vatican paya l'amende puis vendit les actions avec un bénéfice.

Au milieu de l'année 1973 le trou dans les banques de Sindona avait atteint des proportions gigantesques. C'est une chose que de déplacer d'énormes sommes d'argent sur le papier d'une banque à l'autre, en contravention à toutes sortes de lois et en commettant d'innombrables infractions (du moment que les pots-de-vin sont payés entre les bonnes mains, c'est un jeu qui n'en finira jamais). Les problèmes commencent quand vous siphonnez d'énormes capitaux vers des tiers. Un trou commence à apparaître. On le remplit en déclarant des profits truqués ou inexistants, mais cela reste sur le papier. Pendant ce temps la monnaie réelle continue de disparaître en faveur des tiers. Le trou s'agrandit et les profits truqués ou inexistants destinés à le remplir doivent croître en proportion. Sindona déversait l'argent d'autrui dans un certain nombre de directions. P 2, les Chrétiens Démocrates, le Vatican, les juntes d'extrême droite en Amérique du Sud, voilà quelques-uns des grands bénéficiaires. Bien des membres de son état-major se constituaient aussi une fortune personnelle.

Comme il convient, le Requin s'asseyait à son bureau pour pratiquer l'art japonais de l'origami. La suite directoriale dans ses bureaux de la 6e Avenue à New York était jonchée d'innombrables exemples de son savoir-faire dans le domaine des cocottes en papier, — exactement comme tant de ses sociétés, petites boîtes vides empilées les unes sur les autres. Le Requin était embarqué dans un formidable tour de passe-passe intercontinental : fusionner cette société avec telle maison financière, transférer ces actions pour telle autre société. Fusion. Partage. Re-fusion.

« Il Crack Sindona », c'est ainsi que s'exprimaient les Italiens. Quand il eut lieu, l'effondrement du monument érigé par Sindona à la cupidité et à la corruption en impressionna plus d'un. Il discourait en grand seigneur sur son ignorance de sa fortune personnelle mais acceptait qu'elle se situe aux alentours du demi-milliard de dollars. Sindona fut un tout petit peu bouleversé. La réalité sonnait assez différemment ; mais il faut reconnaître que le sens des réalités n'avait jamais fait partie des qualités du Requin. Ses propres illusions se nourrissaient de celles des autres, ainsi que le montre l'allure météorique de sa carrière :

Septembre 1973 : au Waldorf Astoria, à New York, le président du Conseil italien Giulio Andreotti se lève durant un déjeuner et, dans un panégyrique du Requin, le salue comme le « Sauveur de la lire ».

Janvier 1974 : au Grand Hôtel, à Rome. L'ambassadeur des Etats-Unis John Volpe décerne au Requin la citation « Homme de l'Année ».

Mars 1974 : Le Requin annonce au conseil de la Società Generale Immobiliare que le bilan est le meilleur de l'histoire de la société.

Mars 1974 : Les cours de la Bourse de Milan s'envolent tout comme le cours du dollar à 825 lires. Si Sindona liquidait à ce moment ses énormes opérations sur devises il en sortirait avec un bénéfice d'au moins 100 milliards de lires. Anna Bonomi, rival du monde financier de Milan, fait une offre excellente pour les participations de Sindona dans l'Immobiliare. Sindona refuse de vendre.

Avril 1974 : La bourse commence à descendre et le taux de change tombe de façon spectaculaire. C'est le début de « Il Crack Sindona. » La Franklin Bank à New York annonce un revenu d'exploitation net pour le premier trimestre de 2 cents par action à comparer aux 68 cents par action l'année précédente. Et même ce chiffre est faux. En réalité la banque a subi une perte de 40 millions de dollars.

Mai 1974 : Franklin n'a plus la possibilité de poursuivre sa spéculation massive sur les devises. La National Westminster de Londres refuse d'accepter le volume des compensations en sterling de Franklin à travers ses livres. La semaine précédente elles se montaient à 50 millions de Livres Sterling par jour en moyenne. Franklin annonce alors qu'il ne sera pas versé de dividende trimestriel ; c'est la première fois depuis la Dépression qu'une grande banque américaine est obligée de ne rien verser à ses actionnaires.

Juillet 1974 : Les trous apparaissent au grand jour en Italie et aux Etats-Unis. Dans une tentative pour remplir le trou financier italien, le Requin fusionne la Banca Unione et la Banca Privata Finanziaria. Il appelle la nouvelle création Banca Privata. Au lieu de deux banques moyennes malades à Milan, il en a maintenant une seule, très grande et malade, dans le centre financier de la péninsule. Au lieu de deux gros trous, un trou gigantesque apparaît : il manque 200 milliards de lires.

Août 1974 : Pour l'Establishment italien, c'est le moment de serrer les coudes. La Banco di Roma, qui avait pris une large part de l'empire de Sindona en garantie secondaire, injecte 128 millions de dollars dans la Banca Privata pour essayer de boucher le trou. Aux Etats-Unis, le gouvernement, craignant que l'effondrement de Franklin ne déclenche celui du capitalisme, ouvre un accès illimité aux fonds fédéraux. Plus de deux milliards de dollars passent des réserves dans les coffres de Franklin.

Septembre 1974 : la Banca Privata entre en liquidation obligatoire. Les pertes estimées dépassent 300 millions de dollars. Cela inclut 27 millions de dollars d'argent du Vatican, sans compter sa participation au capital de la banque.

3 octobre : Licio Gelli rembourse une petite partie de l'énorme investissement que Sindona a effectué dans P2. Avec l'aimable concours de membres de P2 installés dans le système judiciaire et policier, il apprend que Sindona sera arrêté le lendemain. Gelli passe le tuyau à Sindona.

4 octobre : Un mandat d'arrêt est émis au nom de Michele

Sindona. Celui-ci s'enfuit du pays. Toujours prévoyant, il a changé de nationalité. Il est désormais citoyen suisse. Le gamin de Sicile s'envole vers sa nouvelle patrie, à Genève.

8 octobre : débâcle de la Franklin Bank. Pertes pour la Federal Deposit Insurance Corporation (organisme d'assurance fédéral pour les banques) : 2 milliards de dollars. C'est le plus gros krach bancaire de l'histoire américaine.

Octobre 1974/janvier 1975 : en Europe, on ressent le contrecoup de l'effondrement de banques qui sont soit contrôlées soit liées à Sindona : Bankhaus Wolff A.G. de Hambourg, Bankhaus I.K. Herstatt de Cologne, Amincor Bank de Zurich et Finabank de Genève. En ce qui concerne Finabank, on estime de source bancaire helvétique que les pertes du Vatican s'élèvent à 240 millions de dollars. Les pertes de Finabank rien que dans les opérations sur les devises se montent au moins à 82 millions de dollars.

Les autorités italiennes, ou plutôt cette partie des autorités italiennes non contrôlée par P2, s'agitaient énormément à ce stade. Après avoir refait finalement surface aux Etats-Unis, Sindona manifestait un manque d'empressement marqué à retourner en Italie. A partir d'octobre 1974, une longue bataille commença pour son extradition. Elle était destinée à exercer une influence directe sur le destin de l'homme qui, à cette époque, se préoccupait de trouver de l'argent, à Venise, pour venir en aide à un autre groupe de gens mentalement handicapés. On aurait du mal à trouver un contraste plus fort entre deux hommes que ces valeurs séparant Albino Luciani du Requin.

Quoique la présence de Sindona fût instamment demandée en Italie il était très certainement devenu *persona non grata* à l'intérieur du Vatican. A chaque nouvelle information sur le Krach que le secrétaire d'Etat cardinal Villot apportait au pape Paul, Sa Sainteté s'affligeait encore un peu plus. On a prétendu que le pape Paul aspirait à devenir le premier pape pauvre des temps modernes. Il n'en est absolument rien. Le désinvestissement de la majorité des sociétés italiennes du Vatican n'avait qu'un seul objectif : davantage de profits. Poussé par le désir d'éviter les impôts italiens sur les bénéfices des actions et pour être moins présent en Italie, Vatican Entreprise fut séduit par Sindona et son clan qui offraient la perspective d'une richesse accrue grâce aux investissements opérés aux Etats-Unis, en Suisse, en Allemagne et dans d'autres pays.

L'histoire que le Vatican voudrait faire croire aujourd'hui consiste à faire porter au seul pape Paul la responsabilité de l'engagement continu et profond du Vatican aux côtés de Michele Sindona sur plus d'une décennie. Voilà encore une tromperie du Vatican. Il est significatif que ce mensonge particulier n'a jamais atteint la surface pendant la vie du pape Paul. Persuadé par son secrétaire, monseigneur Pasquale Macchi, par ses conseillers les cardinaux Guerri et Benedetto Argentieri de l'Administration Spéciale, et par son secrétaire d'Etat le cardinal Villot, que Sindona était la réponse aux prières du Vatican, le pape a sans aucun doute ouvert les portes de bronze au Requin et l'a invité à entrer. Une fois à l'intérieur, ce dernier ne voulait pas de compagnie. De fait, si les conseillers du pape avaient exercé une prudence élémentaire, cela aurait risqué d'alerter le souverain pontife. L'examen serré des événements que nous venons de raconter conduit à la conclusion inexorable que bien des gens à l'intérieur des murs de la Cité du Vatican étaient disposés, désireux et impatients de participer aux activités criminelles et illégales de Michele Sindona. Macchi, Argentieri, Guerri et Villot étaient-ils tous des hommes honorables ? Marcinkus, Mennini et Spada de la banque du Vatican étaient-ils tous des hommes honorables ? Sa Sainteté le pape Paul VI était-il un homme honorable ?

L'évêque Marcinkus fut obligé de supporter l'indignité de plusieurs séances d'interrogatoire intensif mené par les autorités italiennes à propos de ses relations personnelles et d'affaires avec Sindona. Marcinkus, qui siégeait comme directeur dans le paradis fiscal de Nassau aux Bahamas, sur l'ordre de Sindona et de Roberto Calvi, Marcinkus, l'ami intime de Sindona, qui avait déclaré en 1973, lors d'un autre interrogatoire en profondeur, aux procureurs du gouvernement des Etats-Unis :

> « Michele et moi sommes de très bons amis. Nous nous connaissons depuis plusieurs années. Mes relations financières ont cependant été très limitées. Vous savez, il est un des plus riches industriels d'Italie. Il est largement en avance sur son temps en ce qui concerne les questions financières.

Moins de deux ans plus tard, l'honorable évêque Marcinkus était interrogé par le magazine italien *l'Espresso* sur ses rapports avec Sindona. Le matin du 20 février 1975, l'évêque déclarait : « En vérité, je ne connais même pas Sindona. Comment pourrais-je avoir perdu de l'argent à cause de lui ? Le Vatican n'a pas perdu un centime, le reste est pure fantaisie. »

Pour un Président de banque, l'évêque Marcinkus manifestait constamment une mémoire dangereusement défaillante. Il avait déclaré aux procureurs américains en 1973 : « Mes relations financières avec Michele Sindona sont restées très limitées. » Au contraire, ses relations financières avec le banquier de la mafia furent vastes et continues depuis la fin des années 1960 jusque peu de temps avant le « Crack Sindona » en 1975. Moins de deux ans avant cet interrogatoire par les procureurs américains et les agents du FBI, Sindona avait joué un rôle crucial dans la vente par Marcinkus de Banca Cattolica à Roberto Calvi pour 46,5 millions de dollars, affaire qui eut pour résultat le paiement d'une commission illicite de 6,5 millions de dollars à Calvi et à Marcinkus. Il ne s'agissait pas là, tout comme pour les autres pertes ultérieures infligées au Vatican par Sindona, de « fantaisies ».

Le Dr Luigi Mennini, inspecteur secrétaire de la banque du Vatican, fut arrêté à la suite de la banqueroute de Sindona et on lui retira son passeport. Mennini, qui travaillait directement en dessous de Marcinkus, nia tout et affirma tout ignorer. Il est bien possible que l'un de ses fils, Alessandro, qui occupait une fonction de direction dans le service étranger de la Banco Ambrosiano, centre nerveux de la plus grande partie de la spéculation sur les devises, aurait été tout autant désorienté si on l'avait interrogé sur les activités criminelles tant de Sindona que de Calvi.

Avant le « krack Sindona », Mennini spéculait, au nom de la banque du Vatican, sur les devises étrangères en même temps que le collègue de Sindona, Carlo Bordoni. Avec les années, ce dernier le connaissait bien.

> « Malgré le fait qu'il agisse comme un prélat, c'était un joueur endurci. Il me tourmentait dans tous les sens du terme parce qu'il voulait gagner de l'argent en quantités toujours plus grandes. Il spéculait sur Finabank, sur les actions, sur les matières premières. Je me rappelle qu'un jour il me donna une courte lettre de Paul VI qui m'accordait sa bénédiction pour mon travail de consultant auprès du Saint-Siège. Mennini était virtuellement l'esclave du chantage de Sindona. Sindona l'avait souvent menacé de rendre publiques des informations concernant les opérations illicites que Mennini menait avec Finabank. »

Massino Spada, secrétaire administratif à la banque du Vatican, lui aussi sous les ordres directs de l'évêque Marcinkus, continua de représenter un large échantillon d'intérêts du Vatican bien qu'ayant pris officiellement sa retraite de la banque en 1964. Tout comme Mennini, Spada ouvrit sa porte un matin à l'aube pour trouver la police financière italienne munie de mandats de perquisition. Le tribunal ordonna la mise sous séquestre de ses comptes en banque personnels, on lui retira son passeport. Trois informations judiciaires furent ouvertes simultanément contre lui, chacune impliquant de son côté une longue liste de violations de la loi sur les banques et de faillites frauduleuses.

Spada qui, d'après les déclarations sous serment de Bordoni était une victime de plus du chantage de Sindona, qui connaissait complètement toutes les opérations illégales de Sindona, exprima la position classique de la banque du Vatican en réponse à des questions de *l'Espresso* en février 1975. « Qui aurait pensé que Sindona était fou ? » demandait Spada. Cet homme, directeur de trois des banques de Sindona, fonctions pour lesquelles il était très bien payé, poursuivait : « En 45 ans, je ne me suis jamais trouvé dans une situation de cette sorte. J'ai connu les périodes les plus difficiles mais je n'ai jamais rien vu de pareil. Des fous furieux qui se mettent à acheter des devises européennes par milliards de dollars. Toutes les pertes proviennent de là. Qui aurait su que tous les jours, M. Bordoni vendait pour 50 ou 100 millions de dollars pour acheter des francs suisses ou des florins hollandais ? Que connaît un directoire des opérations démentes qui ont eu lieu entre janvier et juin 1974 ? »

A l'époque où Spada faisait ces déclarations, on le considérait à l'âge de 70 ans comme un homme d'affaires tellement brillant qu'il appartenait encore au directoire de 35 sociétés.

Et ainsi de suite. Personne à Vatican Entreprise ne connaissait Sindona ni quoi que ce soit de ses activités criminelles. Pleins de confiance, les Hommes de Dieu avaient été « dupés » par le Démon.

Est-il possible qu'ils aient tous été des personnes honorables trahies par Michele Sindona ? Est-il possible que des représentants du Vatican comme Mennini et Spada aient pu siéger au conseil des banques de Sindona tout en restant dans l'ignorance des crimes commis par Sindona et Bordoni ? Massimo Spada vendit la mèche au cours de son interview par *l'Espresso*. On lui demandait s'il n'y avait vraiment que Sindona et Bordoni qui fussent coupables de spéculation sur les devises

> « Vous plaisantez sans doute. C'est devenu une habitude pour les banques d'utiliser des centaines et des centaines de milliards pour les opérations de change. Quand un courtier moyen sur le marché de Milan voit passer en moyenne une somme de 25 à 30 milliards de lires et une petite banque milanaise entre 10 et 12 milliards par jour en devises, on ne peut que conclure une chose : si le système bancaire italien dans son ensemble n'est pas parti en fumée, nous devons remercier la Providence, Dieu, saint Ambroise, saint Georges et, par-dessus tout saint Janvier. Je dirais qu'à cet égard on aurait dû envoyer un avertissement légal à toutes les banques italiennes selon lequel on allait enquêter sur elles. »

Donc, à en croire Spada, homme dont le nom était synonyme de Vatican Entreprise, homme né au sein de la dynastie d'affaires qu'est la famille Spada — son arrière-grand-père fut le banquier du prince Torlonia, son grand-père directeur de la Banque d'Italie, son père Luigi agent de change et lui-même au service de Vatican Entreprise depuis 1929 — à en croire cet homme aux états de service si illustres, toute l'industrie bancaire d'Italie était plongée jusqu'au cou dans une activité parfaitement illégale ; et pourtant il proclamait son ignorance sur ce qui se passait dans les banques où précisément il siégeait en tant que directeur.

Après le krach, les estimations quant aux pertes du Vatican furent nombreuses et diverses. Elles allaient de l'estimation des banques suisses précédemment citée, 240 millions de dollars, à l'affirmation de Vatican Entreprise : « Nous n'avons pas perdu un centime. » La vérité se trouve probablement aux environs de 50 millions de dollars. Quand la multinationale de l'autre rive du Tibre prétendait n'avoir pas perdu un centime, elle comptait sans aucun doute dans ses calculs les énormes bénéfices antérieurs réalisés grâce à l'association avec le Requin mais la réduction d'un profit global de 300 millions à 250 millions de dollars est une perte dans toutes les langues, y compris en latin.

Il faut ajouter à cette perte de 50 millions de dollars provoquée par Sindona 35 millions de dollars supplémentaires perdus par Vatican Entreprise dans la bizarre affaire de la Banco di Roma per la Svizzera de Lugano (Svirobank). La banque du Vatican détenait la majorité — 51 pour cent — des actions de cette banque suisse, dont le Président était le prince Giulio Pacelli, et le directeur général Luigi Mennini. Comme toutes les autres banques liées au Vatican, Svirobank spéculait avec l'argent noir qu'elle détenait pour le compte des exportateurs illégaux de lires et des sections de la fraternité criminelle d'Italie. On spéculait tous les jours sur l'or et les devises étrangères. En 1974, un trou fit son apparition. On jeta le blâme sur le fondé de pouvoir Mario Tronconi ce qui, étant donné le fait que la personne opérant matériellement les transactions s'appelait Franco Ambrosio, est bizarre.

A l'automne 1974, Mario Tronconi fut « suicidé » — on découvrit son corps sur la ligne de chemin de fer Lugano-Chiasso. Dans sa poche une lettre d'adieu adressée à son épouse. Avant sa mort, certainement pour le bien de sa tranquillité, Pacelli, Mennini et les autres dirigeants de Svirobank avaient obligé Tronconi à signer une confession dans laquelle il assumait toute la responsabilité pour le trou de 35 millions de dollars. Personne ne dénonça Ambrosio, l'homme qui avait réellement creusé ce trou. Et même, on confia à Ambrosio la tâche de récupérer les pertes. La vérité ne vit le jour que deux ans plus tard, quand Mario Barone, un des vice-présidents du conseil d'administration de la Banco di Roma (cette dernière détenait les 49 pour cent restants de Svirobank) fut arrêté et interrogé sur le krack Sindona. Manifestement, le métier de banquier en Italie comporte beaucoup de risques induits. Mario Tronconi n'était qu'un membre de cette fraternité d'hommes dont la mort serait maquillée en suicide. Dans les dix années qui suivraient, la liste prendrait des proportions inquiétantes. On allait appliquer la « Solution Italienne » à un nombre croissant de « problèmes ».

Tandis que Michele Sindona luttait pour ne pas être extradé de New York et qu'il complotait une revanche, Vatican Entreprise s'était déjà remis à spéculer grâce à son successeur, Roberto Calvi. On le connaissait dans les cercles d'affaires de Milan sous le sobriquet de « Il Cavaliere », Le Chevalier. Un curieux surnom pour l'homme qui jouissait des fonctions de trésorier de la Loge P2. Il datait de 1974, quand Giovanni Leone, alors président de la République, l'avait fait Cavaliere del Lavoro, pour les services rendus à l'économie. Calvi allait remplacer Sindona pour blanchir l'argent de la Mafia, lui qui pendant plus de dix ans n'emprunterait jamais un seul chemin honnête.

Roberto Calvi est né à Milan le 13 avril 1920 mais sa famille est originaire de Valtellina, longue vallée alpine proche de la frontière suisse, non loin du pays d'Albino Luciani. Ils étaient tous les deux de souche montagnarde. Après des études à la prestigieuse université Bocconi il combat pour Mussolini sur le front russe lors de la Seconde Guerre mondiale. Après la guerre il suit les traces de son père dans la banque. En 1947, il entre à la Banco Ambrosiano, à Milan. Tirant son nom de saint Ambroise, elle transpirait la religiosité. Comme la Banca Cattolica del Veneto, on la connaissait sous le nom de « Banque des Prêtres ». Avant de pouvoir y ouvrir un compte, il fallait présenter un certificat de baptême établissant qu'on était bien catholique. A la fin des réunions du conseil d'administration, on adressait des prières à Dieu pour le remercier des chiffres de l'année. Au début des années 1960 il y avait davantage de respect religieux à l'intérieur de la banque que dans bon nombre d'églises voisines. Le Chevalier au regard de glace nourrissait d'autres projets pour sa banque diocésaine assoupie qui comptait parmi sa clientèle le cardinal archevêque de Milan, Giovanni Montini. Quand Montini devint le pape Paul VI, en 1963, Calvi avait grimpé dans la hiérarchie de la banque jusqu'au poste de directeur adjoint. Au moment où le pape Paul décida de faire appel à Sindona pour soulager l'Eglise de ses participations italiennes trop importantes pour n'être pas embarrassantes, le Requin et le Chevalier étaient déjà bons amis. Ils manigançaient déjà la prise de contrôle de la Banco Ambrosiano pour la transformer en une espèce très spéciale d'institution bancaire internationale. En 1971, Calvi devint directeur général de la banque. A 51 ans il s'était élevé bien plus haut que l'humble employé de bureau qu'avait été son père. L'individu moyen se serait satisfait de jouir un moment de ses lauriers et de diriger les prières lors des réunions du conseil d'administration. La seule chose moyenne chez Roberto Calvi était sa taille. Ses capacités à rêver des combinaisons malhonnêtes pour blanchir l'argent de la Mafia, pour exporter des lires illégalement, pour échapper au fisc, pour dissimuler l'achat illicite d'actions de sa propre banque, pour trafiquer à la Bourse de Milan, pour soudoyer, corrompre, fausser le cours de la justice, organiser une fausse arrestation ici, un meurtre là — ses capacités pour faire tout cela et autre chose encore mettaient le Chevalier dans une catégorie de criminels tout à fait spéciale.

Calvi fut présenté à l'évêque Marcinkus par Michele Sindona en 1971 et rejoignit sur-le-champ le clan très choisi des « uomini di fiducia » du Vatican. Ces hommes de confiance représentaient une petite élite de laïcs qui travaillaient avec et pour Vatican Entreprise. Des hommes comme Sindona, Spada, Mennini et Bordoni ; des hommes choisis avec le plus grand soin.

La contribution de Calvi consista à répandre le cancer de la criminalité du Vatican à travers le monde. En 1963, il créa une société au Luxembourg qui s'appelait Compendium — ce nom se transforma par la suite en Banco Ambrosiano Holdings SA. Cette société-écran constituait la clé de voûte des machinations de Calvi. Des millions d'euro-dollars empruntés étaient destinés à passer par cette société holding du Luxembourg. Plus de 250 banques dans le monde entier seront abusées et prêteront de l'argent directement à cette petite société-écran. Les sommes dépassent 450 millions de dollars.

L'empire du Chevalier grandissait vite. Au début des années 1960 déjà, la Banco Ambrosiano avait acquis la Banca del Gottardo, à Lugano, en Suisse. Elle allait devenir le canal principal pour blanchir l'argent de la Mafia après la débâcle d'Amincor, à Zurich, qui appartenait à Sindona. D'autres participations étrangères allaient suivre.

Parmi elles, la Banco Ambrosiano Overseas Ltd, à Nassau. Cette branche installée au paradis fiscal des Bahamas fut fondée en 1971 et dès cette date figura à son conseil d'administration l'évêque Paul Marcinkus. Au départ, elle avait pour raison sociale Cisalpine Overseas Bank, afin de détourner toute enquête des fonctionnaires de la police financière italienne.

Les bénéfices qui entraient dans les coffres de la banque du Vatican croissaient en proportion du développement de l'empire de Calvi. Pour bien comprendre la plupart des circonvolutions très compliquées, et souvent délibérément telles, des opérations financières auxquelles Calvi se livra tout au long des années 1970, il faut se rendre compte d'un fait crucial : fondamentalement, la Banco Ambrosiano de Milan et la banque du Vatican étaient entrelacées. Bien des opérations décisives étaient menées en commun. La raison pour laquelle Calvi a pu enfreindre la loi à maintes et maintes reprises tenait à l'aide immédiate que lui apportait la banque du Vatican. Ainsi, quand le 19 novembre 1976, Calvi voulut acquérir 53,3 pour cent de la Banco Mercantile SA, de Florence, l'achat se fit au nom de la banque du Vatican. Les actions prirent leur chemin tortueux le 17 décembre 1976 vers l'agent de change milanais Giammei & Co qui agissait fréquemment au nom du Vatican. Après des écritures comptables adroites, les actions furent « déposées » le même jour à la banque du Vatican. Le fait que le Vatican ne disposait pas des fonds suffisants dans aucun compte précis pour régler l'achat de ces actions fut résolu par le crédit, le 17 décembre 1976, d'un compte nouvellement ouvert, N° 42801, d'une somme de 8 milliards de lires. L'été suivant, le 29 juin 1977, Giammei racheta les actions à la banque du Vatican par le canal du Credito Commerciale de Milan. Tandis que les actions suivaient ce chemin sinueux elles connaissaient, du moins sur le papier, une augmentation de prix spectaculaire. L'achat originel avait été conclu au prix de 14 000 lires l'action. Quand elles retournèrent chez Giammei elles « valaient » 26 000 lires l'unité. Le 30 juin 1977, elles étaient vendues par le Credito Commerciale à Immobiliare XX Settembre Sa que contrôlait Calvi. Sur le papier, la banque du Vatican avait fait un bénéfice de 7 724 378 100 lires pendant que le prix des actions se promenait. En réalité, Calvi avait payé 800 millions de lires à la banque du Vatican pour le privilège de se servir de son nom et de ses facilités. La banque du Vatican, située dans l'Etat indépendant de la Cité du Vatican, était hors d'atteinte des inspecteurs bancaires italiens. En vendant lui-même des actions qu'il possédait déjà au double du prix d'achat originel, Calvi augmentait largement la valeur, sur le papier, de la Banco Mercantile et volait 7 724 378 100 lires, moins évidemment la ristourne qu'il donnait à la banque du Vatican. Par la suite, Calvi vendit ses actions à son rival milanais en affaires, Anna Bonomi, pour 33 milliards de lires.

Avec la coopération étroite et continue de la banque du Vatican, Calvi était à même de s'ouvrir encore et encore un chemin illicite et criminel à travers les lois italiennes. Des opérations telles que celle décrite ci-dessus n'auraient pu avoir lieu sans la parfaite connaissance et l'approbation de Marcinkus.

En ce qui concerne la combinaison Sindona/Calvi/Marcinkus dans l'affaire de la Banca Cattolica del Veneto, toutes les preuves disponibles indiquent un complot criminel impliquant ces trois hommes.

Marcinkus voulait garder l'opération secrète, même vis-à-vis du pape Paul VI. Quelques années après, Calvi évoqua l'affaire devant Flavio Carboni[1] :

> « Marcinkus, qui est un dur, né de parents pauvres dans une banlieue de Chicago, voulait conclure l'opération sans même en parler au patron. Je veux dire le pape. J'ai eu trois réunions avec Marcinkus à propos de Banca Cattolica del Veneto. Il voulait me la vendre. Je lui ai demandé : " Etes-vous sûr ? En disposez-vous ? Est-ce que le patron est d'accord ? " C'est moi qui ai insisté ; je lui ai dit : " Va voir le patron, dis-lui. " Marcinkus a suivi mon conseil. Un peu plus tard, il m'a obtenu une audience avec Paul VI qui m'a remercié parce qu'entre-temps j'avais résolu quelques problèmes avec la Bibliothèque ambrosienne. En réalité, j'ai compris qu'il me remerciait pour la Banca Cattolica del Veneto. »

Si quiconque cherche une confirmation que dès le début des années 1970, le pape avait acquis le nouveau titre de Président du Conseil d'Administration, on la trouve dans la description de Calvi. Le Saint-Père et Vicaire du Christ est ramené à « le patron ». Tout aussi éclairantes sont les questions inquiètes posées par Calvi à l'évêque Marcinkus. « Etes-vous sûr ? En disposez-vous ? » Le banquier milanais connaissait manifestement très bien les liens étroits qui unissaient la banque au clergé de Vicenza. Le fait que Marcinkus souhaitait laisser le pape ignorer la transaction constitue un autre signe du caractère parfaitement douteux de la vente pour Calvi. Le conseil du cardinal Benelli à Albino Luciani comme quoi le pape n'interviendrait pas en faveur du patriarche, de ses

1. Carboni enregistra cette conversation, et bien d'autres, avec Calvi, à son insu, entre octobre 1981 et mai 1982.

évêques et de ses prêtres, se révèle avisé. Il n'y avait guère de raison de se plaindre de la vente à celui qui lui avait donné sa bénédiction personnelle. Le pape Paul VI, avec l'aide de Calvi, de Marcinkus et de Sindona avait créé une bombe à retardement qui allait continuer de fonctionner jusqu'en septembre 1978.

Craignant des réactions hostiles de Venise, Marcinkus et Calvi supprimèrent toutes les informations sur la vente de la banque. Le 30 mars 1972, le groupe de Calvi annonça l'acquisition de 37,4 pour cent de Banca Cattolica mais les documents que j'ai découverts prouvent tout autre chose.

Le 27 juillet 1971, Calvi écrivit à Marcinkus :

> « Par cette lettre nous souhaitons vous informer de notre offre ferme d'acheter jusqu'à 50 pour cent des actions de la Banca Cattolica del Veneto, à Vicenza, au prix de 1600 lires l'action avec l'usufruit normal, suivant les étapes ci-dessous :
>
> 1. Pour 45 pour cent des actions constituant la société susnommée, à savoir 16254 actions, avec la demande et selon votre accord sur notre offre ferme, et contre le paiement par nos soins de 42 millions de dollars.
>
> 2. Pour le solde des actions, à savoir jusqu'à 5 pour cent supplémentaires du capital, soit 1806000 actions, à prendre effet à la date de la " déclaration d'intention " concernant la susnommée Banca Cattolica del Veneto, à avoir lieu avant le 31 octobre 1971 et contre le paiement par nos soins de 4500000 dollars le 29-10-1971. »

En réalité, la banque du Vatican reçut 46,5 millions de dollars, valeur de 1971, ce qui représenterait aujourd'hui environ 115 millions de dollars.

Calvi savait que, sur son insistance, cette offre serait montrée au pape ; il poursuivait ainsi sa lettre :

> « Nous vous informons que nous assumons formellement la responsabilité de conserver inchangée, du

point de vue des buts religieux et catholiques élevés, tant sur le plan social que moral, la conduite de la Banca Cattolica del Veneto dans ses activités. »

L'exemplaire de la banque du Vatican de cette lettre est officiellement timbré et signé par Marcinkus. Ainsi la vente occulte de 1971 ne fut connue à Venise que presque une année plus tard.

Calvi oublia tellement vite les « buts religieux et catholiques élevés tant sur le plan social que moral » de la Banca Cattolica que tout le clergé de la région se souleva rapidement pour faire le siège de la résidence de Luciani à Venise. Ce dernier se hâta de partir pour Rome mais 1972 ne constituait manifestement pas le bon moment pour remédier à la situation puisque Paul VI avait béni la transaction. Ce moment allait venir en septembre 1978.

Pendant les années intermédiaires, une situation bizarre se perpétua. Les actions ne quittèrent jamais le Vatican. Le 29 octobre 1971, date de la vente théorique des derniers 5 pour cent à Calvi, les actions — que la banque du Vatican détenait encore dans leur totalité — furent recédées à Zitropo, société possédée à l'époque par Sindona. Par la suite, Zitropo devint d'abord un actif appartenant à Calvi puis, un peu plus tard, entra dans le patrimoine de la banque du Vatican. Et les actions de la Banca Cattolica continuèrent de rester dans les coffres du Vatican. Il n'est guère étonnant qu'encore en mars 1982, l'archevêque Paul Marcinkus ait parlé de « nos investissements à la Banca Cattolica qui se portent très bien ».

En 1974, quand la Bourse de Milan commença à baisser, parmi les futures victimes il y avait la Banco Ambrosiano. Calvi était particulièrement vulnérable. Le principal ingrédient des affaires bancaires internationales est la confiance. On savait qu'il travaillait étroitement avec Sindona. Quand le krack se produisit, le monde de la banque commença à prendre une attitude plus prudente à l'égard du Chevalier. On réduisit les plafonds de crédit d'Ambrosiano. Les emprunts sur le marché international se firent plus difficiles et, plus lourde de menaces que tout le reste, la demande des petits investisseurs vis-à-vis des actions de la banque commença à diminuer, entraînant une baisse automatique des cours. Par magie, devant ce qui devenait rapidement la onzième heure pour Ambrosiano, une société du nom de Suprafin SA, avec un bureau enregistré à Milan, fit son entrée sur le marché. Cette firme financière commença à manifester une confiance absolue envers le Signor Calvi. Elle fit l'acquisition d'actions de sa banque, quotidiennement, et avant qu'on ait même eu le temps d'inscrire le nom de Suprafin sur les listes d'actionnaires ces parts étaient revendues à des sociétés au Liechtenstein et à Panama. La confiance en Calvi commença à renaître et Suprafin continua d'acheter. En 1975, 1976, 1977 et 1978, durant toutes ces années Suprafin continua de manifester une confiance aveugle dans l'avenir de la banque de Calvi — une confiance qui valait 50 millions de dollars.

A l'évidence, Suprafin savait quelque chose que tout le monde ignorait. Entre 1974 et 1978, les actions d'Ambrosiano poursuivirent leur chute et pourtant Suprafin acquit plus de 15 pour cent de la banque. Officiellement, Suprafin était la filiale de deux sociétés du Liechtenstein, Teclefin et Inparfin. En théorie, elles appartenaient techniquement à la banque du Vatican. En pratique, Suprafin appartenait à Calvi. Par conséquent, sans que la banque du Vatican n'en ignore rien, il soutenait le cours sur le marché des actions Ambrosiano par des achats massifs — activité totalement illégale. L'argent pour financer cette fraude provenait des emprunts internationaux réalisés par la filiale luxembourgeoise ainsi que de la banque mère à Milan.

La banque du Vatican recevait d'énormes paiements annuels en échange des facilités qu'elle offrait au Chevalier pour mener à bien une gigantesque fraude internationale. Cet argent était payé de bien des manières. Tous les dépôts du Vatican dans les banques Ambrosiano recevaient au moins 1 pour cent d'intérêt en plus que les autres déposants. Une autre méthode consistait pour Ambrosiano à « acheter » des actions au Vatican. Sur le papier, la banque du Vatican vendait un paquet d'actions à une société panaméenne à un prix qui approchait une fois et demie leur valeur réelle. Ces actions ne quittaient jamais le portefeuille du Vatican et la banque contrôlée par Marcinkus s'était enrichie de millions de dollars. La société panaméenne, au capital généralement de quelques milliers de dollars, empruntait les millions nécessaires à la Banco Ambrosiano Overseas de Nassau, où siégeait Marcinkus. La branche de Nassau avait préalablement reçu cet argent de la société luxembourgeoise qui l'avait emprunté aux banques internationales.

Calvi espérait manifestement, et contre toute attente, que le prix des actions de la banque finirait par remonter afin qu'il puisse les revendre. En 1978, il avançait sur une lame de rasoir. Comme si toute cette opération ne suffisait pas à empêcher le banquier de dormir la nuit, il se battait aussi avec les problèmes du blanchissage de l'argent de la Mafia. Outre cela, il y avait les demandes incessantes de P2 qui avait besoin de fonds, ce qui impliquait d'autres détournements. Il endurait aussi le contrecoup d'une campagne de chantage menée par Michele Sindona.

Tandis que le Chevalier était occupé à détourner des millions de dollars pour soutenir frauduleusement le cours de l'action Ambrosiano, le Requin n'était pas resté inactif. Sindona nous rappelle avec force un personnage d'une pièce de Pirandello chez qui toutes les espérances risquent de se révéler illusoires. Le romancier hésiterait pourtant devant pareille création. Seule la vie réelle pouvait créer un Michele Sindona.

De son côté, Licio Gelli continuait de rembourser l'engagement de Sindona aux côtés de P2. Quand le bureau du procureur de Milan procéda à la demande d'extradition du Requin en janvier 1975, les autorités judiciaires américaines demandèrent des renseignements supplémentaires, y compris une photographie de Sindona. Ils exigeaient aussi que les documents d'extradition soient traduits en anglais. Le bureau de Milan remplit une nouvelle demande qui ne faisait pas moins de 200 pages et l'adressa au ministère de la Justice, à Rome, pour la faire traduire et expédier à Washington ; elle finit par revenir à Milan avec la remarque suivante : le ministère de la Justice à Rome ne trouvait pas le moyen de procéder à la traduction. Or il est de fait qu'il s'y trouve l'un des plus grands départements de traduction d'Italie. L'ambassade américaine à Rome déclara qu'elle ignorait tout de la demande d'extradition. Licio Gelli avait des amis en de nombreux endroits.

Pendant ce temps, Sindona demeurait dans son luxueux appartement de l'Hôtel Pierre, à New York, évalué à 200 000 dollars. Il avait choisi le cabinet juridique Richard Nixon/John Mitchell pour l'aider à lutter contre l'extradition. Interrogé par des journalistes, il écartait ainsi ses problèmes en Italie :

> « Le Gouverneur de la Banque d'Italie et d'autres membres de l'Establishment italien complotent contre moi. Je n'ai jamais conclu un seul contrat de change avec l'étranger de ma vie. Mes ennemis en Italie m'ont roulé et j'espère qu'un jour justice sera faite. »

En septembre 1975, quand parurent dans la presse italienne des photographies du Requin en habit en train de serrer la main du maire de New York Abraham Beame, la colère monta en Italie, du moins dans certains secteurs. Le *Corriere della Sera* remarqua :

> « Sindona continue de faire des déclarations et de donner des interviews ; il continue aussi, dans son exil-refuge américain, de fréquenter la Jet-society. Les lois et les mécanismes de l'extradition ne sont pas les mêmes pour tous. Tel qui a volé des pommes pourra languir des mois, peut-être des années en prison. L'émigré qui travaille à l'étranger et oublie de répondre à l'appel sous les drapeaux est forcé de rentrer pour affronter la rigueur du tribunal militaire. Pour ceux-là les tours et détours de la bureaucratie n'existent pas. »

En Italie, des petits épargnants engagèrent des avocats pour tenter de sauver une partie de leur argent du naufrage de Sindona et le Vatican déclara l'existence d'un « grave déficit budgétaire. » Aux Etats-Unis, le Requin engagea un spécialiste des relations publiques et partit faire une tournée de conférences dans les universités.

Lorsqu'on arrêta les dirigeants de la Franklin National Bank et qu'on les accusa d'entente pour détournement de millions de dollars à travers la spéculation sur les devises, Sindona racontait ceci aux étudiants de Wharton Graduate School à Philadelphie :

> « Le but, peut-être est-il ambitieux, de cette brève causerie est de contribuer à restaurer la confiance des Etats-Unis dans son économie, ses finances et sa monnaie, et de leur rappeler que le monde libre a besoin de l'Amérique. »

Tandis qu'un tribunal de Milan le condamnait par défaut à une peine de trois ans et demi de prison, après avoir été jugé coupable de 23 chefs d'accusation pour détournement de 10 millions de livres sterling, il faisait la morale aux étudiants de Columbia :

> « Quand on effectue des paiements avec l'intention de tourner la loi afin de réaliser des bénéfices injustes, cela exige sans discussion une réaction publique. Tant le corrompu que celui qui l'a corrompu doivent être punis. »

Pendant qu'il préparait le chantage de son collègue de P 2 et ami intime Roberto Calvi, il évoquait un avenir visionnaire pour les étudiants qui désiraient ardemment l'imiter :

> « J'espère que dans un avenir pas trop lointain, quand nous serons entrés en contact avec d'autres planètes et des mondes nouveaux dans nos myriades de galaxies, les étudiants de cette université seront capables de proposer aux sociétés qu'ils représenteront une expansion vers le cosmos par la création de « cosmo-entreprises », ce qui permettra d'étendre à l'univers entier l'esprit créateur de l'entrepreneur individuel ».

Sindona était vraiment sérieux. Il organisa une série de rencontres entre la Mafia américaine, Cosa Nostra et la Mafia sicilienne pour essayer de les persuader, ainsi que Licio Gelli, qu'ils devaient mettre au point la sécession de la Sicile de l'Italie. Déjà en 1972 il avait appartenu à la conspiration de ce qu'on avait appelé « le Putsch Blanc » — complot pour prendre le pouvoir en Italie. La Mafia demeura sceptique et Gelli se montra méprisant. Il trouvait l'idée « folle » et dit à Sindona que la sécession de la Sicile ne pourrait avoir lieu qu'avec le soutien des membres militaires et politiques de P2 et que ces membres attendaient leur heure. Il conseilla à Sindona : « Range le projet dans le dossier " en attente ". »

Au mois de septembre 1976 les autorités italiennes finirent par réussir à faire arrêter Sindona à New York. C'était la première brèche significative dans cette longue lutte pour le faire extrader. Sindona exprima son étonnement : « les Etats-Unis choisissent maintenant, presque deux ans après les fausses accusations lancées contre moi en Italie, de commencer ces procédures d'extradition. Je tiens à souligner que les accusations ont été faites en Italie sur la base d'une enquête quasi inexistante et qu'elles sont manifestement fausses. » Il fut par la suite remis en liberté après versement d'une caution de 3 millions de dollars mais en 1977, le filet commença enfin à se refermer. Un Grand Jury fédéral entama une enquête sur les violations présumées de Sindona qui auraient entraîné la débâcle de la Franklin Bank.

Sindona utilisa toutes les armes à sa disposition. Des gens importants vinrent témoigner en faveur du Requin devant le tribunal qui devait juger de la demande d'extradition. Carmelo Spagnuolo, président de la Cour Suprême de Rome, rédigea une déclaration sous serment affirmant que les accusations contre Sindona faisaient partie d'un complot communiste. Il jura aussi que Sindona était plus blanc que blanc, que ceux qui enquêtaient sur Sindona en Italie étaient au mieux incompétents et qu'ils subissaient l'influence de procureurs politiques. Pour faire bonne mesure, il indiqua au tribunal des Etats-Unis que de nombreux membres du système judiciaire italien appartenaient à l'extrême gauche et que si le Requin retournait en Italie il serait assassiné. Carmelo Spagnuolo était membre de P2.

Licio Gelli fit aussi une déclaration sous serment en faveur de Sindona. Il remarqua qu'on l'avait lui-même accusé d'être « un agent de la C.I.A., chef de l'Escadron de la Mort argentin, représentant des services secrets portugais, coordinateur des services secrets grec, chilien et ouest-allemand, chef du mouvement international du fascisme occulte, etc. ».

Il ne tenta même pas de nier ces diverses accusations et ne fournit aucune preuve qu'elles étaient toutes, voire au moins une d'entre elles, totalement fausses. Il les attribua « à la montée du fascisme en Italie ». Toujours sous serment il continua à proférer quelques accusations de son cru, dont ceci : « L'influence communiste a déjà atteint certains secteurs de l'administration, en particulier le ministère de la Justice où, pendant les cinq dernières années on a assisté à un glissement politique du centre en direction de l'extrême gauche. » Là encore, pas de preuve. Gelli affirma qu'à cause de « l'infiltration de gauche », Sindona ne bénéficierait pas d'un procès juste en Italie et qu'il serait sans doute assassiné. Il poursuivait : « La haine des communistes qu'éprouve Michele Sindona tient au fait qu'il est anticommuniste et qu'il a toujours été favorable au système de la libre entreprise dans une Italie démocratique. »

Le 13 novembre 1977, Michele Sindona donna une démonstration de sa conception de système de la libre entreprise à l'œuvre dans une Italie démocratique. Le chantage prévu sur Calvi fut mis en route et on commença à voir des affiches et des tracts dans tout Milan. On y accusait Calvi de fraude, d'exportation de devises, de falsification de comptes, de détournements, d'évasion fiscale. On y citait les comptes secrets à numéro que possédait Calvi dans des banques suisses. On y donnait le détail d'affaires illicites. On y faisait allusion à ses liens avec la Mafia. Il fut bientôt plus intéressant de lire les murs de la ville que le *Corriere della Sera*. Sindona, qui orchestrait le lavage en public du linge sale de Calvi, avait l'impression que celui-ci restait son débiteur. A la vérité, Calvi le payait depuis des années mais le mot « assez » ne figure pas dans le vocabulaire de Sindona.

Roberto Calvi plongea une nouvelle fois la main dans sa poche, ou pour être plus exact, dans les poches de ceux qui déposaient leur argent dans ses banques. Au mois d'avril 1978, il versa un demi-million de dollars à la Banca del Gottardo. Cet argent échoua sur un compte de Sindona.

L'homme qui avait mené la campagne d'affiches et de tracts au nom de Sindona, Luigi Cavallo, avait accompli sa tâche avec énormément de plaisir. Cavallo sévissait depuis quelque temps en Italie comme prestataire de campagnes de diffamation et, comme toutes les prostituées, il se vendait au plus offrant. Le 24 novembre 1977, les affiches furent suivies d'une lettre adressée au Gouverneur de la Banque d'Italie, Paolo Baffi, où figuraient toutes les accusations parues sur les murs de Milan. Elle faisait aussi allusion à un courrier antérieur qui avait révélé, sur des photocopies, les comptes en Suisse de Calvi. Cavallo terminait sa lettre au Gouverneur par la menace de poursuivre en justice la Banque d'Italie pour non-observation de ses obligations légales si une enquête sur la Banco Ambrosiano n'était pas ouverte.

Cette lettre montre la différence fondamentale qui sépare un criminel de premier rang comme Sindona et un escroc de troisième zone comme Cavallo. Imaginée par Cavallo et écrite sans avertir Sindona, elle n'aurait jamais dû voir le jour. On peut voler les œufs de la poule aux œufs d'or mais on ne la tue pas.

La semaine même, en avril 1978, où Sindona percevait son demi-million de dollars, des fonctionnaires de la Banque d'Italie qui, depuis pas mal d'années, formulaient les plus sérieuses réserves sur la Banco Ambrosiano et Roberto Calvi, pénétraient en force dans la banque. Ces douze hommes avaient été soigneusement choisis par le Gouverneur de la Banque d'Italie et par son adjoint Mario Sarcinelli. Pour diriger l'inspection, ils avaient désigné Giulio Padalino. Malheureusement pour Calvi, Padalino était incorruptible.

L'attaque par les affiches et les tracts menée par Sindona était une piqûre de moustique comparée aux problèmes auxquels Calvi se trouvait maintenant confronté. La nouvelle de cette enquête générale avait filtré dans le monde des affaires de Milan. Le cours des actions Ambrosiano tomba encore plus bas, obligeant Calvi à détourner davantage d'argent pour soutenir les prix. A l'époque, l'empire compliqué qu'il contrôlait possédait une branche au Nicaragua ; il en prévoyait une autre au Pérou. Il y avait des banques Calvi à Puerto Rico et à Paris, des sociétés au Canada, en Belgique et aux Etats-Unis. L'empire était immense, presque aussi gros que le montant du vol.

Le talon d'Achille se trouvait chez Suprafin. Si les inspecteurs de la banque découvraient la vérité sur Suprafin, la chute de la Banco Ambrosiano puis l'arrestation et l'incarcération de Calvi devenaient inévitables. Par ailleurs, l'extradition de Sindona souhaitée depuis longtemps deviendrait également une opération beaucoup plus simple. Les deux hommes risquaient de tout perdre, y compris leur liberté, si les inspecteurs savaient dénouer l'énigme de Suprafin. A Milan, Calvi commença à s'agiter. A New York, Sindona cessa de faire des gorges chaudes du demi-million de dollars qu'il venait d'extorquer au Chevalier. Le seul espoir pour les deux hommes se nommait Marcinkus. L'évêque rendit le service comme il se doit. Quand la Banque d'Italie, par l'intermédiaire de ses inspecteurs, demanda au directeur général d'Ambrosiano, Carlo Olgiati, qui possédait Suprafin, il leur confia que cette société appartenait à l'Istituto per le Opere di Religione, autrement dit la banque du Vatican.

Les inspecteurs continuèrent avec calme à fouiller, avançant peu à peu dans le dédale des mouvements d'actions, achats, transferts, transferts croisés, rachats, dépôts. Le droit italien les freinait sérieusement. Les renseignements qu'ils étaient en droit d'exiger sur les associés étrangers laissaient grandement à désirer. Si, par exemple, ils avaient pu obtenir des informations détaillées sur la société holding luxembourgeoise de Calvi et qu'ils s'étaient rendu compte que des millions de dollars empruntés sur le marché européen avaient pris le chemin de Nassau, où Marcinkus siégeait au conseil en compagnie de Calvi, et celui de Managua et que ces deux banques filiales d'Ambrosiano avaient ensuite prêté des millions à des petites sociétés écrans panaméennes, *sans garanties*, la partie se serait arrêtée sur-le-champ. Mais on refusa de donner aux inspecteurs des renseignements complets sur la société holding au Luxembourg. Calvi tergiversait ; il devenait évasif. « C'était difficile, vous savez comment sont ces étrangers ? Je ne peux pas enfreindre leurs règles sur ce qui est confidentiel. » Les inspecteurs continuèrent de creuser. Ils découvrirent le 6 mai 1975 que Luigi Landra, ancien dirigeant de la Banco Ambrosiano, et Livio Godeluppi, frère du chef comptable d'Ambrosiano, avaient été nommés directeurs de Suprafin. Ces deux hommes qui jouissaient clairement de la confiance d'Ambrosiano avaient-ils rejoint les rangs de l'élite des « uomini di fiducia » du Vatican ?

Les inspecteurs établirent que Suprafin avait été créé à Milan en novembre 1971 par deux des plus proches compagnons de Calvi, Vahan Pasargiklian, qui à l'époque de l'enquête de 1978 était devenu directeur général de la Banca Cattolica, et Gennaro Zanfagna. Peut-être qu'eux aussi faisaient désormais partie des hommes de confiance du Vatican ? Suprafin portait un peu partout l'inscription « propriété de Calvi ».

L'enquête continua. L'analyse détaillée des comptes courants ouverts par Suprafin convainquit les inspecteurs que la société appartenait en fait à Ambrosiano et non au Vatican. Pourquoi la banque du Vatican achèterait-elle les actions de La Centrale à Suprafin au prix de 13 864 lires alors que le cours en bourse était de 9 650, pour revendre les actions à Suprafin au prix de 9 340 ? Pour obtenir une lettre de remerciements du pape Paul ? Une caresse dans le dos de Marcinkus ?

En juillet 1978, ils s'attaquèrent de nouveau au collègue de Calvi, Carlo Olgiati. Ce dernier demanda conseil à Calvi et revint avec une lettre. Avec tout le charme milanais dont il était capable, Olgiati fit lire la lettre à Padalino. Elle provenait de la banque du Vatican et était adressée à Roberto Calvi. Datée du 20 janvier 1975, on pouvait y lire :

> « Ceci concerne le portefeuille d'actions au 31 décembre 1974 détenu par la société Suprafin SA, qui appartient à notre Institut. Nous vous demandons par la présente de gérer et administrer ledit porte-

feuille de la manière la plus appropriée et de prendre toutes dispositions pour toutes opérations convenables et de dessaisissement. Soyez assez aimables pour nous tenir périodiquement informés sur l'état du portefeuille susnommé et les transactions le concernant. »

La lettre était signée de Luigi Mennini et du chef comptable de la banque du Vatican Peregrino de Strobel. Elle était certes datée de janvier 1975 mais les inspecteurs de la Banque d'Italie la soupçonnaient fort d'avoir été écrite après le début de leur enquête, en avril 1978, et cela avec l'approbation pleine et entière de l'évêque Marcinkus.

Si l'on devait croire Marcinkus et ses collègues de la banque du Vatican le Saint-Siège avait donné une nouvelle définition de l'expression « charité chrétienne ». Elle incluait désormais le fait d'entrer sur la Bourse de Milan et d'y dépenser des millions uniquement pour défendre le cours de l'action de Banco Ambrosiano. Les fonctionnaires de la Banque d'Italie estimaient peu vraisemblable que les offrandes pour les pauvres dans les églises du monde entier aient été faites en songeant à ce genre d'action. Quoi qu'il en soit, Calvi grâce à l'évêque Marcinkus ne se trouvait plus sur la sellette, du moins provisoirement. Voilà la preuve apparente que Suprafin appartenait bien à la banque du Vatican. Calvi, normalement froid et distant devint presque affable aux yeux de certains de ses collègues du siège milanais. Croyant qu'il avait bloqué l'enquête sur la banque dans le domaine potentiellement le plus sensible, il prit ses dispositions pour partir en Amérique du Sud avec son épouse Clara. Le voyage était prévu à moitié pour affaires, à moitié pour le plaisir. Il devait examiner quelques perspectives d'installation de filiales sur le continent latino-américain et participer aux inévitables réunions d'affaires associées à ce genre d'opération puis des visites d'un caractère plus plébéien.

Arrivé en Amérique du Sud, Calvi commença à se détendre. Puis le pape Paul VI mourut. Les lignes téléphoniques entre la suite de l'hôtel de Calvi à Buenos Aires et divers endroits en Italie se mirent à sonner. Quand il entendit le nom du nouveau pape, Albino Luciani, Calvi resta hébété. Pour ainsi dire n'importe lequel des 110 autres cardinaux aurait été préférable.

Calvi savait très bien quelle colère sa mainmise sur la Banca Cattolica del Veneto avait suscitée à Venise ; il savait que Luciani s'était rendu à Rome pour tenter de récupérer le contrôle du diocèse sur la banque. Il savait aussi que Luciani jouissait d'une formidable réputation de pauvreté personnelle et d'intransigeance envers l'affairisme clérical. L'épisode des deux prêtres et du représentant spéculateur à Vittorio Veneto était connu de tous en Italie du Nord. Calvi commença à vendre quelques-unes des actions de la banque détenues par Suprafin. Avec les inspecteurs sur son dos il devait agir prudemment. Quoi qu'il en soit, dans les trois premières semaines de septembre 1978, il se débarrassa de 350 000 actions. Puis il apprit la nouvelle qu'il redoutait. Les jours de l'évêque Paul Marcinkus étaient comptés. Si Marcinkus s'en allait, la révélation de la fraude dans sa totalité devenait inévitable. Il se rappela les paroles de Marcinkus dans les jours qui avaient suivi l'élection de Luciani : « A partir de maintenant, les choses vont beaucoup changer. Ce pape est un homme tout à fait différent. »

Albino Luciani représentait une menace très grave à la fois pour Michele Sindona et pour Roberto Calvi. Les événements ultérieurs allaient démontrer avec vigueur ce qui arrive à ceux qui représentent une menace sérieuse pour ces deux hommes.

Le nouveau pape représentait aussi une grosse menace pour l'évêque Paul Marcinkus, président de la banque du Vatican. Si Luciani se mettait à fouiner dans la banque il y avait de grandes chances qu'on assiste à un certain nombre de mutations. Mennini et de Strobel, qui avaient mis leur nom sur la lettre de Suprafin n'en avaient plus pour tellement longtemps. Tous les deux participaient depuis des années aux activités illicites de Sindona et Calvi. Si Marcinkus nourrissait le moindre doute sur les capacités de Luciani à entreprendre une action efficace et vigoureuse, il lui suffisait de s'en entretenir avec de Strobel, avocat de la région de Venise qui était très au courant de l'affaire des prêtres détourneurs de fonds à Vittorio Veneto.

Il se peut que Bernardino Nogara ait eu une mentalité purement capitaliste ; comparé à ce qui arriva après lui dans Vatican Entreprise, cet homme était un saint. Cette entreprise avait parcouru un bon bout de chemin depuis que Mussolini lui avait donné l'impulsion moderne en 1929.

En septembre 1978, le pape était installé à la tête d'une énorme société multinationale. Comme Albino Luciani regardait dehors par les fenêtres du troisième étage de son appartement de dix-neuf pièces, cet homme qui avait consacré sa vie à une Eglise des pauvres avait une tâche aussi suprême que sa fonction à accomplir.

Si son rêve d'être le dernier « Père riche » devait devenir réalité, il allait falloir démanteler Vatican Entreprise S.A. Il se pouvait que les Etats Pontificaux aient été perdus à jamais mais à leur place était née une extraordinaire machine à faire de l'argent.

Il y avait l'Administration du Patrimoine du Saint-Siège (APSA), avec son président le cardinal Villot, son secrétaire Monsignor Antonetti et ses sections ordinaires et extraordinaires. La section ordinaire administrait toute la fortune des divers tribunaux, congrégations et bureaux. Elle administrait en particulier une bonne partie des biens immobiliers de la papauté. Rien qu'à Rome, ils se montaient à plus de cinq mille appartements en location. En 1979, leur valeur brute dépassait un milliard de dollars.

La section extraordinaire, l'autre banque du Vatican, était aussi active dans ses spéculations quotidiennes sur le marché boursier que l'I.O.R. contrôlé par Marcinkus. Elle était spécialisée dans le marché des devises et travaillait en étroite collaboration avec le Crédit Suisse et la Société de Banque Suisse. Ses actifs bruts en septembre 1978 dépassaient 1,2 milliards de dollars.

La banque du Vatican, que dirigeait Marcinkus, avait des actifs bruts supérieurs au milliard de dollars. Ses bénéfices annuels en 1978 dépassaient 120 millions de dollars ; 85 pour cent de cette somme allait directement au pape qui l'utilisait à sa convenance. Le nombre de ses comptes courants dépassait 11 000. D'après les termes de l'acte de création par Pie XII pendant la Seconde Guerre mondiale, ces comptes auraient dû appartenir très largement à des ordres et des instituts religieux. Quand Albino Luciani devint pape, 1 047 seulement appartenaient à des ordres et des instituts religieux, 312 à des paroisses et 290 à des diocèses. Les 9 351 restant étaient la propriété de diplomates, de prélats et de « citoyens privilégiés » ; une partie significative de cette dernière catégorie n'était pas même citoyens italiens. Parmi eux, on trouvait : Sindona, Calvi, Gelli et Ortolani. D'autres comptes étaient au nom de dirigeants politiques de toutes les couleurs et de grands industriels. De nombreux détenteurs de comptes utilisaient ce moyen pour exporter illégalement des devises hors d'Italie. Les dépôts effectués n'étaient soumis à aucune imposition.

Les deux départements de l'APSA et la banque du Vatican constituaient les deux gros problèmes qu'Albino Luciani devait surmonter avant que l'Eglise puisse faire retour à ses premières origines chrétiennes. Il y en avait d'autres, et non des moindres étant donné la fortune acquise depuis des siècles. Celle-ci prenait des formes variées, dont une multitude d'œuvres d'art.

Comme toutes les multinationales, Vatican Entreprise aspirait à la respectabilité et ne négligeait pas les questions artistiques. Tout le monde peut voir, aux heures d'ouverture, que le Vatican protège les arts : toiles du Caravage, tapisseries de Raphaël, croix en or de Farnese et chandeliers d'Antonio Gentili, Apollon du Belvédère, Torse du Belvédère, peintures de Léonard de Vinci, sculptures du Bernin. Les paroles de Jésus-Christ seraient-elles entendues moins clairement dans un endroit plus modeste que la chapelle Sixtine avec son majestueux Jugement Dernier de Michel-Ange ? Le Vatican classe tout cela dans les avoirs non productifs. On peut deviner comment les classerait le fondateur du Christianisme à partir de ses commentaires sur la richesse et la propriété.

Qu'aurait donc éprouvé Jésus-Christ s'il était revenu sur terre en septembre 1978 et s'il avait pu pénétrer dans l'Etat de la Cité du Vatican ?

Qu'aurait éprouvé l'homme qui déclara « Mon Royaume n'est pas de ce monde » s'il s'était promené dans les bureaux de l'APSA avec ses équipes d'analystes, laïcs et ecclésiastiques, chacun expert dans son domaine particulier, en train de suivre au jour le jour et souvent d'une minute à l'autre, les fluctuations des actions, des obligations et des investissements appartenant à l'APSA à travers le monde ? Qu'aurait fait le fils du charpentier de l'équipement IBM qui fonctionnait à la fois à l'APSA et à la banque du Vatican ? Qu'aurait dit l'homme qui compara le mal qu'aurait un riche pour entrer dans le Royaume des Cieux à un chameau passant par le chas d'une aiguille, qu'aurait-il dit des dernières cotations sur les marchés financiers de Londres, de Wall Street, de Zurich, de Milan, de Montréal et de Tokyo dont le bruissement agitait en permanence les couloirs du Vatican ?

Qu'aurait dit l'homme qui proclama « Heureux les pauvres » du bénéfice annuel retiré de la vente des timbres du Vatican ? Un bénéfice qui dépassait un million de dollars. Qu'aurait-il pensé de la collecte annuelle du Denier de Saint-Pierre qui allait tout droit au pape ? Cette collecte annuelle, considérée par beaucoup comme un baromètre précis de la popularité du pape, avait produit sous le règne du charismatique Jean XXIII entre 15 et 20 millions de dollars par an. Sous Paul VI ce chiffre était tombé après *Humanae Vitae* à une moyenne de 4 millions de dollars par an.

Qu'aurait éprouvé le Fondateur de la Foi à propos de ces quelques exemples de la mesure extrême de la perversion de son merveilleux enseignement inspiré ? Evidemment, la question reste toute théorique. Si Jésus-Christ était revenu sur terre en septembre 1978, ou s'il revenait maintenant et essayait de pénétrer au Vatican, le résultat serait le même. Il ne dépasserait même pas les portes de la banque du Vatican. Il serait arrêté à la porte Sainte-Anne et livré aux autorités italiennes. Il n'aurait jamais l'occasion d'apprendre quoi que ce soit par lui-même sur Vatican Entreprise S.A., conglomérat multinational nourri de tant de côtés différents. Par exemple, il n'entendrait pas parler de la manière dont il tire des sommes énormes des Etats-Unis et d'Allemagne de l'Ouest ; comment en 1978, à travers l'impôt fédéral « Kirchensteuer » l'Eglise catholique romaine d'Allemagne de l'Ouest reçut 1,9 milliard de dollars, dont elle transféra ensuite une part significative au Vatican.

Si Albino Luciani devait réussir à réaliser son rêve d'une Eglise pauvre pour les pauvres, ce serait une tâche herculéenne. Le monstre moderne créé par Bernardino Nogara parvenait, en 1978, à s'auto-générer. Quand les cardinaux élirent Albino Luciani à la papauté par une chaude journée d'août 1978, ils jetèrent un pape honnête, saint et parfaitement incorruptible sur la route de Vatican Entreprise S.A. La collision était inévitable. L'inébranlable intégrité d'Albino Luciani allait affronter les irrésistibles forces du marché de la banque du Vatican, de l'APSA et des autres éléments créateurs de richesse.

LES TRENTE-TROIS JOURS

Quand Albino Luciani ouvrit les fenêtres des appartements pontificaux moins de vingt-quatre heures après son élection, ce geste incarna tout son pontificat. L'air frais et la lumière faisaient irruption dans une Eglise catholique romaine devenue progressivement sombre et sinistre pendant les dernières années de Paul VI.

Cet homme qui s'était ainsi décrit à l'époque de Venise : « Je ne suis qu'un pauvre homme habitué aux petites choses et au silence », Luciani, se trouvait désormais obligé d'affronter la grandeur du Vatican et le babil de la Curie. Le fils du maçon était devenu Chef suprême d'une religion fondée par le fils d'un charpentier.

Bien des experts des choses du Vatican, qui n'avaient même pas envisagé la possibilité de l'élection de Luciani, le saluèrent de « Pape Inconnu ». Quatre-vingt-dix-neuf cardinaux le connaissaient suffisamment bien pour lui confier l'avenir de l'Eglise, lui qui ne possédait ni pratique diplomatique ni expérience de la Curie. Un nombre considérable des cardinaux de la Curie avait été rejeté. Dans son essence c'est la Curie tout entière qui avait été écartée au profit d'un humble, d'un silencieux qui annonça très vite qu'il souhaitait porter le titre de Pasteur plutôt que celui de Pontife. Les aspirations de Luciani se révélèrent bientôt : la révolution complète. Il était déterminé à ramener l'Eglise à ses origines, à la simplicité, à la franchise, aux idéaux et aux aspirations de Jésus-Christ. D'autres avant lui avaient nourri le même rêve pour constater que la réalité du monde tel que le percevaient leurs conseillers pétrifiait le rêve. Comment cet homme petit, dépourvu d'arrogance, pouvait-il accomplir ne serait-ce que le commencement de la transformation tant matérielle que spirituelle que ce rêve exigeait ?

En élisant Albino Luciani, ses collègues cardinaux avaient proféré un certain nombre de déclarations profondes sur ce qu'ils voulaient et ce qu'ils ne voulaient pas. Ils ne voulaient visiblement pas d'un pape réactionnaire qui risquerait d'imprimer sa marque sur le monde par d'éblouissantes démonstrations prochaines d'intellectualisme incompréhensible. Il semble qu'ils aient cherché à produire un choc sur le monde en élisant un homme dont la bonté, la sagesse et l'humilité exemplaires seraient manifestes pour tous. Et c'est bien ce qu'ils avaient obtenu. Un berger décidé à s'occuper de ses brebis.

Les Romains trouvèrent son nouveau nom un peu longuet et ils en firent bien vite un « Gianpaolo » plus intime, abréviation que le pape accepta avec plaisir et dont il usa souvent pour signer ses lettres, à charge pour son secrétaire d'Etat Villot de les lui rapporter pour qu'il les corrige par le titre officiel. Une de ces lettres, rédigée de sa propre main, était adressée aux Augustins ; il les y remerciait de leur hospitalité durant son séjour avant le Conclave. Un acte simple, tout à fait typique de l'homme. Quarante-huit heures après avoir été élu pape pour huit cents millions de catholiques, Luciani prenait le temps de remercier ses hôtes. Une autre lettre, écrite le même jour, apportait une note bien plus sombre. Ecrivant à un prêtre italien dont il admirait le travail, Luciani révélait sa conscience du fardeau qu'il était seul à porter désormais. « Je ne sais pas comment j'ai pu accepter. Le lendemain déjà je regrettais, mais il était alors trop tard. » Un de ses premiers gestes en entrant dans les appartements pontificaux avait été de téléphoner dans son pays natal, le Nord. Il s'entretint un bon moment avec un monseigneur Ducoli bien étonné, ami et collègue de travail de longue date, alors évêque de Belluno. Il dit à l'évêque qu'il était « seul pour mon peuple ». Plus tard, il parla avec son frère Eduardo : « Regarde un peu ce qui m'arrive. » Ces gestes et ces actes étaient privés ; d'autres, d'une nature plus publique allaient exciter l'imagination des hommes. Et avant tout, il y avait ce sourire. Rien qu'avec cette expression de joie sur le visage il en toucha beaucoup. Impossible de ne pas éprouver de chaleur envers l'homme et ce sentiment faisait du bien. Paul VI, avec ses souffrances, avait repoussé les gens par millions. Albino Luciani renversa la tendance de façon spectaculaire. Il suscita dans le monde un nouvel intérêt pour la papauté. Quand les gens écoutaient ce qu'il y avait derrière le sourire, leur intérêt s'éveillait. On ne saurait trouver ce sourire dans un livre, quel qu'il soit, qui veut faire de son lecteur un meilleur chrétien mais il traduisait effectivement la joie que cet homme avait découverte dans le fait d'être chrétien. Luciani manifestait, d'une manière et à un degré jamais vus auparavant chez un pape, n'importe quel pape, une capacité à communiquer, soit directement, soit par la radio, la presse ou la télévision. Pour l'Eglise catholique romaine, il représentait un atout dont personne n'aurait osé rêver.

Luciani était la démonstration vivante de la manière de gagner le cœur, la raison et l'âme de l'humanité. Pour la première fois de mémoire d'homme un pape parlait à ses fidèles dans un style et d'une manière qu'ils pouvaient comprendre. On entendait presque leur soupir de soulagement. Les murmures de ravissement se perpétuèrent à travers l'été indien de 1978. Luciani commençait à entraîner l'Eglise sur le long chemin qui ramenait à l'Evangile.

Le public sanctionna aussi l'immense réussite de cet homme charismatique. Quant aux observateurs du Vatican, ils ne savaient tout simplement pas quoi faire de lui. Beaucoup d'entre eux avaient proféré des opinions savantes et à chaud sur le choix du nom du pape ; ils avaient parlé de « continuité symbolique ». Dès le premier dimanche, Luciani avait démoli tout cela sans s'en rendre compte par ces paroles « Jean m'a fait évêque, Paul m'a fait cardinal ». Guère de continuité symbolique là-dedans. Les experts écrivaient des articles spéculatifs sur ce que ferait ou ne ferait pas le nouveau pape sur un vaste éventail de problèmes. Une bonne part de ces spéculations fut rendue superflue par un commentaire contenu dans le premier discours du pape Jean-Paul ; il avait déclaré : « ... Comme le Second Concile du Vatican, et je souhaite engager tout mon ministère dans ses enseignements, en tant que prêtre, en tant qu'enseignant, en tant que pasteur... » Pas besoin de spéculer ; ils n'avaient qu'à se référer aux diverses conclusions du Concile.

Devant la foule qui emplissait la place Saint-Pierre le dimanche 10 septembre, Luciani parla de Dieu : « Il est notre Père, plus encore il est notre Mère. » Les experts du Vatican, les Italiens en particulier, ne savaient plus à quel saint se vouer. Dans ce pays connu pour son côté « macho », suggérer que Dieu était une femme confirma à certains que la fin du monde arrivait. On assista à bien des débats inquiets sur cette quatrième personne de la Trinité jusqu'à ce que Luciani souligne avec douceur qu'il n'avait fait que citer Isaïe. L'Eglise-Mère dominée par le mâle se détendit.

Quelques jours plus tôt, le 6 septembre, lors d'une audience générale, des membres de l'entourage pontifical qui s'affairaient autour du Saint Père, un peu comme des mouches autour d'un cheval, manifestèrent publiquement leur embarras quand Luciani fascina littéralement plus de quinze mille personnes. Pénétrant presque au trot dans la salle Nervi, pleine à craquer, il parla de l'âme. Il n'y avait là rien de remarquable hormis la manière et le style.

> « Un jour un homme s'en alla acheter une nouvelle auto chez le garagiste. Le vendeur lui donna quelques conseils. « Voilà, c'est une excellente voiture, faites attention de la traiter comme il faut. Mettez du super dans le réservoir et de l'huile de qualité dans le moteur. » Le client répondit : « Oh non, je ne supporte pas l'odeur de l'essence pas plus que celle de l'huile. Je mettrai du champagne dans le réservoir car j'aime beaucoup le champagne et je crois que je mettrai de la confiture pour lubrifier. » Le vendeur haussa les épaules : « Faites ce que vous voulez mais ne revenez pas vous plaindre si vous finissez dans un fossé avec votre voiture. »
>
> « Le Seigneur a agi à peu près de la même manière

avec nous. Il nous a donné ce corps, animé par une âme intelligente, une bonne volonté. Il a dit : cette machine est une bonne machine mais traitez-la bien. »

Tandis que l'élite du Vatican frissonnait devant un langage aussi profane, Albino Luciani savait fort bien que ses paroles faisaient le tour de la terre. Semez suffisamment de graines et certaines pousseront. On lui avait proposé la chaire la plus puissante de la terre. Il se servit de ce don de façon profondément impressionnante. A l'intérieur de l'Eglise on parle beaucoup, parfois *ad nauseam,* de la « Bonne Nouvelle de l'Evangile » tout en donnant l'impression d'annoncer de purs désastres. Quand Luciani parlait de la bonne nouvelle, toute sa conduite disait clairement que cette nouvelle était vraiment très bonne.

Plusieurs fois il fit sortir du chœur un jeune garçon pour partager le micro avec lui, pour l'aider non seulement à parler à cet immense public qui remplissait la salle Nervi mais aussi au public encore plus grand qui se trouvait au-dehors. D'autres grands chefs mondiaux aimaient bien choisir des enfants pour les embrasser. Or celui-ci leur parlait et, fait encore plus remarquable, il les écoutait et réagissait à ce qu'ils avaient à dire.

Il citait Mark Twain, Jules Verne et le poète italien Trissula. Il parlait de Pinocchio. Après avoir comparé l'âme à une voiture il dessinait maintenant une analogie entre la prière et le savon. « Bien utilisée la prière constituerait un merveilleux savon, capable de faire de nous tous des saints. Nous ne sommes pas tous des saints parce que nous ne nous sommes pas assez servi de ce savon. » La Curie, surtout certains évêques et certains cardinaux, bronchait. Le public écoutait.

Quelques jours après son élection il se trouva en face de plus de mille membres de la presse mondiale et, après les avoir gentiment grondés pour l'excessive attention qu'ils manifestaient pour les petits événements du Conclave plutôt que sur sa signification profonde, il reconnut que leur problème n'était pas nouveau en rappelant le conseil qu'un directeur de journal donna autrefois à l'un de ses journalistes : « Rappelle-toi, le public ne veut pas savoir ce que Napoléon III a dit à Guillaume de Prusse. Il veut savoir s'il portait un pantalon beige ou rouge et s'il fumait le cigare. »

Manifestement, Luciani se sentait bien avec les journalistes. Plus d'une fois dans sa vie, il avait fait remarquer que s'il n'était pas devenu prêtre il aurait été journaliste. Ses deux livres et ses nombreux articles témoignent d'un talent qui aurait tenu sa place parmi une bonne partie de ses auditeurs. Rappelant la remarque de feu le cardinal Mercier que si l'apôtre Paul vivait aujourd'hui il serait journaliste, le nouveau pape démontrait une conscience aiguë de l'importance des divers media en élargissant encore le rôle possible de l'Apôtre aujourd'hui : « Pas seulement journaliste. Peut-être patron de Reuters. Pas seulement patron de Reuters, je crois qu'il aurait aussi demandé un temps d'antenne à la télévision italienne et à la N.B.C. »

Les correspondants adoraient cela. La Curie semblait moins amusée. Toutes les remarques précédentes devant les journalistes furent supprimées des versions officielles du discours. Reste pour la postérité un texte sans couleur, affecté, onctueux, rédigé par les fonctionnaires du Vatican — bien que le pape s'en soit en fait continuellement écarté — témoignage muet et inexact de l'esprit et de la personnalité d'Albino Luciani. Cette censure vaticane du pape allait devenir un trait constant de ce mois de septembre 1978.

On trouvait depuis 1976 en Italie sous forme de livre son *Illustrissimi,* recueil de ses lettres aux gens célèbres et l'ouvrage avait connu un grand succès. Désormais, l'auteur étant devenu le chef de huit cents millions de catholiques, le monde de l'édition voyait des possibilités commerciales. On commença à voir de puissants directeurs dans les bureaux de *Il Messaggero,* à Padoue. Le mensuel catholique était assis sur la proverbiale mine d'or, moins les droits d'auteur. Quant à l'auteur, son vrai salaire résidait dans le fait que les idées et les remarques contenues dans les lettres allaient être lues dans le monde entier. Que cela tienne uniquement à ce qu'il soit devenu pape ne faisait ni chaud ni froid à Luciani. C'était encore des graines semées ; il n'en pousserait que plus de plantes.

L'un des résultats les plus réjouissants qui apparut dans les jours suivant le conclave d'août fut la soudaine inutilité, tant que Luciani resta au pouvoir, des interprètes, observateurs, experts et autres spécialistes des affaires du Vatican. On n'avait besoin que de rapports fidèles, mot pour mot. De cette façon, les intentions du nouveau pape baignaient dans la clarté.

Le 28 août on annonça le commencement de sa révolution pontificale. Elle prit la forme d'une déclaration du Vatican aux termes de laquelle le nouveau pape refusait d'être couronné : il n'y aurait donc pas de couronnement. Etaient également supprimés le *sedia gestatoria,* ce fauteuil qui servait à transporter le pape, et la tiare incrustée d'émeraudes, de rubis, de saphirs et de diamants. Pas de plumes d'autruche, pas de cérémonie de six heures. Bref, le rituel par lequel l'Eglise démontrait qu'elle convoitait encore le pouvoir temporel était aboli. Avant que ses vœux ne l'emportent Luciani avait dû discuter longuement avec les traditionalistes du Vatican. Luciani qui n'employa jamais, pas une seule fois, le « nous » royal, cette première personne du pluriel monarchique, était décidé à ce que la papauté royale, avec son cortège de grandeur terrestre, soit remplacée par une Eglise qui ressemble aux conceptions de son fondateur. Le « couronnement » se transforma en une simple messe. L'absurdité d'un pontife puissant, qui évoquait une sorte de calife des Mille et Une Nuits, cédait la place à un Pasteur suprême montant tranquillement les marches de l'autel. Par ce geste, Luciani abolissait mille ans d'histoire et ramenait l'Eglise un peu plus sur le chemin qui conduit à Jésus-Christ.

On remplaça la tiare à trois niveaux en forme de ruche par le pallium, étole de laine blanche enroulée autour des épaules du pape. Le monarque cédait la place au berger. L'ère de l'Eglise pauvre s'ouvrait officiellement.

Parmi les douze chefs d'Etat et autres représentants officiels de leur pays présents à la cérémonie, il y avait des hommes que le pape aurait bien voulu éviter de rencontrer. Il avait en particulier demandé à sa secrétairerie d'Etat de ne pas inviter les chefs du Chili, de l'Argentine et du Paraguay à sa messe inaugurale mais les services du cardinal Villot avaient déjà envoyé les invitations avant de les contrôler avec Albino Luciani. Ils avaient présumé qu'aurait lieu le couronnement traditionnel et la liste des invités reflétait cette présomption.

Par conséquent, prirent part à la messe sur la place Saint-Pierre le général Videla, pour l'Argentine, le ministre chilien des affaires étrangères et le fils du président du Paraguay — représentants de pays où l'on ne considérait pas les droits de l'homme comme une priorité pressante. Des Italiens manifestèrent contre leur présence et il y eut près de 300 arrestations. Plus tard, Albino Luciani fut critiqué à cause de la présence de tels hommes à la messe. Les experts en critique ignoraient qu'il fallait faire porter le blâme aux services du cardinal Villot. Lors de la parution des commentaires critiques, Luciani n'était pas en mesure de répondre et Villot garda le silence.

Lors de l'audience privée qui suivit la messe, Luciani, fils d'un socialiste qui avait haï le fascisme sous tous ses aspects, ne laissa aucun doute au général Videla sur le fait qu'il avait hérité des opinions de son père. Il lui fit part en particulier de son inquiétude pour les « Desaparecidos », ces gens qui, par milliers, avaient disparu de la surface de la terre argentine. A la fin de l'audience d'un quart d'heure le général commençait à souhaiter avoir prêté attention aux mises en garde de la onzième heure des fonctionnaires du Vatican pour le dissuader de venir à Rome.

L'audience accordée au vice-président Mondale se passa plus joyeusement. Mondale offrit au nouveau pape un livre qui contenait la première page de plus de 50 journaux américains relatant l'élection de Luciani. Autre cadeau plus inspiré, un exemplaire de la première édition de l'œuvre de Mark Twain *la Vie sur le Mississipi.* Quelqu'un au département d'Etat avait manifestement bien fait son travail.

Ainsi commença la papauté de Jean-Paul Ier ; une papauté aux objectifs et aux aspirations clairs. Immédiatement, Luciani mit des points sur un certain nombre de i. Dès avant la messe inaugurale il s'était adressé au corps diplomatique accrédité auprès du Vatican. Ses propres diplomates pâlirent à vue d'œil quand il fit remarquer au nom de l'Eglise catholique romaine tout entière :

> « Nous n'avons aucun bien temporel à échanger, aucun intérêt économique à négocier. Nos possibilités d'intervention sont limitées et spécifiques, elles présentent un caractère spécial. Elles ne se mêlent pas aux affaires purement temporelles d'un caractère technique ou politique, qui sont des questions concernant vos gouvernements.
>
> « De cette façon, nos missions diplomatiques chez vos autorités civiles les plus élevées, loin de constituer une survivance du passé, témoignent de notre respect profondément enraciné envers le pouvoir temporel légal, et de l'intérêt très vif que nous portons aux causes humaines que le pouvoir temporel est destiné à faire avancer. »

« Nous n'avons aucun bien temporel à échanger... » Il s'agissait d'une sentence de mort publique prononcée à l'encontre de Vatican Entreprise. La seule chose qui restait incertaine concernait le nombre de jours et de mois pendant lesquels il continuerait de fonctionner. Les acteurs des marchés financiers internationaux de Milan, Londres, Tokyo et New York considérèrent les propos de Luciani avec intérêt. S'il pensait sérieusement ce qu'il disait, il allait y avoir des changements, cela ne faisait aucun doute. Et il ne s'agirait pas seulement d'un mouvement de personnes à la banque du Vatican et à l'APSA, on assisterait inévitablement à une réduction d'un certain nombre d'activités de Vatican Entreprise. Pour les hommes qui opéraient sur les marchés de l'argent dans le monde il y aurait des milliards à gagner s'ils savaient deviner correctement la direction que prendrait cette nouvelle philosophie du Vatican. Albino Luciani voulait une Eglise pauvre pour les pauvres. Qu'avait-il l'intention de faire de ceux qui avaient créé une Eglise riche ? Et que ferait-il de la richesse elle-même ?

L'humilité de Luciani était responsable de plusieurs erreurs d'appréciation. De nombreux observateurs concluaient en effet que ce saint homme était une personne simple, sans complications, dépourvue des talents culturels de son prédécesseur Paul VI. En réalité, Luciani possédait une culture bien plus riche que Paul ainsi que plus de complexité. Cet homme extraordinaire possédait de tels dons qu'il pouvait sembler parfaitement plébéien. Sa simplicité était de celle que bien peu peuvent acquérir car elle s'enracinait dans une profonde sagesse.

Une des singularités de notre époque réside en ceci que l'humilité et la douceur sont inévitablement prises pour une forme de faiblesse. Très souvent elles indiquent précisément le contraire, une très grande force.

Quand le nouveau pape observa qu'il avait dû feuilleter l'Annuaire du Vatican pour découvrir qui faisait quoi, bien des membres de la Curie sourirent et conclurent qu'il allait être facile à contrôler. D'autres ne se montrèrent pas si sots.

Ceux qui avaient eu l'occasion de connaître Albino Luciani depuis de nombreuses années observaient et attendaient. Ils savaient quelle main de fer existait à l'intérieur ; ils connaissaient sa force quand il s'agissait de prendre des décisions difficiles ou impopulaires. Beaucoup m'ont parlé de ces qualités cachées. Monseigneur Tiziano Scalzotto, le père Mario Senigaglia, Monseigneur Da Rif, le père Bartolmeo Sorges et le père Busa, ces cinq hommes parmi beaucoup d'autres m'ont parlé de la force intérieure du pape Jean-Paul Ier. Le père Busa a remarqué :

> « Il avait l'esprit fort, aussi dur et aiguisé qu'un diamant. C'est là que résidait son vrai pouvoir. Il comprenait et possédait la capacité d'aller au cœur d'un problème. Il ne se laissait pas submerger. Pendant que tout le monde applaudissait au pape souriant, moi j'attendais qu'il “ tirare fuori le unghie ”, montre ses griffes. Il possédait un pouvoir formidable. »

Sans aucun entourage — pas la moindre Mafia vénète ne succéda à la clique milanaise dans les appartements pontificaux — Albino Luciani allait avoir besoin de chaque bribe de pouvoir intérieur s'il voulait éviter de devenir le prisonnier de la Curie du Vatican.

Pendant les premiers jours qui suivirent le Conclave d'août, la machine de gouvernement du Vatican n'était pas restée inactive. Le dimanche 27 août après son discours de midi à la foule, Luciani déjeuna avec le cardinal Jean Villot. En tant que secrétaire d'Etat du pape Paul depuis avril 1969, Villot avait construit une solide réputation de compétence tranquille. Pendant l'interrègne jusqu'au conclave, Villot, en qualité de Camerlingue, avait pour ainsi dire exercé les fonctions de pape par intérim aidé par ses commissions de cardinaux. Luciani demanda à Villot de rester secrétaire d'Etat pour « quelque temps, jusqu'à ce que je m'y retrouve ». A 73 ans, Villot avait espéré que le moment était venu pour lui de prendre sa retraite. Entre-temps Luciani avait nommé Villot secrétaire d'Etat et reconfirmé tous les chefs de la Curie dans leur poste précédent mais ils savaient qu'il ne s'agissait que d'une mesure provisoire. Montagnard toujours prudent, le nouveau pape préférait attendre son heure. « Délibération. Décision. Exécution. » Si la Curie voulait savoir comment agirait leur nouveau pape, ils n'avaient qu'à lire sa lettre à saint Bernard. Beaucoup le firent. Ils se lancèrent aussi dans une investigation plus poussée sur le pape Jean-Paul Ier. Leurs découvertes provoquèrent la consternation dans plus d'un département du Vatican, tout comme un plaisir profond dans d'autres.

La mort de Paul VI fit remonter à la surface maintes animosités dans ce village qu'est le Vatican. La Curie romaine, organisme administratif central de l'Eglise, connaissait depuis des années une guerre fratricide ; seul le savoir-faire de Paul avait réussi à tenir hors de vue du public la majorité des batailles. Désormais, après la rebuffade au cœur du conclave, la guerre curiale atteignait les appartements pontificaux. Albino Luciani déplora amèrement cette situation devant un certain nombre d'amis venus le voir. « Je veux apprendre rapidement le métier de pape mais pour ainsi dire personne n'explique les problèmes et les situations de façon complète et détachée. La plupart du temps je n'entends que des médisances sur tout et tout le monde. »

A un autre ami venu du nord du pays, il fit observer : « J'ai remarqué deux choses qui semblent bien rares au Vatican : l'honnêteté et une bonne tasse de café. »

Il y avait autant de factions dans la Curie romaine que de choristes dans le chœur de la chapelle Sixtine. D'abord, il y avait la Curie du pape Paul VI entièrement décidée à garantir non seulement que la mémoire du dernier pape serait constamment et en permanence honorée mais encore qu'il n'y aurait aucune déviation par rapport aux opinions, avis et décisions du défunt pape.

Il y avait la Curie qui accordait ses faveurs au cardinal Giovanni Benelli et la Curie qui souhaitait le voir en Enfer. Le pape Paul VI avait fait de Benelli son sous-secrétaire d'Etat, juste en dessous du cardinal Villot. Il devint rapidement le muscle du pape, celui qui s'assurait que l'on adhérait à la politique suivie. Paul l'avait envoyé à Florence et promu afin de le protéger pendant ses dernières années de pontificat. Désormais son protecteur était mort mais les longs couteaux restaient dans leur fourreau. Luciani était devenu pape grâce à des hommes comme Benelli.

Il y avait des factions curiales qui s'opposaient ou qui se rangeaient aux côtés des cardinaux Baggio, Felici et Bertoli. D'autres factions voulaient plus de pouvoir central, plus de contrôle, d'autres encore voulaient le contraire.

Durant sa vie, Albino Luciani avait évité de se rendre au Vatican. Il avait maintenu au minimum ses contacts avec la Curie romaine. En conséquence, avant son élection, il avait probablement moins d'ennemis à la Curie que n'importe quel autre cardinal. Cette situation se modifia rapidement. Car voilà un pape qui considérait que la fonction première de la Curie était « simplement d'exécuter ». Il croyait à un partage plus grand du pouvoir avec les évêques du monde entier et projetait de décentraliser les structures du Vatican. Son refus du couronnement avait affligé les traditionalistes. Autre innovation guère destinée à faire apprécier Luciani des membres de la Curie à l'esprit plus matériel, sa décision de réduire de moitié le mois de salaire supplémentaire accordé automatiquement lors de l'élection d'un nouveau pape.

Manifestement, une bonne partie des 3000 et quelques membres de la Curie souhaitait servir et aimer le nouveau pape ; mais le monde fonctionne ainsi que les forces négatives prédominent souvent. Dès que le résultat de l'élection fut connu, la Curie, ou du moins certains secteurs passèrent à l'action. En quelques heures une édition spéciale de l'*Osservatore Romano* se vendait dans les rues, avec une biographie complète du nouveau pape. Radio Vatican transmettait déjà les mêmes renseignements.

Comme exemple de la manière d'influencer ce que pense le monde d'un chef d'Etat jusque-là inconnu, le traitement d'Albino Luciani par l'*Osservatore Romano* est définitif. Du fait qu'elle décrivait délibérément une personne qui n'existait que dans l'esprit réactionnaire et oppresseur de l'auteur, quel qu'il soit, de ces détails biographiques, cette édition particulière de l'*Osservatore Romano* constitue aussi un excellent exemple des raisons pour lesquelles le journal semi-officiel du Vatican est comparé à la *Pravda,* ce qui n'est pas un compliment. A partir des « faits officiels », de nombreux journalistes aux prises avec leur date de bouclage firent le portrait d'un homme qui n'existait pas. *The Economist,* pour prendre un exemple parmi plusieurs centaines, dit du nouveau pape : « Il ne serait pas trop à l'aise en compagnie du Dr Hans Kung. » Un travail d'enquête aurait établi que Luciani et Hans Kung avaient échangé des lettres très amicales et s'étaient adressé leurs livres respectifs. En poussant ce travail un peu plus loin, on aurait découvert que Luciani avait cité Kung à plusieurs reprises dans ses sermons pour l'appuyer. Pour ainsi dire tous les journaux et les périodiques du monde qui firent le portrait du nouveau pape affirmèrent les mêmes choses complètement fausses.

A lire l'édition spéciale de l'*Osservatore Romano* on découvre un nouveau pape encore plus conservateur que Paul VI. Cette distorsion couvrait un vaste ensemble d'opinions attribuées à Luciani mais il en est une en particulier qui vaut qu'on s'y attache lorsqu'on considère la vie et la mort d'Albino Luciani : le contrôle des naissances.

Le journal du Vatican décrivait un partisan intrépide et convaincu d'*Humanae Vitae*.

> « Il procéda à une étude méticuleuse du sujet de la procréation responsable et s'engagea dans des consultations et des échanges de vues avec des spécialistes de la médecine et des théologiens. Il rappela la grave responsabilité de l'Eglise (le Magisterium ecclésiastique) tout en se prononçant sur une question aussi délicate et controversée. »

Cela était entièrement exact et véridique. La suite était entièrement fausse.

> « Avec la publication de l'Encyclique *Humanae Vitae* le doute n'avait plus sa place et l'évêque de Vittorio Veneto fut parmi les premiers à la répandre et à insister auprès de ceux que le document laissait perplexes sur le fait que son enseignement ne pouvait être mis en question. »

Quand la Curie se met en marche c'est une formidable machine. Sa vitesse et son efficacité laisseraient pantois d'autres administrations. Des hommes de la Curie romaine firent leur apparition au Collège Grégorien et firent disparaître toutes les notes et les documents concernant la période d'études de Luciani pour obtenir son diplôme. D'autres membres de la Curie se rendirent à Venise, à Vittorio Veneto et à Belluno. Partout où Luciani était passé, la Curie passa. Tous les exemplaires du document de Luciani sur le contrôle des naissances furent saisis et placés immédiatement dans les Archives Secrètes du Vatican à côté de sa thèse sur Rosmini et un bel échantillonnage d'autres écrits. On pourrait dire que le processus de béatification d'Albino Luciani commença le jour de son élection. On pourrait tout aussi exactement affirmer que l'occultation du vrai Albino Luciani par la Curie commença le même jour.

Ce dont se rendirent compte certaines sections de la Curie non sans une profonde révolte, c'est qu'en élisant Albino

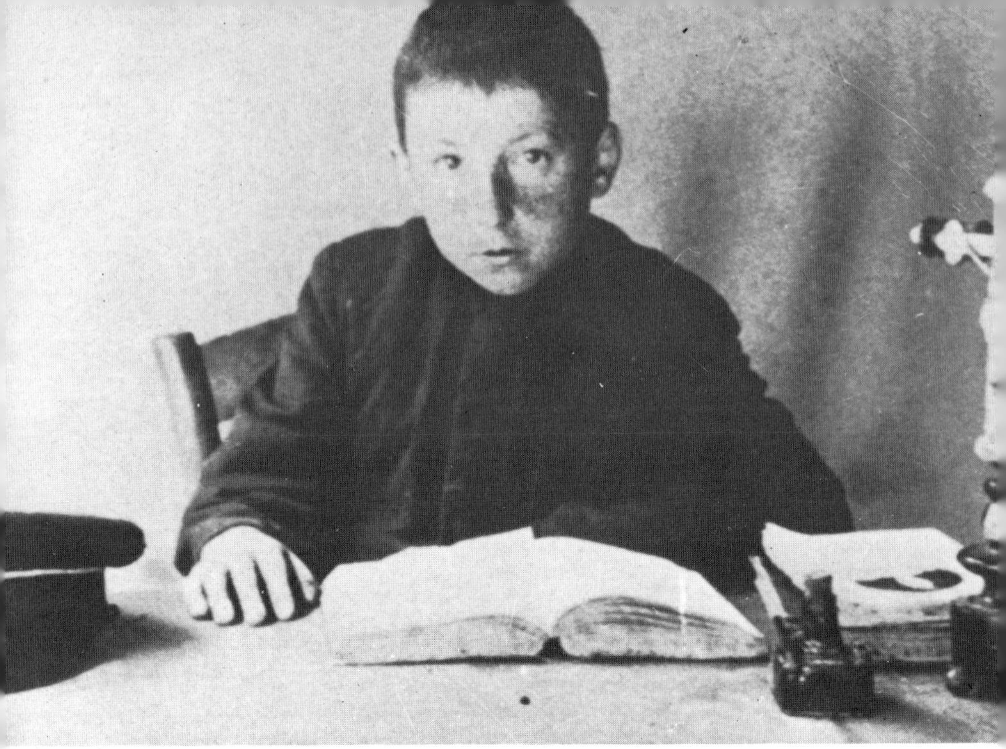

2. Le jeune Luciani, à 11 ans, à Feltre.

3. *(En bas à gauche)* Giovanni et Bortola avec Pia : photo qui accompagnait Luciani partout. 4. *(En bas à droite)* Le prêtre après son ordination, le 7 juillet 1935.

5. *(En haut à gauche)* Le cardinal Ottaviani *(à gauche),* chef du parti réactionnaire de la Curie. 6. *(En haut à droite)* Albino Luciani avec son frère Eduardo, sa belle-sœur et leurs dix enfants.

7. L'État de la Cité du Vatican.

8. Le patriarche de Venise avec quelques-uns de ses prêtres, dont *(le second, à droite)* son secrétaire, le Père Senigaglia.

9. Le pape Paul VI et Albino Luciani sur la place Saint-Marc, à Venise.

10. Le pape Paul VI avec son secrétaire d'État, le cardinal Villot.

11. Le cardinal Cody, de Chicago *(au premier plan, à gauche).* Derrière le pape Paul VI *(à gauche),* on aperçoit Helen Wilson.

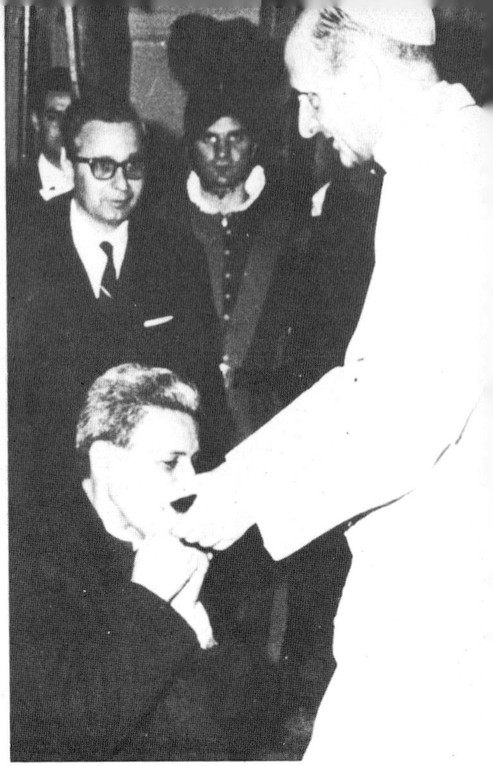

12. *(En haut à gauche)* Licio Gelli *(penché en avant)* en conversation avec le général Juan Peron. 13. *(En haut à droite)* Gelli *(derrière le personnage agenouillé)* attendant d'être reçu par le pape Paul VI. 14. *(En bas)* Avec le président Nixon et le pape Paul VI, on voit Monseigneur Macchi.

15. John Volpe, alors ambassadeur à Rome, félicite Sindona *(à gauche)* pour sa citation par le Club Américain "Homme de l'Année".

16. Le président Lyndon B. Johnson accueille le pape Paul VI ; Paul Marcinkus *(le second à gauche)* sert d'interprète.

17. Deux membres influents de P2 dans l'entourage du président Leone : le second à la gauche du président et cinquième à partir de la droite est Licio Gelli. Le troisième à partir de la droite est Umberto Ortolani.

18. Gelli *(à droite)* avec le Président du Conseil italien du moment, Giulio Andreotti.

19-23. Quelques prétendants au Trône vacant. *(En haut à gauche)* les cardinaux Siri et Felici *(à droite)*. *(En haut à droite)* le cardinal Pignedoli *(au centre)* en conversation avec le cardinal Gantin. *(En bas à gauche)* le choix de Luciani, le cardinal Aloisio Lorscheider. *(Au centre)* le cardinal Bertoli, un bon ami de Gelli. *(A droite)* le cardinal Baggio.

24. “Nous avons un pape !”

25. Le cardinal Felici dépose le pallium de laine sur les épaules du nouveau pape.

26. et 27. L'impact de Luciani fut immédiat chez les jeunes comme chez les moins jeunes.

28. *(En haut à gauche)* Entre le pape et son secrétaire, le père Diego Lorenzi, est assis un membre de la vieille garde curiale, Monseigneur Martin. 29. *(En haut à droite)* Luciani salue le maire communiste de Rome, Giulio Argan, lors de sa seule visite hors de la Cité du Vatican. 30. *(En bas)* Des membres de la Curie ne cessèrent d'essayer de contrôler tous les mouvements du pape.

31. Marcinkus arrive au Vatican, reconnu par un garde suisse.

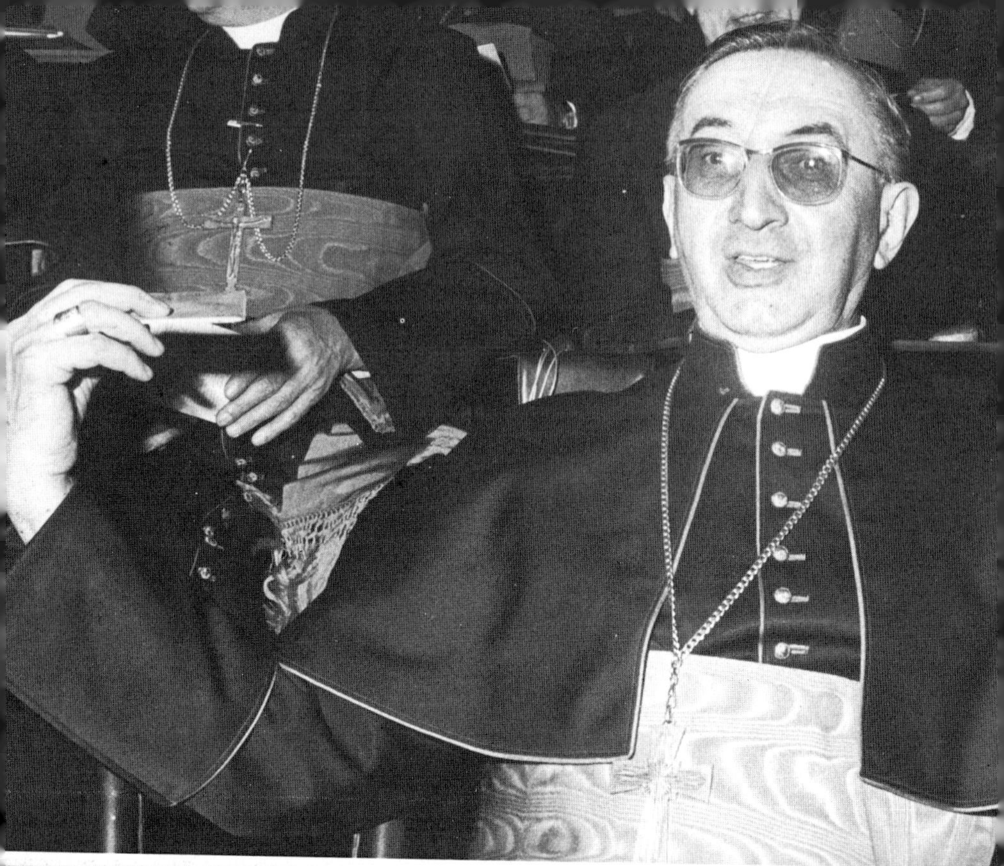

Comme Marcinkus, plusieurs hommes avaient intérêt à la mort de Luciani :
2. *(Ci-contre en haut)* Le cardinal Jean Villot.
3. *(Ci-contre en bas)* Roberto Calvi.
4. *(En haut à gauche)* Le cardinal Cody.
5. *(En haut à droite)* Umberto Ortolani et
6. *(A droite)* Michele Sindona.

37. Licio Gelli, le Montreur de Marionnettes.

39. *(En haut)* Un Luciani exubérant et plein de vie avec le cardinal Sin, des Philippines. Cette dernière photographie de Luciani fut prise quelques heures avant sa mort. 40. *(En bas à gauche)* Sœur Vincenza. 41. *(En bas à droite)* Le père Magee.

42. Ernesto et Arnaldo Signoracci, les embaumeurs du pape.
43. La dépouille mortelle du pape Jean-Paul Ier.

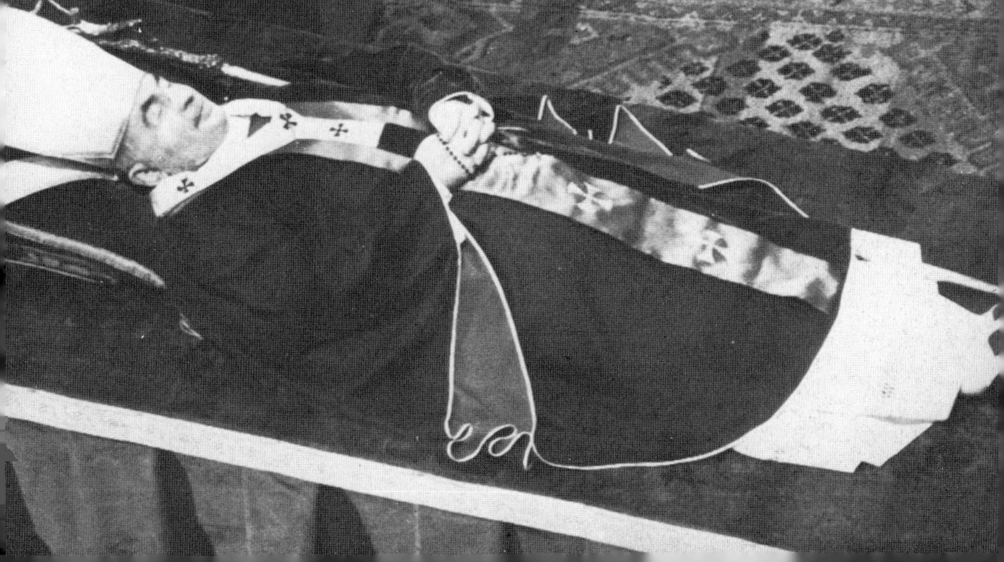

44. Le président du Conseil Andreotti *(à genoux, le second à partir de la gauche)* prie devant le corps.

45. Le nouveau pape avec le cardinal Benelli.

46. Le 10 juillet 1976, l'assassinat du magistrat italien Vittorio Occorsio stoppa une enquête sur les liens entre un mouvement néo-fasciste et P2.

47. *(A gauche)* et 48. *(En bas)* Emilio Alessandrini, magistrat milanais, fut assassiné le 29 janvier 1979, peu de temps après avoir ouvert une enquête sur la Banco Ambrosiano de Calvi.

49. *(Ci-contre, en haut à gauche)* Mino Pecorelli était un membre déçu de P2 qui commença à parler. Lui aussi fut assassiné. 50. *(Ci-contre, en haut à droite)* Mario Sarcinelli, directeur général adjoint de la Banque d'Italie, sort de prison après avoir été injustement incarcéré sur des accusations fausses préparées par Gelli.

51. *(Ci-contre, en bas à gauche)* et 52. *(Ci-contre, en bas à droite)* Giorgio Ambrosoli fut assassiné quelques heures après avoir donné un témoignage vital contre Sindona.

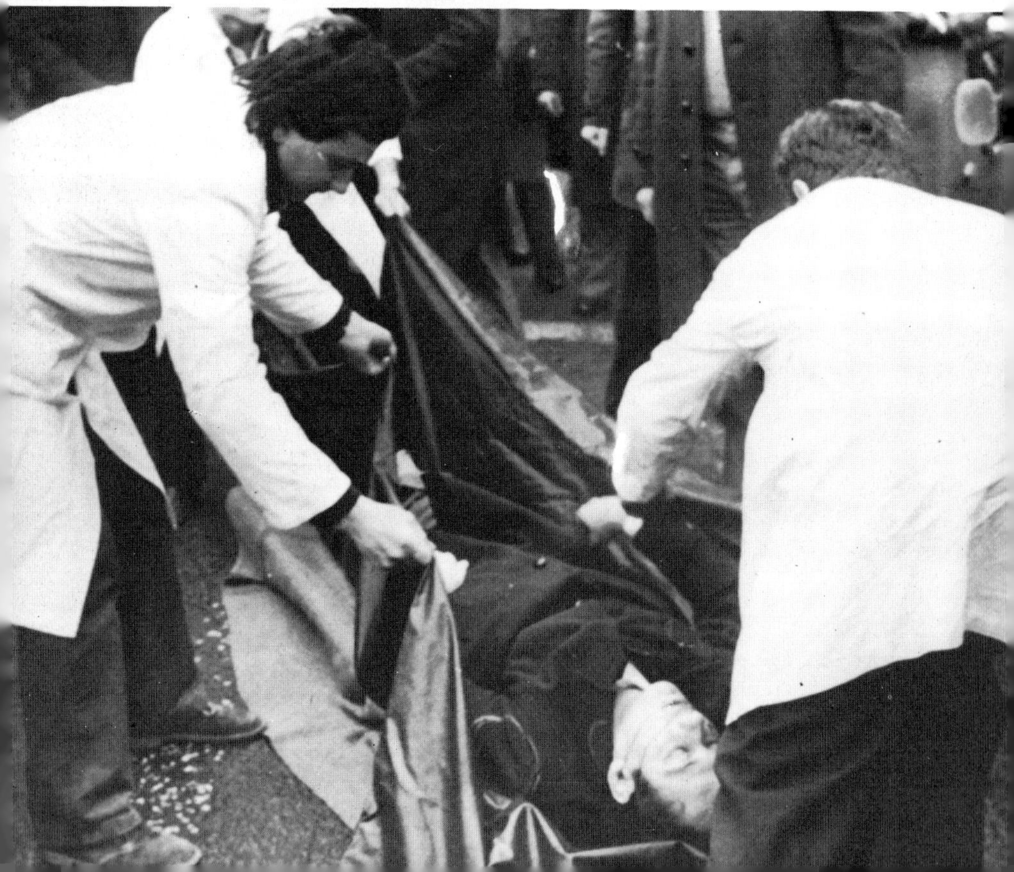

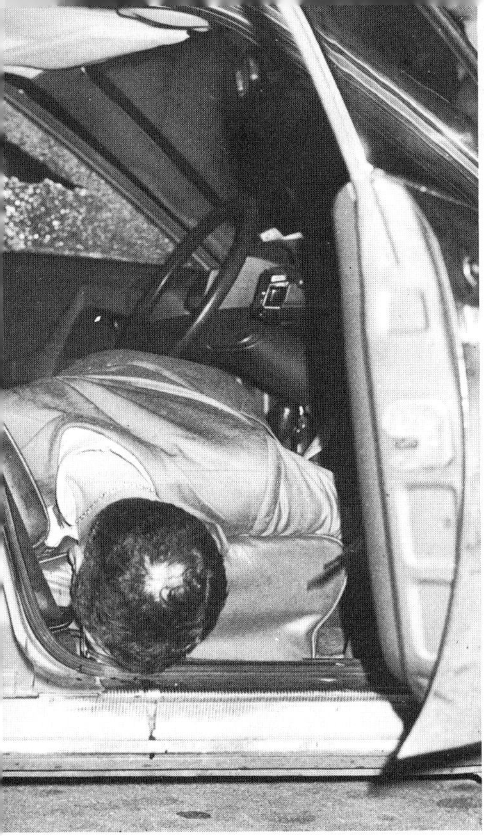

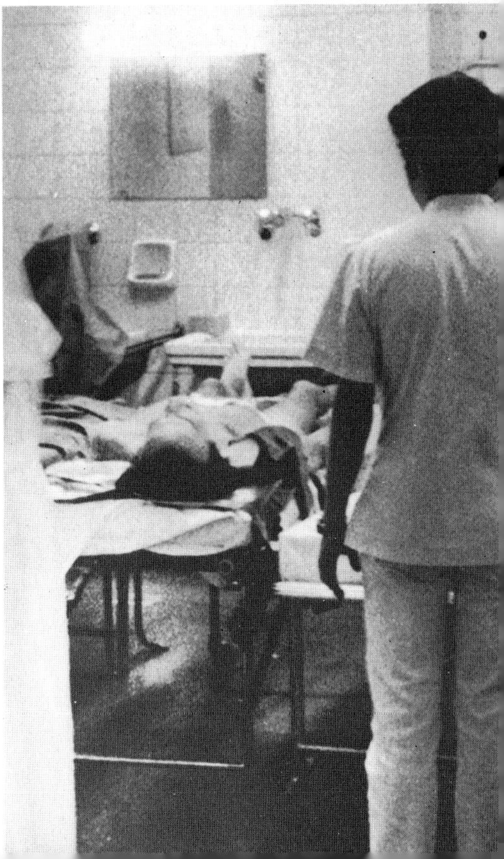

53. Deux jours avant d'être assassiné, Giorgio Ambrosoli avait rencontré le chef de la police de Palerme, Boris Giuliano. Quinze jours après la mort d'Ambrosoli, Giuliano fut aussi assassiné.

54. Le quartier général milanais de Roberto Calvi.

55. La gare de Bologne, en 1980, où 85 personnes trouvèrent la mort et 182 furent blessées par l'explosion d'une bombe, attentat téléguidé par P2.

Banco Ambrosiano

56. En 1980, Roberto Rosone *(à gauche)*, président adjoint de Banco Ambrosiano, devenait une menace pour les activités de Calvi.

57. Le 27 avril 1980, Roberto Rosone était abattu et grièvement blessé. Son agresseur, Danilo Abbruciati, était tué par les gardes de Banco Ambrosiano.

58. Flavio Carboni *(au centre, à droite)* ami de Roberto Calvi. 59. Roberto Calvi, "suicidé" à Londres le 17/18 juin 1982.

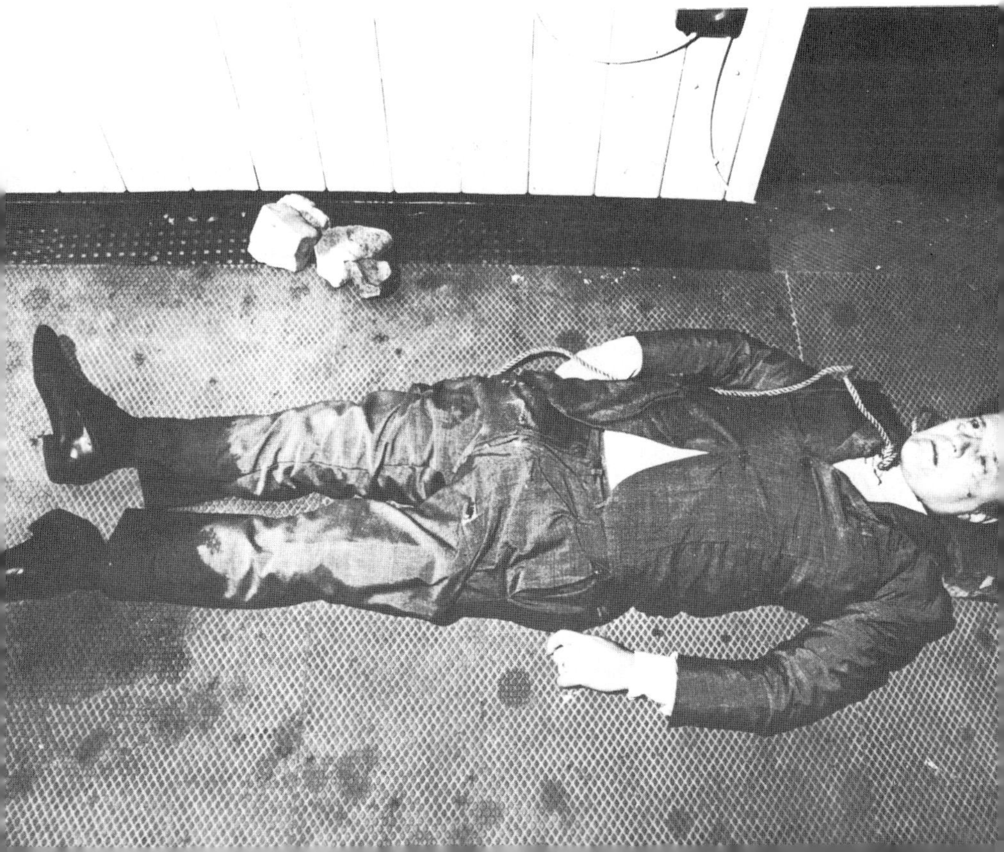

60. Quelques heures avant la mort de Calvi, sa secrétaire, Graziella Corrocher, fut également “suicidée” en tombant du 4e étage du siège de Banco Ambrosiano.

61. Tous les autres suspects morts, en prison ou en fuite, Marcinkus *(au premier plan, au centre),* reste à l'intérieur du Vatican.

62. Le “banquier de Dieu” dans sa banque.

63. Umberto Ortolani, l’homme qui pouvait ouvrir n’importe quelle porte au Vatican.

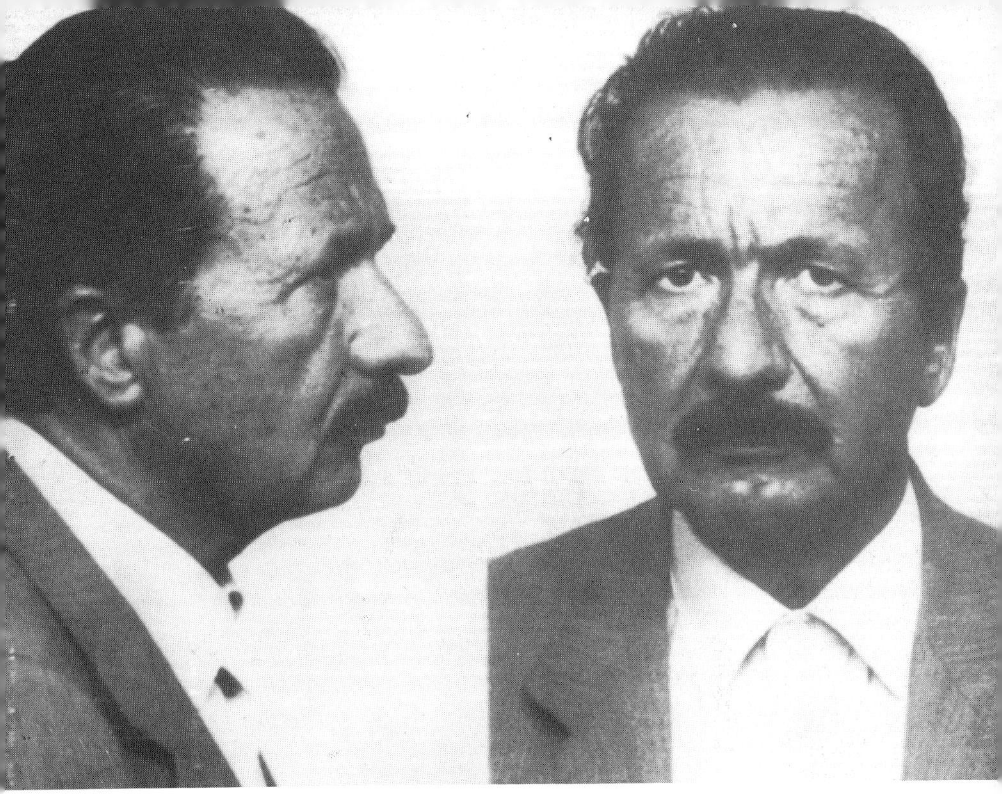

64. Photographies de Licio Gelli (archives de la police suisse).

65. Michele Sindona purge une peine de 25 ans de prison aux États-Unis.

Luciani, les cardinaux leur avaient donné un homme qui ne laisserait pas le problème du contrôle des naissances en rester à *Humanae Vitae*. L'examen approfondi par des membres de la Curie de ce que Luciani avait réellement dit, non seulement en public à ses paroissiens mais aussi à ses amis et collègues en privé, établit bien vite que le nouveau pape était favorable au contrôle artificiel des naissances. Le tableau inexact et mensonger que l'*Osservatore Romano* fit d'un homme qui appliquait rigoureusement les principes d'*Humanae Vitae* fut le coup d'envoi d'une contre-offensive destinée à emprisonner Albino Luciani dans les rets de l'encyclique de son prédécesseur. Un second coup devait suivre bientôt.

L'agence de presse U.P.I. découvrit que Luciani avait été partisan d'une décision du Vatican en faveur du contrôle artificiel des naissances. Les journaux italiens présentaient aussi des articles sur le document de Luciani envoyé au pape Paul par le cardinal Urbani de Venise dans lequel il recommandait fermement l'autorisation de la pilule contraceptive. La Curie retrouva rapidement le père Henri de Riedmatten, ancien secrétaire de la commission pontificale sur le contrôle des naissances. Il qualifia de « fantaisistes » les informations selon lesquelles Luciani s'était opposé à une encyclique qui condamnait le contrôle artificiel des naissances. Riedmatten affirma aussi que Luciani n'avait jamais été membre de la commission, ce qui était exact. Il poursuivit en niant que Luciani ait jamais rédigé une lettre ou un rapport sur le sujet qui aurait été envoyé au pape Paul.

Ce démenti et la manière dont il parut constitue un exemple de la duplicité qui fleurit à la Curie. Le document de Luciani partit pour Rome par Urbani et portait par conséquent l'imprimatur du cardinal. Nier l'existence d'un document effectivement signé par Luciani était techniquement correct. Nier que Luciani, au nom de ses collègues évêques de la région vénète avait fait parvenir pareil document au pape par l'intermédiaire du patriarche de Venise de l'époque était un mensonge inique.

Ironiquement, dans les trois premières semaines de son pontificat, Albino Luciani avait déjà pris les premières mesures significatives pour inverser la position de l'Eglise catholique romaine sur le contrôle artificiel des naissances. Tandis que ces mesures étaient prises la presse mondiale, grâce aux bons offices de l'*Osservatore Romano,* de Radio Vatican et des déclarations officieuses de certains membres de la Curie romaine avait déjà solidement établi une image complètement fausse des conceptions d'Albino Luciani.

Pendant son pontificat, Luciani fit référence et cita bon nombre de décisions et d'encycliques provenant de Paul VI. On y remarque l'absence de toute allusion à *Humanae Vitae.* Les défenseurs de cette encyclique connurent la première alerte concernant les vues du nouveau pape quand ils apprirent avec consternation que Luciani avait supprimé toutes les références éclatantes à *Humanae Vitae* contenues dans le projet de discours d'acceptation préparé pour le successeur de Paul par les services de la secrétairerie d'Etat. Les éléments anti-contrôle des naissances à l'intérieur du Vatican découvrirent ensuite qu'en mai 1978, Albino Luciani avait été invité à assister et à prendre la parole à un congrès international, qui avait lieu à Milan les 21 et 22 juin. Le but principal du congrès était la célébration du 10e anniversaire de l'encyclique *Humanae Vitae.* Luciani avait fait savoir qu'il ne prendrait pas la parole au congrès et qu'en outre il ne s'y rendrait pas. Parmi ceux qui y assistèrent et parlèrent en termes vibrants de *Humanae Vitae* on trouve le cardinal polonais Karol Wojtyla.

En septembre, tandis que la presse mondiale répétait fidèlement les mensonges de l'*Osservatore Romano,* on entendit Albino Luciani, dans les appartements pontificaux, parler à son cardinal secrétaire d'Etat Villot : « Je serais heureux de m'entretenir de ce problème avec la délégation des Etats-Unis. Dans mon esprit nous ne pouvons pas laisser la situation là où elle en est. »

Le « problème » était la population mondiale, la « situation » *Humanae Vitae.* Tandis que la conversation se poursuivait, Villot entendit le pape Jean-Paul Ier exprimer une opinion que beaucoup d'autres, dont son secrétaire privé le père Diego Lorenzi, avaient déjà entendue bien des fois. Le père Lorenzi n'est qu'une personne parmi beaucoup d'autres qui ont pu me répéter les paroles exactes de Luciani.

« Je sais que la période d'ovulation chez la femme recouvre une fécondité qui varie entre vingt-quatre et trente-six heures. Même si l'on accorde une durée de vie de quarante-huit heures au spermatozoïde la période maximum de conception possible n'excède pas quatre jours. Dans un cycle régulier cela signifie quatre jours de fécondité pour vingt-quatre de stérilité. Comment cela pourrait-il être un péché de dire vingt-huit jours au lieu de vingt-quatre ? »

L'événement qui avait déclenché cette conversation était une première prise de contact du Vatican avec l'ambassade américaine à Rome. Cette dernière avait reçu des instructions du Département d'Etat à Washington ainsi que du parlementaire américain James Scheuer. Celui-ci dirigeait une Commission de la Chambre des Représentants sur la Population et exerçait également les fonctions de vice-président du fonds de recherche des Nations-Unies pour la population. L'article traitant du document de Luciani pour le Pape Paul VI sur le contrôle des naissances avait alerté Scheuer et sa commission quant à la possibilité d'un changement de position de l'Eglise sur la question. Scheuer avait l'impression que son groupe avait peu de chance d'obtenir aussi tôt une audience pontificale mais il estimait pourtant que cela valait la peine de faire pression sur le Département d'Etat ainsi que, par l'intermédiaire de l'ambassade de Rome, sur le Vatican. Et Scheuer allait bientôt apprendre de bonnes nouvelles.

Villot, tout comme bien des hommes autour de Luciani, avait beaucoup de mal à s'adapter au nouveau pontificat. Nommé par Paul VI il avait, au fil des ans, développé une relation de travail étroite avec le dernier pape. Il avait appris à admirer le style Montini. Désormais, le Hamlet de 81 ans fatigué du monde était remplacé par un Henri VI optimiste qui, à 65 ans était presque un « jeunot ».

Les rapports entre Luciani et son secrétaire d'Etat n'étaient pas des plus commodes. Le nouveau pape trouvait Villot froid et distant, plein de remarques sur la façon dont Paul VI se serait attaqué à un problème ou ce que Paul VI aurait dit sur cette question particulière. Paul VI était mort mais il apparaissait que Villot et une partie significative de la Curie ne l'acceptaient pas.

Le discours prononcé par le nouveau pape vingt-quatre heures après le conclave était pour l'essentiel une déclaration générale. Le programme réel commença à se formuler pendant les premiers jours de septembre 1978. Albino Luciani était traversé de la même inspiration que celle des cent premiers jours du pape Jean XXIII.

Jean avait été élu pape le 28 octobre 1958. En cent jours il avait procédé à un grand nombre de nominations cruciales, y compris en installant au poste de secrétaire d'Etat le cardinal Domenico Tardini, alors que ce poste était resté vacant depuis 1944. Encore plus significative, sa décision de convoquer le Second Concile du Vatican. Elle fut rendue publique le 25 janvier 1959, quatre-vingt-neuf jours après son élection.

Maintenant qu'Albino Luciani portait les sandales du pêcheur d'hommes, il était décidé à suivre l'exemple de Jean et ses cent jours révolutionnaires. Au sommet de la liste des réformes et changements prioritaires on trouvait la nécessité de modifier radicalement les relations du Vatican avec le capitalisme et le désir de soulager les souffrances très réelles dont il avait été personnellement témoin et qui s'enracinaient directement dans *Humanae Vitae*.

D'après le cardinal Benelli, le cardinal Felici et d'autres sources du Vatican, l'austère cardinal Villot écoutait de travers le nouveau pape développer les problèmes créés par l'encyclique. Lors de mes entretiens avec lui son attitude montra clairement que sur ce problème Felici partageait tout à fait les vues de Villot.

A peine quelques mois auparavant Villot avait chanté les louanges de cette encyclique lors du dixième anniversaire de sa publication. Dans une lettre à l'archevêque de San Francisco John Quinn, Villot avait réaffirmé l'opposition de Paul à la contraception artificielle. Le secrétaire d'Etat avait souligné l'importance accordée par Paul à cet enseignement, c'est-à-dire « selon la Loi de Dieu ».

Il y avait bien d'autres choses encore dans la même veine. Aujourd'hui, moins de deux mois plus tard, il était obligé d'écouter le successeur de Paul prendre la position contraire.

Le café refroidissait tandis que Luciani se levait de son bureau et commençait à arpenter la pièce tout en énonçant tranquillement quelques-unes des conséquences produites par *Humanae Vitae* dans les dix années qui venaient de s'écouler.

Conçue pour renforcer l'autorité pontificale en montrant qu'il pouvait y avoir des modifications de l'enseignement traditionnel sur le contrôle des naissances, l'encyclique avait eu précisément l'effet contraire. Cette évidence était irréfutable. En Belgique, en Hollande, en Allemagne, en Grande-Bretagne, aux Etats-Unis et dans bien d'autres pays non seulement on avait assisté à une opposition marquée à l'encyclique mais encore à une désobéissance. La règle de conduite était vite devenue : si un prêtre n'adoptait pas une attitude tolérante dans le confessionnal le pécheur allait voir ailleurs s'il trouvait un prêtre plus libéré. Luciani citait des exemples de cette contradiction, qu'il avait connus personnellement dans la région vénète.

Quand elle fut proclamée de l'intérieur d'un Vatican entièrement masculin et bien préservé, la théorie d'*Humanae Vitae* pouvait en effet d'un point de vue moral avoir l'air idéal. La réalité observée par Luciani en Italie du nord et à l'étranger démontrait sans conteste l'inhumanité de cet édit. Durant cette décennie, la population mondiale avait augmenté de plus de sept cent cinquante millions de personnes.

Quand Villot se risqua à rappeler que le pape Paul avait souligné les vertus de la méthode naturelle de contraception, Luciani se contenta de lui sourire, pas de ce sourire complètement rayonnant que connaissait le public ; il ressemblait davantage à un mince sourire triste. « Eminence, que savons-nous vraiment, nous autres vieux célibataires, des désirs sexuels des couples mariés ? »

Cette conversation, la première d'une série que le pape devait avoir avec son secrétaire d'Etat sur le sujet, eut lieu le mardi 19 septembre dans le cabinet de travail du pape aux appartements pontificaux. Ils examinèrent la question pendant près de trois quarts d'heure. A la fin de l'entrevue, alors que Villot était sur le point de partir, Luciani l'accompagna jusqu'à la porte et dit :

« Eminence, nous venons de discuter du contrôle des naissances pendant près de trois quarts d'heure. Si les informations dont je dispose, si les diverses statistiques sont exactes, pendant tout le temps qu'a duré notre conversation, eh bien, plus d'un millier d'enfants de moins de cinq ans sont morts de malnutrition. Pendant les trois quarts d'heure suivants, pendant que vous et moi attendrons avec plaisir et certitude notre prochain repas, un autre millier mourra de malnutrition. Demain à la même heure, ce sont trente mille enfants, qui sont encore en vie aujourd'hui, qui mourront — de malnutrition. Dieu n'y pourvoit pas toujours. »

Apparemment, le secrétaire d'Etat se trouva dans l'incapacité de trouver une réplique pour sa sortie.

Tant le Vatican que le Département d'Etat gardèrent soigneusement secrets tous les détails de l'une audience possible d'une délégation américaine sur le problème de la population. Si le public venait à l'apprendre, pareille rencontre se produisant si tôt dans le pontificat de Luciani prendrait une énorme signification.

Et c'est une signification encore plus grande que prendrait la raison de l'absence du pape Jean-Paul Ier à la conférence Puebla à Mexico si l'opinion mondiale venait à l'apprendre. Cette conférence devait constituer la suite d'une autre conférence extrêmement importante qui avait eu lieu à Medellin, en Colombie, dix ans plus tôt.

A Medellin, les cardinaux et les évêques d'Amérique latine avaient injecté une vie nouvelle à l'Eglise catholique du continent sud-américain. Contenue dans le « Medellin Manifesto », leur déclaration comprenait l'affirmation que l'effort central de leur Eglise dans l'avenir consisterait à tendre la main aux pauvres, aux déshérités et aux malheureux. Il s'agissait d'un changement révolutionnaire dans une Eglise qui s'était auparavant identifiée aux riches et aux puissants. La « Théologie de la Libération » qui sortit de Medellin représentait un avertissement clair aux diverses juntes et régimes d'oppression d'Amérique du Sud selon lequel l'Eglise avait l'intention de travailler à mettre un terme à l'exploitation financière et à l'injustice sociale. Et en effet on l'avait prise pour un appel aux armes. Inévitablement, la résistance à cette philosophie libérale se manifesta non seulement dans les divers régimes en place mais aussi dans l'élément réactionnaire à l'intérieur même de l'Eglise. Dix ans plus tard, la rencontre de Puebla promettait d'être cruciale. L'Eglise allait-elle poursuivre dans la même voie ou assisterait-on à un retranchement sur les anciennes et odieuses positions ? Pour le nouveau pape, décliner l'invitation à assister à la conférence souligne exactement l'importance qu'il accordait à sa rencontre avec la commission Scheuer. Il connaissait certainement les implications de la réunion de Puebla.

Au conclave, moins d'une heure après avoir été élu pape, les cardinaux Baggio et Lorscheider, les deux personnages clefs de la série de réunions envisagée au Mexique, s'étaient approchés de Luciani. On avait remis Puebla à plus tard à cause du décès de Paul VI. Les cardinaux voulaient savoir si le nouveau pape était prêt à approuver une nouvelle date pour la rencontre du Mexique.

Moins d'une heure après son élection Luciani examina en profondeur les problèmes qui seraient soulevés à Puebla. Il donna son accord à la tenue de la conférence et on choisit la période du 12 au 28 octobre. Au cours de sa conversation avec Baggio et Lorscheider, il stupéfia les deux cardinaux par sa connaissance et sa compréhension des principaux problèmes qui seraient discutés à Puebla. Quant à sa présence personnelle il refusa de s'engager si tôt. Quand Villot lui apprit que la commission Scheuer aimerait être reçue en audience le 24 octobre, il dit à Baggio et à Lorscheider qu'il n'assisterait pas à la conférence de Puebla. Il demanda aussi à Villot de confirmer la rencontre avec la délégation américaine. C'était pour Luciani la confirmation définitive que sa place se trouvait au Vatican pendant les quelques semaines à venir. Sa décision de rester à Rome tenait aussi à d'autres raisons puissantes. Le pape Jean-Paul Ier avait décidé vers la mi-septembre que la première priorité devait consister à mettre de l'ordre dans sa propre maison. Le problème de la banque du Vatican et de la philosophie qui sous-tendait ses opérations avait à ses yeux une importance primordiale.

Luciani avançait avec une rapidité dont avaient notablement manqué les dernières années de son prédécesseur direct. Il ne songeait pas à tout balayer pendant ses cent premiers jours au Vatican mais il voulait vraiment que d'ici là l'Eglise commence à changer de direction, en particulier en ce qui concernait Vatican Entreprise.

Dès la première semaine le nouveau pape avait clairement indiqué la forme des choses à venir. Il « accéda » au désir du cardinal Villot d'être relevé de l'une de ses nombreuses fonctions, la présidence du Conseil Pontifical *Cor Unum.* Il y fut remplacé par le cardinal Bernard Gantin. *Cor Unum* est l'un des principaux canaux par où passe l'argent collecté de par le monde pour être distribué aux nations les plus pauvres.

Pour Luciani, *Cor Unum* constituait un élément vital dans sa conception des finances du Vatican qui, comme tout autre facteur, devaient s'inspirer de l'Evangile. Villot fut remplacé en douceur, mais néanmoins remplacé par Bernard Gantin, homme d'une grande spiritualité et d'une honnêteté transparente.

Le village du Vatican bruissait de spéculations. Certains proclamaient n'avoir jamais rencontré Sindona, Calvi ni aucun des autres membres de la mafia milanaise qui avait infesté le Vatican pendant le règne du pape Paul. D'autres dans leur travail individuel de survie commencèrent à transmettre des informations vers les appartements pontificaux.

Quelques jours après la nomination de Gantin le nouveau pape trouva un exemplaire d'une circulaire de l'Office Italien de Contrôle des Changes (U.I.C.) sur son bureau. Il ne faisait aucun doute que cette circulaire était une réponse directe à la longue lettre ouverte au pape publiée par *Il Mondo* et qui soulignait une situation insoutenable pour un homme voué à la pauvreté individuelle et engagé aux côtés d'une Eglise pauvre.

Signée de Rinaldo Ossola, ministre du Commerce extérieur, la circulaire avait été envoyée à toutes les banques italiennes. Elle leur rappelait que l'I.O.R., la banque du Vatican, est « à tous égards un institut bancaire non résident », en d'autres termes étranger. En tant que tel, les relations entre la banque du Vatican et les instituts de crédit italiens étaient réglées précisément par les mêmes lois qui s'appliquaient à toutes les autres banques étrangères.

Le ministre était particulièrement inquiet des abus commis sur les devises et qui impliquaient des fuites illégales de capitaux hors d'Italie. Par cette circulaire le ministre admettait nettement la réalité de ces abus. Les milieux financiers italiens y virent une tentative pour freiner au moins une des nombreuses activités douteuses de la banque du Vatican. Au Vatican on la considéra en général comme la confirmation que le glas sonnait fort pour la présidence de l'évêque Paul Marcinkus à la tête de la banque.

Une histoire que pour ma part je crois apocryphe mais que beaucoup à l'intérieur du Vatican et dans les media italiens m'assurèrent authentique, commença à circuler dans le village du Vatican début septembre 1978. Elle concernait la vente de Banca Cattolica del Veneto et le séjour d'Albino Luciani au Vatican pour tenter d'empêcher la vente de la banque à Roberto Calvi. En réalité, Luciani rencontra Benelli comme nous l'avons rapporté plus haut. La version qui circulait de bouche à oreille dans le village introduisait d'élégantes variations italiennes. Luciani aurait vu Paul VI qui aurait répondu : « Même vous devez faire ce sacrifice pour l'Eglise. Nos finances ne se sont pas encore relevées des dégâts provoqués par Sindona. Mais allez expliquer votre problème à monseigneur Marcinkus. »

Un peu plus tard, Luciani se présenta au bureau de Marcinkus et répéta la liste des plaintes du diocèse concernant la vente de la banque. Marcinkus l'entendit jusqu'au bout puis dit : « Votre Eminence, n'avez-vous rien de mieux à faire aujourd'hui ? Faites votre travail, moi je fais le mien. » Sur quoi, Marcinkus montra la porte à Luciani.

Tous ceux qui ont vu Marcinkus à l'œuvre sauront que ses manières conviennent parfaitement à son surnom le « Gorille ». Pour les évêques, prélats, prêtres et sœurs de la Cité du Vatican, l'impression générale était que la confrontation avait bien eu lieu. Désormais, le petit homme tranquille de Belluno pouvait congédier Marcinkus sur-le-champ.

Des membres de la Curie organisèrent une loterie. Il

s'agissait de deviner quel jour Marcinkus serait officiellement « démissionné » de la banque. Le pape, qui croyait à la prudence, réunissait encore des preuves. Outre l'enquête ouverte et conduite au nom du pape par le cardinal Villot, le pape souriant, avec la sagacité typique des montagnards, lançait d'autres enquêtes. Il commença à parler de la banque du Vatican au cardinal Felici. Il appela aussi le cardinal Benelli à Florence.

C'est par Giovanni Benelli que le pape apprit l'existence de l'enquête de la Banque d'Italie sur Banco Ambrosiano. C'était typique de la manière dont fonctionnait l'Eglise catholique romaine. Le cardinal de Florence disait au pape, à Rome, ce qui se passait à Milan.

L'ancien numéro deux de la secrétairerie d'Etat avait édifié un solide réseau de contacts à travers le pays. Licio Gelli aurait été proprement impressionné par la variété et la qualité des informations auxquelles Benelli avait accès. Parmi ses sources on trouvait des personnes très bien placées à l'intérieur même de la Banque d'Italie. C'est par elles que le cardinal avait appris l'existence de l'enquête menée sur l'empire de Roberto Calvi, enquête qui allait atteindre son apogée en septembre 1978. Ce qui inquiétait surtout Benelli, et par conséquent Luciani, c'était cette partie de l'enquête qui explorait les liens de Calvi avec le Vatican. Le contact de la Banque d'Italie était certain que l'enquête serait suivie d'une série d'inculpations sérieuses à l'encontre de Roberto Calvi et peut-être aussi de ses directeurs. Egalement certain, le fait que la banque du Vatican était profondément mêlée à un nombre considérable d'affaires qui violaient pas mal de lois italiennes. Les hommes qui figuraient tout en haut de liste des criminels en puissance à l'intérieur de la banque du Vatican, établie par l'équipe d'enquêteurs, s'appelaient Paul Marcinkus, Luigi Mennelli et Peregrino de Strobel.

Depuis bientôt une décennie Benelli avait appris qu'on n'influençait pas Luciani en lui soumettant instamment une ligne d'action. Il m'a déclaré :

> « Avec le pape Luciani on exposait les faits, on proposait ses recommandations puis on lui laissait un

peu de temps et de latitude pour examiner les choses. Quand il avait absorbé toutes les informations disponibles, il prenait une décision et quand le pape Luciani avait pris une décision, rien, et comprenez-moi bien rien ne pouvait plus l'infléchir ni le faire changer. Doux, oui. Humble, oui. Mais quand il était engagé dans une ligne d'action, on aurait dit un roc. »

Benelli n'était pas le seul à avoir accès aux pensées des hauts fonctionnaires de la Banque d'Italie. Des membres de P2 adressaient exactement les mêmes informations à Licio Gelli, à Buenos Aires. A son tour, il tenait ses compagnons de route Roberto Calvi et Umberto Ortolani complètement informés.

D'autres membres de P2 installés dans les bureaux du magistrat milanais informèrent Gelli qu'après la conclusion de l'enquête sur Banco Ambrosiano le dossier serait transmis au juge Emilio Alessandrini. Quelques jours après que cette information eut atteint Gelli, un groupe terroriste de gauche basé à Milan, Prima Linea, apprenait par leur contact dans les bureaux du magistrat que ce contact le recommandait comme prochaine victime potentielle. Le chef des terroristes épingla une photo de l'objectif au mur de son appartement : le juge Emilio Alessandrini. P2 agissait dans plusieurs directions, y compris le Vatican.

Début septembre, Luciani constata que par quelque mystérieuse opération il faisait désormais partie des destinataires exclusifs de la peu habituelle agence de presse appelée Osservatore Politico (O.P.). Dirigée par un journaliste, Mino Pecorelli, elle colportait invariablement des histoires de scandales que l'on découvrait par la suite parfaitement exactes. Désormais, au milieu d'hommes politiques de haut niveau, de journalistes, de directeurs de journaux et d'autres personnes qui avaient besoin d'être informés en priorité, le pape découvrait ce que O.P. nommait « La Grande Loge du Vatican ». L'article donnait les noms de 121 personnes, soi-disant membres de Loges Maçonniques. Il y avait un certain nombre de laïcs dans la liste mais elle comprenait aussi pas mal de cardinaux, d'évêques et de prélats de haut rang. Les raisons de Pecorelli pour la publication de cette liste et celles de sa présence sur le bureau du pape étaient fort simples. Il avait maille à partir avec son ancien Grand Maître Licio Gelli. Pecorelli était membre de P2 : un membre désenchanté. Il croyait que la publication des listes des Maçons du Vatican causerait au Grand Maître de P2 un maximum de gêne, surtout du fait qu'un nombre considérable des gens figurant sur les listes étaient de bons amis de Gelli et d'Ortolani.

Si l'information était authentique, cela signifiait que Luciani était virtuellement entouré de Maçons et être Maçon signifiait l'excommunication automatique de l'Eglise catholique romaine. Dès avant le conclave on avait murmuré par-ci par-là que plusieurs *papabili* importants étaient Maçons. Or, le 12 septembre le nouveau pape avait reçu la liste complète. Sur la question de la Franc-Maçonnerie, Luciani pensait qu'il était inconcevable qu'un prêtre en devienne membre. Il savait qu'un certain nombre de laïcs catholiques qu'il connaissait appartenaient à diverses loges. Tout à fait de la même façon qu'il avait des amis communistes. Il avait appris à vivre avec cette situation mais pour un homme de robe il y avait de l'avis de Luciani des critères différents. L'Eglise catholique romaine avait décrété il y a fort longtemps son opposition implacable à la Franc-Maçonnerie. Le nouveau pape restait ouvert à la discussion de la question mais une liste de 121 personnes à l'appartenance confirmée ne constituait guère une discussion :

Le cardinal secrétaire d'Etat Villot, nom maçonnique Jeanni Loge numéro 041/3, entre dans une Loge de Zurich le 6 août 1966. Le cardinal ministre des Affaires étrangères Agostino Casaroli. Le cardinal vicaire de Rome Ugo Poletti. Le cardinal Baggio. L'Evêque Paul Marcinkus et Monseigneur Donato de Bonis, de la banque du Vatican. Le pape lisait, déconcerté, une liste de noms qui évoquait le *Who's Who* de la Cité du Vatican. Remarquant avec soulagement que ni Benelli ni le cardinal Felici ne figuraient sur la liste qui incluait même le secrétaire du pape Paul, Monseigneur

Pasquale Macchi, Albino Luciani appela rapidement Felici au téléphone et l'invita à venir prendre le café.

Felici apprit au pape qu'une liste de noms tout à fait comparable avait circulé tranquillement au Vatican plus de deux ans auparavant, en mai 1976. Sa réapparition avait visiblement pour raison une tentative d'influencer les pensées du nouveau pape sur les nominations, les promotions et les rétrogradations.

— La liste est-elle authentique ? demanda Luciani.

Felici répondit au pape qu'à son avis elle résultait d'un astucieux mélange. Certains noms sur la liste étaient Maçons, d'autres non. Il s'expliqua : « Ces listes semblent provenir de la faction Lefebvre... Non pas créées par notre frère français rebelle mais certainement utilisées par ses soins. »

L'évêque Lefebvre était une épine enfoncée au flanc du Vatican, et en particulier du pape Paul VI depuis pas mal d'années. Traditionaliste, il considérait le Second Concile du Vatican comme l'ultime hérésie et ignorait en grande partie les conclusions du Concile. Il s'était gagné une notoriété mondiale par son insistance à célébrer la messe uniquement en latin. Ses opinions de droite sur une variété de sujets avaient fini par lui valoir la condamnation de Paul VI. Quant au conclave qui avait élu Jean-Paul Ier, les partisans de Lefebvre avaient commencé par déclarer qu'ils refuseraient de reconnaître le nouveau pape parce qu'il avait été élu par un conclave qui excluait les cardinaux âgés de plus de 80 ans. Ils avaient ensuite pleurniché sur le choix des noms qui leur paraissait « sinistre ».

Luciani réfléchit un moment.

— Vous dites que des listes comme celle-ci existent depuis plus de deux ans ?

— Oui, Votre Sainteté.

— Est-ce que la presse en possède ?

— Oui, Votre Sainteté. La liste entière n'a jamais été publiée, juste un nom par-ci un nom par-là.

— Et, la réaction du Vatican ?

— Normale. Pas de réaction.

Luciani éclata de rire. Il aimait bien Pericle Felici. Curial jusqu'au bout des ongles, traditionaliste dans sa pensée mais spirituel, raffiné et énormément cultivé.

— Eminence, la révision du droit canon a occupé une grande partie de votre temps ; est-ce que le Saint-Père envisageait une modification de la position de l'Eglise sur la Franc-Maçonnerie ?

— Il y a eu divers groupes de pression au fil des années. Certains avaient intérêt à proposer une vision plus « moderne ». Le Saint-Père pesait encore le pour et le contre quand il mourut.

Felici poursuivit et indiqua que parmi les partisans les plus chauds d'un assouplissement du droit canon qui déclarait l'excommunication automatique de tout catholique romain qui devenait Franc-Maçon, on trouvait le cardinal Jean Villot.

Dans les jours qui suivirent leur discussion, le pape se mit à examiner avec soin bon nombre de ses divers visiteurs. L'ennui, c'est que les Francs-Maçons ressemblent furieusement au restant de la race humaine. Tandis que Luciani réfléchissait à ce problème imprévu, plusieurs membres de la Curie romaine qui nourrissaient des sympathies prononcées pour la vision du monde de droite de Licio Gelli transmettaient des informations hors du Vatican. Ces renseignements finirent par atteindre leur destinataire : Roberto Calvi.

Les nouvelles du Vatican étaient effrayantes. Le banquier milanais était convaincu que le pape cherchait à se venger de la perte de la Banca Cattolica del Veneto. Il était incapable d'envisager que l'enquête de Luciani sur la banque du Vatican puisse être dirigée et inspirée par autre chose que son désir d'attaquer Roberto Calvi. Celui-ci se souvenait de la colère du clergé vénitien et des protestations de Luciani, de la fermeture de beaucoup de comptes diocésains et de leur transfert dans une banque rivale. Pendant quelques jours, Calvi considéra même l'éventualité de soudoyer Luciani. Un don substantiel au Vatican, peut-être ? Une dotation prodigue à des œuvres charitables ? Mais tout ce qu'il avait appris de Luciani disait à Calvi qu'il avait affaire à une sorte d'homme qu'il avait bien rarement connu dans ses affaires, quelqu'un de totalement incorruptible.

Comme s'écoulaient les jours de septembre, Calvi parcourait le continent sud-américain : Uruguay, Pérou, Argentine. Tout près de lui, en permanence, on voyait soit Gelli, soit Ortolani. Si Marcinkus tombait, un homme nouveau découvrirait vite l'état des choses et la vraie nature des rapports entre la Banque du Vatican et Banco Ambrosiano. Mennini et de Strobel seraient renvoyés. La Banque d'Italie serait informée et Roberto Calvi passerait le restant de sa vie en prison.

Il avait couvert toutes les éventualités, examiné tous les dangers possibles, bouché toutes les failles. Il avait créé quelque chose de parfait : pas *un seul* vol — pas même un *gros* vol. Il avait monté un vol continu, et sur une échelle jusque-là inimaginable. En septembre 1978, Calvi avait déjà volé plus de 400 millions de dollars. Firmes off-shore, associés étrangers, sociétés fantômes — la plupart des voleurs éprouveraient un sentiment de triomphe en parvenant à voler une banque. Calvi était simultanément occupé à en voler par douzaines. Elles faisaient la queue pour qu'on les vole, se disputant le privilège de prêter de l'argent à Banco Ambrosiano.

Et là, au milieu de son irrésistible réussite, il devait lutter contre des fonctionnaires de la Banque d'Italie qu'il ne pouvait pas corrompre et qui se rapprochaient chaque jour davantage de la conclusion de leur enquête. Gelli l'avait assuré que le problème pouvait être et serait réglé mais comment Gelli, avec tout le pouvoir et toute l'influence qu'il possédait, pouvait-il régler une affaire avec le pape ?

Au fur et à mesure que les jours passaient, le problème finit par obséder Calvi. Comment stopper un homme honnête et l'empêcher de vous détruire ? S'il s'était agi d'un mortel ordinaire il aurait pu faire pression sur lui, le menacer même. Et si cela ne réussissait pas il en connaissait beaucoup qui n'hésiteraient pas à faire taire une telle menace — de façon définitive. Mais celui-ci n'était pas un mortel ordinaire. Il était le Chef de l'Etat de la Cité du Vatican. Plus exactement encore, il était le Pape. Comment faire pression sur un pape, comment le menacer ?

Si, par quelque miracle Albino Luciani tombait raide mort avant la révocation de Marcinkus, alors Calvi aurait le temps.

Il ne disposerait que d'un mois, il est vrai, mais il peut se passer bien des choses en un mois. Il pouvait se passer bien des choses dans le prochain conclave. Dieu ne pouvait pas permettre qu'il produise un second pape qui voudrait réformer les finances du Vatican. Calvi rejeta l'idée. C'était un rêve, un pur fantasme. Personne ne pouvait avoir autant de chance. Et comme toujours il se tourna vers Licio Gelli et lui confia ses pires craintes. Après un long appel international Roberto Calvi se sentit un peu soulagé. Gelli l'avait rassuré. Le « problème » pouvait être résolu et il le serait.

Pendant ce temps-là, dans les appartements pontificaux, la routine quotidienne se mettait rapidement en place autour du nouveau titulaire. Conservant une habitude de toujours, Luciani se levait de très bonne heure. Il avait décidé de dormir dans le lit dont s'était servi Jean XXIII plutôt que dans celui de Paul VI. Le père Magee expliqua à Luciani que Paul avait refusé de prendre le lit de Jean « à cause de son respect pour le pape Jean ».

— Je dormirai dans son lit à cause de mon amour pour lui, répondit Luciani.

Bien que son réveille-matin soit habituellement réglé sur 5 heures, au cas où il se rendormirait, le pape était réveillé par un coup frappé à la porte de son cabinet de travail à 4 heures et demie. Ce coup l'informait que Sœur Vincenza avait laissé un pot de café dehors. Même cet acte tout simple avait donné lieu à une intervention de la Curie. A Venise la sœur avait l'habitude de frapper à la porte, d'annoncer « Bonjour » puis d'apporter le café directement dans la chambre à coucher de Luciani. Les prélats affairés du Vatican considéraient ce geste innocent comme une brèche dans quelque protocole imaginaire. Ils en firent la remarque à un Luciani déconcerté qui accepta que le café soit déposé dans son cabinet de travail voisin. Il avait pris cette habitude de boire un café au réveil après une opération des sinus subie bien des années plus tôt. Elle lui avait laissé un goût désagréable au réveil. Quand il voyageait et qu'il ne pouvait avoir son café, il suçait un bonbon.

Après avoir pris son café, il se rasait et prenait un bain. Entre 5 heures et 5 heures et demie il perfectionnait son anglais à l'aide d'un cours enregistré sur cassettes. A 5 heures et demie, Luciani quittait sa chambre pour se rendre dans la petite chapelle privée toute proche. Jusqu'à 7 heures il priait, méditait et lisait son bréviaire.

A 7 heures, les autres membres de la Maison Pontificale venaient le retrouver, en particulier ses secrétaires, le père Lorenzi et le père Magee. Lorenzi, lui aussi nouveau au Vatican, avait demandé au pape si Magee, un des secrétaires de Paul VI, pouvait rester à son poste. Le pape, particulièrement impressionné par la capacité du père Magee à trouver des tasses de café pendant les deux premiers jours du règne, donna facilement son accord. Les trois hommes étaient alors rejoints, pour la messe, par les sœurs de la congrégation de Maria Bambina qui avaient pour fonction de faire le ménage et la cuisine du pape. Mère supérieure Elena, les sœurs, Margherita, Assunta, Gabriella et Clorinda reçurent bientôt, sur la proposition du père Lorenzi, le renfort de sœur Vincenza, de Venise.

Vincenza travaillait pour Luciani depuis l'époque de Vittorio Veneto et elle connaissait ses habitudes. Elle l'avait accompagné à Venise et avait été la mère supérieure de la communauté des quatre sœurs qui s'occupaient du patriarche. En 1977 elle avait eu une attaque cardiaque et on l'avait hospitalisée. Les médecins lui avaient dit qu'elle devait absolument cesser tout travail, qu'elle devait rester assise et donner ses ordres aux autres sœurs. Elle avait passé outre à ce conseil et continué de superviser la cuisine de sœur Celestina tout en rouspétant après le patriarche qui oubliait de prendre ses médicaments pour sa faible tension.

Vincenza et le père Lorenzi représentaient les seuls liens d'Albino Luciani avec sa région natale d'Italie du nord, pays qu'il reverrait certes mais rarement et où il ne vivrait jamais plus. Voilà une grave pensée car, lorsqu'un homme est élu pape il commence immédiatement à vivre là où, selon toute probabilité, il mourra et où, en toute certitude, il sera enterré.

Luciani prenait son petit déjeuner à 7 heures et demie, juste après la messe : *caffe latte,* croissant et fruit. Comme devait le dire Vincenza aux autres sœurs, nourrir Albino Luciani constituait un drôle de défi. Il oubliait en général ce qu'il mangeait et avait un appétit d'oiseau. Comme beaucoup d'hommes qui ont connu la pauvreté aiguë, il avait horreur du gaspillage. Les reliefs d'un dîner spécial pour des invités formaient l'un de ses repas du lendemain.

Pendant le petit déjeuner Luciani lisait un certain nombre de journaux italiens du matin. Il avait fait ajouter à la liste un quotidien de Venise, *Il Gazzettino.* Entre 8 et 10 heures, le pape travaillait tranquillement dans son bureau, se préparant à la première audience. Entre 10 heures et midi et demi, tandis que des hommes comme monseigneur Jacques Martin, préfet de la Maison Pontificale, essayaient de faire entrer et sortir les gens à l'heure, le pape recevait des visiteurs et s'entretenait avec eux au second étage du Palais apostolique.

Martin, avec d'autres membres de la Curie, découvrit bientôt que Luciani était assez têtu. Malgré les objections murmurées, les conversations du Saint-Père avec ses invités avaient coutume de dépasser le temps prévu et de jeter la confusion dans l'emploi du temps. Des hommes comme monseigneur Martin résument une attitude qui prévaut largement au Vatican et pourrait s'exprimer ainsi : s'il n'y avait pas le pape, chacun pourrait travailler tranquillement.

On servait le déjeuner à midi et demi ; il se composait de minestrone ou de pâtes, suivi de ce que Vincenza avait trouvé pour faire un second plat. Même là, il y avait matière à commentaire. Le pape Paul avait toujours déjeuné à 1 heure et demie. Qu'un événement aussi trivial puisse inspirer des commentaires passionnés à l'intérieur du Vatican montre à quel point cette Cité est un petit village. Les langues allèrent encore plus vite quand on apprit que le pape avait introduit des membres du sexe féminin à sa table pour le dîner. Sa nièce Pia et sa belle-sœur entrèrent probablement dans les annales du Vatican.

Entre 1 heure et demie et 2 heures, Luciani faisait une brève sieste. Il allait ensuite se promener dans le jardin suspendu ou dans les jardins du Vatican. A l'occasion, le cardinal Villot l'accompagnait ; plus souvent, il en profitait pour lire. En dehors de son bréviaire, il trouvait un peu de soulagement dans des œuvres aussi diverses que celles de Mark Twain et Sir Walter Scott. Peu après 4 heures, il retournait à son bureau pour étudier le contenu d'une grande enveloppe que lui apportait monseigneur Martin et qui se composait de la liste des visiteurs du lendemain avec tous les dossiers.

A 4 heures et demie, pendant qu'il buvait une tasse de camomille, le pape recevait dans son bureau officiel, le « Tardella », les divers cardinaux, archevêques, secrétaires de congrégation, son cabinet. C'étaient les réunions clefs où l'on s'assurait que les boulons et les écrous des rouages de l'Eglise catholique romaine étaient tous à leur place.

Le repas du soir était fixé à 8 heures moins le quart. A 8 heures, tout en continuant de manger, Luciani regardait la télévision. Ses compagnons ordinaires pour le dîner, sauf s'il recevait d'autres invités, étaient les pères Lorenzi et Magee.

Après le dîner il continuait de préparer les audiences du lendemain puis, une fois dite la dernière partie du bréviaire quotidien, le pape se retirait pour la nuit vers 9 heures et demie.

Tout comme le déjeuner qui le précédait, le dîner restait un repas simple. Le 5 septembre, il invita un prêtre vénitien, le père Mario Ferrarese. L'excuse invoquée par Luciani pour inviter le prêtre dans les appartements pontificaux était qu'il souhaitait rendre son hospitalité au père Mario qui l'avait invité à Venise. Le fait que les riches et les puissants d'Italie aient essayé d'avoir Albino Luciani à leur table n'avait rien à voir ; il préférait la compagnie d'un curé ordinaire. Ce repas particulier fut servi par deux membres de la maisonnée pontificale, Guido et Gian Paolo Guzzo. Le pape demanda à son hôte des nouvelles de Venise puis il fit tranquillement remarquer :

— Demandez aux gens là-bas de prier pour moi parce qu'il n'est pas facile d'être pape. Se tournant vers les frères Guzzo, le pape ajouta : Puisque nous recevons, nous devons lui servir un dessert.

Au bout d'un moment, des bols de crème glacée arrivèrent à la table pontificale. Pour les hôtes, il y avait du vin à volonté. Luciani se contentait d'eau minérale.

Tel était l'emploi du temps quotidien du pape Jean-Paul Ier — emploi du temps qu'il prenait parfois plaisir à déranger.

Sans avertir personne, il allait parfois se promener dans les jardins du Vatican. Simple diversion, pourra-t-on penser, mais une promenade impromptue jetait le protocole du Vatican et les Gardes suisses dans une confusion totale. Il avait déjà causé la consternation dans les rangs des officiers supérieurs de la Garde en parlant aux sentinelles et en demandant qu'elles cessent de s'agenouiller chaque fois qu'il approchait. Ainsi qu'il le fit remarquer au père Magee : « Qui suis-je pour qu'ils s'agenouillent devant moi ? »

Monseigneur Virgilio Noe, le Maître des Cérémonies, l'implora de ne pas parler aux Gardes et de se contenter d'un hochement de tête muet. Le pape demanda pourquoi. Noe écarta les bras de stupéfaction. « Saint-Père, cela ne se fait pas. Aucun pape ne leur a jamais parlé. »

Albino Luciani sourit et continua de parler aux Gardes. L'on était bien loin des premiers jours du règne de Paul où les prêtres et les nonnes tombaient encore à genoux pour converser avec le pape, même s'il ne s'agissait que d'une conversation téléphonique.

L'attitude de Luciani vis-à-vis des téléphones suscita aussi l'inquiétude chez bien des traditionalistes de la Curie. Il leur fallait désormais lutter avec un pape qui se sentait capable de composer des numéros et de répondre aux appels. Il appelait des amis à Venise. Il appelait plusieurs Mères supérieures, juste pour bavarder. Quand il fit part à son ami le père Bartolmeo Sorges qu'il aimerait que le père jésuite Dezza l'entende en confession, ce dernier appela dans l'heure pour prendre rendez-vous. La voix au téléphone l'informa :

— Je suis désolé, le secrétaire du pape n'est pas là pour l'instant. Puis-je faire quelque chose ?

— Eh bien, qui est à l'appareil ?

— Le pape.

Tout simplement, on ne faisait pas les choses ainsi. On ne les avait jamais faites et on ne les fera peut-être jamais plus. Les deux hommes qui exerçaient les fonctions de secrétaires auprès de Luciani ont énergiquement démenti que cela se soit jamais produit. C'était inconcevable. Et pourtant, c'est arrivé ainsi.

Luciani commença à explorer le Vatican avec ses 10000

pièces et salles, avec ses 997 escaliers, dont 30 secrets. Il sortait soudain des appartements pontificaux soit seul, soit en compagnie du père Lorenzi. Tout aussi brusquement il apparaissait dans l'un des bureaux de la Curie.

— Je suis juste en train de me repérer, expliqua-t-il une fois à l'archevêque Caprio tout stupéfait, adjoint au chef de la secrétairerie d'Etat.

Ils n'aimaient pas cela. Ils n'aimaient pas cela du tout. La Curie avait l'habitude d'un pape qui savait où était sa place, qui travaillait en utilisant les canaux bureaucratiques. Celui-ci était partout, il regardait partout et, pire, il voulait opérer des changements. La bataille à propos de la pauvre *Sedia gestatoria* commença à prendre des proportions extraordinaires. Luciani l'avait expédiée au débarras. Les traditionalistes entamèrent une lutte pour la faire revenir. Que des questions aussi petites puissent occuper le temps d'un pape constitue un commentaire éclairant sur les perspectives de certains secteurs de la Curie romaine.

Luciani essayait de raisonner des hommes comme Monsignor Noe comme on le fait avec un enfant. Leur monde n'était pas le sien et manifestement il n'était pas sur le point de rejoindre le leur. Il expliqua à Noe et aux autres qu'il marchait en public parce qu'il estimait n'être pas meilleur qu'aucun autre homme. Il détestait cette *sedia* et ce qu'elle représentait. « Ah mais les foules ne peuvent pas vous voir, disait la Curie. Les gens demandent son retour. Tout le monde devrait pouvoir apercevoir le Saint-Père. » Luciani soulignait obstinément qu'il passait souvent à la télévision, qu'il sortait sur le balcon tous les samedis pour l'angélus. Il dit à quel point il détestait l'idée d'être porté virtuellement sur le dos d'autres hommes.

— Mais, Votre Sainteté, disait la Curie, si vous recherchez une humilité encore plus profonde que celle que vous possédez manifestement, quoi de plus humiliant que d'être porté dans cette chaise que vous détestez tant ?

Devant cet argument, le pape accepta sa défaite. Lors de sa seconde audience publique on le porta dans la salle Nervi sur la *Sedia gestatoria*.

Pendant que Luciani accordait une partie de son temps à

ces futilités curiales, il passait la majorité de ses heures de veille à étudier des problèmes plus graves. Il avait dit au corps diplomatique que le Vatican renonçait à toute revendication au pouvoir temporel. Quoi qu'il en soit le nouveau pape découvrit rapidement que pour ainsi dire tous les grands problèmes du monde passaient par son bureau. L'Eglise catholique romaine, avec plus de 18 pour cent de la population mondiale lui devant une allégeance spirituelle, représentait une force puissante ; en tant que telle, elle avait l'obligation de prendre position et d'adopter une attitude sur une vaste gamme de problèmes.

Hormis son attitude envers l'Argentine du général Videla, quelle allait être la réponse d'Albino Luciani à la pléthore de dictateurs qui dirigeaient de vastes populations catholiques ? Quelle serait sa réponse à la clique de Marcos aux Philippines, qui comptaient 43 millions de catholiques ? Au dictateur chilien Pinochet avec une population de plus de 80 pour cent de catholiques ? Au général Somoza, dictateur du Nicaragua qu'admirait tant Michele Sindona, conseiller financier du Vatican ? Comment Luciani allait-il restaurer l'Eglise catholique romaine en un foyer d'accueil pour les pauvres et les déshérités dans un pays comme l'Ouganda où Amin Dada organisait des accidents fatals et presque quotidiens pour les prêtres ? Qu'allait-il dire aux catholiques du Salvador, pays où certains membres de la junte au pouvoir estimaient qu'un catholique était un « ennemi » ? Affirmer cela dans un pays qui comptait 96 pour cent de catholiques promettait de se révéler une recette de génocide et constituait un problème un peu plus sérieux que le débat du Vatican sur la chaise du pape.

Comment celui qui avait prononcé des paroles dures sur le communisme depuis sa chaire de Venisę parlerait au monde communiste depuis le balcon de Saint-Pierre ? Est-ce que le cardinal qui avait approuvé un « équilibre de la terreur » en matière d'armement nucléaire prendrait la même position lorsque les partisans d'un désarmement mondial unilatéral viendraient demander audience ?

Dans les propres rangs de l'Eglise il y avait une multitude de problèmes hérités de Paul VI. De nombreux prêtres demandaient instamment l'abrogation du vœu de célibat. Des pressions s'exerçaient pour admettre les femmes à la prêtrise. Des groupes de pression demandaient une réforme du Droit Canon sur les questions du divorce, de l'avortement, de l'homosexualité et une douzaine d'autres — tous se tournaient vers un seul homme, plaidant, implorant, exigeant.

Le nouveau pape montra très vite, selon le mot de monseigneur Loris Capovilla, ancien secrétaire de Jean XXIII, qu' « il y avait davantage de choses dans sa boutique qu'il n'en avait mises dans la vitrine ». Quand le ministre des Affaires étrangères, monseigneur Agostino Casaroli vint voir le pape avec sept questions concernant les rapports de l'Eglise avec divers pays d'Europe de l'Est, Albino Luciani donna rapidement sa réponse dans cinq cas et demanda un petit délai pour étudier les deux autres.

Hébété, Casaroli retourna dans son bureau et fit part à un collègue de ce qui venait de se passer. Le prêtre demanda :

— Est-ce que c'étaient les solutions correctes ?

— A mon avis, totalement. Il m'aurait fallu un an pour obtenir ces réponses de Paul.

Un autre problème, parmi ceux qui tombèrent dans le giron du nouveau pape, concernait l'Irlande et l'attitude de l'Eglise vis-à-vis de l'I.R.A. Beaucoup considéraient que l'Eglise s'était montrée moins qu'équitable dans sa condamnation du carnage persistant qui avait lieu en Irlande du Nord. Quelques semaines avant l'élection de Luciani, O'Fiaich, Primat catholique de l'Irlande entière, alors archevêque, avait fait les gros titres avec sa dénonciation des conditions qui régnaient dans la prison de Maze, à Long Kesh. O'Fiaich avait visité cette prison et exprimé ensuite sa « révolte devant la puanteur et la saleté de certaines des cellules, avec des restes de nourriture pourrie et des excréments humains éparpillés sur les murs ». Et ce n'était pas tout, dans la même veine. Nulle part dans sa déclaration au demeurant très longue transmise aux media avec beaucoup de professionnalisme, l'archevêque ne reconnaissait que les conditions régnant dans la prison avaient été créées par les détenus eux-mêmes.

L'Irlande n'avait pas de cardinal ; bien des gens différents exerçaient de fortes pressions pour tenter d'influencer Luciani. Certains accordaient leur préférence à O'Fiaich, d'autres estimaient que sa promotion précédente à l'archevêché d'Armagh s'était révélé un désastre total.

Albino Luciani rendit le dossier concernant O'Fiaich à son secrétaire d'Etat en secouant la tête : il y avait inscrit une épitaphe d'une ligne : « Je crois que l'Irlande mérite mieux. » On élargit les recherches pour trouver un cardinal.

En septembre 1978, on n'accordait pas une importance majeure aux troubles du Liban dans la liste des problèmes du monde. Pendant deux ans il y avait eu une sorte de paix, interrompue de temps à autre par des combats sporadiques entre troupes syriennes et chrétiennes. Longtemps avant n'importe quel autre chef d'Etat, le paisible petit prêtre de Veneto vit que le Liban risquait de devenir une terre de massacre. Il parla du problème très en profondeur avec Casaroli et lui fit part de son désir de se rendre à Beyrouth avant Noël 1978.

Le 15 septembre, un des visiteurs des audiences du matin fut le cardinal Gabriel-Marie Garrone, préfet de la Sacrée Congrégation pour l'Education Catholique. Cette audience particulière est un excellent exemple des remarquables talents de Luciani. Garrone était venu parler d'un document intitulé « *Sapientia Christiana* » qui traitait de la constitution apostolique et des directives et des règles qui régissaient toutes les facultés catholiques de par le monde. Depuis déjà le début des années 1960, Vatican II avait révisé les règles générales des séminaires. Au bout de deux années de discussions internes, la Curie romaine avait adressé ses propositions aux évêques du monde entier pour qu'ils fassent part de leurs recommandations. Tous les documents avaient été ensuite soumis à deux autres réunions de la Curie auxquelles avaient assisté des conseillers extérieurs. Les résultats avaient été examinés par au moins six départements de la Curie et le document final transmis au pape Paul VI en avril 1978, seize ans après le premier examen des réformes proposées. Paul avait souhaité publier le document le 29 juin, jour de la fête de saint Pierre et saint Paul mais un document qui avait connu une gestation de quelque seize années ne pouvait traverser aussi rapidement le département de traduction de la Curie. Le temps que tout soit prêt, le pape Paul était décédé. Toute initiative non proclamée au moment de la mort d'un pape devient nulle et non avenue, à moins que son successeur ne lui donne son approbation. Par conséquent, le cardinal Garrone arriva à son audience pontificale très incertain. Seize années d'un long et dur travail pouvaient se retrouver d'un coup dans la corbeille à papier si Luciani rejetait le document. L'ancien professeur au séminaire de Belluno fit part à Garrone qu'il avait passé l'essentiel de la journée précédente à étudier le document. Puis, sans s'appuyer sur aucun exemplaire il se mit à en parler en profondeur et dans le détail. Garrone resta très étonné par la maîtrise et la compréhension que le pape manifestait pour un document aussi complexe. A la fin de l'audience, Luciani lui fit part que le document avait son approbation et qu'il faudrait le publier le 15 décembre.

Tout comme Casaroli, Baggio, Lorscheider et pas mal d'autres, Garrone quitta son interlocuteur pontifical dans un état de grande stupéfaction. Il rencontra par hasard, en retournant à son bureau, monseigneur Scalzotto, de Propaganda Fide, et dit :

— Je viens juste de rencontrer un grand pape.

Pendant ce temps le « grand pape » continuait de s'ouvrir un chemin à travers la montagne de problèmes laissés par Paul. Parmi ceux-ci, il y avait le cardinal John Cody, qui régnait sur l'un des diocèses les plus riches et les plus puissants du monde, celui de Chicago.

Pour un cardinal, n'importe quel cardinal, être considéré par le Vatican comme un problème majeur était inhabituel, mais il faut avouer que Cody était un homme tout à fait hors du commun. Les allégations lancées sur le cardinal Cody dans les dix ans qui précédèrent le début du pontificat de Luciani étaient extraordinaires. Si seulement 5 pour cent d'entre elles se révélaient exactes, alors Cody n'avait rien à faire en tant que prêtre, et encore moins cardinal de Chicago.

Avant sa promotion à l'archevêché de Chicago en 1965, il avait dirigé le diocèse de la Nouvelle-Orléans. Bien des prêtres qui essayèrent de travailler avec lui en Louisiane portent encore des cicatrices qui le prouvent. L'un d'eux parle :

« Quand ce fils de pute reçut Chicago, nous avons donné une soirée et chanté le « Te Deum » (Hymne d'Action de Grâces). Pour nous, ce que nous venions de gagner était une perte pour Chicago. »

Quand j'ai parlé de la suite de sa carrière à Chicago avec le père Andrew Greeley, important sociologue catholique, auteur et critique de Cody depuis longtemps, j'ai fait remarquer qu'un autre prêtre de Chicago l'avait comparé au capitaine Queeg, le commandant paranoïaque et despotique de *Ouragan sur le Caine.* La réaction du père Greeley fut : « Je crois que cela n'est pas juste pour le capitaine Queeg. »

Dans les années qui suivirent la nomination du cardinal Cody à Chicago il devint à la mode de le comparer au maire Richard Daley, un monsieur dont les méthodes de gestion n'étaient démocratiques que par hasard. Il y avait une différence fondamentale. Tous les quatre ans, Daley devait, en théorie du moins, répondre de sa gestion devant les électeurs. S'ils parvenaient à vaincre sa machine politique, ils pouvaient voter son éviction. Cody n'avait pas été élu. A moins d'une action très spectaculaire de la part de Rome il était là pour la vie. Cody aimait à faire remarquer : « Je ne suis responsable devant personne hormis Rome et Dieu. » Les événements allaient démontrer que Cody refusait sa responsabilité devant Rome. Cela lui laissait Dieu.

A son arrivée à Chicago, Cody avait la réputation d'un excellent gestionnaire financier, d'un libéral progressiste qui avait longtemps combattu pour l'intégration scolaire à La Nouvelle-Orléans et d'un prélat très exigeant. Il perdit très bientôt les deux premiers attributs. Début juin 1970, en qualité de trésorier de l'Eglise américaine il investit 2 millions de dollars dans les actions Penn Central. Quelques jours plus tard, les actions s'effondrèrent et la société fut mise en faillite. Il avait procédé illégalement à cet investissement pendant le mandat de son successeur normalement élu, à qui Cody refusa de rendre les livres comptables longtemps après cette perte. Il survécut au scandale.

Dans les premières semaines de son arrivée à Chicago, il manifesta son espèce particulière de libéralisme progressiste envers quelques-uns de ses prêtres. Il découvrit dans les dossiers de son prédécesseur le cardinal Albert Meyer, une liste de prêtres « à problème », alcooliques, séniles, ou irresponsables. Cody se mit à passer ses dimanches après-midi à faire irruption dans leur presbytère. Il renvoya ensuite personnellement les prêtres, leur donnant quinze jours pour déménager. Il n'y avait ni caisse de retraite, ni pensions ni polices d'assurances pour les prêtres à Chicago dans les années 1960. Une bonne partie de ces hommes avaient plus de 70 ans. Cody les jeta tout simplement à la rue.

Il commença aussi à muter les prêtres d'un quartier de la ville à l'autre, sans consulter personne. Il agit de la même façon pour la fermeture de couvents, de paroisses et d'écoles. Une fois, sur l'ordre de Cody, une équipe d'ouvriers commença à démolir un presbytère et un couvent alors que les occupants étaient en train de se baigner et de prendre leur petit déjeuner.

Le problème fondamental de Cody semble avoir été une incapacité profonde à reconnaître le Second Concile du Vatican comme une réalité de la vie. Au Concile on avait beaucoup parlé du partage du pouvoir, d'un style collégial pour la prise de décision. Cette nouvelle n'atteignit jamais la résidence du cardinal.

Dans ce diocèse de 2,4 millions de catholiques, on commença à dessiner les lignes de clivage entre les factions favorables et opposées à Cody. Entre-temps la majorité des catholiques de la ville se demandait ce qui se passait.

Les prêtres formèrent une sorte de syndicat, l'A.C.P. (Association des Prêtres de Chicago). Cody ignora très largement leurs demandes. Il ne répondait pas aux lettres demandant des réunions. Le cardinal était constamment « indisponible » pour répondre au téléphone. Certains restèrent pour continuer à se battre pour une Eglise dirigée de façon plus démocratique. Beaucoup partirent. En dix ans, un tiers du clergé de Chicago abandonna la prêtrise. A travers ces manifestations massives démontrant qu'il y avait quelque chose de vraiment pourri dans l'Etat de l'Illinois, le cardinal Cody continua à affirmer que ses adversaires ne constituaient qu'une « minorité très bruyante, rien de plus ».

Le cardinal clouait aussi au pilori la presse locale, affirmant qu'elle lui était hostile. A la vérité les media de Chicago, presse et télévision, se montrèrent extraordinairement justes et tolérants durant presque tout le règne de Cody.

L'homme qui avait lutté pour l'intégration à La Nouvelle-Orléans se fit connaître à Chicago comme celui qui ferma les écoles noires, prétendant que l'Eglise ne pouvait plus se permettre de les gérer ; il faut savoir que le revenu annuel de ce diocèse approchait les 300 millions de dollars.

Comme bien des choses faites par Cody, une très large proportion des fermetures d'écoles était décidée sans qu'il demande l'avis de personne, y compris évidemment le conseil d'administration de l'école. Quand monta le cri de « raciste », Cody lança pour sa défense que la plupart des Noirs n'étaient pas catholiques et qu'il estimait que l'Eglise n'avait pas le devoir d'instruire les protestants noirs des classes moyennes. Il eut pourtant bien du mal à se débarrasser de l'étiquette de raciste.

Au fil des ans, les accusations et les allégations contre Cody se multiplièrent par dix. Le conflit avec de larges secteurs de son propre clergé s'envenima. Sa paranoïa se développa. Il se mit à raconter des histoires sur la façon dont il avait été employé dans des missions d'espionnage secret par le gouvernement américain. Il parla de sa collaboration avec le F.B.I. Il dit à des prêtres qu'il avait aussi entrepris des missions spéciales au nom de la C.I.A., dont un vol à Saigon. Les détails restaient toujours vagues mais si Cody disait la vérité il aurait participé aux activités des services secrets pour le gouvernement des Etats-Unis depuis le début des années 1940. Il semble que John Patrick Cody, fils d'un pompier de Saint Louis, ait vécu de nombreuses vies.

Sa réputation d'habileté financière qu'il avait amenée à Chicago et qu'avait pas mal ébranlée la débâcle de 2 millions de dollars de Central Penn, trembla encore davantage quand certains adversaires commencèrent à fouiller dans sa bien pittoresque carrière. Entre deux survols réels ou imaginaires des territoires ennemis, il avait réussi sans le faire exprès à ramener une partie de l'Eglise à un état de pauvreté certain, bien que d'une façon un peu différente de celle imaginée par

Albino Luciani. Il avait laissé le diocèse de Kansas City, Saint-Joseph, avec 30 millions de dollars de dettes. Il avait réalisé la même performance à La Nouvelle-Orléans, ce qui conférait un peu plus de signification au Te Deum d'action de grâces qui avait salué son départ. Du moins avait-il laissé un souvenir permanent de son passage à Kansas City car il avait fait dorer, au prix de dépenses substantielles, le dôme de la cathédrale restaurée.

Il commença à surveiller les déplacements au jour le jour des prêtres et des sœurs qu'il soupçonnait de ne pas lui être loyaux. Il constitua des dossiers. L'interrogatoire secret des amis des « suspects » devint la norme. Les rapports de tout cela avec l'Evangile du Christ ne sont pas bien clairs.

Quand certaines de ses activités firent l'objet de plaintes à Rome formulées par le clergé de Chicago, le pape Paul VI s'inquiéta et s'angoissa.

Il était plus que clair que le membre le plus élevé de l'Eglise catholique romaine à Chicago avait démontré dès le début des années 1970 qu'il n'était pas qualifié pour présider aux destinées du diocèse ; pourtant le pape, avec un sens curieux des priorités, hésitait. La tranquillité d'esprit de Cody paraissait peser plus lourd que le sort de 2,4 millions de catholiques.

L'un des aspects les plus extraordinaires de l'affaire Cody est que cet homme contrôlait, apparemment sans en référer à quiconque, tout le revenu de l'Eglise catholique de Chicago. Un homme sain, très intelligent, aurait du mal à gérer avec une efficacité complète une somme annuelle qui variait entre 250 et 300 millions de dollars. Qu'on ait pu placer cette responsabilité entre les mains d'un homme comme Cody défie l'explication.

Les actifs totaux de l'Eglise catholique à Chicago en 1970 dépassaient le milliard de dollars. Du fait du refus du cardinal Cody de publier un bilan annuel certifié, les prêtres dans bien des paroisses se mirent à conserver par-devers eux des sommes d'argent qui, en des jours plus heureux, auraient été destinées au contrôle du cardinal. Finalement, en 1971, six ans après le début de son règne despotique, Cody daigna publier ce qui passait pour un ensemble de comptes annuels. Ce fut une curieuse affaire. Ces comptes ne révélaient pas les investissements immobiliers. Ils ne comprenaient pas les investissements en actions. En ce qui concerne les revenus des cimetières, ils donnaient, enfin, quelques preuves d'une vie après la mort. Les bénéfices semblaient très vivants. Six mois avant la publication des chiffres, Cody avait confié à un assistant que le chiffre était de 50 millions de dollars. Quand les comptes furent rendus publics, il était tombé à 36 millions de dollars. Il se peut que pour quelqu'un qui savait se trouver simultanément à Rome, à Saigon, à la Maison-Blanche, au Vatican et dans la résidence du cardinal à Chicago, égarer quelque 14 millions de dollars de revenus des cimetières était un jeu d'enfant.

Soixante millions de dollars de fonds paroissiaux se trouvaient en dépôt à la chancellerie de Chicago. Cody refusait de confier à qui que ce soit l'endroit où était investi cet argent, ni qui bénéficiait des intérêts.

L'un des atouts personnels les plus remarquables du cardinal était le grand nombre d'amis influents qu'il avait acquis assidûment dans les milieux dirigeants de l'Eglise. Son passage avant la guerre à la Curie romaine où il avait travaillé initialement au Collège Nord-Américain de Rome puis aux bureaux de la secrétairerie d'Etat, rapportait de gros dividendes en période de besoin. Depuis un âge précoce, Cody était le genre d'homme qui garde les deux yeux sur le gros lot. En s'insinuant dans les bonnes grâces de Pie XII et du futur Paul VI, il avait établi une formidable base de pouvoir à Rome.

Au début des années 1970, la filière du Vatican à Chicago constituait l'un de ses liens les plus importants avec les Etats-Unis. L'essentiel des investissements en actions de Vatican Entreprise sur le marché financier américain empruntait le canal de Continental Illinois. Au directoire de la banque, aux côtés de David Kennedy, ami proche de Michele Sindona, on trouvait le jésuite Raymond C. Baumhart. Les grosses sommes d'argent que Cody expédiait à Rome devinrent un facteur important de la politique fiscale du Vatican. Cody ne savait peut-être pas traiter ses prêtres mais il avait certainement la manière pour traiter les dollars. Quand l'évêque qui gouvernait le diocèse de Reno opéra des « investissements malheureux » et que ses finances s'effondrèrent complètement, le Vatican demanda à Cody de le faire libérer sous caution. Cody appela par téléphone des amis banquiers et l'on trouva rapidement l'argent.

Au fil des années, l'amitié entre Cody et Marcinkus devint de plus en plus intime ; ils avaient beaucoup en commun, sans compter tous les intérêts investis. A Chicago, où une vaste population polonaise l'aidait sans le savoir, Cody commença à détourner des centaines de milliers de dollars à travers Continental Illinois en direction de Marcinkus à la banque du Vatican. Marcinkus réexpédiait ensuite cet argent aux cardinaux de Pologne.

Cody prit encore d'autres garanties en distribuant la richesse de Chicago dans certains secteurs de la Curie romaine. Quand le cardinal était en ville, et il fit plus d'une centaine de séjours à Rome, il distribuait des cadeaux coûteux là où il en bénéficierait le plus. Un briquet en or pour tel monsignor, une montre Patek Philipe à tel évêque.

Les réclamations continuaient de pleuvoir à Rome et elles surpassaient les cadeaux de Cody. A la Sacrée Congrégation pour la Doctrine de la Foi, qui joue le rôle de police du Vatican sur les affaires d'orthodoxie doctrinale et de moralité cléricale, la pile de lettres grandissait. Il en venait non seulement de prêtres et de sœurs de Chicago mais encore d'hommes et de femmes de toutes origines. L'archevêque Jean Hamer, O.P., qui dirigeait la Congrégation, soupesait le problème. Agir à l'encontre d'un prêtre est une affaire relativement facile. Après enquête, la Congrégation faisait simplement pression sur l'évêque concerné et demandait que le prêtre soit déplacé. Sur qui doit-on faire pression lorsque l'homme à révoquer est le cardinal ?

L'Union des Prêtres condamna publiquement Cody et affirma qu'il leur mentait. Finalement, ils votèrent un blâme à son encontre. Malgré cela, Rome garda le silence.

Au début de 1976, l'archevêque Hamer n'était plus le seul dirigeant de la Curie romaine qui soit au courant des problèmes que posait la filière de Chicago. Les cardinaux Benelli et Baggio avaient décidé, chacun de son côté d'abord puis ensemble, qu'il fallait remplacer Cody.

Après de longues consultations avec le pape Paul VI, on

trouva la formule. Lorsque Cody fit l'un de ses innombrables voyages à Rome au printemps 1976, Benelli lui offrit un poste à la Curie romaine. Il aurait un titre ronflant mais absolument pas le moindre pouvoir. On savait Cody ambitieux et certain d'avoir assez de talent pour grimper plus haut que Chicago. En fait le cardinal songeait à devenir pape. Qu'un tel homme puisse provoquer pareil désastre à Chicago et envisager sérieusement ses chances d'accès à la papauté, constitue une bonne indication de son arrogance. Avec cette ambition en tête il aurait volontiers troqué Chicago pour le contrôle d'une des Congrégations de la Curie qui distribuaient de l'argent aux diocèses nécessiteux de par le monde. Cody se disait qu'il pourrait acheter suffisamment de voix de cardinaux pour se placer sur le trône de Rome lorsque l'occasion se présenterait. Benelli était au courant, d'où sa proposition, mais ce n'était pas la fonction que Cody recherchait. Il refusa et il fallut trouver une autre solution.

En janvier 1976, quelques mois avant la confrontation entre Benelli et Cody, une délégation de Chicago rendit visite à Jean Jadot, Légat apostolique à Washington. Jadot leur avait expliqué que Rome avait la situation bien en main. Comme les mois passaient sans qu'il se passe rien, la lutte repartit de plus belle à Chicago. L'image de Cody dans le public était désormais tellement effrayante qu'il dut embaucher une firme de relations publiques, sur le compte de l'Eglise, pour essayer d'obtenir une couverture favorable de la part des media.

A nouveau, les prêtres et les sœurs recommencèrent à se plaindre à Jadot à Washington. Il conseilla la patience. « Rome trouvera la solution, promit-il. Vous devez cesser ces attaques publiques. Laissez le problème se calmer. Ensuite, Rome règlera le problème, tranquillement et discrètement. »

Le clergé comprit. Les critiques publiques s'amenuisèrent mais Cody lui-même en provoqua de nouvelles, encore plus virulentes, lorsqu'il décida de fermer bon nombre d'écoles à l'intérieur de la ville. Baggio saisit l'occasion pour essayer une nouvelle fois de persuader Paul VI d'agir de manière décisive. La notion du pape sur la manière décisive consista à écrire une lettre guindée demandant une explication sur les fermetures d'écoles. Cody ignora la lettre et se vanta ouvertement de n'y avoir prêté aucune attention.

A Chicago, stimulé par l'inactivité du Vatican, on envoya d'autres lettres en Italie. Parmi elles on trouvait de nouvelles allégations soutenues par des dépositions, des déclarations sous serment et des rapports financiers. Des preuves existaient qui montraient que la conduite de Cody dans un autre domaine laissait à désirer. Ces allégations concernaient son amitié avec une femme du nom de Helen Dolan Wilson.

Cody avait dit à ses collègues de la Chancellerie qu'Helen Wilson lui était apparentée. La nature exacte de cette parenté variait ; en général il en parlait comme d'une cousine. Pour expliquer son mode de vie très chic, ses vêtements à la mode, ses fréquents voyages, son appartement coûteux, le cardinal laissait entendre que sa cousine avait reçu « ce qu'il fallait » de son défunt mari. D'après les allégations envoyées à Rome, Cody et Helen Wilson n'étaient pas parents, son mari dont elle avait divorcé depuis des années, était bien vivant à l'époque où Cody le prétendait dans l'autre monde, et qui plus est, quand il mourut vraiment en mai 1969, l'ancien mari ne laissa pas de testament et ses seuls biens en ce bas monde se résumaient à une voiture de huit ans qui valait 150 dollars et dont hérita sa seconde femme.

Ces allégations, faites de manière strictement confidentielle au Vatican, continuaient avec la preuve que l'amitié de Cody pour Helen Wilson durait depuis sa prime jeunesse, qu'il avait pris une police d'assurance sur la vie de 100 000 dollars dont il payait les primes, avec Helen Wilson pour bénéficiaire, que Cody avait falsifié les documents concernant l'activité d'Helen Wilson à la Chancellerie de Chicago pour lui faire obtenir une pension plus importante. Celle-ci était calculée sur une période de travail de 24 années pour le diocèse, ce qui était manifestement faux. On y trouvait aussi des preuves que Cody avait offert 90 000 dollars à son amie pour lui permettre d'acheter une résidence en Floride. On rappelait au Vatican qu'Helen Wilson avait accompagné Cody à Rome lorsqu'il avait été fait cardinal — mais à l'époque bien d'autres personnes avaient accompagné Cody. Au contraire d'Helen Wilson, pourtant, ils ne dirigeaient pas la Chancellerie de

Chicago, ils ne décidaient pas des meubles et des rideaux de la résidence du cardinal. On affirmait aussi que Cody avait détourné des centaines de milliers de dollars de fonds d'Eglise pour cette femme.

Comme si cela ne suffisait pas, les allégations se poursuivaient par l'énumération des fortes sommes payées au titre des assurances du diocèse au fils d'Helen, un certain David. David Wilson avait commencé à bénéficier des largesses de son « Oncle » John dès 1963, à Saint Louis. Tandis que le cardinal changeait de ville, les assurances suivaient. On affirmait que les commissions touchées par David Wilson, apparemment en monopolisant les assurances de l'Eglise contrôlées par Cody, dépassaient les 150 000 dollars.

Baggio étudia soigneusement la longue liste pleine de détails. On se renseigna. Le Vatican ne connaît pas de rival dans le monde de l'espionnage : considérez le nombre de prêtres et de nonnes répandus dans le monde et n'oubliez pas qu'ils doivent allégeance à Rome. Les réponses revinrent chez le cardinal Baggio ; elles indiquaient que les allégations étaient exactes. L'on était à la fin juin 1978.

En juillet de la même année le cardinal Baggio discuta une nouvelle fois du problème du cardinal Cody avec le pape Paul VI qui finit par accepter le remplacement de Cody. Il insista pourtant pour que cela soit fait avec compassion, de telle sorte que Cody ne perde pas la face. Plus important, il fallait agir de façon à minimiser toute publicité scandaleuse possible. On tomba d'accord qu'il fallait dire à Cody qu'il devait accepter un coadjuteur — un évêque qui dirigerait réellement le diocèse. On annoncerait officiellement que cette mesure était due à la santé défaillante de Cody, laquelle effectivement n'était pas très bonne. On autoriserait Cody à rester titulaire du diocèse de Chicago jusqu'à ce qu'il atteigne l'âge de la retraite, soit 75 ans, en 1982.

Muni de l'édit pontifical, le cardinal Baggio prit rapidement ses dispositions, boucla sa valise et partit pour Fiumicino, l'aéroport de Rome. En arrivant à l'aéroport, on lui apprit que le pape souhaitait lui parler avant qu'il ne s'envole pour Chicago.

Une fois encore, Paul dansait : un pas en arrière. Il dit à

Baggio que le projet de coadjuteur pour dépouiller Cody de son pouvoir ne pouvait se faire que si Cody était d'accord.

Epouvanté, Baggio plaida : « Mais Saint-Père, puis-je insister ? »

— Non, non, vous ne devez pas lui donner d'ordre. Le projet ne peut se réaliser que si Son Eminence est d'accord.

Très frustré et en colère, le cardinal Baggio s'envola pour Chicago.

Les réseaux d'espionnage sont des canaux à double sens pour l'information et le cardinal Cody avait ses propres sources à l'intérieur de la Curie romaine. L'élément de surprise dont Baggio espérait qu'il déséquilibrerait Cody s'était perdu, à l'insu de Baggio, le lendemain même de sa discussion cruciale avec le pape. Cody était prêt, il attendait.

La plupart des hommes dans la situation de Cody se soumettraient à un petit examen de conscience, peut-être un coup d'œil sur les événements qui, au fil des années, avaient amené ce pape excessivement sensible à la douloureuse conclusion que le pouvoir manié par Cody devait, dans l'intérêt général, être transmis à un autre. Toujours plein d'attentions pour les sentiments de l'homme qu'il souhaitait remplacer, le pape avait arrangé les choses de façon que l'escale de Baggio à Chicago reste un secret. Officiellement, il était parti directement pour le Mexique afin de mettre la dernière main aux dispositions à prendre pour la conférence de Puebla. Ce genre d'attentions passait complètement à côté du cardinal Cody.

La confrontation eut lieu dans la villa du cardinal dans les jardins du séminaire de Mundelein. Baggio sortit ses preuves. Il établit qu'en faisant des dons d'argent à Helen Wilson le cardinal avait certainement mélangé des fonds dont il avait la disposition personnelle avec l'argent de l'Eglise. En outre, la pension qu'il avait accordée à son amie ne pouvait convenir. Les investigations du Vatican avaient clairement établi une grande variété d'indiscrétions qui jetteraient certainement le discrédit sur l'Eglise catholique romaine si jamais le public en prenait connaissance.

Tandis que la confrontation prenait rapidement des allures de match à qui crierait le plus fort, Cody se sentait loin de la contrition. Il lançait à tue-tête des remarques sur ses contributions massives à Rome, sur les vastes sommes qu'il avait versées à la banque du Vatican pour l'action en Pologne, sur les dons en argent dont il avait gratifié le pape lors de ses visites *ad limina* (visites et rapports obligatoires tous les 5 ans) — et pas les misérables milliers de dollars que d'autres apportaient mais des centaines de milliers de dollars. Dans les jardins du séminaire on pouvait entendre les deux princes de l'Eglise hurler. Cody restait inflexible. Un autre évêque viendrait diriger son diocèse : « Il me passera sur le corps. » Finalement, telle une aiguille de phono sur un disque rayé, sa langue ne put que proférer cette phrase unique, sans arrêt : « Je n'abandonnerai pas le pouvoir à Chicago. »

Baggio s'en alla, momentanément vaincu. Un Cody provocant qui refusait d'accepter un coadjuteur se mettait en infraction totale avec le Droit Canon mais, pour le pape Paul, il était inconcevable que l'on apprenne publiquement que le cardinal de l'un des plus puissants diocèses du monde défiait ouvertement le pape. Paul VI tolérerait Cody jusqu'à la fin de ses jours plutôt que d'affronter cette éventualité. Ces jours étaient comptés pour Paul. Une semaine après avoir reçu le rapport de Baggio, le pape décédait.

A la mi-septembre, Luciani avait étudié le dossier Cody en profondeur. Il rencontra le cardinal Baggio et ils en parlèrent. Le pape discuta aussi des implications de l'affaire Cody avec Villot, Benelli, Felici et Casaroli. Le 23 septembre il eut encore une longue réunion avec le cardinal Baggio. A la fin de l'entretien il apprit à Baggio qu'il lui ferait part de sa décision dans les prochains jours.

A Chicago, pour la première fois de sa longue et turbulente histoire, le cardinal Cody commença à se sentir vulnérable. Après le conclave, en privé, il s'était montré condescendant envers cet Italien tranquille qui succédait à Paul. « Ce sera plus ou moins pareil », avait déclaré Cody à l'un de ses bons amis de la Curie. Plus ou moins pareil, c'était ce que Cody voulait ; cela lui permettrait de continuer à faire la pluie et le beau temps à Chicago. Aujourd'hui, les nouvelles de Rome indiquaient qu'il avait sérieusement sous-estimé Luciani. Tandis que septembre 1978 tirait à sa fin, John Cody comprit que Luciani allait agir là où Paul ne l'avait pu. Les amis de Cody à Rome l'informèrent que quelle que soit la décision que prendrait ce nouveau pape, une chose était certaine, il la ferait appliquer. Ils citaient de nombreux exemples tirés de la vie de Luciani pour montrer une force intérieure inhabituelle.

Il y avait sur le bureau de Luciani, dans son cabinet de travail, une des rares affaires personnelles qu'il conservait précieusement, une photographie. A l'origine, elle avait un vieux cadre fatigué. Lors de son passage à Venise, un paroissien reconnaissant avait fait remonter la photo dans un cadre neuf, en argent, orné de pierres fines. La photo montrait ses parents dans un décor de montagnes recouvertes de neige, les Dolomites. Sa mère tenait dans ses bras le bébé Pia, aujourd'hui mariée et mère de famille. Pendant le mois de septembre 1978 ses secrétaires remarquèrent en plusieurs occasions que le pape se perdait en réflexions en étudiant cette photographie. Elle lui rappelait des temps meilleurs où des hommes comme Cody, Marcinkus, Calvi et les autres ne venaient pas troubler sa tranquillité. Il avait eu du temps pour le silence et les petites choses, à cette époque. Maintenant Luciani avait l'impression de n'avoir jamais eu assez de temps pour ces aspects si importants de sa vie. Il était séparé de Canale et même de sa famille. Il lui arrivait de parler au téléphone avec Eduardo ou Pia, mais c'en était fini maintenant des visites surprises. L'appareil du Vatican y veillait. Même Diego Lorenzi avait essayé de décourager Pia quand elle avait appelé. Elle voulait lui apporter des petits cadeaux, des souvenirs du Nord. « Laissez-les à la grille, avait dit Lorenzi, le pape est trop occupé pour vous voir. » Luciani avait entendu la conversation et pris le téléphone.

— Viens me voir. Je n'ai pas le temps mais viens me voir quand même.

Ils déjeunèrent ensemble. Oncle Albino se portait comme un charme, il était plein d'entrain. Pendant le repas il fit quelques remarques sur sa nouvelle fonction :

— Si j'avais su qu'un jour je serais pape, j'aurais étudié davantage. C'est très dur d'être pape.

Pia voyait à quel point ce métier était difficile — et rendu encore plus difficile par la vigilance d'une Curie endurcie.

Luciani souhaitait traiter Rome comme sa nouvelle paroisse, se promener dans les rues comme il l'avait fait à Venise et dans ses autres diocèses. Qu'un chef d'Etat se conduise ainsi présentait des difficultés. La Curie annonça sèchement que non seulement l'idée était inconcevable mais encore irréalisable. La ville serait plongée dans un chaos permanent si le Saint-Père partait se promener n'importe où. Luciani abandonna son idée mais reprit une version modifiée. Il fit part aux fonctionnaires du Vatican qu'il souhaitait rendre visite à chaque hôpital, chaque église et chaque centre d'hébergement à Rome et peu à peu faire connaissance avec ce qu'il considérait comme sa paroisse, une paroisse qui demandait une approche unique. Pour un homme enclin à être un pape pastoral, la réalité qu'il rencontrait sur le pas de sa propre porte constituait un puissant défi.

Rome est peuplée de deux millions et demi de catholiques. Elle aurait dû produire au moins soixante-dix nouveaux prêtres par an. Quand Luciani devint pape, il y en avait six. La vie religieuse de Rome ne se maintenait que par l'importation massive de prêtres venus d'ailleurs. En réalité, bien des quartiers de la ville étaient redevenus païens, avec une fréquentation des églises de moins de 3 pour cent de la population. Là, au cœur de la foi, le cynisme était monnaie courante.

La ville où Luciani se trouvait désormais chez lui, abritait aussi le maire communiste Carlo Argan — fait étonnant dans une ville dont le produit principal est la religion et où cette industrie ne connaît qu'un seul rival : le taux de criminalité. L'un des nouveaux titres que Luciani avait acquis était évêque de Rome, ville qui n'en avait pas eu au sens où Milan, Venise, Florence et Naples avaient un évêque, depuis plus d'un siècle. Et cela se voyait.

Pendant que Pia déjeunait avec le pape, Don Diego était engagé dans une longue et sonore discussion avec un fonctionnaire de la Curie qui refusait même d'envisager le désir du pape de visiter divers quartiers de Rome. Luciani interrompit sa conversation avec Pia.

— Don Diego, dites-lui que cela doit être fait. Dites-lui que le pape le souhaite.

Lorenzi transmit l'ordre du pape mais dut faire face à un refus. Il se tourna vers le Saint-Père :

— Ils disent que ce n'est pas possible, Saint-Père, parce que cela n'a jamais été fait auparavant.

Pia restait assise, fascinée par la partie de tennis vaticane qui continuait. Finalement, Luciani s'excusa de l'interruption auprès de sa nièce et dit à son secrétaire qu'il donnerait des instructions à Villot. En souriant à Pia, il remarqua :

— Si la Curie romaine le permet, ton oncle espère se rendre au Liban avant Noël.

Il parla un bon moment de ce pays déchiré et de son désir d'intercéder avant l'explosion du baril de poudre. Après le déjeuner, comme elle prenait congé, il insista pour qu'elle accepte une médaille que lui avait offerte la mère du président du Mexique. Quelques jours plus tard, le 15 septembre, il invita son frère Eduardo à dîner. Ces deux rencontres familiales devaient être les dernières pour Albino Luciani. Sur cette terre.

Tandis que se développait le pontificat d'Albino Luciani le gouffre entre le pape et les observateurs professionnels du Vatican grandissait en proportion directe avec les liens et les rapports toujours plus étroits entre le nouveau pontife et le grand public. On comprend l'affolement des professionnels.

Du fait du choix d'un cardinal qui n'appartenait pas à la Curie et apparemment dépourvu de réputation internationale, les experts avaient conclu qu'ils observaient le premier pape d'une nouvelle espèce, un homme délibérément choisi pour garantir une diminution de pouvoir, un rôle moins important de la papauté. Il ne fait guère de doute que Luciani voyait personnellement son rôle de cette façon réduite. Le principal problème dans cette conception d'une papauté moins importante résidait dans l'homme lui-même. L'essence même d'Albino Luciani, sa personnalité, son intelligence et ses dons extraordinaires signifiaient que le grand public accorda très vite au nouveau pape une position plus grande, un sens plus profond à ce qu'il avait à dire. La réaction du public devant Luciani démontrait clairement l'existence d'un besoin profond pour un élargissement du rôle du pape, c'est-à-dire exactement l'inverse de ce que voulaient de nombreux cardinaux. Plus Luciani se montrait humble, plus les fidèles l'exaltaient.

Nombre de ceux qui avaient connu Luciani à Venise étaient profondément étonnés par ce qu'ils pensaient être un changement de l'homme. A Vittorio Veneto, à Belluno et à Canale, on n'éprouvait aucun étonnement. C'était bien le vrai Luciani. La simplicité, le sens de l'humour, l'accent sur le catéchisme — tout cela faisait partie intégrante de l'homme.

Le 26 septembre, Luciani pouvait jeter un regard satisfait sur son premier mois dans ce nouveau métier. Ces quelques semaines avaient exercé un choc puissant. Ses investigations dans des pratiques corrompues et malhonnêtes avaient plongé leurs auteurs dans une crainte profonde. Son impatience devant la pompe de la Curie avait suscité l'indignation. Il n'avait cessé d'abandonner les discours écrits officiellement, se plaignant publiquement : « C'est trop curial dans le style », ou encore : « Ceci est bien trop onctueux. »

Ses paroles étaient rarement rapportées par Radio Vatican ou par l'*Osservatore Romano,* mais le public les entendait ainsi d'ailleurs que les autres media. Empruntant une phrase à saint Grégoire, le pape remarqua que, en l'élisant, « l'Empereur avait voulu que le singe se change en lion ». A l'intérieur du Vatican on pinçait les lèvres tandis que les sourires fleurissaient dans le public. Voilà qu'un « singe » lors de son premier mois leur parlait en latin, en italien, en français, en anglais, en allemand et en espagnol. Comme aurait pu le faire remarquer Winston Churchill, « quel singe » !

Le 7 septembre, lors d'une audience privée avec Vittore Branca à 8 heures du matin, horaire qui fit hausser les sourcils de la Curie encore plus haut, son ami Branca exprima ses soucis quant au poids de la papauté. Luciani répondit :

> « Oui, certainement que je suis trop petit pour les grandes choses. Je ne peux que répéter la vérité et l'appel de l'Evangile comme je le faisais dans ma petite église chez moi. Fondamentalement, c'est ce dont les hommes ont besoin et, par-dessus tout, je suis le gardien des âmes. Entre le curé de paroisse à Canale et moi il n'y a de différence que dans le

nombre de fidèles mais la tâche est la même, se souvenir du Christ et de sa parole. »

Plus tard dans la même journée il rencontra tous les prêtres de Rome et, en leur parlant du besoin de méditation, ses paroles prennent une signification profondément poignante quand on sait le peu de temps et d'espace dont dispose un nouveau pape pour méditer.

> « J'ai été touché de voir, à la gare de Milan, un porteur en train de dormir, bienheureux, la tête contre un sac de charbon et le dos appuyé à un pilier. Les trains sifflaient en partant et leurs roues grinçaient à l'arrivée. Les haut-parleurs faisaient sans cesse irruption. Des gens allaient et venaient bruyamment. Mais lui, endormi, semblait me dire " Fais ce que tu dois faire mais moi j'ai besoin d'un peu de paix. " Nous autres prêtres devons en faire autant. Autour de nous le mouvement ne cesse pas. Des gens parlent, il y a les journaux, la radio et la télévision. Avec la discipline et la modération des prêtres nous devons dire " Au-delà de certaines limites vous n'existez pas pour moi. Je suis prêtre du Seigneur. Il me faut un peu de silence pour mon âme. Je m'éloigne de vous pour être un moment avec mon Dieu. ". »

Le Vatican enregistra ses discours lors des Audiences Générales où, plusieurs mercredis de suite il s'exprima sur la Foi, l'Espérance et la Charité. La plaidoirie de Luciani pour que l'on montre ces vertus envers les drogués, par exemple, passa inaperçue de la Curie qui contrôlait les media du Vatican.

Quand le 20 septembre il prononça la phrase mémorable qui disait qu'on avait tort de croire « *Ubi Lenin ibi Jerusalem* » (où est Lénine, voici Jérusalem), la Curie annonça que le pape rejetait la « théologie de la libération ». C'était faux. En outre, Radio Vatican et l'*Osservatore Romano* négligèrent de rapporter cette importante précision de Luciani selon laquelle entre l'Eglise et le salut religieux d'une part, et le monde et le salut humain de l'autre, « Il existe une certaine coïncidence mais nous ne pouvons pas tracer un parallélisme parfait. »

Le samedi 23 septembre, l'investigation de Luciani sur Vatican Entreprise était bien avancée. Villot, Benelli et d'autres avaient fourni au pape des rapports sur lesquels Luciani réfléchissait. Ce jour-là, il quitta le Vatican pour la première fois afin de prendre possession de sa cathédrale en tant qu'évêque de Rome. Il serra la main du maire Argan et ils prononcèrent chacun leur discours. Après la messe qui suivit, en présence de la majorité de la Curie, le pape fit plusieurs allusions aux problèmes internes avec lesquels il se trouvait aux prises. En parlant des pauvres, ce secteur de la société le plus proche de son cœur, il observa :

> « Ceux-ci, disait Laurent le diacre de Rome, sont les vrais trésors de l'Eglise. Il faut cependant les aider, ceux qui le peuvent, à avoir plus et à être plus, sans devenir humilié ni offensé par des richesses ostentatoires, par l'argent gaspillé dans des choses futiles et pas investi, dans toute la mesure du possible, dans des entreprises pour le bénéfice de tous. »

Un peu plus loin dans le même discours il se tourna et, regardant directement ces messieurs de la banque du Vatican réunis ensemble, il commença à parler des difficultés inhérentes au guide et au gouvernant.

> « Bien que j'aie été pendant vingt ans évêque à Vittorio Veneto et à Venise j'admets ne pas avoir encore appris le métier comme il faut. A Rome je vais me mettre à l'école de saint Grégoire le Grand qui écrivit “ le pasteur devrait, avec compassion, rester proche de chacun de ses sujets : oubliant son rang il devrait se considérer au même niveau que les bons sujets, mais il ne devrait pas craindre d'exercer les droits que lui confère son autorité contre les méchants... ”. »

Ceux dans le public qui ne connaissaient pas les événements internes au Vatican se contentèrent de hocher sagement la tête. La Curie savait précisément à quoi le pape faisait allusion. C'était, en style vatican, l'annonce élégante, détournée des événements à venir.

Il y avait des changements dans l'air, et à l'intérieur du village du Vatican on spéculait avec frénésie. L'évêque Marcinkus et au moins deux de ses plus proches collaborateurs, Mennini et de Strobel partaient. On considérait cela comme un fait. Les rumeurs d'autres mutations excitaient les esprits de la Curie.

Quand, le dimanche 25 septembre, un prélat à l'œil exercé identifia un visiteur privé qui se dirigeait vers les appartements pontificaux comme étant Lino Marconato, l'excitation dans le village atteignit de nouveaux sommets. Marconato était le directeur de la Banco San Marco. Est-ce que sa présence dans les appartements pontificaux indiquait qu'on avait déjà trouvé un successeur à la Banco Ambrosiano ?

En fait, l'objet de la réunion concernait des affaires bancaires bien plus prosaïques. Banco San Marco était devenue, par les soins de Luciani, la banque officielle du diocèse à Venise après que le patriarche eut fermé tous les comptes à la Banca Cattolica del Veneto. Luciani avait besoin de liquider son compte à San Marco, car il savait qu'il ne retournerait jamais vivre dans cette ville. Marconato trouva son futur ex-client au meilleur de sa forme. Ils bavardèrent joyeusement de Venise tandis que Luciani lui donnait ses instructions afin que l'argent déposé sur son compte patriarcal soit viré sur celui de son successeur.

L'on se préoccupait intensément des changements à venir. Dans bien des villes. Dans bien des esprits.

Une autre personne qui avait un intérêt direct dans les décisions que Luciani pouvait être en train de préparer se nommait Michele Sindona. La lutte qu'il menait depuis 4 ans pour éviter l'extradition des Etats-Unis vers l'Italie connaissait un sommet en septembre 1978. Un peu plus tôt la même année, en mai, un juge fédéral avait estimé que le Sicilien qui s'était transformé en citoyen suisse, devait être renvoyé à

Milan pour affronter la musique extrêmement coûteuse qu'il avait précédemment orchestrée. En son absence, il avait été condamné à trois ans et demi de prison mais Sindona savait parfaitement que cette peine aurait l'air d'un jeu d'enfant quand les tribunaux italiens en auraient terminé avec lui. Malgré une enquête fédérale, il n'était encore sous le coup d'aucune inculpation aux Etats-Unis. L'effondrement de Franklin Bank avait été suivi de l'arrestation d'un certain nombre de gens pour divers chefs d'inculpation mais, en septembre 1978, le Requin était encore épargné. Son principal problème à l'époque se situait en Italie.

L'armée d'avocats à un million de dollars de Sindona avait persuadé les tribunaux de ne pas mettre en route l'extradition tant que les procureurs des Etats-Unis n'avaient pas démontré qu'il existait des preuves fondées contre Sindona à l'égard des nombreuses charges qui pesaient sur lui à Milan.

Depuis le mois de mai les procureurs avaient travaillé dur pour obtenir ces preuves. Aidé par la Mafia et par ses collègues de P2, Sindona avait travaillé tout autant pour faire disparaître ces preuves. Tandis que septembre touchait à sa fin il lui restait encore pas mal de « problèmes » non réglés.

Le premier était le témoignage prononcé pendant la procédure d'extradition par un dénommé Nicola Biase. C'était un ancien employé de Sindona et ce dernier estimait cette preuve dangereuse. Il s'arrangea pour la rendre « sûre ». Après avoir discuté de la question avec la famille Gambino, on lança un petit contrat style Mafia. Ce devait être quelque chose de pas spécialement sinistre : on allait menacer la vie de Biase, de son épouse, de sa famille et de son avocat. S'ils succombaient à la menace et que Biase retirait son témoignage, les choses en resteraient là. Si Biase refusait de coopérer avec la Mafia alors la famille Gambino et Sindona envisageaient de « revoir » la situation. Cette révision n'augurait rien de bon pour le maintien de la bonne santé de Biase. Le premier contrat de moins de 1 000 dollars serait modifié et réévalué à un montant plus approprié. On confia l'exécution du contrat à Luigi Ronsisvalle et Bruce McDowall. Ronsisvalle exerce le métier de tueur à gages.

On discuta aussi d'un autre contrat avec Ronsisvalle. La

Mafia l'informa que Michele Sindona exigeait la mort de l'adjoint au District Attorney des Etats-Unis, John Kenney.

Rien n'illustre plus clairement la mentalité de Michele Sindona que le contrat lancé contre John Kenney. Ce dernier occupait le siège du ministère public dans les procédures d'extradition, c'est lui qui conduisait l'accusation de l'Etat américain contre la présence permanente de Sindona aux Etats-Unis. Sindona pensait que Kenney éliminé le problème disparaîtrait. Cela constituerait un avertissement lancé au gouvernement américain selon lequel lui, Michele Sindona, n'était pas d'accord de s'en aller. Les investigations devaient cesser. Il ne devait plus y avoir de pénibles comparutions devant le tribunal, plus de tentatives absurdes pour le renvoyer en Italie. Les processus mentaux à l'œuvre ici sont à cent pour cent ceux de la Mafia sicilienne. C'est une philosophie qui fonctionne sans arrêt en Italie. C'est aussi un élément essentiel de la « Solution italienne ». On peut intimider les autorités et on le fait. Les enquêteurs qui remplacent un collègue assassiné avancent très lentement. Sindona se disait que ce qui marchait à Palerme marcherait aussi à New York.

Bien que tueur professionnel, Luigi Ronsisvalle refusa le contrat. Les honoraires de 100 000 dollars avaient l'air satisfaisant mais Ronsisvalle qui appréciait mieux que Sindona le mode de vie américain n'envisageait pas d'avoir tellement l'occasion de les dépenser. Si l'on assassinait Kenney, il y aurait des vagues, et des grosses. Ronsisvalle se mit à chercher quelqu'un, au nom de la famille Gambino, qui s'imaginerait avoir de réelles chances de survie après avoir tué un procureur de la République américaine.

Sindona et ses amis passèrent ensuite au problème suivant, Carlo Bordoni, ancien associé d'affaires et ami intime de Sindona. Bordoni affrontait déjà pas mal de charges à propos de la faillite de Franklin Bank et Sindona savait qu'il pourrait apporter un témoignage fatal contre le Requin en échange d'une remise de peine. On décida que le traitement qu'on était sur le point d'appliquer à Nicola Biase et à sa famille ainsi qu'au procureur devait être étendu à Carlo Bordoni.

Les autres problèmes de Sindona se trouvaient en Italie, en particulier au Vatican. Si Marcinkus tombait, Calvi suivrait.

Si Calvi cédait, il entraînerait Sindona avec lui. Les quatre ans de lutte pour éviter l'extradition se termineraient. Est-ce qu'un homme qui estimait pouvoir résoudre ses problèmes aux Etats-Unis par le meurtre d'un procureur américain, n'avait pas le sentiment de pouvoir éliminer la principale menace qu'il lui fallait affronter en Italie à travers la mort d'un pape ?

Sindona, Calvi, Marcinkus et le cardinal Cody : le 28 septembre 1978 chacun de ces hommes allait être détruit si Albino Luciani prenait certaines décisions précises. D'autres personnages risquaient d'être directement touchés : Licio Gelli et Umberto Ortolani. Pour ces deux chefs de P 2, perdre Calvi revenait à ce que la loge maçonnique perde son trésorier général. Le 28 septembre un autre nom vint s'ajouter à la liste toujours plus longue de ceux qui étaient sur le point d'être sérieusement affectés par les décisions de Luciani. Il s'agissait du nom du cardinal Jean Villot, secrétaire d'Etat du pape.

Ce matin-là, après un petit déjeuner léger composé de café et d'un croissant, Luciani s'assit à son bureau dès avant 8 heures. Il avait beaucoup à faire.

Le premier problème auquel il s'attaqua fut l'*Osservatore Romano.* Pendant le mois précédent il avait eu bien des raisons de se plaindre du journal à maintes reprises. Après avoir remporté la bataille sur l'emploi régalien du « Nous » et du « Nôtre » que le journal avait d'abord voulu substituer à l'emploi par le pape de la première et plus humble personne du singulier, l'édition quotidienne apportait ses causes d'irritations au pape. Le journal adhérait rigidement aux discours écrits par la Curie et ne tenait aucun compte des commentaires personnels du Saint-Père. Le quotidien s'était même plaint quand des journalistes italiens avaient rapporté avec exactitude les propos du pape au lieu de ce que l'*Osservatore Romano* estimait qu'il aurait dû dire. Désormais se posaient de nouveaux problèmes d'une nature bien plus grave.

La campagne pour lier Luciani de façon irréparable aux conceptions de son prédécesseur avait atteint de nouveaux sommets avec l'édition du 27 septembre. Pas mal de cardinaux de la Curie avaient découvert avec horreur que peu avant le conclave Albino Luciani avait donné son opinion sur la naissance de Louise Brown, autrement appelée « le premier bébé-éprouvette ». Luciani avait été interviewé trois jours avant la mort de Paul VI sur cette question mais on ignorait en général son avis jusqu'à ce que l'article soit repris par *Prospettive nel Mondo* après son élection. Les adversaires acharnés du contrôle des naissances lurent avec une épouvante croissante ce que pensait l'homme qui était devenu pape.

Luciani avait commencé prudemment, en expliquant clairement qu'il exprimait ses vues personnelles parce que, comme tout le monde, il « attendait de voir ce que serait l'enseignement authentique de l'Eglise quand les experts auraient été consultés ». Les événements avaient produit une situation dans laquelle l'enseignement authentique de l'Eglise sur ce sujet comme sur n'importe quel autre se trouvait désormais entièrement entre les mains de Luciani.

Dans l'interview, Luciani exprimait un enthousiasme modéré à propos de cette naissance. Il s'inquiétait sur la possibilité d' « usines à bébés », souci prophétique au vu des événements actuels en Californie où des femmes font la queue pour se faire inséminer avec du sperme de prix Nobel.

Dans un message personnel aux parents de Louise Brown, Luciani disait :

> « Suivant l'exemple de Dieu qui désire et aime la vie humaine, j'envoie aussi mes meilleurs vœux au bébé. Quant aux parents, je n'ai pas le droit de les condamner ; subjectivement, s'ils ont agi avec de bonnes intentions et de bonne foi, il se peut qu'ils aient même un plus grand mérite devant Dieu pour ce qu'ils ont décidé et demandé aux médecins de faire. »

Il attirait ensuite l'attention sur une prise de position antérieure de Pie XII qui pouvait amener l'acte de la fécondation artificielle en conflit avec l'Eglise. Puis, à la lumière de la conception selon laquelle chaque individu a le droit de choisir pour ce qui le concerne, il exprimait une opinion qui est au cœur même de son attitude vis-à-vis de bien des problèmes moraux : « Quant à la conscience individuelle, je suis d'accord, il faut toujours la suivre, qu'elle commande ou qu'elle interdise ; cependant, l'individu doit toujours chercher à développer une conscience bien formée. »

Ceux qui, au Vatican, croient que la seule conscience bien formée est exclusivement celle qu'ils ont formée, commencèrent à murmurer. On commença à tenir des réunions discrètes. Ceux qui s'y rendaient croyaient nettement qu'il fallait arrêter Luciani. Ils parlaient vainement de « la trahison de Paul » ce qui pour certains esprits romains raffinés est une manière élégante de dire « je ne suis pas d'accord ».

Quand la nouvelle du dialogue prudent entre les services de la secrétairerie d'Etat et le Département d'Etat américain commença à filtrer, ce groupe décida d'agir. L'information ultérieure selon laquelle une délégation officielle allait être reçue en audience par le pape accrut la hâte de ceux qui, à l'intérieur du Vatican, considéraient que *Humanae Vitae* devait rester le dernier mot sur la question.

Le 27 septembre parut en première page de l'*Osservatore Romano* un long article intitulé « *Humanae Vitae et la moralité catholique* ». Son auteur était le cardinal Luigi Ciappi, O.P., théologien de la Maison pontificale. Le cardinal Ciappi avait été le théologien personnel de Paul VI et de Pie XII. Provenant d'une telle autorité, cet article semblait porter l'imprimatur personnel du nouveau pape. Il avait déjà été publié dans *Laterano* pour « célébrer » le dixième anniversaire de *Humanae Vitae.* Sa réimpression constituait une tentative délibérée d'anticiper sur tout changement dans la question du contrôle des naissances qu'Albino Luciani pourrait souhaiter faire. L'article lui-même est un long éloge prônant les vertus de *Humanae Vitae.* On y trouve de copieuses citations de Paul VI mais pas un seul mot de Luciani affirmant qu'il partageait les vues de Paul ou celles de Ciappi. La raison en est fort simple. Ciappi n'avait pas parlé de l'article avec Luciani. De fait, le 27 septembre 1978, le cardinal Ciappi attendait encore une audience privée avec le nouveau pape. Luciani ne découvrit l'article et sa teneur qu'en le lisant en première page le 27 septembre. De plus en plus en colère il tourna la page pour lire la suite en page 2 ;

comme nous l'avons dit il était très long. Sur cette deuxième page il rencontra un autre effort de la Curie pour miner sa position. Sur trois colonnes entières s'étendait un autre article intitulé « Le risque de manipulation dans la création de la vie ». Il s'agissait d'une condamnation dogmatique et brutale de la naissance du bébé-éprouvette Louise Brown ainsi que de toute fécondation artificielle.

Là encore on n'en avait rien dit à Luciani. La Curie savait fort bien que tout ce que l'*Osservatore Romano* prétend être seulement semi-officiel, et en particulier ces articles, serait considéré par le monde comme reflétant les opinions du nouveau pape. La guerre avait effectivement commencé.

Par conséquent, le 28 septembre, peu après 8 heures du matin, le pape appela au téléphone son secrétaire d'Etat Villot. Il exigea une explication complète sur la façon dont ces deux articles avaient paru ; il appela ensuite le cardinal Felici à Padoue où ce dernier était sur le point de participer à une retraite spirituelle.

Il avait pris l'habitude d'utiliser de plus en plus Felici comme caisse de résonance pour ses idées. Luciani savait que leurs avis différaient sur un grand nombre de sujets mais il savait aussi que Felici répondait avec une totale franchise. Le nouveau pape savait aussi qu'en tant que Doyen du Sacré Collège, Felici connaissait mieux que beaucoup les voies compliquées des machinations de la Curie.

Luciani exprima sa colère à propos des deux articles.

— Vous vous rappelez, il y a quelques jours, vous m'avez informé que la Curie souhaitait que je limite mon exubérance naturelle ?

— Ce n'était qu'une suggestion, Votre Sainteté.

— Peut-être voudriez-vous être assez aimable de retourner le compliment de ma part. Dites à ce petit journal de limiter ses opinions sur de tels problèmes. Les rédacteurs en chef sont comme les papes. Aucun n'est indispensable.

Après avoir organisé une autre rencontre avec Felici à son retour de Padoue, Luciani passa au problème suivant, l'Eglise hollandaise. Cinq des sept évêques hollandais avaient l'intention d'adopter des positions modérées sur les questions de l'avortement, de l'homosexualité et de l'emploi de prêtres mariés. Parmi ces cinq, on trouvait le cardinal Willebrands, l'homme qui avait offert des paroles de réconfort à Luciani pendant le conclave. A ces cinq prélats s'opposaient deux évêques extrêmement conservateurs, Gijsens de Roermond et Simonis de Rotterdam. Une réunion en Hollande prévue pour novembre 1978 promettait de tourner à l'arène publique où éclateraient au grand jour ces profondes divisions. Il existait aussi un autre problème exposé dans le rapport détaillé soumis au défunt pape Paul VI.

Les Jésuites étaient aux trousses du théologien connu dans le monde entier, le professeur dominicain Edward Schillebeeckx. Tout comme son contemporain suisse Hans Kung, les conservateurs voulaient faire taire ce qu'ils prenaient pour les idées radicales de Schillebeeckx. L'Index redouté des livres interdits avait été supprimé par Paul VI. Sa mort avait laissé pendant le problème du contrôle de l'Eglise catholique romaine sur ses penseurs avancés. Dans le passé, Luciani avait emprunté à Kung une phrase pour condamner les « théologiens d'élite » mais des hommes comme Kung et Schillebeeckx n'en faisaient pas partie ; ils exprimaient le désir profond d'un retour de l'Eglise à ses origines, ce qu'Albino Luciani approuvait de tout cœur. Quelques minutes avant dix heures, Luciani remit le dossier de côté et se plongea dans un aspect plus joyeux de son travail. Une série d'audiences.

Il devait d'abord recevoir un groupe dont faisait partie celui que Luciani avait promu à la Présidence de *Cor Unum,* le cardinal Bernard Gantin. Le visage du pape s'éclaira à la vue de la silhouette puissante et jeune de Gantin qui représentait à ses yeux l'avenir de l'Eglise. Pendant leur conversation, Luciani observa :

— C'est seulement Jésus-Christ que nous devons offrir au monde. En dehors de cela nous n'aurions aucune raison, on ne nous écouterait jamais.

Autre audience accordée ce matin-là : Henri de Riedmatten. Quand la nouvelle avait couru dans Rome peu après le conclave que Luciani avait écrit au pape Paul avant *Humanae Vitae* le pressant de ne pas réaffirmer l'interdiction de la contraception artificielle, c'était Riedmatten qui avait qualifié ce rapport de « fantaisiste ». Son entretien avec le pape le 28 septembre avait trait à son travail de secrétaire de *Cor Unum* mais Luciani adressa à Riedmatten un avertissement clair pour qu'il ne répète pas ce genre de « démenti ».

— J'ai cru comprendre que mon rapport sur le contrôle des naissances ne vous est pas parvenu ?

Riedmatten marmonna quelque chose à propos d'une confusion possible.

— Père Riedmatten, l'on devrait prendre garde de ne pas s'exprimer publiquement tant qu'il demeure la moindre confusion. Si dans l'avenir vous aviez besoin d'un exemplaire de mon rapport je suis certain qu'on vous en trouvera un.

Riedmatten remercia le pape avec profusion et, par la suite, garda un silence avisé tandis que Luciani parlait des problèmes du Liban avec le cardinal Gantin. Il informa ce dernier que la veille il avait parlé de son projet de se rendre au Liban avec le patriarche Hakim dont les diocèses de rite grec melchite couvraient non seulement le Liban envahi mais le territoire de l'envahisseur syrien.

Le Saint-Père reçut aussi en audience ce matin-là un groupe d'évêques philippins qui faisaient leur visite *ad limina*. Face à ces hommes qui devaient vivre au jour le jour avec la réalité du président Marcos, Luciani leur parla d'un sujet qui lui tenait beaucoup à cœur : l'évangélisation. Tout à fait conscient des difficultés auxquelles ils devaient faire face s'il s'en prenait directement à Marcos, le pape choisit de faire passer son message en soulignant l'importance de l'évangélisation. Il leur rappela le voyage de Paul aux Philippines.

> « Tandis qu'il choisissait de parler des pauvres, de la justice et de la paix, des droits de l'homme, de la libération économique et sociale, à un moment où il engageait aussi efficacement l'Eglise dans le soulagement de la misère, il ne devait ni ne pouvait rester silencieux sur les " biens supérieurs ", la plénitude de la vie dans le Royaume des Cieux. »

Le message fut bien compris, non seulement par les évêques mais aussi par la famille Marcos, un peu plus tard.

Après les audiences du matin, Luciani devait rencontrer le

cardinal Baggio. Il était parvenu à un certain nombre de décisions et était sur le point d'informer Baggio de deux d'entre elles.

La première concernait le cardinal John Cody de Chicago. Une fois tous les aspects du problème pesés, Luciani avait décidé qu'il fallait révoquer Cody. On y procéderait à la manière vaticane classique, sans publicité superflue, espérait-il. Il dit à Baggio qu'on devait donner à Cody l'occasion de démissionner à cause de sa santé. La presse ne ferait guère de commentaires contraires car la santé de Cody était en effet loin d'être satisfaisante. Si Cody refusait de démissionner, plutôt que d'aller au-devant d'un scandale public si on le faisait contre son gré, on nommerait un coadjuteur. On enverrait un autre évêque pour assumer tout le pouvoir réel et diriger le diocèse. Luciani était presque certain que face à cette alternative, Cody choisirait la voie de la dignité et qu'il s'en irait. S'il insistait pour rester, eh bien qu'il en soit ainsi. On lui retirerait toutes ses responsabilités. Luciani se montra d'une clarté absolue sur tout cela. Il n'y aurait ni demande, ni marché. On nommerait un coadjuteur.

Baggio était ravi ; la situation était enfin résolue. Il allait être beaucoup moins content de la décision suivante à laquelle Luciani en était arrivé. Venise n'avait plus de patriarche. Il proposa le poste à Baggio.

Pareille proposition en aurait honoré plus d'un. Baggio, non ; cela le mettait en colère. Il voyait son avenir à court terme comme figure de proue de la conférence de Puebla au Mexique. Il croyait que l'avenir de l'Eglise résidait dans le Tiers Monde. A long terme, il se voyait à Rome, au cœur de l'action. A Venise, il serait hors de vue et, plus important, on l'oublierait quand on en viendrait à dresser des plans pour plus tard. Son refus d'accepter Venise étonna Luciani. L'obéissance au pape et à la papauté avait été inculquée à Luciani depuis ses premiers temps au séminaire de Feltre et l'obéissance acquise par Luciani avait été totale, sans réserve. Au fil des ans, tandis que sa carrière progressait, il avait commencé à émettre des réserves, plus particulièrement sur les problèmes de Vatican Entreprise et d'*Humanae Vitae*, mais il eût été inconcevable qu'il dirigeât publiquement un mouvement d'opposition, même sur des questions aussi importantes que celles-ci. C'était lui qui, sur la demande de Paul, avait écrit article sur article pour soutenir la ligne pontificale, lui qui, lors de la rédaction d'un de ces articles sur le divorce, l'avait donné à son secrétaire le père Mario Senigaglia avec le commentaire suivant : « Ceci va me donner bien des migraines, je le sais, quand ce sera publié, mais le pape l'a demandé. » Il n'arrivait pas à croire qu'on pouvait refuser une demande directe du pape ainsi que Baggio le faisait maintenant. Les deux hommes fonctionnaient avec deux échelles de valeurs complètement différentes. Luciani envisageait ce qui conviendrait le mieux à l'Eglise catholique romaine. Baggio envisageait ce qui conviendrait le mieux à Baggio.

Plusieurs raisons avaient poussé le pape à conclure que Baggio devait quitter Rome pour Venise. Non l'une des moindres était un certain nom sur la liste de Maçons que Luciani avait reçue : Baggio, nom maçonnique Seba, loge numéro 85/2640. Date de réception : 14 août 1957.

Luciani avait mené d'autres investigations après sa conversation avec le cardinal Felici. Une remarque de Felici l'avait intrigué. « Certains sur la liste sont Maçons ; d'autres pas. » Le problème de Luciani consistait à séparer le vrai du faux. Les investigations l'avaient aidé à certaines clarifications.

On m'a raconté l'entretien entre Baggio et Luciani comme « une dispute très violente où la violence et la colère venaient entièrement de Son Eminence. Le Saint-Père était resté calme ».

Calme ou pas, Luciani avait un problème non résolu à l'heure du déjeuner. Venise restait sans chef et Baggio insistait sur le fait que sa place était à Rome. Luciani, pensif, entama son potage.

L'été indien qu'avait connu Rome pendant tout le mois cédait la place à un temps plus frais en ce jeudi. Après une courte sieste Luciani décida de limiter son exercice pour ce jour à une marche à l'intérieur. Il commença à se promener tout seul dans les couloirs. A 3 heures et demie le pape retourna dans son cabinet de travail et passa quelques coups de téléphone. Il s'entretint avec le cardinal Felici à Padoue et avec le cardinal Benelli à Florence. Il parla des événements de la matinée, y compris la confrontation avec Baggio, puis la conversation continua sur sa prochaine nomination, que Villot allait connaître. Les diverses décisions prises par Luciani allaient être confiées au secrétaire d'Etat.

Luciani et Villot étaient assis en train de boire leur camomille. Pour essayer de se rapprocher de son secrétaire d'Etat, le pape, au cours de leurs nombreuses conversations, lui parlait de temps en temps en français. C'était un geste que le cardinal de Saint-Amande-Tallende appréciait. La rapidité avec laquelle Luciani s'était installé dans la papauté l'avait profondément impressionné. Et cette impression était sortie des bureaux de la secrétairerie d'Etat, de nombreux amis et anciens collègues de Luciani en avaient été informés. Monseigneur Da Rif, qui travaillait encore à Vittorio Veneto, faisait partie des nombreuses personnes qui recevaient des nouvelles de cette progression.

> « Depuis le cardinal Villot jusqu'en bas ils admiraient tous la façon de travailler du pape Luciani. Son aptitude à toucher à la racine des problèmes, à prendre vite des décisions fermes. Ils étaient tous frappés de sa capacité à exécuter ses tâches. Il était clair qu'il était homme à prendre des décisions et à s'y tenir. Il ne prêtait pas le flanc aux pressions. Pour moi personnellement, ce pouvoir de s'en tenir à sa propre ligne constituait un trait tout à fait remarquable de la personnalité d'Albino Luciani. »

Durant la fin de l'après-midi du 28 septembre, Jean Villot reçut une démonstration étendue de cette aptitude qui l'avait tant impressionné pendant le mois qui venait de s'écouler. Le premier problème examiné était l'*Istituto per le Opere Religione*, la banque du Vatican. Luciani était désormais en possession d'une grande masse d'informations détaillées. Villot lui avait déjà personnellement soumis un rapport préliminaire. Luciani avait aussi obtenu d'autres renseignements de la part de l'assistant de Villot, l'archevêque Giuseppe Caprio, ainsi que de Benelli et de Felici.

Pour l'évêque Paul Marcinkus, qui avait joué un rôle si actif et si complaisant vis-à-vis de Calvi dans la prise de contrôle de la Banca Cattolica, l'heure approchait du retour de bâton, ainsi que de beaucoup d'autres. Villot informa le pape qu'inévitablement il y avait eu des fuites à propos de l'enquête sur la banque. La presse italienne se montrait curieuse et on venait juste de publier un grand papier.

Il est évident que *Newsweek* possédait d'excellentes sources au Vatican. Ce magazine avait appris qu'avant le conclave un nombre considérable de cardinaux avaient demandé un rapport complet à Villot sur la banque du Vatican. A travers ses « sources bien informées » il avait aussi retenu le fait qu'il existait des tendances pour faire partir Marcinkus. Le magazine citait ses sources curiales : « On assiste à des pressions pour le faire partir. Il sera probablement nommé évêque auxiliaire. »

Luciani sourit.

— Est-ce que *Newsweek* me dit par qui remplacer Marcinkus ?

Villot secoua la tête.

Au fur et à mesure que leur entretien progressait, Luciani expliquait clairement qu'il n'avait aucune intention de laisser Marcinkus à la Cité du Vatican, encore moins à la banque du même nom. Après avoir personnellement évalué l'homme au cours d'un entretien de trois quarts d'heure au début du mois, Luciani avait conclu que Marcinkus serait employé bien plus utilement en tant qu'évêque auxiliaire de Chicago. Il n'avait pas indiqué ce qu'il pensait à l'évêque mais la froide politesse qu'il avait manifestée envers l'homme de Cicero n'était pas passée inaperçue.

De retour aux bureaux de sa banque après l'entretien, Marcinkus confia ensuite à un ami : « Il se pourrait que je ne sois plus ici pour très longtemps. » A ses collègues de la banque il fit remarquer : « Vous feriez bien de vous rappeler que ce pape a des idées différentes du précédent. Il va y avoir des changements par ici. De grands changements. »

Marcinkus avait raison. Luciani informa Villot qu'il fallait révoquer Marcinkus sur-le-champ. Pas dans une semaine ni dans un mois. Le lendemain. Il devait prendre un congé. On lui trouverait un poste convenable une fois que l'on aurait résolu le problème du cardinal Cody.

Villot apprit que Marcinkus serait remplacé par monseigneur Giovanni Angelo Abbo, secrétaire de la préfecture aux affaires économiques du Saint-Siège. Personnage clef du tribunal financier du Vatican, monseigneur Abbo allait certainement apporter à sa nouvelle fonction un grand savoir-faire en matière financière.

L'inspiration des cent premiers jours du pape Jean avait certainement galvanisé Albino Luciani. Les griffes du lion que ses intimes attendaient de voir apparaître, s'étalaient pleinement devant Villot dans la soirée du 28 septembre. Luciani, cet homme si humble et si doux, avait paru bien plus petit que son mètre quatre-vingts avant son pontificat. Pour bien des observateurs, durant des années il avait semblé se fondre dans le papier des murs. Il avait des manières si tranquilles et si calmes qu'après une grande réunion beaucoup ignoraient sa présence. Ce soir-là Villot ne conserva aucun doute sur sa présence. Luciani lui dit :

> « Il y a encore quelques changements à l'intérieur de l'*Istituto per le Opere di Religione* que je souhaite voir réalisés immédiatement. Il faut révoquer Mennini, de Strobel et monseigneur de Bonis. Sur-le-champ. On remplacera de Bonis par monseigneur Antonetti. Je discuterai des deux autres postes vacants avec monseigneur Abbo. Je souhaite que tous nos liens avec le groupe de la Banco Ambrosiano soient coupés et cela doit avoir lieu dans les plus brefs délais. A mon avis, il sera impossible de prendre ces mesures avec ceux qui tiennent actuellement les rênes. »

Le père Magee m'a confié : « Il savait ce qu'il voulait. Il se montrait vraiment très clair sur ce qu'il voulait. Mais la manière dont il atteignait ses buts restait très délicate. »

La « délicatesse » résidait dans l'explication qu'il donna à Villot. Les deux hommes savaient que Marcinkus, Mennini, de Strobel et de Bonis avaient tous noué des liens inextricables non seulement avec Calvi mais aussi avec Sindona. Plus tard on ne pourrait pas citer de travers ce qui n'avait pas été dit.

Le cardinal Villot nota ces changements sans guère de commentaires. Il avait appris bien des choses au fil des années. Beaucoup de gens au Vatican le trouvaient inefficace mais pour Villot il avait souvent fallu regarder délibérément ailleurs. Au village du Vatican on appelait cela la technique de survie.

Luciani passa au problème de Chicago et à son entretien avec Baggio à propos de l'ultimatum qu'il fallait adresser au cardinal John Cody. Villot murmura son approbation. Comme Baggio, il considérait Cody comme une lourde charge pour l'Eglise américaine. Le secrétaire d'Etat prit un profond plaisir à ce que le problème soit enfin résolu. Luciani lui fit part de son désir que l'on procède à quelques sondages par le biais du nonce apostolique à Washington sur un successeur possible à Cody, puis fit remarquer :

> « L'on a trahi la confiance à Chicago. Nous devons nous assurer que quel que soit le remplaçant de Son Eminence il possède la capacité de gagner les cœurs et les esprits de tous les diocésains. »

Luciani examina ensuite le refus de Baggio d'accepter le siège de Venise et fit part de sa détermination à ce que Baggio aille là où on lui disait d'aller. « Venise n'est pas un lit de roses sans souci. Il y faut un homme qui ait la poigne de Baggio. J'aimerais que vous lui parliez. Dites-lui que nous devons tous faire quelques sacrifices en ce moment. Vous pouvez peut-être lui rappeler que je ne désirais pas ce poste, ici. » L'argument ne porterait guère sur un homme qui avait sérieusement désiré succéder à Paul mais Villot négligea diplomatiquement de le souligner.

Luciani informa alors Villot des autres changements qu'il avait l'intention d'opérer. Le cardinal Pericle Felici deviendrait vicaire de Rome, en remplacement du cardinal Ugo Poletti, qui remplacerait Benelli comme archevêque de

Florence. Benelli serait nommé secrétaire d'Etat. Il prendrait le poste de Villot.

Villot étudia les changements proposés, dont sa propre « démission ». Il était vieux et fatigué. En outre, il était aussi gravement malade, état que n'améliorait pas les deux paquets de cigarettes qu'il fumait tous les jours. Villot avait bien fait comprendre, fin août, qu'il désirait prendre rapidement sa retraite. Aujourd'hui, celle-ci venait plus tôt que ce à quoi il s'attendait. Il y aurait bien entendu une période de transition mais, en tout état de cause, son pouvoir cessait maintenant. Le fait que Luciani ait l'intention de le remplacer par Benelli représentait une vexation particulière pour Villot. Benelli avait été son second au fil des ans et leurs relations n'avaient pas été des plus heureuses.

Villot étudia les notes qu'il avait prises sur les modifications envisagées. Albino Luciani, poussant de côté ses propres notes, versa du thé dans leurs deux tasses. Villot dit :

— Je croyais que vous pensiez à Casaroli pour me remplacer ?

— J'y ai pensé, pendant très longtemps. Je crois qu'une bonne part de son travail est brillant mais je partage les réserves de Giovanni Benelli sur certaines initiatives politiques qui ont été prises ces dernières années vis-à-vis de l'Europe de l'Est.

Luciani attendit un signe, ou un mot d'encouragement. Le silence durait. Jamais durant tous leurs rapports Villot n'avait abandonné son formalisme ; il conservait toujours son masque, toujours sa froideur. Luciani avait essayé, directement et par l'intermédiaire de Felici et de Benelli, de donner un peu de chaleur à ses contacts avec Villot mais cette imperturbabilité froide et professionnelle qui le caractérisait persistait. Finalement, c'est Luciani qui rompit le silence :

— Eh bien, Eminence ?

— Vous êtes le pape. Vous êtes libre de décider.

— Oui, oui, mais qu'en pensez-vous ?

— Ces décisions plairont à certains, dit Villot en haussant les épaules, elles en décevront d'autres. Il y a des cardinaux à la Curie romaine qui se sont donné beaucoup de mal pour vous faire élire et ils se sentiront trahis. Ils considéreront ces changements, ces nominations comme contraires aux souhaits du défunt Saint-Père.

— Est-ce que le défunt Saint-Père avait l'intention de décider des nominations à perpétuité ? demanda Luciani en souriant. Quant aux cardinaux qui prétendent s'être donné beaucoup de mal pour me faire élire pape — comprenez bien ceci : je l'ai dit souvent mais visiblement il faudra que je le répète encore. Je n'ai pas cherché à devenir pape. Je ne voulais pas être pape. Vous ne pouvez pas me citer un seul cardinal à qui j'ai proposé la moindre chose. Pas un seul que j'ai persuadé sous une forme ou sous une autre de voter pour moi. Tel n'était pas mon souhait. Je n'y suis pour rien. Il y a des hommes ici, dans la Cité du Vatican, qui ont oublié leur raison d'être. Ils ont réduit cet endroit à un marché comme tant d'autres. Voilà pourquoi je procède à ces changements.

— On dira que vous avez trahi Paul.

— On dira aussi que j'ai trahi Jean. Trahi Pie. Chacun trouvera sa propre lumière en fonction de ses besoins.

La discussion se poursuivit pendant presque deux heures. A 7 heures et demie, Villot prit congé. Il retourna dans son bureau, à côté, et s'assit pour étudier la liste des changements. Puis, il ouvrit un tiroir et en tira une autre liste — peut-être n'était-ce qu'une coïncidence. Il hocha la tête en cochant les noms. Tous les membres du clergé que Luciani déplaçait, tous figuraient sur la liste des soi-disant Maçons. Cette liste qu'avait publiée le membre désenchanté de P2, Pecorelli. Marcinkus, Villot, Poletti, Baggio, de Bonis. Chacun des prélats nommés en remplacement par Luciani brillait par son absence sur la liste des Maçons. Benelli, Felici, Abbo, Antonetti.

Le cardinal Villot mit la liste de côté et étudia une autre note sur son bureau. C'était la confirmation finale que la rencontre envisagée entre la commission américaine sur le contrôle de la population et Albino Luciani aurait lieu le 24 octobre. Un groupe gouvernemental qui cherchait à modifier la position de l'Eglise catholique romaine sur la pilule contraceptive rencontrerait dans quelques semaines un pape qui désirait justement opérer un tel changement. Villot se leva de son bureau laissant les divers documents négligemment en vue. Le lion avait réellement sorti ses griffes. Immédiatement après la fin de son entretien avec Villot, à 19 heures 30, Albino Luciani demanda au père Diego Lorenzi de contacter le cardinal Colombo à Milan. Quelques instants plus tard, Lorenzi lui apprit que Colombo était injoignable jusque vers neuf heures moins le quart. Tandis que Lorenzi regagnait son bureau, le pape recevait le père Magee. Ils récitèrent ensemble la fin du bréviaire quotidien en anglais et à huit heures moins dix Luciani prit place pour dîner avec Magee et Lorenzi. Parfaitement détendu après la longue séance avec Villot il bavarda aimablement tandis que les sœurs Vincenza et Assunta servaient un repas composé d'un potage léger, de veau, de haricots frais et de salade. Luciani but un peu d'eau.

A un bout de la table, le père Lorenzi fut frappé par la pensée que le pontificat de Luciani avait déjà dépassé le plus bref de l'histoire. Il était sur le point d'exprimer sa pensée quand le pape commença à jouer avec sa nouvelle montre. C'était un cadeau du secrétaire de Paul, monseigneur Macchi, après le commentaire de la Curie selon lequel on ne devait pas voir le pape porter une vieille montre aussi fatiguée : apparemment une mauvaise image — cela ramenait le pape au niveau du vendeur de voitures d'occasion qui prend grand soin que son pantalon soit bien repassé. Il finit par la passer à Magee pour qu'il la remette à l'heure lors des informations de 8 heures.

Peu après un dîner agréable et très ordinaire, le pape retourna à son cabinet de travail pour examiner les notes dont il s'était servi pendant sa discussion avec Villot. A 9 heures moins le quart Lorenzi lui passa le cardinal Colombo à Milan. Le cardinal a refusé de nous accorder un entretien mais d'autres sources indiquent qu'ils parlèrent des changements que Luciani avait l'intention de faire. Visiblement, il n'y avait pas de désaccord. Le cardinal Colombo est allé jusqu'à se rappeler : « Il m'a parlé un bon moment sur un ton parfaitement normal d'où l'on ne pouvait déduire aucune maladie physique. Il était plein de sérénité et d'espoir. Son salut final fut « priez ».

Lorenzi nota que l'appel se termina vers 9 heures un quart. Luciani jeta alors un coup d'œil au discours qu'il devait prononcer le samedi 30 devant la Compagnie de Jésus. Auparavant il avait appelé le supérieur général des jésuites au téléphone, le père Pedro Arrupe pour l'avertir qu'il aurait une ou deux choses à dire à propos de la discipline. Il jeta un regard à une partie du discours qui n'était pas sans rapport avec les changements qu'il venait d'opérer.

> « Vous connaissez fort bien et vous vous souciez justement des grands problèmes économiques et sociaux qui perturbent l'humanité aujourd'hui et sont si étroitement liés à la vie chrétienne. Mais en trouvant une solution à ces problèmes puissiez-vous toujours distinguer les tâches des prêtres de la religion de celles des laïcs. Les prêtres doivent animer et inspirer les laïcs à accomplir leurs devoirs mais ils ne doivent pas prendre leur place en négligeant leur propre tâche spécifique d'évangélisation. »

Repoussant le discours de côté, il reprit ses notes concernant ces changements spectaculaires. Il se rendit à la porte de son cabinet et en l'ouvrant vit le père Magee et le père Lorenzi. Leur souhaitant à tous deux une bonne nuit il leur dit :

— *Buona notte. A domani. Se Dio vuole* (Bonne nuit. A demain. Si Dieu le veut.)

Il était à peine 21 heures 30. Albino Luciani referma la porte de son cabinet de travail. Il avait prononcé ses dernières paroles. On découvrirait son corps sans vie le lendemain matin. Les circonstances précises entourant cette découverte ne laissent aucun doute que le Vatican a perpétré un camouflage. On commença par un mensonge puis l'on continua par un tissu de mensonges. Ils ont menti sur des petites choses. Ils ont menti sur de grandes choses. Tous ces mensonges n'avaient qu'un seul but : occulter le fait qu'Albino Luciani, pape Jean-Paul 1er avait été assassiné entre 21 h 30 le 28 septembre et 4 h 30 le matin du 29 septembre 1978.

Cody. Marcinkus. Villot. Calvi. Gelli. Sindona. Au moins un de ces hommes avait pris une décision qui serait exécutée dans la fin de la soirée du 28 ou tôt le matin du 29. Cette décision était la conclusion logique du fait qu'il fallait appliquer la « Solution Italienne. » Ce pape devait mourir.

Albino Luciani fut le premier pape à mourir tout seul depuis plus d'un siècle mais cela faisait bien plus longtemps que l'on n'avait pas assassiné de pape.

IL NOUS RESTE LA PEUR

Comment et pourquoi un rideau de ténèbres tomba-t-il sur l'Eglise catholique le 28 septembre 1978 ?

Le « pourquoi » a déjà été établi. Il y avait pléthore de mobiles. Le « comment » offrait aussi un nombre inquiétant de possibilités. Si Albino Luciani a été assassiné pour l'une des raisons déjà examinées, quelques constatations s'imposent.

1. Le meurtre devait être exécuté à la dérobée. Pour que se perpétue cet état de corruption qui existait avant l'élection de Luciani, il fallait que l'acte meurtrier reste caché. On ne pouvait tuer le pape de façon spectaculaire en lui tirant dessus en plein milieu de la place Saint-Pierre. Aucune attaque publique car elle donnerait inévitablement naissance à toute une enquête pour découvrir pourquoi on avait éliminé cet homme tranquille et saint. La mort subite devait être obtenue de telle sorte que soient réduites au minimum les questions du public et l'inquiétude soulevée.

2. La manière la plus efficace pour tuer le pape était le poison. Un poison qui, une fois administré, ne laisserait aucune trace externe. Mes recherches montrent qu'il existe plus de deux cents substances de cette nature qui permettent de mener à bien cette tâche. La digitaline en est une parmi ce grand nombre. Elle n'a pas de goût. Pas d'odeur. On peut l'ajouter à la nourriture, à la boisson ou à d'autres substances médicamenteuses sans que la victime nourrisse le moindre soupçon sur le fait qu'elle absorbe une dose fatale.

3. Quels que soient celui ou ceux qui projetaient de tuer le pape de cette manière, ils devaient avoir une connaissance précise, de l'intérieur, des procédures et habitudes du Vatican.

Il fallait qu'ils sachent que quelles que soient les traces qui pourraient demeurer après leur geste, il n'y aurait pas d'autopsie. A partir du moment où ils étaient assurés de ce seul fait, n'importe laquelle de ces deux cents substances pouvait être utilisée. Une substance comme la digitaline tuerait de telle manière qu'après un examen externe du corps les médecins du Vatican concluraient que la mort était due à une attaque cardiaque. Les conjurés devaient savoir qu'il n'y avait rien dans le droit canon ni dans les règles de l'Eglise qui commandait qu'on procède à une autopsie. En outre, ils devaient savoir que même si des soupçons naissaient au plus haut niveau au Vatican, il serait presque assuré que les fonctionnaires et les médecins du Vatican se contenteraient d'un examen élémentaire du corps. Si l'on administrait effectivement un poison comme la digitaline à un Luciani sans défense vers la fin de la soirée, on avait la certitude virtuelle que le pape se retirerait dans sa chambre pour la nuit. Il irait se coucher et tomberait dans son dernier sommeil. La mort surviendrait entre deux et six heures après l'absorption de la dose fatale. Le pape gardait à côté de son lit, sur sa table de nuit tout près de son vieux réveil, un flacon d'Effortil, médicament liquide qu'il prenait depuis quelques années pour soulager sa faible tension. Une dose fatale de digitaline, une demi-cuillère à café, serait indécelable une fois mélangée au médicament.

Les seuls autres médicaments que prenait le pape étaient des vitamines en pilules trois fois par jour à l'heure des repas et une série de piqûres pour le cortex surrénal, pour stimuler les glandes qui sécrètent l'adrénaline. Là aussi, il s'agissait d'agir sur la faible tension. Ces séries d'injections étaient faites deux fois l'an, au printemps et en automne. Le médicament utilisé variait, l'un d'eux étant souvent le Cortiplex. Sœur Vincenza pratiquait les injections. Luciani subissait une série de ces piqûres pendant son pontificat, ce qui explique la présence de Vincenza dans les appartements pontificaux. On aurait facilement pu trafiquer les substances à injecter, tout comme l'Effortil sur la table de chevet. On ne prenait aucune précaution particulière pour ranger ces médicaments. Pour quelqu'un songeant à tuer, leur accès n'aurait posé aucune difficulté. En fait, comme nous le démontrerons, l'accès à n'importe quel endroit des appartements pontificaux ne présentait aucun problème à quelqu'un décidé à mettre fin à la vie d'Albino Luciani.

A 4 heures et demie du matin le vendredi 29 septembre, sœur Vincenza apporta comme d'habitude la cafetière dans le cabinet de travail. Quelques instants plus tard elle frappa à la porte de la chambre du pape et lança « Bonjour, Saint-Père ». Pour une fois il n'y eut pas de réponse. Vincenza attendit un instant puis s'en repartit tranquillement. A 5 heures moins le quart, elle revint à la porte du cabinet de travail. Il n'y avait aucun bruit de mouvement provenant de l'intérieur. Elle était au service de Luciani depuis 1959, à Vittorio Veneto. Pas une fois en dix-huit ans, il n'avait oublié de se réveiller. Inquiète, elle tendit l'oreille. Elle frappa à la porte, d'abord timidement, puis avec plus de conviction. Encore le silence. Ouvrant la porte elle vit, à travers le cabinet de travail une lumière passer sous la porte de la chambre. Elle alla frapper à cette porte. Toujours aucune réponse. Elle l'ouvrit et vit Albino Luciani assis droit dans son lit. Il portait ses lunettes et serrait dans ses mains quelques feuilles de papier. Il avait la tête tournée vers la droite et ses lèvres entrouvertes laissaient voir les dents. Ce n'était pas le visage souriant qui avait tant impressionné des millions de gens mais une expression de souffrance. Elle lui tâta le pouls. Elle me raconta cet instant tout récemment.

— C'est par miracle que j'ai survécu, j'ai le cœur fragile. J'ai appuyé sur la sonnette pour faire venir les secrétaires et puis je suis sortie pour aller chercher les autres sœurs et réveiller Don Diego.

Les sœurs résidaient à l'autre extrémité des appartements pontificaux. Le père Magee dormait un étage plus haut au niveau des combles. Le père Lorenzi dormait, provisoirement, non loin de la chambre du pape car l'on était en train de repeindre sa chambre, au niveau des combles, précédemment occupée par le secrétaire de Paul, Monsignor Macchi. Sœur Vincenza le sortit de son sommeil.

Bon nombre de Romains matinaux avaient déjà remarqué avec une satisfaction tranquille la lumière qui brillait à la chambre du pape. Il faisait bon savoir qu'on n'était pas le seul à se lever de si bonne heure. Les gardes de sécurité du Vatican avaient-ils remarqué cette lumière allumée toute la nuit ?

Le premier à répondre fut le père Magee. Pour la seconde fois en deux mois il vit un pape mort mais dans des circonstances tout à fait différentes. Quand Paul VI était décédé le 6 août, ils étaient nombreux autour du lit de mort à Castel Gandolfo, résidence pontificale d'été juste en dehors de Rome. Les bulletins des médecins donnaient un compte-rendu détaillé des dernières vingt-quatre heures du pape ainsi qu'un récit complet de la suite de maux physiques qui conduisit à la mort de Paul à 21 heures 40.

Là, après un pontificat de seulement 33 jours, Albino Luciani venait de mourir seul. Cause de la mort ? Heure de la mort ?

Après un des plus brefs conclaves de l'histoire, il avait connu un des règnes les plus courts. Aucun pape n'était mort aussi vite après son élection depuis presque quatre siècles. Pour trouver un pontificat plus court il faut remonter à 1605, à l'époque de Léon XI, un Medicis qui occupa la fonction 17 jours seulement. Comment Albino Luciani était-il mort ?

Le premier geste du père Magee fut de téléphoner au secrétaire d'Etat Villot qui habitait deux étages plus bas. Moins de douze heures plus tôt, Albino Luciani avait appris à Villot son remplacement imminent par Benelli. Maintenant, loin d'être un ancien secrétaire d'Etat, il était assuré de par la mort du pape de rester en fonction jusqu'à l'élection d'un successeur ; il allait aussi assumer le rôle de Camerlingue qui agissait virtuellement comme le chef de l'Eglise. A 5 heures, Villot se trouvait dans la chambre du pape et avait confirmé pour lui que Luciani était mort.

Si Luciani est mort naturellement, les actes de Villot et les instructions qu'il donna ensuite restent totalement inexplicables. Son comportement ne devient compréhensible que si on le rapporte à une conclusion précise. Soit le cardinal Jean

Villot faisait partie d'un complot pour assassiner le pape, soit il découvrit dans la chambre du pape des signes évidents indiquant que le pape avait été assassiné et décida très vite que pour protéger l'Eglise il fallait détruire les pièces à conviction.

A côté du lit du pape, sur une petite table se trouvait le médicament que prenait Luciani pour sa faible tension. Villot empocha le médicament et prit des mains du pape mort les notes sur les nominations et mutations pontificales. Elles suivirent le médicament dans la poche de Villot. Disparurent aussi de la chambre du pape ses lunettes et ses pantoufles. Sur son bureau dans son cabinet de travail on s'empara de son dernier testament. Aucun de ces objets n'a jamais été revu par la suite. Villot créa ensuite pour les membres sous le choc de la Maison pontificale un rapport totalement fictif des circonstances ayant débouché sur la découverte du corps de Luciani. Il imposa un vœu de silence sur la découverte de sœur Vincenza et donna ordre aux autres de ne pas diffuser la nouvelle de la mort avant qu'il en décide autrement. Puis, assis dans le cabinet de travail du pape il commença à passer une série de coups de téléphone.

D'après les récits des témoins oculaires que j'ai interrogés, le médicament, les lunettes, les pantoufles et le dernier testament du pape se trouvaient tous dans la chambre et dans le cabinet de travail du pape avant que Villot n'y pénètre. Après sa première visite et son premier examen, tous ces objets avaient disparu.

La nouvelle de la mort parvint au cardinal Confalonieri, doyen du Sacré Collège, âgé de 86 ans. Puis au cardinal Casaroli, chef de la diplomatie du Vatican. Villot donna l'ordre aux sœurs standardistes de trouver son adjoint et numéro trois de la hiérarchie de l'Eglise, l'archevêque Giuseppe Caprio qui était en vacances à Montecatini. Ce n'est qu'alors qu'il appela au téléphone le docteur Renato Buzzonetti, chef-adjoint du service de santé du Vatican. Il appela ensuite la salle de garde des Gardes suisses. Il parla au sergent Hans Roggan et lui enjoignit de monter sur-le-champ aux appartements pontificaux. La machine du Vatican se mettait en mouvement.

Le père Diego Lorenzi, le seul homme à avoir accompagné Luciani depuis Venise, allait et venait, bouleversé et hébété, à travers les appartements pontificaux. Il venait de perdre un homme qui durant les deux dernières années lui était devenu un second père. En sanglotant il essayait de comprendre, de trouver un sens. Quand Villot décida enfin que le monde pouvait savoir, ils furent des millions à partager le chagrin et la stupéfaction de Lorenzi.

Malgré les ordres de Villot interdisant que la nouvelle ne filtre au-dehors, Diego Lorenzi téléphona au médecin de Luciani, le docteur Giuseppe Da Ros. C'est lui qui avait soigné Luciani pendant plus de vingt ans. Lorenzi se souvient très nettement de la réaction du médecin. « Il était stupéfait. Abasourdi. Il ne pouvait y croire. Il me demanda de quoi il était mort mais je n'en savais rien. Le docteur Da Ros était aussi dérouté. Il dit qu'il partait pour Venise en voiture immédiatement et qu'il prenait l'avion pour Rome. »

Le prochain coup de téléphone de Lorenzi s'adressait à Pia, la nièce d'Albino, qui était sans doute plus proche de son oncle qu'aucun autre membre de la famille. Diego Lorenzi semble avoir été le seul membre de l'Eglise à apprécier le fait que même les papes ont une famille. Lorenzi considérait que la famille méritait un coup de téléphone personnel plutôt que d'apprendre la nouvelle à la radio.

— Nous l'avons trouvé ce matin. Vous aurez besoin de beaucoup de foi, maintenant ». Et ils étaient nombreux qui auraient besoin de beaucoup de foi désormais. Beaucoup allaient devoir mettre de côté leur crédulité pour avaler ce que Villot et ses collègues diraient pendant les quelques jours suivants.

La nouvelle commençait à se répandre dans le village du Vatican. Dans la cour proche de la banque du Vatican, le sergent Roggan rencontra l'évêque Paul Marcinkus. Il était 7 heures moins le quart. Ce que le Président de la banque du Vatican, qui habite à la Villa Stritch, via della Nocetta à Rome, et qui n'est pas réputé pour se lever tôt, faisait au Vatican de si bonne heure reste un mystère. La Villa Stritch est à 20 minutes de voiture du Vatican. Roggan cracha la nouvelle : « Le pape est mort. » Marcinkus resta à fixer le sergent des Gardes suisses. Roggan s'approcha du chef de la banque du Vatican. « Le pape Luciani. Il est mort. Ils l'ont trouvé dans son lit. »

Marcinkus continua de fixer Roggan, sans réagir. Finalement, le Garde suisse s'en alla, laissant Paul Marcinkus le regarder partir.

Quelques jours plus tard, lors des funérailles du pape, Marcinkus avança une explication de sa curieuse conduite :

— Désolé, j'ai cru que vous étiez devenu fou.

Le Docteur Buzzonetti examina brièvement le corps. Il dit à Villot que la cause du décès était un infarctus aigu du myocarde, autrement dit une attaque cardiaque. Le médecin estima que l'heure du décès se situait aux environs de 11 heures la veille au soir.

Décider de l'heure de la mort à 11 heures du soir et de la cause comme d'un infarctus du myocarde après un examen aussi bref constitue une impossibilité médicale.

Villot avait déjà décidé, avant l'examen de Buzzonetti qui eut lieu approximativement vers 6 heures du matin, que le corps d'Albino Luciani devrait être immédiatement embaumé. Avant même son coup de téléphone au cardinal Confalonieri à 5 heures un quart, Villot avait pris les premières mesures pour garantir un embaumement rapide. Les frères Signoracci, Ernesto et Renato, avaient embaumé les trois derniers papes. Or, un coup de téléphone à l'aube et une voiture du Vatican qui arriva à 5 heures du matin constituent le début de ce qui se révélerait une longue journée pour les frères Signoracci. A leurs yeux, avoir été contactés si tôt établit nettement que Villot avait déjà parlé à l'Institut de Médecine qui emploie les frères Signoracci et avait donné ses instructions entre 5 heures moins le quart et 5 heures.

A 7 heures du matin, plus de deux heures après la découverte du décès par sœur Vincenza, le monde ignorait encore le fait que le pape Jean-Paul Ier n'était plus. En attendant, le village du Vatican demeurait dans l'ignorance totale de l'édit de Villot. A Florence, le cardinal Benelli apprit la nouvelle par téléphone à 6 heures et demie. Frappé de chagrin et pleurant ouvertement, il se retira immédiatement dans sa chambre et commença à prier. Tous les espoirs, tous les rêves, toutes les aspirations s'écroulaient. Les projets qu'avaient faits Luciani, les changements, la nouvelle orientation, tout cela était réduit à néant. Quand un pape meurt, toutes les décisions qui n'ont pas encore été annoncées publiquement, meurent avec lui, *à moins que son successeur ne décide de les mener à bonne fin.*

A 7 heures 20, les cloches de l'église paroissiale du village natal d'Albino Luciani, Canale d'Agordo, sonnaient le glas. Radio Vatican gardait le silence sur le décès. Enfin, à 7 heures 27, quelque deux heures trois quarts après la découverte du corps par sœur Vincenza, le cardinal Villot se sentit suffisamment maître des événements :

> « Ce matin, 29 septembre 1978, vers 5 heures et demie le secrétaire privé du pape ne trouva pas, contrairement à son habitude, le Saint-Père dans la chapelle de son appartement privé ; il le chercha dans sa chambre et le trouva mort dans son lit avec la lumière allumée, comme quelqu'un qui avait l'intention de lire. Le médecin, le Dr Renato Buzzonetti, mandé d'urgence, confirma le décès, qui a probablement eu lieu vers onze heures hier au soir, et le qualifia de " mort soudaine qu'on pourrait attribuer à un infarctus aigu du myocarde ". »

D'autres bulletins affirmèrent que le secrétaire en question était le père Magee qui, d'après le Vatican, disait généralement la messe avec le pape à 5 heures et demie ; ils précisèrent aussi que le pape lisait « *l'Imitation de Jésus-Christ* » ouvrage du XVe siècle généralement attribué à Thomas a Kempis.

Comme le médicament, les notes du pape, le testament, ses lunettes et ses pantoufles, sœur Vincenza et sa découverte du corps à 4 heures 45 du matin avaient disparu. Même avec deux heures trois quarts pour concocter une histoire, Villot et ceux qui le conseillaient ne réussirent qu'un bâclage. Tandis que tous les journaux, toutes les radios et les télévisions du monde libre racontaient des histoires fondées sur les bulletins du Vatican, Villot avait bien du mal à maintenir sa version des faits.

L'idée de placer entre ses mains sans vie un livre que Luciani vénérait pouvait sembler à Villot une idée inspirée. Le problème, c'est qu'il n'y en avait aucun exemplaire dans la chambre du pape. Mieux, il n'y en avait aucun exemplaire dans tous les appartements pontificaux. L'exemplaire personnel de Luciani était encore à Venise et quand, quelques jours plus tôt il avait souhaité faire une citation exacte de l'ouvrage, il avait envoyé Lorenzi emprunter le livre à son confesseur du Vatican. Don Diego l'avait rendu avant la mort du pape. Impossible de faire taire ses doléances à propos d'un faux évident. Le Vatican continua de maintenir ce mensonge particulier pendant quatre jours — jusqu'au 2 octobre. Or pendant ces quatre jours l'information fausse donnée par le Vatican était devenue, dans l'esprit de la majorité, la réalité, la vérité.

Ils furent nombreux à être trompés par cette désinformation en provenance du Vatican. Il y avait, par exemple, l'histoire du père Magee se rendant dans la chambre du pape peu avant 10 heures le soir du 28. Ce récit, qui émanait directement de la Curie romaine, expliquait que Magee avait fait part au pape de l'assassinat d'un étudiant à Rome. « Est-ce que ces jeunes gens recommencent à se tirer dessus ? Vraiment, c'est terrible. » On diffusa très largement à travers le monde ces mots comme constituant les dernières paroles du pape. Elles offraient en outre l'avantage d'une explication possible de la mort inattendue de Luciani. Il était mort d'une attaque cardiaque en apprenant cette nouvelle si effrayante. La conversation entre Magee et Luciani n'a jamais eu lieu. C'est une invention du Vatican.

Le Vatican perpétra un autre faux en créant l'impression que Luciani avait l'habitude de dire la messe avec Magee à 5 heures et demie. La messe dans les appartements pontificaux n'avait pas lieu avant 7 heures. Comme nous l'avons précédemment remarqué, Luciani passait le temps entre 5 heures et demie et 7 heures dans la méditation et la prière, généralement seul, parfois rejoint vers 6 heures et demie par Magee et Lorenzi. L'image d'un Magee troublé, affolé s'inquiétant de la non-apparition de Luciani à 5 heures et demie est une fantaisie du Vatican.

Le choc causé par une mort tragique aussi inattendue parcourut le monde. Les massives portes de bronze de la basilique se fermèrent, on mit en berne le drapeau du Vatican — ce furent là des signes extérieurs mais la nouvelle de la mort d'Albino Luciani fut si renversante que l'incrédulité exprimée par son médecin personnel fut reprise par des millions de gens. Il avait ravi le monde. Comment le candidat de Dieu si bien élu pouvait-il disparaître si vite ?

Le cardinal Willebrands, de Hollande, qui avait entretenu de grands espoirs dans le pontificat de Luciani dit : « C'est un désastre. Je ne peux exprimer par des mots le bonheur que nous avons éprouvé ce jour d'août où nous avons choisi Jean-Paul. Nous avions de si grands espoirs. C'était un sentiment tellement beau, le sentiment qu'il allait arriver quelque chose de nouveau à notre Eglise. »

Le cardinal Baggio, un des hommes que Luciani avait résolu d'éloigner de Rome se montra moins excessif. « Le Seigneur nous utilise mais il n'a pas besoin de nous, déclara-t-il de bonne heure le matin après avoir vu le cadavre. Il ressemblait à un curé pour l'Eglise entière. » Interrogé sur ce qui allait arriver maintenant il répondit calmement : « Maintenant nous allons en faire un autre. »

Baggio représentait pourtant une exception. La plupart des gens manifestèrent une profonde surprise et beaucoup d'affliction. Quand le cardinal Benelli finit par sortir de sa chambre à 9 heures, il fut immédiatement entouré de journalistes. Tandis que les larmes coulaient encore sur ses joues, il dit : « L'Eglise a perdu l'homme qu'il fallait au moment où elle en avait le plus besoin. Nous sommes affligés. Il nous reste la peur. L'homme ne sait pas expliquer ce genre de chose. C'est un moment qui nous limite et nous conditionne. »

Au Vatican, les projets de Villot pour procéder à un embaumement immédiat connaissaient des difficultés. Les cardinaux Felici, de Padoue, et Benelli, de Florence, qui connaissaient précisément la nature des changements que Luciani avait été sur le point de faire, étaient particulièrement troublés et ils en firent part à Villot dans leur conversation téléphonique. On murmurait déjà en Italie qu'on devrait procéder à une autopsie. C'était une perspective que dans les circonstances présentes Benelli et Felici étaient au moins enclins à envisager. Si l'on embaumait le corps une autopsie deviendrait inutile si la cause du décès était le poison.

Officiellement, le Vatican créa l'impression que le corps du pape Jean-Paul Ier serait embaumé avant d'être exposé au public dans la Salle Clementina le vendredi midi. En fait, les personnes venues ce jour-là rendre hommage à Luciani virent un mort non embaumé dans son état naturel. Le père Diego Lorenzi me déclara :

> « On emporta le corps des appartements privés jusque dans la salle Clementina, dans les appartements pontificaux. Pour le moment on n'avait procédé à aucun embaumement. Le pape Luciani fut habillé par le père Magee, monseigneur Noe et moi-même. Je restai avec le corps, en compagnie de Magee jusqu'à 11 heures du matin. Les Signoracci revinrent à cette heure-là et l'on emporta le corps vers la Salle Clementina. »

Le contraste avec la mort de Paul était saisissant. Il y avait eu alors bien peu d'émotion dans le public ; maintenant, elle coulait à flots. Ce premier jour, 250 000 personnes défilèrent devant le corps. D'instant en instant les spéculations du public sur la cause peu naturelle de cette mort grandissaient. On entendait des hommes et des femmes passant devant le corps et crier à la forme inerte : « Qui t'a fait cela ? Qui t'a assassiné ? »

Entre-temps, le débat sur le fait de savoir si l'on allait ou non procéder à une autopsie prenait de l'importance parmi la minorité de cardinaux qui se trouvaient à Rome. Si Luciani avait été un citoyen romain ordinaire il n'y aurait eu aucun débat. La loi italienne déclare qu'on ne peut procéder à un embaumement sans une dispense signée par un magistrat, moins de 24 heures après le décès. Si un citoyen italien était mort dans des circonstances semblables à celles-ci, il y aurait eu une autopsie immédiate. La moralité semble que si un citoyen italien souhaite s'assurer qu'après sa mort on prendra les décisions légales correctes, il vaut mieux ne pas devenir chef d'Etat de l'Eglise catholique romaine.

Pour des hommes qui n'ont rien à cacher, les actes de Villot et d'autres membres de la Curie romaine sont incompréhensibles. Lorsque l'on conspire pour camoufler quelque chose c'est décidément parce qu'il y a quelque chose à camoufler.

C'est un cardinal qui réside à Rome qui m'a appris la raison très extraordinaire qui fut donnée pour ce camouflage :

> « Il (Villot) m'a dit que ce qui était arrivé était un tragique accident. Que le pape avait sans s'en rendre compte pris une dose excessive de son médicament. Le Camerlingue a souligné que si l'on procédait à une autopsie, celle-ci montrerait certainement l'existence de ce surdosage. Personne ne croirait que Sa Sainteté l'avait avalé par accident. Certains parleraient de suicide, d'autres d'assassinat. On s'était mis d'accord pour qu'il n'y ait pas d'autopsie. »

J'ai interviewé à deux reprises le professeur Giovanni Rama, spécialiste responsable de la prescription de l'Effortil, du Cortiplex et d'autres médicaments destinés à améliorer la tension d'Albino Luciani. Ce dernier était soigné par le docteur Rama depuis 1975. Ses remarques sur la possibilité que son patient ait pu prendre accidentellement une dose excessive sont très éclairantes.

> Une surdose accidentelle est incroyable. C'était un patient très consciencieux. Il était très sensible aux médicaments. En fait, il prenait la dose minimum d'Effortil. Normalement, on prend 60 gouttes par jour mais pour lui 20 à 30 gouttes suffisaient. Nous nous montrions toujours très prudent en prescrivant des médicaments.

La suite des discussions avec mon informateur établit que Villot était parvenu à cette déduction pendant les quelques instants passés dans la chambre du pape avant d'empocher la bouteille de médicament. Manifestement, Villot est un homme très doué. Le pape meurt seul après s'être retiré dans sa chambre en excellente santé, et après avoir pris un certain nombre de décisions cruciales dont une qui affecte directement l'avenir de Villot. Sans le moindre examen médico-légal, sans la moindre preuve externe ou interne, le vieux secrétaire d'Etat conclut que le très raisonnable Albino Luciani s'est tué tout seul, accidentellement. Peut-être que dans l'atmosphère raréfiée du village du Vatican ce genre d'histoire a une certaine crédibilité. Au-dehors dans le monde réel des preuves réelles seraient indispensables.

Une partie des preuves clefs qui auraient permis d'établir la vérité avaient été déjà détruites par Villot — le médicament et les notes que Luciani avait rédigées pour donner le détail des changements vitaux. On peut mesurer le degré de panique de Villot dans la disparition du testament d'Albino Luciani. Il ne contenait rien d'important concernant sa mort et pourtant il a été détruit avec les autres pièces à conviction essentielles. Pourquoi les lunettes et les pantoufles ont-elles aussi disparu ? Cela reste un mystère.

Des rumeurs circulèrent dans le village du Vatican. On raconta que la lampe de la sonnette sur le panneau de contrôle dans les appartements pontificaux était restée allumée toute la nuit et que personne n'avait répondu à cet appel au secours. On raconta que l'on avait découvert des traces de vomissure dans la chambre qui avaient taché divers objets et que c'était la raison de la disparition des lunettes et des pantoufles. Les vomissements constituent souvent l'un des premiers symptômes d'une trop forte dose de digitaline. Des groupes d'évêques et de prêtres se pressaient dans les bureaux et rappelaient le curieux incident de la mort tragique et subite de Nikodem, archevêque russe orthodoxe de Léningrad. Il avait été reçu en audience spéciale par Luciani le 5 septembre. Soudain, sans prévenir, le prélat russe de 49 ans s'était effondré en avant dans son fauteuil. Quelques instants après, il était mort. On disait maintenant dans les couloirs du Vatican que Nikodem avait bu une tasse de café préparée pour Albino Luciani. Nikodem ne jouissait pas d'une santé solide et avait déjà subi un certain nombre d'attaques cardiaques. Dans l'Etat-Cité, encore apeuré, on avait rejeté ces faits ; mais cette mort prenait rétrospectivement les allures d'un signe, d'un avertissement à propos des événements redoutables qui venaient de se passer dans les appartements pontificaux.

Dans la journée du 29 septembre tout le reste des affaires appartenant à Albino Luciani fut déménagé. Y compris ses lettres, ses notes, ses livres et la petite poignée de souvenirs personnels comme la photo de ses parents avec Pia enfant. Les collègues de Villot à la secrétairerie d'Etat emportèrent tous les documents confidentiels. Très rapidement toutes les preuves matérielles indiquant que Albino Luciani avait vécu et travaillé en ce lieu furent empaquetées et emportées. A 18 heures, la totalité des 19 pièces des appartements pontificaux était entièrement vidée de tout objet associé, même de loin au pontificat de Luciani. C'était comme s'il n'était jamais venu ici, comme s'il n'y avait jamais vécu. A 18 heures, les appartements pontificaux furent scellés par le cardinal Villot. Ils devaient rester fermés jusqu'à ce qu'un successeur fût élu.

Discrètement, les sœurs et les deux secrétaires s'en allèrent. Magee garda en souvenir les cassettes dont se servait Luciani pour améliorer son anglais. Lorenzi emporta avec lui un fouillis d'images et de souvenirs. Evitant soigneusement les journalistes le groupe alla s'installer dans une maison dirigée par les sœurs de Maria Bambina. Diego Lorenzi était complètement accablé par la mort de celui qu'il aimait.

John Magee était destiné à devenir secrétaire d'un pape pour la troisième fois, exploit unique et remarquable. Lorenzi retourna dans le nord de l'Italie travailler dans une petite école. Vincenza fut envoyée encore plus au nord dans un obscur couvent. L'appareil du Vatican garantissait par ce bannissement virtuel qu'aucun d'eux ne serait facile à retrouver.

Une fois les portes de la Salle Clementina fermées au public à 18 heures, le vendredi 29 septembre, l'homme le plus soulagé du Vatican était Villot. Le travail des techniciens pouvait enfin commencer. Une fois le corps embaumé il serait très difficile au cours de n'importe quelle autopsie ultérieure de découvrir et d'établir la présence de poison dans le corps. Si le pape était véritablement mort d'un infarctus aigu du myocarde les fluides nécessaires ne détruiraient pas les vaisseaux sanguins naturellement endommagés.

Dans ce qu'on peut sans doute voir comme une coïncidence pleine d'ironie, l'Association des Propriétaires de Pharmacie de Rome choisit ce jour parmi tous les autres pour faire savoir par voie de presse qu'un certain nombre de médicaments essentiels au traitement de certains cas d'empoisonnement et de maladies cardiaques n'étaient pas disponibles. La déclaration que les journalistes italiens finirent par arracher au cardinal Villot revêt peut-être une plus grande pertinence : « Quand j'ai vu Sa Sainteté hier soir, il était parfaitement bien portant, totalement lucide et il m'a donné toutes ses instructions pour le lendemain. »

Derrière les portes fermées de la Salle Clementina le processus d'embaumement se poursuivit pendant trois heures. Les soins et la conservation du corps relevaient de la responsabilité du professeur Cesare Gerin, mais le travail réel d'embaumement était exécuté par le professeur Marracino et les frères Ernesto et Renato Signoracci. Quand les deux frères avaient examiné le corps avant qu'on ne l'apporte à la Clementina, ils avaient conclu du manque de rigidité cadavérique et de la température du corps que la mort avait eu lieu non pas à 11 heures du soir le 28 mais entre 4 et 5 heures du matin le 29. Ils reçurent une confirmation indépendante de leur conclusion par monseigneur Noe qui apprit aux frères que le pape était mort peu avant 5 heures du matin. J'ai interviewé les deux frères en profondeur à trois reprises séparées. Ils sont absolument formels : la mort s'est produite entre 4 heures et 5 heures du matin et on a découvert le corps du pape dans l'heure qui a suivi la mort. S'ils ont raison soit le pape était vivant soit il était à peine décédé quand sœur Vincenza pénétra dans sa chambre. Seule une autopsie complète aurait résolu ces opinions contraires.

Sur l'insistance du Vatican on ne retira pas une goutte de sang au cadavre, on n'ôta aucun organe. On effectua les injections de formol et autres conservateurs chimiques dans le corps par les veines et artères fémorales. La raison de la durée de trois heures pour le processus tient à ce que, contrairement à l'usage habituel où l'on retire du sang, ou qu'on le mêle à une solution saline qu'on fait circuler dans tout le corps, le Vatican tenait absolument à ce qu'on ne retire pas une seule goutte de sang. Une faible quantité de ce liquide aurait amplement suffi, évidemment, pour qu'un médecin légiste établisse la présence de substances toxiques, quelles qu'elles soient.

Le traitement cosmétique infligé au corps élimina l'expression d'angoisse sur le visage. Les mains qui s'étaient serrées sur les feuilles de papier aujourd'hui manquantes furent disposées sur un rosaire. Le cardinal Villot se retira enfin pour se coucher un peu avant minuit.

Le pape Paul VI, en accord avec la loi italienne, n'avait pas été embaumé avant que le délai de 24 heures après le décès ne se fût écoulé. Bien qu'il y ait eu des accusations concernant une incompétence médicale après la mort de Paul, on n'entendit jamais parler de malveillance. Là, alors que non seulement l'opinion publique mais des stations de radio et de télévision, ainsi que la presse écrite demandaient une autopsie, on embauma le corps de Luciani environ douze heures après sa découverte.

Le samedi 30 septembre on posait avec une urgence croissante la question précise : « Pourquoi refuser une autopsie ? » Les media commençaient à rechercher une explication de cette mort soudaine que rien ne laissait prévoir. La Curie avait rappelé très vite aux journalistes qui s'intéressaient à la question une remarque impromptue faite par Luciani lors de son audience générale le mercredi 27 septembre. Se tournant vers un groupe de malades et de handicapés dans la Salle Nervi, Luciani avait dit : « Rappelez-vous que votre pape a été huit fois à l'hôpital et a subi quatre opérations. »

L'Office de Presse du Vatican commença à répondre aux demandes de détails sur la mort de Luciani en répétant la phrase du défunt. Ils s'en servirent avec un tel excès qu'on eût dit une sorte de répondeur automatique, avec le manque de satisfaction corrélatif des correspondants.

Les divers media rappelèrent que Luciani n'avait pas semblé être en mauvaise santé durant son bref pontificat. Au contraire, firent-ils observer, il donnait une image de santé, pleine de vie et d'enthousiasme. D'autres, qui connaissaient

Luciani depuis bien plus longtemps, commencèrent à recevoir des appels pour qu'ils donnent leur avis.

Quand Monseigneur Senigaglia, secrétaire de Luciani à Venise pendant plus de six ans, révéla que le défunt pape avait subi récemment un check-up complet avant de quitter Venise pour le conclave et que ces examens médicaux s'étaient révélés « favorables à tous égards » les demandes d'autopsie se firent plus fortes.

Lorsqu'un certain nombre de médecins experts commencèrent à exprimer catégoriquement la nécessité d'une autopsie afin de déterminer la cause réelle de la mort, la panique au Vatican atteignit de nouveaux sommets. Il était clair que si les médecins étaient prêts à avancer diverses raisons qui auraient pu être des facteurs y contribuant (le stress soudain causé par le fait de devenir pape faisait partie des favoris), aucun n'était disposé à accepter sans autopsie l'affirmation du Vatican selon laquelle Albino Luciani était décédé d'un infarctus du myocarde.

Le Vatican contre-attaqua en déclarant qu'il était contraire aux règles du Vatican que l'on procède à une autopsie. C'était un mensonge de plus transmis à la presse mondiale. D'autres questions posées par des journalistes italiens établirent que le Vatican se référait à la Constitution Apostolique proclamée par le pape Paul VI en 1975. Il s'agissait du document qui indiquait les processus à suivre dans l'élection de son successeur, dont la recherche de micros cachés dans la zone du conclave et ses instructions sur la taille des bulletins de vote. La lecture attentive du document établit que Paul avait oublié d'envisager la possibilité d'une controverse sur la cause de sa mort. Une autopsie n'y était ni interdite ni approuvée. Il n'y était simplement pas fait allusion.

La mort de Paul fit alors l'objet d'un débat public. Il est parfaitement clair qu'on aurait pu prolonger la vie de Paul. Le traitement médical subi lors des derniers jours, de l'avis de nombreux experts en médecine mondiaux, laissait grandement à désirer. Depuis son hôpital du Cap, le Dr Christiaan Barnard, informé du fait qu'on n'avait pas placé le pape Paul dans un service de soins intensifs, déclara : « Si cela devait arriver en Afrique du Sud, les médecins responsables seraient dénoncés à leur Association Médicale pour négligence. »

L'un des principaux médecins qui ont dirigé le traitement du pape Paul était le Dr Renato Buzzonetti, chef adjoint des services médicaux du Vatican. Aujourd'hui, le même médecin, qui aux yeux du Dr Barnard avait agi avec négligence en août, venait d'affirmer une impossibilité médicale en déterminant la cause de la mort solitaire d'Albino Luciani. Sans une autopsie, ses conclusions étaient entièrement dépourvues de signification ou d'exactitude.

C'est dans ce contexte que le cardinal Confalonieri présida la première tenue de la congrégation des cardinaux, organisme qui surveille et commande aux affaires de l'Eglise pendant l'intérim après le décès d'un pape. Cet organisme se compose de tout cardinal qui se trouve être présent à Rome. Lorsque cette première réunion eut lieu le samedi 30 septembre à 11 heures du matin, la majorité des cardinaux était encore dispersée de par le monde. Sur les 127 cardinaux, seuls 29 étaient présents et, naturellement pour la majorité italiens. Cette minorité prit un certain nombre de décisions. Ils décidèrent que les funérailles d'Albino auraient lieu le mercredi suivant, le 4 octobre. Entre-temps, le désir massif du public de rendre un dernier hommage personnel au corps du pape semait un grand désordre chez les officiels du Vatican. Ils s'étaient attendus à un degré d'intérêt analogue à celui qui avait suivi la mort de Paul — encore un exemple de l'incompréhension de la Curie pour l'impact de Luciani. On prit la décision d'installer le corps le soir même dans la Basilique Saint-Pierre. Pourtant, les décisions les plus importantes prises ce matin-là furent que le prochain conclave aurait lieu le plus tôt possible, soit le 14 octobre, et qu'il n'y aurait pas d'autopsie.

On passa outre aux doutes et aux inquiétudes d'hommes comme Benelli, Felici et Caprio sur la mort de Luciani. Tout à fait conscients que la controverse grandirait jusqu'à ce qu'on ait donné au public quelque chose pour le distraire et le détourner, Villot et ses collègues inversèrent complètement leur raisonnement d'août. On avait alors retardé le conclave presque jusqu'à la dernière date possible. Maintenant, on ferait au plus court. C'était une démarche astucieuse. Les cardinaux de la Curie, en particulier, pensaient qu'après les funérailles les media se préoccuperaient du successeur possible de Luciani. S'ils arrivaient à tenir jusqu'aux funérailles, quelques jours plus tard, ils seraient à l'abri. En outre, toute majorité de cardinaux encore absents qui aurait envie d'insister pour qu'ait lieu une autopsie devrait affronter les décisions déjà prises. Inverser ces décisions dans le peu de temps qui restait avant les funérailles représentait une quasi-impossibilité. « Cherchez la vérité et vous serez libre », nous dit la Bible ; les 29 cardinaux décidèrent d'ignorer cette injonction au nom de l'Eglise catholique romaine au matin du 30 septembre 1978.

Après l'ajournement de la réunion, le cardinal Confalonieri donna son opinion réfléchie sur la raison de la mort aussi soudaine du pape.

> « Il ne supportait pas la solitude ; tous les papes vivent dans une espèce de solitude institutionnelle mais peut-être que Luciani en souffrait davantage. Lui qui avait toujours vécu parmi les gens, il s'était retrouvé avec deux secrétaires qu'il ne connaissait pas et deux sœurs qui ne levaient même pas les yeux en sa présence. Il n'avait même pas le temps de se faire des amis. »

Le père Diego Lorenzi a travaillé étroitement et dans l'intimité de Luciani pendant plus de deux ans. Sœur Vincenza a travaillé avec Luciani pendant près de vingt ans. Loin de baisser les yeux à terre à son approche elle était une source de grand réconfort pour Luciani. Décidément cet homme était coupé du monde mais est-ce qu'une troupe entière d'intimes aurait pu empêcher une mort solitaire et mystérieuse ?

Il ne fait aucun doute que l'hostilité et l'arrogance manifestées par la Curie lors de ses derniers trente-trois jours ne furent pas la plus joyeuse des expériences mais à Venise Albino Luciani avait combattu l'hostilité et l'arrogance du clergé pendant près d'une décennie.

Le samedi 30 septembre à 18 heures, le corps embaumé fut emporté, à découvert, à la Basilique Saint-Pierre. Une bonne partie du monde regardait à la télévision cette procession, qui comprenait 24 cardinaux et 10 évêques et archevêques, traverser la Première Loggia, la Salle Ducale, la Salle et l'Escalier des Rois et la Porte de Bronze qui donne sur la place Saint-Pierre. C'est alors que le Magnificat fut couvert de manière inattendue par un de ces gestes si spécifiquement italiens. La foule massée sur la place éclata en applaudissements longs et puissants, équivalent latin du silence respectueux anglo-saxon.

A travers le monde, l'opinion, informée ou pas, tentait de faire une évaluation de la vie et de la mort d'Albino Luciani. La plus grande partie de ce qu'on écrivit en dit plus sur les auteurs que sur l'homme. La croyance, exprimée le matin par la Curie, que les esprits seraient plus vite détournés du mort pour se porter vers le successeur éventuel se révéla bien vite exacte. En Angleterre, le *Times* se fit l'écho bien tourné de la nature transitoire de la vie dans un éditorial intitulé : « L'année des trois papes ».

D'autres observateurs parlèrent avec finesse d'une grande promesse non réalisée, d'autres d'un pontificat qui promettait d'être joyeux. En ce qui concerne l'explication de la mort soudaine, le service de désinformation de la Curie romaine réussit un coup remarquable. Les uns après les autres, les journalistes parlèrent d'une longue suite de maladies. Le fait qu'un journaliste aussi expérimenté que Patrick O'Donovan de l'*Observer* a pu être trompé et écrire ce qui suit montre à quel point les mensonges furent efficaces : « On m'a appris aujourd'hui seulement que le cardinal Luciani avait un long dossier de maladies presque mortelles. »

On ne citait pas quelles étaient ces maladies mortelles. Luttant de vitesse avec leur bouclage, il est clair que O'Donovan et les autres journalistes n'avaient pas le temps de se livrer à des recherches personnelles et qu'ils faisaient confiance à leurs contacts au Vatican. Certains parlèrent de la forte tabagie de Luciani, du fait qu'il n'avait plus qu'un poumon, de ses diverses attaques de tuberculose. Depuis sa mort, des sources du Vatican ont raconté à d'autres qu'il avait subi quatre attaques cardiaques, qu'il souffrait de phlébite, douloureuse maladie circulatoire. D'autres citent le fait qu'il souffrait d'emphysème, maladie chronique des poumons en général provoquée par l'usage du tabac. Il n'y a pas un seul mot de vrai dans tout cela.

L'excès de causes mortelles dans les mensonges du Vatican finit par se retourner contre ses auteurs. Est-ce que 111 cardinaux réunis à Rome au mois d'août 1978 auraient élu un homme atteint de tous les maux cités plus haut ? Et ensuite, on lui permettrait de mourir tout seul ? A côté des mensonges sur le passé médical de Luciani le service de désinformation du Vatican travaillait dans d'autres secteurs. La Curie était occupée à faire filtrer l'opinion officieuse, impossible à attribuer, selon laquelle Luciani n'était pas un si bon pape que cela. Pourquoi pleurer ce qui n'avait pas de valeur ? J'ai parlé de cette campagne de diffamation avec le cardinal Benelli qui a observé :

> « Il m'a semblé que leur (la Curie romaine) but était double. Minimiser les capacités de Luciani diminuait le sentiment de perte et par conséquent les demandes d'autopsie. Ensuite, la Curie préparait le prochain conclave. Ils voulaient un pape curial. »

Pendant le déjeuner de Luciani avec sa nièce Pia un des sujets abordés avait été les déformations de la presse. Une fois mort, Luciani devenait le sujet de ces déformations. Les commentaires négatifs s'inspiraient principalement de prêtres et de prélats sans importance qui s'occupaient normalement de rédiger des rapports et des notes sans intérêt au Vatican. Ils trouvaient très flatteur qu'on leur demande leur opinion sur le défunt pape. Le fait qu'aucun d'entre eux ne se soit jamais trouvé auprès des coulisses du pouvoir ni n'ait jamais pénétré dans les appartements pontificaux se cachait sous la description vaste et générale « une source vaticane haut placée a dit aujourd'hui ». Ce qu'ils dirent relève de la grande injustice faite à la mémoire du pape défunt. Cela permettait à des écrivains qui, avant le conclave d'août, avaient écarté le nom de Luciani, de mettre de côté le fait inconfortable que son élection avait démontré avec éclat à quel point ils étaient mal informés. Apparemment, ils pensaient ceci : « Oui, c'est vrai, nous l'avions écarté mais vous voyez bien qu'on aurait dû l'écarter. » Ainsi :

> « Les audiences attirèrent la sympathie immédiate du public mais avaient déçu et parfois ennuyé les dignitaires de l'Eglise. Le pape exprimait une philosophie de l'existence qui rappelait parfois celle du *Readers' Digest :* du bon sens, d'ailleurs un peu simple, qui tranchait sur les grandes envolées théologiques des discours de Paul VI. Visiblement il n'avait ni la culture ni la formation intellectuelle de son prédécesseur. » (Correspondant au Vatican du *Monde,* Robert Sole.)
>
> « Nous avons suivi d'abord avec ardeur puis avec un sentiment croissant du ridicule, ses efforts généreux pour découvrir qui il était. Il souriait, son père était socialiste, il rejeta la tiare au profit d'une simple étole, il parlait sans formalisme pendant les audiences. » (*Commonwealth.*)

Newsweek estimait que le rejet par Luciani de la philosophie « *Ubi Lenin, ibi Jerusalem* » constituait une trahison envers les cardinaux latino-américains qui avaient joué un rôle si important dans son élection. L'hebdomadaire estimait que par cette remarque Luciani rejetait la théologie de la libération. A cause de la censure exercée par la Curie, ce journal passa à côté du fait qu'il avait ajouté une précision importante, à savoir qu'il y avait une certaine coïncidence mais qu'il ne pouvait y avoir une totale identification ; ce faisant, il passait complètement à côté de la vérité.

Peter Nichols, le très professionnel correspondant du *Times* mais qui pour l'occasion écrivait dans le *Spectator,* comparait Luciani à un comédien italien très connu autrefois qui n'avait qu'à paraître devant la foule pour recevoir une ovation. Il ne savait pas expliquer pourquoi Paul VI ne recevait pas des ovations de ce genre à chacune de ses apparitions.

D'autres critiquaient le fait qu'il avait reconfirmé tous les chefs de la Curie en poste. Ils négligeaient de souligner que les trois papes précédant Luciani en avaient fait autant et qu'il conservait toute autorité pour remplacer qui il voulait quand il voulait.

La plupart des organes de presse du monde publièrent dans les jours qui suivirent la mort du pape des récits concernant le rituel du Vatican autour de ces instants. Les journaux débordaient de comptes rendus sur la façon dont le cardinal Villot s'était approché du corps inerte et avait proclamé par trois fois « Albino êtes-vous mort ? », chaque question étant suivie d'un coup symbolique frappé à l'aide d'un petit marteau d'argent sur le front du pape. La presse donna aussi des descriptions spectaculaires de la façon dont Villot avait ensuite pris l'anneau pontifical du Pêcheur de la main de Luciani pour le briser en morceaux.

En fait, après la mort d'Albino Luciani il n'y eut rien de cela : pas dc coups sur la tête, pas de questions. Ces cérémonies avaient été abolies du vivant de Paul VI. Quant à l'anneau pontifical, le règne de Luciani avait été si bref que le Vatican ne l'avait pas encore fabriqué. Le seul anneau que Luciani avait conservé pendant son pontificat était celui donné à tous les évêques qui avaient assisté au concile de Vatican II.

La raison d'examiner ces reportages parfaitement inexacts quand l'on sait non seulement tout ce que Luciani réalisa durant un laps de temps aussi bref, mais encore la très haute considération que des hommes tels que Casaroli, Benelli, Lorscheider, Garrone, Felici et bien d'autres accordaient à Luciani, réside dans le fait qu'il s'agissait d'une campagne orchestrée. Pas une seule nécrologie, pas un article ne livrait un seul des faits rapportés dans le chapitre précédent. L'une des nombreuses phrases que les gens aiment à citer à l'intérieur de la Cité du Vatican est celle-ci : « Rien ne filtre hors du Vatican sans un but très précis. »

Le 1er octobre la pression pour qu'on procède à l'autopsie de Luciani s'accrut. Le journal le plus respecté d'Italie, le *Corriere della Sera* publia un article à la une intitulé : « Pourquoi refuser une autopsie ? » Il était signé par Carlo Bo, journaliste plein de talent et très au courant des affaires du Vatican. Il est déjà très significatif que cet article ait été publié. En Italie, grâce au traité du Latran et aux accords consécutifs entre l'Etat italien et le Vatican, la presse est sérieusement bâillonnée quand elle traite de l'Eglise catholique. Les lois sur la diffamation sont très rigoureuses. Le commentaire critique, sans parler de l'attaque directe, peut très vite amener le journal en question devant les tribunaux.

Carlo Bo évita intelligemment tout risque de cette sorte. Dans un style qui rappelait le discours de Marc Antoine à la populace romaine, Bo parlait des soupçons et des allégations qui avaient fait surface après la mort subite. Il racontait à ses lecteurs qu'il se sentait sûr que les palais et les caves du Vatican n'avaient pas connu ce genre d'actes criminels depuis des siècles. Pour cette raison précise il disait ne pas comprendre pourquoi le Vatican avait décidé de n'entreprendre aucune vérification scientifique, « en termes simples, pourquoi n'y avait-il pas d'autopsie. » Il poursuivait ainsi :

> « L'Eglise n'a rien à craindre, par conséquent rien à perdre. Au contraire, elle aurait beaucoup à gagner.
>
> ... Or, savoir que le pape est mort constitue un fait historique légitime, il fait partie de notre histoire visible et n'affecte en aucune façon le mystère spirituel de sa mort. Le corps que nous laissons derrière quand nous mourons peut être compris au moyen de nos misérables outils, c'est un reste : l'âme dépend déjà, ou mieux elle a toujours dépendu d'autres lois qui ne sont pas humaines et demeurent donc impénétrables. Ne faisons pas d'un mystère un secret à garder pour des raisons terrestres et reconnaissons la petitesse de nos secrets. Ne qualifions pas de sacré ce qui ne l'est pas. »

Tandis que les quinze médecins appartenant aux services de santé du Vatican refusaient tout commentaire sur l'avantage qu'il y aurait à pratiquer des autopsies sur des papes décédés, Eduardo Luciani, fraîchement rentré d'Australie, refusa de soutenir la position du Vatican quand on lui posa la question sur la santé de son frère :

« Le lendemain de son intronisation j'ai demandé à son médecin personnel comment il l'avait trouvé car je pensais à toutes les pressions auxquelles il était désormais soumis. Le médecin me rassura ; il me dit que mon frère se portait parfaitement et que son cœur était en bonne santé. »

Quand on lui demanda si son frère avait jamais connu des ennuis cardiaques, Eduardo répondit : « A ma connaissance, jamais rien. » Cela ne cadrait pas très bien avec les fantaisies orchestrées par le Vatican.

Le lundi 2 octobre la controverse entourant la mort du pape avait pris des dimensions mondiales. En France, à Avignon, le cardinal Silvio Oddi se trouva soumis à de nombreuses questions. En qualité de cardinal italien il pouvait certainement dire à ses interlocuteurs français les faits dans leur vérité, n'est-ce pas ? Oddi les informa que le Collège des cardinaux n'examinerait pas la possibilité d'une enquête, qu'il n'accepterait aucune supervision de qui que ce soit et qu'il ne discuterait même pas de la question. Oddi concluait : « Nous savons en fait, en toute certitude, que la mort de Jean-Paul Ier est due au fait que son cœur a cessé de battre pour des raisons parfaitement naturelles. » Manifestement, le cardinal Oddi venait de réaliser un progrès majeur en médecine : la possibilité de diagnostiquer sans autopsie ce qu'on ne savait faire qu'avec.

Pendant ce temps, les protestations du père Lorenzi et d'autres membres des appartements pontificaux sur un mensonge précis avaient fini par porter leurs fruits.

« Après les enquêtes nécessaires, nous sommes maintenant en mesure d'affirmer que le pape, quand on l'a trouvé mort au matin du 29 septembre, tenait entre ses mains certaines feuilles de papier contenant des écrits personnels comme des homélies, des discours, des réflexions et diverses notes. »

Quand le Vatican avait annoncé auparavant que Luciani tenait *l'Imitation de Jésus-Christ,* le père Andrew Greeley rapporte dans son livre *The Making of The Popes* (Comment on fait les papes), « certains journalistes éclatèrent de rire ouvertement ». Un cynisme tout à fait bien fondé.

Ces documents, qui détaillaient les changements cruciaux que Luciani était sur le point de faire, ont connu quelques métamorphoses extraordinaires au fil des ans : un rapport sur l'Eglise en Argentine ; des notes pour son prochain discours à l'Angelus ; des sermons faits à Belluno, Vittorio Veneto, Venise ; un magazine paroissial ; le discours qu'il était sur le point de faire aux jésuites ; un rapport écrit par le pape Paul. Quand un chef d'Etat meurt dans des circonstances apparemment normales, ses derniers actes présentent un intérêt plus qu'académique. Quand un chef d'Etat meurt dans les circonstances entourant la mort d'Albino Luciani, le besoin de savoir prend une importance vitale pour l'intérêt général. Le fait que Luciani tenait ses notes sur les divers changements cruciaux qu'il était sur le point de faire m'a été confirmé par cinq sources différentes. Deux sont des sources vaticanes directes ; les autres sont trois personnes extérieures qui ne résident pas au Vatican. Avec le retrait officiel de la version du Vatican concernant *l'Imitation de Jésus-Christ,* l'appareil de la Curie commençait à montrer des signes de tension.

Cette tension s'accrut encore le 2 octobre quand la presse mondiale commença à commenter un certain nombre d'aspects dérangeants. Beaucoup d'observateurs furent frappés par l'erreur qui consiste à laisser un pape sans personne pour s'occuper de son bien-être du début de la soirée jusqu'au lendemain. Le fait que le Dr Renato Buzzonetti travaillait principalement dans un hôpital de Rome et était par conséquent incapable de garantir une disponibilité absolue paraissait indigne. Si les observateurs avaient eu connaissance du scénario complet de l'inefficacité du Vatican qui passait pour le traitement du bien-être d'Albino Luciani, l'indignation aurait été encore bien plus forte. Les faits dans leur ensemble illustraient non seulement la possibilité d'une mort naturelle prématurée mais encore le scénario pour un meurtre.

En Espagne, comme dans d'autres pays, la controverse se transforma en débat public. Le professeur Rafael Gambra, de l'université de Madrid, fut l'un des innombrables qui se plaignit de ce que le Vatican « faisait des choses à la manière italienne ou plutôt à la manière florentine, comme pendant le Renaissance ». Demandant avec insistance que l'on fasse une autopsie, Gambra exprimait la crainte qu'un pape, qui allait manifestement ramener une discipline bien indispensable dans l'Eglise, avait pu être assassiné.

A Mexico, l'évêque de Cuernabarqua, Sergio Arothco, demanda publiquement une autopsie ; il déclara : « Il me semble, ainsi qu'au cardinal Miranda, que ce serait utile. » L'évêque ordonna qu'on lise dans toutes les églises de son diocèse une déclaration détaillée. La machine du Vatican réagit rapidement. La déclaration détaillée, comme bien d'autres choses en cette affaire, disparut de la surface de la terre et le temps que le Vatican en ait terminé avec le cardinal Miranda il pouvait déclarer à son arrivée à Rome un peu plus tard qu'il ne nourrissait pas le moindre doute en ce qui concernait la mort du pape.

Le 3 octobre, comme les gens continuaient de défiler devant la dépouille du pape à l'allure de 12 000 à l'heure, la controverse se poursuivait. Le testament d'Albino Luciani avait disparu mais par sa conduite extraordinaire le Vatican garantissait un legs cruel. Ce pape, doué pour parler ouvertement, directement et simplement, était entouré dans la mort par les détours, la tromperie et la duplicité. Il était clair que la perte éprouvée par les gens ordinaires était immense. Du Vatican émanait bien une maigre reconnaissance de ce sentiment largement partagé mais c'était plutôt une aigre mesure d'arrière-garde pour protéger non pas la mémoire d'Albino Luciani mais ceux vers qui pointaient les signes d'une complicité dans son assassinat.

Des clercs n'appartenant pas à la Curie débattaient maintenant dans les journaux des mérites et des inconvénients d'une autopsie. Comme l'observait Vittorio Zucconi dans le *Corriere della Sera,* il était devenu tout à fait clair que « derrière les doutes sur la mort du pape se cache une grande insatisfaction devant « les versions officielles ».

Le mouvement de catholiques traditionalistes connu sous le nom de *Civiltà cristiana* indiqua à quel point ils étaient insatisfaits. Le secrétaire Franco Antico révéla qu'il avait adressé au premier magistrat de la Cité du Vatican une demande officielle pour que l'on procède à une enquête judiciaire complète sur la mort du pape Jean-Paul Ier.

La décision de cet appel et les raisons qui y présidèrent firent les gros titres dans le monde. Antico citait un certain nombre de contradictions sorties à ce jour du Vatican. Son groupe voulait non seulement une autopsie mais surtout une enquête judiciaire complète. Antico disait : « Si le président Carter était mort dans ces circonstances, vous pouvez être sûrs que le peuple américain aurait exigé une explication. »

Antico déclara à la presse que son organisation avait tout d'abord examiné la possibilité d'une allégation formelle selon laquelle le pape avait été tué par une ou plusieurs personnes inconnues. Manifestant un merveilleux exemple de la complexité de l'esprit italien, il affirma qu'ils s'étaient abstenus de prendre une telle position parce que « nous ne cherchons pas un scandale ». *Civiltà cristiana* avait aussi adressé sa requête au cardinal Confalonieri, Doyen du Sacré Collège. Parmi les problèmes qu'ils soulevaient on trouve le trou de plusieurs heures entre la découverte du corps et l'annonce publique de la mort, un pape qui travaillait apparemment au lit sans personne pour s'occuper de son confort et le fait qu'aucun certificat de décès n'avait été publié.

Les partisans de l'archevêque rebelle Marcel Lefebvre, qui avaient déjà annoncé que Luciani était mort parce que Dieu ne voulait pas qu'il fût pape, annonçaient maintenant par le bras droit de Lefebvre, l'abbé Ducaud-Bourget, une conclusion différente : « On a du mal à croire que la mort soit naturelle étant donné toutes les créatures du diable qui demeurent au Vatican. »

Comme le Vatican avait déjà été obligé de retirer la déclaration selon laquelle les autopsies pontificales étaient spécifiquement interdites, il se trouva confronté le mardi 3 octobre aux efforts tenaces de quelques enquêteurs de la presse italienne. On avait en fait procédé à des autopsies. Par exemple, Pie VIII était mort le 30 novembre 1830. Les carnets du prince Don Agostini Chigi relataient que le lendemain soir on avait fait l'autopsie du corps. Le résultat de l'autopsie est resté officiellement inconnu parce que, toujours officiellement, le Vatican n'a jamais admis qu'elle avait eu lieu. En fait, mis à part une certaine faiblesse des poumons on avait trouvé tous les organes en bonne santé. On avait soupçonné que le pape avait pu être empoisonné.

Ce soir-là, à 19 heures, un curieux événement se produisit dans la Basilique. Les grilles de Saint-Pierre se fermèrent au public pour la soirée. L'église resta déserte hormis les quatre gardes suisses postés aux coins du catafalque, protection traditionnelle de 24 heures accordée à la dépouille d'un pape décédé. A 20 heures moins le quart, un groupe d'environ 150 pèlerins de Canale d'Agordo, le village natal d'Albino Luciani, accompagné par l'évêque de Belluno, furent conduits en silence dans l'église par une entrée latérale. Le groupe venait d'arriver à Rome et avait reçu l'autorisation spéciale du Vatican de présenter ses derniers respects à un homme que beaucoup connaissaient personnellement, après l'heure officielle de fermeture. Manifestement, quelqu'un au Vatican qui nourrissait des projets de son cru vis-à-vis du corps du pape, n'avait pas été mis au courant. Quelques minutes après l'arrivée des pèlerins, ils se retrouvèrent poussés dehors sans cérémonie sur la place Saint-Pierre.

Accompagnés par un groupe de médecins, des officiels du Vatican avaient fait leur apparition. Tous ceux qui ne faisaient pas partie de ce groupe reçurent l'ordre de s'en aller. Les quatre gardes suisses furent également renvoyés de l'église et relevés de leur tâche. On plaça de grands écrans pourpres tout autour de la dépouille, ce qui empêchait tout regard indiscret de quiconque se serait encore trouvé par hasard à l'intérieur de la basilique et aurait voulu observer précisément ce que faisaient les médecins. Cet examen médical soudain et non annoncé se poursuivit jusqu'à 21 heures 30. Une fois terminé, un certain nombre de pèlerins de Canale d'Agordo restés dehors demandèrent s'ils pouvaient enfin présenter leurs derniers respects à la dépouille. Leur requête fut rejetée.

Pourquoi, à moins de 24 heures des funérailles cet examen eut-il lieu ? Beaucoup de journalistes n'avaient aucun doute. On avait fait une autopsie. Le Vatican avait-il enfin agi pour dissiper l'inquiétude du public ? Si c'est le cas, les déclarations ultérieures du Vatican à propos de cet examen médical conduisent inexorablement à la conclusion que celui-ci confirmait toutes ces craintes et ces inquiétudes : le pape avait bien été assassiné.

Il n'y eut aucune déclaration après l'examen et, malgré un déluge de questions par les media l'office de presse du Vatican persista à conserver un silence total sur ce qui s'était passé à Saint-Pierre jusqu'à ce que le pape fût enterré. Ce n'est qu'alors qu'on connut sa version. Auparavant, officieusement, le Vatican avait informé l'agence de presse italienne ANSA que l'examen médical était une vérification normale de l'état de conservation du corps et qu'il avait été effectué par le professeur Gerin ainsi que, entre autres, Arnaldo et Ernesto Signoracci. ANSA apprit aussi que l'on avait fait plusieurs autres injections de liquides d'embaumement.

Quand l'office de presse du Vatican finit par s'exprimer officiellement, l'examen de 90 minutes se réduisit à 20 minutes. Il affirma aussi que tout avait été trouvé en ordre et qu'ensuite les pèlerins de Canale d'Agordo avaient eu l'autorisation de retourner dans la basilique. Mis à part les erreurs ou les mensonges délibérés contenus dans le communiqué de presse, il y a un certain nombre d'autres faits inquiétants. Contrairement aux déclarations des informateurs du Vatican interrogés par ANSA, le professeur Cesare Gerin n'était pas présent. Au cours de mes entretiens avec les frères Signoracci, eux aussi affirmèrent formellement n'avoir pas été présents durant cet étrange événement. Il s'agissait d'une vérification de l'état de conservation sans les conservateurs.

Si, comme le croient beaucoup, une autopsie a été effectivement faite, même une autopsie partielle — car en une heure et demie il ne saurait s'agir d'un examen *post mortem* complet — alors les résultats, à supposer qu'ils fussent négatifs, auraient été annoncés haut et fort. Quelle meilleure manière de faire taire les mauvaises langues ? Le *Corriere della Sera* affirma que « à la dernière minute un célèbre médecin de l'Université Catholique se joignit à l'équipe spéciale ». Par la suite le « célèbre médecin » s'est évanoui dans les brumes matinales qui s'élèvent du Tibre.

Le psychologue catholique Rosario Mocciaro, dans un

commentaire sur la conduite des hommes à qui était confié le soin de diriger l'Eglise catholique romaine pendant cette période de vacance du Siège, la décrit ainsi : « Une sorte d'*omertà* (silence) à la manière de la Mafia, travertie en charité chrétienne et en protocole. »

Le dialogue d'amour qu'Albino Luciani avait noué entre lui-même et le peuple se poursuivait. Ignorant la pluie qui tombait sans arrêt près de 100 000 personnes étaient venues place Saint-Pierre assister à la messe de requiem le 4 octobre. Près d'un million de personnes avaient défilé devant la dépouille mortelle pendant les quatre jours précédents. La première des trois lectures, tirée de l'Apocalypse de saint Jean, se terminait par ces mots : « Je suis l'Alpha et l'Oméga, le Principe et la Fin ; celui qui a soif, moi je lui donnerai de la source de vie, gratuitement. » (Ap. 21. 6)

Le corps d'Albino Luciani, hermétiquement scellé dans trois cercueils, de cyprès, de plomb et d'ébène, arriva à son dernier lieu de repos à l'intérieur d'un sarcophage de marbre dans la crypte de Saint-Pierre. Alors que ses restes mortels prenaient place dans la froide poussière romaine entre Jean XXIII et Paul VI les discussions se poursuivaient pour savoir si avant sa mort Albino Luciani avait reçu autre chose que l'eau de la source de vie.

Beaucoup de gens restaient troublés par l'absence d'autopsie, et parmi eux le propre médecin de Luciani, Giuseppe Da Ros. Le fait que le médecin personnel du pape avait l'impression qu' « il serait opportun de vérifier la cause du décès scientifiquement » est tout à fait significatif.

Une fois le pape enterré dans trois cercueils, il allait évidemment devenir à peu près impossible de persuader le Vatican de changer d'avis. La requête formelle de *Civiltà cristiana* au Tribunal du Vatican reposait entre les mains d'un juge seul, Giuseppe Spinelli. Même si cet homme avait sérieusement désiré que l'on fasse une autopsie et que l'on mène une enquête complète on a du mal à voir comment il aurait pu surmonter la puissance de la Cité du Vatican et des hommes qui la dirigent — des hommes qui tiennent pour un « fait » historique leur pratique et celle de leurs prédécesseurs sur près de 2000 ans dans la direction de l'Eglise catholique romaine.

Il convenait parfaitement que les jésuites comparent la mort de Luciani à une fleur dans un champ qui se ferme le soir venu, ou que les franciscains parlent de la mort comme d'un voleur dans la nuit. Les non-esthètes continuent de chercher une explication plus pratique. On trouve ce genre de sceptiques sur les deux rives du Tibre. Parmi les personnes les plus troublées à l'intérieur du Vatican on trouve le groupe de ceux qui connaissaient la vérité sur la découverte du corps du pape par sœur Vincenza. L'inquiétude avait crû au fur et à mesure que les mensonges officiels grandissaient. Finalement, une fois le pape enterré, plusieurs d'entre eux parlèrent. Initialement, ils s'adressèrent à l'agence de presse ANSA et récemment ils se tournèrent vers moi. De fait, ce sont plusieurs membres de ce groupe qui m'ont convaincu de me lancer dans une enquête sur la mort d'Albino Luciani.

Le 5 octobre, peu après le déjeuner, ce groupe commença à donner à ANSA les détails factuels de la découverte de sœur Vincenza. Leurs informations identifiaient même correctement que les notes que tenait Luciani dans la mort concernaient « certaines nominations à la Curie romaine et dans l'épiscopat italien ». Le groupe révéla aussi que le pape avait parlé du problème posé par le refus de Baggio d'accepter le patriarcat de Venise. Quand l'histoire explosa sous le regard du public, la réaction du Vatican rappela énormément celle de monseigneur Henri de Riedmatten lorsqu'il dut faire face aux questions à propos du document de Luciani sur le contrôle des naissances. Ce document qui existe indubitablement fut nié par Riedmatten et qualifié de « fantaisiste ». Maintenant, face à des centaines de journalistes exigeant du Vatican un commentaire sur les dernières fuites, le directeur de l'office de presse du Vatican, le père Panciroli publia un démenti laconique d'une seule ligne : « Il s'agit de comptes rendus dénués de tout fondement. »

Parmi ceux que n'impressionna pas ce démenti on trouve un bon nombre de cardinaux qui continuaient d'arriver à Rome pour le prochain conclave. Lors de la réunion de la Congrégation des cardinaux qui eut lieu le 9 octobre ce malaise fit surface. Le cardinal Villot se trouva particulièrement l'objet d'attaques. En tant que Camerlingue il avait pris les décisions et autorisé les déclarations qui indiquaient nettement que la mort de Luciani avait été suivie d'un camouflage. Beaucoup de princes non italiens de l'Eglise exigèrent de savoir exactement ce qu'on avait camouflé. Ils voulurent savoir pourquoi on n'avait pas assuré précisément la cause du décès et pourquoi on l'avait simplement présumée. Ils voulaient savoir pour quelle raison on n'avait pas mieux éclairci l'heure du décès et pourquoi un médecin n'avait pas pris la responsabilité officielle de mettre son nom au bas d'un certificat de décès qu'on aurait pu rendre public.

Leurs efforts pour obtenir ces réponses se révélèrent infructueux. Le prochain conclave approchait rapidement, grâce à la décision prise par une minorité le lendemain de la découverte du corps du pape. L'esprit des cardinaux commença à se concentrer sur les pressions et les intrigues qui entouraient le problème du successeur éventuel de Luciani (signe que les hommes de la Curie, héritiers d'une expérience de près de 2000 ans, ont effectivement beaucoup appris de leurs prédécesseurs).

Le 12 octobre, moins de quarante-huit heures avant le conclave suivant, le Vatican fit une déclaration publique finale à propos du tumulte qui suivit la mort d'Albino Luciani. Elle fut publiée par le secrétaire de l'office de presse du Vatican, le père Romeo Panciroli :

> « A la fin des « *Novemdiales* » où nous entrons dans une nouvelle phase du Sede Vacante, le directeur de l'Office de Presse du Saint-Siège exprime sa ferme désapprobation envers ceux qui ces derniers jours se sont laissé aller à répandre d'étranges rumeurs, non vérifiées et souvent fausses et qui ont parfois atteint le niveau d'insinuations graves, d'autant plus sérieuses pour les répercussions qu'elles risquent d'avoir dans ces pays où les gens n'ont pas l'habitude des formes d'expressions excessivement désinvoltes. En ces jours de deuil et de chagrin pour

> l'Eglise l'on attendait davantage de maîtrise et un plus grand respect. »

Il répétait que « ce qui est arrivé a été fidèlement rapporté dans le communiqué de vendredi matin, 29 septembre, qui conserve toute sa validité et qui reflète le certificat de décès signé par le professeur Mario Fontana et le Dr Renato Buzzonetti si fidèlement qu'il en rend la publication superflue. »

Il notait aussi avec satisfaction la « rectitude de nombreux professionnels qui, dans un moment aussi difficile pour l'Eglise, manifestèrent une participation loyale aux événements et informèrent l'opinion publique par des comptes rendus objectifs et réfléchis ».

Comme je souhaite éviter de « graves insinuations » je ferai au lieu de cela une affirmation catégorique. Je suis totalement convaincu que le pape Jean-Paul Ier, Albino Luciani, a été assassiné.

A ce jour on n'a jamais rendu public le moindre certificat de décès et malgré des requêtes répétées le Vatican a refusé de m'en faire tenir un. Il ne fait aucun doute qu'il affirmerait que la cause du décès était un infarctus du myocarde. Le refus persistant de me faire parvenir un certificat de décès signifie qu'aucun médecin n'est prêt à accepter publiquement la responsabilité légale d'un diagnostic concernant la mort d'Albino Luciani. Le fait que ce diagnostic se soit fondé sur un examen *externe* exclusivement — ce qui est médicalement inacceptable — a peut-être un rapport avec le refus du Vatican.

Le fait qu'on n'ait pas procédé à une autopsie complète malgré l'inquiétude et le malaise international montre clairement qu'il y a toute chance que le pape a été assassiné. Si la mort de Luciani avait été naturelle pourquoi ne pas pratiquer une autopsie et dissiper ces inquiétudes ?

Il est clair que, officiellement du moins, le Vatican ne sait pas quand Luciani est mort ni ce qui l'a tué. « Probablement vers onze heures » et « mort subite qu'on pourrait attribuer à » sont des affirmations qui démontrent clairement une grande ignorance, des suppositions et des hypothèses. On accorderait au cadavre d'un mendiant découvert dans les caniveaux de Rome bien plus de soins et d'attentions médicaux. Le scandale est d'autant plus grand quand l'on sait que le médecin qui l'a pratiqué n'avait jamais connu, médicalement parlant, Albino Luciani de son vivant. Quand j'en ai parlé avec le Dr Renato Buzzonetti à Rome j'ai demandé quels médicaments prenait le pape dans les semaines précédant sa mort. Il m'a répondu : « Je ne sais pas quels médicaments il prenait. Je n'étais pas son médecin traitant. La première fois que je l'ai vu, du point de vue professionnel, il était mort. »

Le Dr Seamus Banim est spécialiste du cœur depuis plus de vingt ans. Il exerce les fonctions de Consultant Principal à l'hôpital St Bartholomew de Londres ainsi qu'à l'hôpital Nuffield. Au cours de notre entretien il m'a dit :

> « Pour un médecin, n'importe quel médecin, diagnostiquer un infarctus du myocarde comme cause d'un décès constitue une erreur. Je ne m'en contenterais pas. S'il avait connu le patient auparavant, s'il l'avait soigné pendant un certain temps, s'était occupé de lui lors d'une précédente attaque cardiaque, s'il avait observé l'homme en vie après ce qui devait se révéler une attaque cardiaque fatale, alors il serait envisageable de poser un tel diagnostic. Mais s'il n'a jamais connu le patient auparavant, il n'a aucun droit de poser ce diagnostic. Il prend un risque très grave et il n'aurait certainement pas le droit de prendre ce risque et de poser pareil diagnoctic dans ce pays. On ne peut donner une telle précision qu'après une autopsie. »

Nous avons par conséquent une conclusion inacceptable sur la cause du décès, et une conclusion tout aussi inacceptable sur l'heure du décès.

Le Vatican annonça au monde qu'il s'était produit « Probablement vers onze heures, le soir du 28 septembre ». Le Dr Derek Barrowcliff, ancien médecin légiste du ministère anglais de l'Intérieur, qui a exercé pendant plus de cinquante années, m'a confié :

> « Sauf quand il y a une série de prises de température régulières par voie rectale, il est rudement courageux celui qui dira que la mort s'est produite à telle et telle heure. Vraiment un type bien courageux.
>
> « La rigidité cadavérique commence à être décelable au bout de cinq à six heures, cela dépend d'un grand nombre de facteurs dont la température de la pièce. Une pièce chaude l'amène plus vite — une pièce froide plus lentement. Elle peut prendre 12 heures pour s'établir, puis rester sans changement pendant encore 12 heures et commencer à diminuer pendant les 12 heures suivantes. Cela reste très approximatif. Si la rigidité cadavérique existe, on peut raisonnablement supposer que la mort s'est produite environ six heures auparavant ou plus longtemps. Il est certain qu'une prise de température du foie (qui n'eut pas lieu) aurait aidé. Si l'on examine un corps très très soigneusement, d'un point de vue médico-légal, l'on peut alors déceler des degrés très fins dans la rigidité. Elle survient très doucement. Aussi, si le corps était raide à 6 heures du matin, on peut raisonnablement affirmer que la mort a eu lieu à 11 heures le soir précédent. Mais elle aurait tout aussi bien pu avoir eu lieu à 9 heures la veille au soir. »

Ainsi, deux faits sont indiscutablement établis :

1. Nous ne connaissons pas la cause de la mort d'Albino Luciani.
2. Nous ne connaissons pas avec certitude à quelle heure il mourut.

Quand Paul VI mourut en août 1978 il était entouré de médecins, de secrétaires et de prêtres. Examinons les détails du bulletin officiel publié et signé par les docteurs Mario Fontana et Renato Buzzonetti.

Au cours de la semaine écoulée le Saint-Père Paul VI a connu une aggravation sérieuse des symptômes douloureux relatifs à la maladie arthritique qui l'affectait depuis de nombreuses années. L'après-midi du samedi 5 août il a eu une montée de fièvre due à la résurgence brutale d'une cystite aiguë. Ayant pris l'avis du professeur Fabio Prosperi, urologue en chef des Hôpitaux Unis de Rome, les mesures de soins appropriées ont été prises. Pendant la nuit du 5 au 6 août et toute la journée du dimanche 6 août le Saint-Père a connu une forte fièvre. Vers 18 heures 15 le dimanche 6 août une augmentation soudaine, grave et progressive de la tension artérielle a été observée. Les symptômes typiques de l'insuffisance du ventricule gauche, accompagnés du portrait clinique d'un œdème pulmonaire aigu s'ensuivirent rapidement.

Malgré tous les soins attentifs appliqués immédiatement, Sa Sainteté Paul VI expira à 21 heures 40.

A l'heure de la mort, les médecins soignants donnèrent le tableau clinique général suivant : polyarthrite artérioscléreuse cardiopathique, pyélonéphrite chronique et cystite aiguë. Cause immédiate du décès : crise d'hypertension, insuffisance du ventricule gauche, œdème pulmonaire aigu.

Moins de deux mois plus tard le successeur de Paul mourait « comme une fleur des champs qui se ferme au crépuscule », sans un seul médecin en vue.

Devant la pléthore de mensonges déversés par la Cité du Vatican sur le passé médical de Luciani, il est bon de revenir aux faits.

Pendant son enfance il a montré des signes de maladie tuberculeuse, dont les symptômes sont une hypertrophie des ganglions du cou. A l'âge de onze ans, il fut opéré des amygdales. A l'âge de quinze ans, des végétations. Ces deux interventions eurent lieu à l'hôpital général de Padoue. En 1945 et à nouveau en 1947 il fut admis dans un sanatorium pour une tuberculose possible. A deux reprises les examens produisirent un résultat négatif et l'on diagnostiqua la maladie pulmonaire comme étant une simple bronchite. Il se rétablit complètement et tous les examens ultérieurs aux Rayons-X donnèrent un résultat négatif. En 1964, on l'opéra en avril pour des calculs dans la vésicule biliaire et pour un blocage du côlon ; en août, il subit une opération pour des hémorroïdes. Le professeur Amedeo Alexandre qui l'opéra les deux fois à l'hôpital Pordenone vérifia ses dossiers médicaux de cette période avant de me confirmer qu'Albino Luciani ne souffrait d'aucune autre maladie et que tous les examens pré- et post-opératoires confirmaient que Luciani était en parfaite santé. Parmi ces examens, il y a des rayons-X et un bon nombre d'électro-cardiogrammes, examen spécifiquement destiné à découvrir des anomalies du cœur. Le professeur m'a confirmé que la guérison de son patient après ces deux interventions mineures avait été complète et totale. « Je l'ai réexaminé durant l'été qui suivit la seconde opération. Il était à ce moment-là encore en excellente santé. »

On peut évaluer l'excellente santé d'Albino Luciani en examinant son emploi du temps quotidien tel que me l'a décrit son collègue de l'époque, monseigneur Taferal. Il est virtuellement identique à son emploi du temps ultérieur à Venise, puis au Vatican. Il se levait entre 4 heures et demie et 5 heures moins le quart et se retirait pour la nuit environ seize heures plus tard, entre 9 heures et 10 heures. Monseigneur Taferal m'a confié que Luciani, en dehors de ses nombreuses autres fonctions, avait fait des visites pastorales à chacune de ses 180 paroisses et qu'il en était aux deux tiers d'une seconde tournée quand il fut nommé à Venise. Il souffrit d'un caillot de sang dans la veine centrale de la rétine de l'œil gauche en décembre 1975. Il ne fallut pas opérer et son spécialiste le professeur Rama m'a dit :

> « Le traitement fut seulement général et reposa sur des médicaments hémocinétiques, des anticoagulants et des médicaments doux pour dilater les vaisseaux sanguins et, par-dessus tout, quelques jours de repos à l'hôpital. Le résultat fut presque immédiat, avec une vision complètement retrouvée et une guérison générale. Il ne fut jamais ce qu'on pourrait appeler un « colosse physique » mais il était fondamentalement

en bonne santé et les examens qu'on lui fit subir en plusieurs occasions ne révélèrent jamais de troubles cardiaques. »

Le professeur Rama remarqua que Luciani avait une faible tension artérielle qui, dans des conditions normales oscillait autour de 12/8. Les vingt-trois membres de la profession médicale que j'ai consultés considèrent tous qu'une basse tension est « le meilleur diagnostic possible pour une longue vie ».

Pendant son passage à Venise, Luciani avait parfois des gonflements de chevilles. Ses médecins estimaient qu'on pouvait l'attribuer à sa faible tension et qu'il lui fallait prendre davantage d'exercice. En juillet il passa dix jours à l'Institut Stella Maris, au Lido, pour neutraliser une réapparition possible des calculs biliaires. On lui fit subir un léger régime et il dut accomplir de longues promenades à pied le matin et le soir pour soulager le faible gonflement de ses chevilles. Un examen complet après ce séjour conclut qu'il se portait excellemment.

Voilà toute l'histoire médicale d'Albino Luciani au cours de sa vie entière. Elle repose sur des entretiens avec les médecins qui l'ont soigné, des amis, des parents et des collègues de travail. Il faut la comparer de près avec le tissu de mensonges sur sa santé qu'a répandu la Cité du Vatican. La vraie question qui saute immédiatement à l'esprit est celle-ci : Pourquoi tous ces mensonges ? Plus l'on fouille dans la vie de Luciani plus l'on croit que cet homme a été assassiné. Pendant cinq ans les mensonges du Vatican à propos du défunt pape ont pu circuler tranquillement, sans vérification et sans question. La Curie romaine a voulu faire croire au monde qu'Albino Luciani était un homme simple, presque un idiot, affecté d'une grave maladie, dont l'élection fut une aberration et dont la mort naturelle constitua un dénouement miséricordieux pour l'Eglise. C'est de cette manière qu'elle a espéré dissimuler l'assassinat. Les 400 dernières années sont annulées : nous voilà revenus à l'époque des Borgia.

Pendant que les organes de presse du monde propageaient les inventions du Vatican sur la santé de Luciani, beaucoup de gens, si on leur avait posé la question, auraient proposé un tableau différent :

« Je le connaissais depuis 1936. Sauf pendant les deux périodes d'hospitalisation pour une tuberculose possible il se portait parfaitement bien. Certainement jusqu'en 1958 quand il devint évêque de Vittorio Veneto il n'avait aucune maladie importante. » (Monseigneur Da Rif, à l'auteur)

« Pendant qu'il a vécu à Vittorio Veneto sa santé fut excellente. Il a subi les deux opérations en 1964 pour ses calculs biliaires et des hémorroïdes et a guéri complètement. Sa quantité de travail resta exactement la même. J'ai entendu parler de sa faible tension et des jambes gonflées. Ni l'une ni l'autre ne se produisirent pendant qu'il était ici (Vittorio Veneto) et par la suite, après son départ pour Venise, je l'ai vu à de nombreuses reprises. Il se portait toujours excellemment bien. Entre 1958 et 1970, hormis ces deux opérations sa santé fut parfaite. (Monseigneur Taferal, à l'auteur)

« Dans les huit années qu'il a passées à Venise je n'ai vu qu'une seule fois le cardinal Luciani au lit parce qu'il n'était pas bien, et c'était pour une simple grippe. Pour le reste le patriarche de Venise avait une très bonne santé et ne souffrait d'aucune maladie. (Monseigneur Giuseppe Bosa, administrateur apostolique de Venise)

« Il ne présentait absolument aucune caractéristique cardiopathique et, en outre, sa faible tension aurait dû, théoriquement, le mettre à l'abri d'attaques cardio-vasculaires aiguës. La seule fois où j'ai dû le soigner, c'était pour une grippe. » (Dr Carlo Frizziero, médecin de Venise)

« Albino Luciani n'avait pas le cœur malade. Quelqu'un qui a le cœur malade ne s'en va pas grimper dans la montagne, comme le faisait le patriarche chaque année, en ma compagnie entre 1972 et 1977. Nous nous rendions à Pietralba, près de

Bolzano, et nous escaladions les pentes du Corno Bianco, de 1500 mètres à 2400 mètres, et à bonne allure... Il n'y eut jamais le moindre signe d'insuffisance cardiaque. Au contraire, sur mon insistance on procéda en 1974 à un électrocardiogramme qui n'enregistra rien d'anormal. Immédiatement avant de partir pour le conclave en 1978 et après sa visite à la clinique Stella Maris il subit des examens complets. Les résultats furent positifs à tous égards. Quant à la théorie du stress ou de l'épuisement, elle est absurde. Sa journée de travail au Vatican n'était pas plus longue que celle qu'il faisait ici à Venise et au Vatican il avait bien plus d'assistants, on l'aidait beaucoup plus et Dieu sait combien il avait de conseillers supplémentaires. Les montagnards ne meurent pas d'une attaque cardiaque. (Monseigneur Mario Senigaglia, secrétaire d'Albino Luciani, 1970-1976, à l'auteur)

« Le Dr Da Ros m'a dit : " Est-ce que vous avez un médicament secret ? Albino Luciani est en parfaite santé et il est tellement plus détendu. Quelle drogue magique employez-vous ? " » (Père Diego Lorenzi, secrétaire d'Albino Luciani de 1976 à sa mort, à l'auteur)

Tous les témoins ci-dessus, plus une bonne vingtaine d'autres, qui connaissaient Albino Luciani depuis son enfance, m'ont confirmé qu'il n'avait jamais fumé, qu'il buvait rarement de l'alcool et qu'il mangeait assez peu. Ce style de vie, ajouté à sa faible tension sanguine ne saurait être amélioré si l'on voulait éviter une maladie coronarienne.

Hormis les membres des professions médicales dont nous avons déjà parlé et qui ont eu à traiter des affections particulières, il y a son médecin habituel, le Dr Giuseppe Da Ros. Ses rapports avec Albino Luciani révèlent que, pendant les vingt dernières années de sa vie et plus, le pape fut placé sous le contrôle constant et régulier de son médecin traitant.

Le Dr Da Ros était aussi un ami et, à Vittorio Veneto, il passait voir Luciani une fois par semaine. A Venise il venait une fois tous les quinze jours à 6 heures et demie du matin et restait au moins une heure et demie. Ils prenaient le petit déjeuner ensemble mais les visites étaient autant professionnelles qu'amicales.

Ces visites se poursuivirent après l'élection de Luciani à la papauté. Da Ros mena trois examens complets sur Luciani pendant le mois de septembre 1978. Le dernier eut lieu le samedi 23 septembre, juste avant que Luciani ne quitte le Vatican pour son premier acte public à Rome, la rencontre du maire Argan et l'acceptation officielle de l'église de Saint Jean du Latran — épreuve publique qui aurait certainement mis en lumière la moindre maladie physique dont aurait pu souffrir Luciani. Le Dr Da Ros trouva son patient en tellement bonne forme qu'il fit part à Luciani qu'au lieu de revenir le voir dans quinze jours comme il en avait l'intention, il ne viendrait que dans trois semaines.

Le même jour Da Ros alla voir le Dr Buzzonetti, du Vatican, et ils discutèrent de l'histoire médicale de Luciani. Manifestement le pape aurait besoin d'un généraliste installé à Rome mais les médecins tombèrent d'accord qu'il n'y avait pas d'urgence. Da Ros continuerait pour l'instant de venir de Vittorio Veneto sur la même base régulière.

C'est là peut-être la preuve la plus éclairante possible. Celui qui l'avait soigné pendant plus de vingt ans et les médecins du Vatican se satisfaisaient d'un accord par lequel le médecin personnel du pape résidait à près de 600 kilomètres de son patient. Le fait qu'un tel accord ait satisfait tout le monde conduit à deux conclusions seulement. Soit le Dr Da Ros et les médecins du Vatican sont coupables d'une négligence si épouvantable qu'aucun n'est à même de pratiquer la médecine, soit Albino Luciani était un homme en parfaite santé, complètement dépourvu de maladie au moment de sa mort. Au vu des soins et des attentions apportés par le Dr Da Ros, pour ne pas parler de l'affection tout à fait réelle qu'il éprouvait pour son patient, c'est visiblement la dernière conclusion qu'il faut tirer. L'on se souviendra que Da Ros fut « stupéfait, abasourdi, dérouté » quand on lui apprit le décès.

> « Le Dr Da Ros affirma qu'il avait trouvé le pape en tellement bonne santé qu'il viendrait tous les trois samedis au lieu de tous les deux puisqu'il allait si bien. Le dernier soir il allait parfaitement. Pendant son pontificat, cette histoire de jambes gonflées ne s'est pas produite. Il prenait son exercice quotidien soit dans les jardins du Vatican, soit dans la grande salle. » (Père John Magee, secrétaire du pape Jean-Paul Ier de la fin août 1978 jusqu'à sa mort, à l'auteur)

En grande partie du fait de son amitié avec le Dr Da Ros, peu d'hommes pouvaient se prévaloir d'avoir reçu plus d'attention médicale que Luciani — toutes les semaines, puis des visites bimensuelles pendant plus de vingt ans. Ces soins médicaux d'une intensité remarquable furent suivis d'une mort subite et inattendue, elle-même suivie d'un faux diagnostic et du refus de publier un certificat de décès.

Comment alors expliquer l'inexplicable ? Une théorie en vogue à l'époque de la mort du pape tenait le stress pour responsable. C'est une théorie à laquelle ne croient guère les nombreux médecins que j'ai interviewés. Beaucoup se montrèrent caustiques sur ce qu'ils appelaient « les bénéfices du stress », véritable industrie où l'on peut faire des fortunes en jouant sur les peurs populaires : trop faire l'amour provoque le stress, pas assez faire l'amour provoque le stress ; jouer aux jeux électroniques provoque le stress ; assister à des matches sportifs provoque le stress ; pas assez d'exercices physiques provoque le stress.

> « Je vois une quantité effrayante de gens qui ont des symptômes de stress mais n'ont pas de maladie coronarienne. Ils ont mal dans le cou et la nuque. Ils travaillent tous trop, beaucoup trop, six, sept jours par semaine, Ils sont totalement adonnés à leur travail, ils perdent le sens des choses. J'ai l'impression que, au bout d'un moment, ils ont construit cet équilibre terriblement négatif, s'ils ne se détendent pas. Ils vont voir un neurologue pour des maux de tête, un spécialiste pour l'estomac car ils ont des

ulcères. ils viennent me voir pour des douleurs à la poitrine. Il ne s'agit jamais de maladie de cœur dont ils souffrent en réalité. Ici, à St Bartholomew's, nous avons un service cardiologique très actif. Les patients n'y sont pas les gens pressés de la ville, ce sont les forts des halles et les garçons de bureau. Si le mythe du stress présentait la moindre validité, nous n'assisterions pas au changement dans la mortalité auquel nous assistons actuellement. Nous constatons que les classes supérieures réduisent leurs attaques coronaires et que les classes inférieures augmentent les leurs. Les facteurs de risques sont bien plus élevés dans ces dernières que dans les premières. Le grand nombre de gens qui présentent des symptômes de stress ne manifestent pas de problèmes coronariens, ils souffrent de drôles de douleurs de poitrine, ils souffrent d'essoufflements curieux, ils ont des sensations bizarres. Ce n'est jamais le cœur. Ils ont simplement besoin d'être copieusement rassurés. On n'ose pas leur dire quels sont les véritables symptômes des maladies cardiaques car ils reviennent avec à la prochaine consultation. » (Dr Seamus Banim, à l'auteur)

Mes recherches indiquent que le stress peut parfois conduire à des maladies cardiaques et effectivement à une attaque cardiaque fatale, mais ce genre d'affection ne vous tombe pas dessus du jour au lendemain. Les symptômes se manifestent pendant des mois, voire des années. Aucun des médecins qui s'occupèrent d'Albino Luciani pendant toute sa vie ne remarqua jamais un seul de ces symptômes.

Le Vatican a menti quand il déclara que les règles du Vatican interdisaient l'autopsie d'un pape.

Le Vatican a menti quand il déclara qu'on n'avait jamais pratiqué d'autopsie sur un pape.

Les petits mensonges prenaient les proportions d'un véritable torrent.

Le testament du pape. La santé du pape. La rapidité de son embaumement. La nature exacte des examens médicaux qui eurent lieu sur son cadavre avant les funérailles. Le Vatican a menti sur chacun de ces points.

Qu'on prenne le testament d'Albino Luciani. Aucun testament n'a jamais été produit ni rendu public. On a raconté aux membres de sa famille qu'il n'existait aucun testament. Et pourtant :

> « Il existe certainement. Je n'en connais pas la longueur, encore moins son contenu. Je me rappelle que le pape en a parlé à table environ quinze jours avant sa mort. Son frère Eduardo parlait avec beaucoup d'enthousiasme du testament de Paul VI. “ Le mien est d'un autre ton et pèse moins lourd ” dit-il (Albino Luciani). Puis, montrant un petit espace entre le pouce et l'index, Papa Luciani a dit : “ Le mien est comme ceci. ” » (Père Diego Lorenzi, à l'auteur.)
>
> « Quand il était cardinal de Venise il rédigea un testament de trois lignes qui laissait tout à son séminaire de Venise et nommait son évêque auxiliaire comme exécuteur. A la mort de l'évêque auxiliaire, Luciani raya le nom de l'évêque et mit le mien à la place, puis me montra le testament. » (Père Mario Senigaglia, à l'auteur.)
>
> « Quand il mourut on ne retrouva jamais son testament bien que je sois certaine qu'il en avait fait un. On envoya un peu d'argent qu'il avait sur un compte à Venise à ma famille parce qu'il était théoriquement mort intestat. Nous l'avons renvoyé au diocèse de Venise connaissant ses intentions. Une partie alla à son successeur et le reste à des œuvres précises. Je sais qu'il y avait un testament. Quand il a quitté Belluno pour Vittorio Veneto il a détruit son testament et en a fait un autre ; il a fait de même quand il est allé à Venise, il a détruit son testament et en a rédigé un autre. De même, quand il est devenu pape, le père Carlo, un de ses secrétaires à Venise, a reçu l'ordre d'apporter son testament. Don Carlo l'a apporté au Vatican. Soit il y a un testament datant des

> trente-trois jours, soit celui de Venise. Il était toujours très méticuleux sur ces choses. Je ne sais pas pourquoi ils ont été incapables de le trouver. » (Pia Luciani, à l'auteur.)

Ainsi qu'on l'a déjà établi les biens terrestres ne présentaient aucun intérêt pour Luciani mais un testament pontifical contient invariablement plus que des instructions sur des biens matériels. Il y a toujours un message spirituel — commentaires et réflexions sur l'état de l'Eglise. Le testament d'Albino Luciani fut-il détruit parce qu'il reflétait fidèlement les sentiments et les opinions du pape sur ce qu'il avait découvert au cours de ces 33 jours ? Ecrivain accompli, Luciani fut l'un des papes les plus littéraires des temps modernes ; allait-il éviter de laisser par écrit une dernière observation ? Ce pape révolutionnaire ne livra-t-il pas ses dernières réflexions ?

On peut être choqué par le fait que tant d'informations fausses émanent directement du Vatican, lieu considéré par des millions de gens comme le foyer spirituel du christianisme. Est-il moins choquant que des hommes qui ont consacré leur vie à Jésus-Christ détruisent autant de preuves vitales ? Est-il moins choquant que le cardinal secrétaire d'Etat Villot impose un vœu de silence à des membres de la Maison pontificale ? Est-il moins choquant que Villot, agissant en tant que pape intérimaire virtuel, fasse disparaître le médicament, les lunettes, les pantoufles de la chambre du pape ? Qu'il s'empare et détruise les documents serrés entre les mains du défunt pape ? — des documents qui détaillaient les changements importants qu'Albino Luciani était sur le point de faire et dont il avait parlé avec le cardinal Villot peu de temps avant cette mort totalement inattendue ? Villot faisait-il partie du complot contre la vie du pape ? Il est certain que ses actes furent ceux d'un homme décidé à cacher la vérité de cette mort. Il ne fait guère de doute qu'il prit le testament pendant qu'il était assis au bureau de Luciani dans son cabinet de travail et qu'il passait sa série de coups de téléphone matinaux. Ayant pris les documents des mains de Luciani, le cardinal Villot était manifestement décidé à ce qu'aucune trace ne demeure des changements qui l'avaient tant inquiété la veille au soir. Dieu seul sait quoi d'autre fut dérobé dans les appartements pontificaux. Nous savons, sans l'ombre d'un doute, que les articles cités ci-dessus ont disparu.

> « Le père Magee, les sœurs et moi avons cherché partout dans l'appartement. Nous n'avons pas pu trouver ces choses. Nous avons fouillé l'appartement toute la matinée du 29 septembre. » (Père Diego Lorenzi, à l'auteur.)

Nous savons, sans l'ombre d'un doute, que ces choses se trouvaient dans l'appartement avant qu'on avertisse Villot. De fait, les lunettes se trouvaient sur le visage d'Albino Luciani. Quand Villot s'en alla, ces objets avaient disparu.

Le Vatican a menti quand il a déclaré que la découverte initiale du corps fut faite par le père Magee vers 5 heures et demie le matin du 29 septembre.

Sœur Vincenza m'a raconté personnellement le moment où elle découvrit le pape mort. Auparavant, elle avait utilisé pour ainsi dire les mêmes mots devant monseigneur Mario Senigaglia, Pia la nièce de Luciani et Nina, sa sœur.

« C'est un miracle que j'aie survécu. J'ai le cœur fragile. J'ai appuyé sur la sonnette pour faire venir les secrétaires et puis je suis sortie chercher les autres sœurs et réveiller Don Lorenzi. »

Il y a un fait curieux et extérieur qui confirme la véracité des dires de sœur Vincenza. Conan Doyle fait observer à son personnage romanesque Sherlock Holmes, dans l'un de ses récits, un fait bizarre et plein de signification à propos d'un chien. Il n'avait pas aboyé. Dans les appartements pontificaux, il y avait à côté du lit du pape un réveille-matin qui n'a pas sonné. J'ai interrogé les deux secrétaires pontificaux et d'autres membres de la Maison pontificale très précisément à ce sujet. Tous sont formels. Le matin où l'on découvrit Albino Luciani mort, le réveil qu'il remontait chaque jour pendant des années ne sonna pas. Il était réglé sur 5 heures moins le quart. Or on ne trouva pas son corps officiellement avant 5 heures et demie. Diego Lorenzi qui dormait si près de la chambre du pape qu'il pouvait entendre bouger le Saint-Père, n'entendit rien sonner.

Au mois d'août 1978 quand le pape Paul VI mourut, on laissa s'écouler 24 heures, en accord avec la loi italienne, avant de procéder à l'embaumement de son corps. Quand Albino Luciani décéda en septembre 1978 on jeta la loi italienne par la fenêtre et on appliqua la loi « sur mesure » du Vatican.

Le corps d'Albino Luciani fut embaumé dans les 14 heures qui suivirent sa mort. Pourquoi tant de hâte ? Les preuves suggèrent que Villot désirait un embaumement encore plus rapide, que les embaumeurs furent convoqués avant que le corps ne soit « officiellement » découvert. Si Magee découvrit le corps « peu après 5 heures et demie », pourquoi les Signoracci, entrepreneurs de pompes funèbres du Vatican, furent-ils convoqués 45 minutes plus tôt ? S'agissait-il d'une mesure de prudence d'une durée inhabituelle ?

Le 29 septembre, l'agence de presse italienne ANSA, organisation de grande réputation, de même qualité que Associated Press et Reuters, lança sur ses télex une des nombreuses dépêches de la journée sur la mort du pape. On peut y lire ceci :

> Les deux frères Signoracci, Ernesto et Renato (les autres sont Cesare et Arnaldo) furent réveillés ce matin à l'aube et pris chez eux à cinq heures par une voiture du Vatican qui les amena à la morgue du petit Etat où ils commencèrent l'opération.

J'ai retrouvé et interviewé le journaliste responsable de cette nouvelle particulière, Mario de Francesco. Il m'a confirmé l'exactitude de cette histoire ; elle se fondait sur un entretien avec les Signoracci qui avait eu lieu le jour même. J'ai aussi interviewé les frères Signoracci. En ce qui concerne l'heure à laquelle ils furent contactés, ils sont aujourd'hui, quelque cinq ans plus tard, incertains. Ils ont confirmé que c'était tôt le matin du 29 septembre. Si le récit de Francesco est correct, nous sommes en présence d'une situation qui évoque la Mafia : les pompes funèbres sont commandées avant que le corps ne soit découvert.

Les embaumeurs sont convoqués avant même que la cause du décès ait fait l'objet d'une conjecture. Pourquoi le Vatican souhaiterait-il détruire une preuve de grande valeur avant que la cause du décès n'ait été déterminée ?

Une autopsie secrète eut-elle lieu la veille des funérailles du pape ? Les preuves disponibles établissent l'existence d'un examen long et détaillé. Quel en était l'objet ? Une vérification de routine pour l'embaumement n'aurait pris que quelques minutes. Que faisaient les médecins qui examinaient le cadavre derrière des paravents, dans une église fermée pendant presque une heure et demie ?

Il faut rappeler que le médecin personnel d'Albino Luciani prit l'avion depuis Venise le 29 septembre et tomba d'accord avec les médecins du Vatican sur le fait que le décès était dû à un infarctus du myocarde. Il faut aussi rappeler qu'étant donné que son examen porta sur un cadavre mort depuis des heures et qu'il se contenta d'un examen externe son avis médical reste sans valeur.

S'il y avait un homme en Italie qui était en mesure de confirmer qu'Albino Luciani était bien mort d'un infarctus du myocarde, c'est le professeur Giovanni Rama, le spécialiste des yeux qui traitait Luciani depuis 1975 pour un caillot de sang dans son œil gauche. Il est d'avis que cette atteinte vasculaire a pu conduire à la mort ultérieure de Luciani mais il a admis sans se faire prier, devant moi, que cet avis médical est dépourvu de toute valeur sans une autopsie. Si le cardinal Villot et ses collègues du Vatican avaient vraiment cru qu'Albino Luciani était mort naturellement d'un infarctus du myocarde, le professeur Rama, avec son expérience de trois années de soins, était précisément l'homme qu'il fallait convoquer au Vatican. Il m'a appris qu'il n'a pas eu le moindre contact du Vatican après la mort d'Albino Luciani et a observé : « J'ai été très étonné qu'ils ne me demandent pas de venir examiner le corps du pape. »

La remarque la plus significative faite par un membre de la profession médicale est le commentaire attribué au professeur Mario Fontana. Apparemment, il donna son opinion en privé peu de temps après la mort du pape mais elle ne fut connue qu'après sa propre mort en 1980.

« Si je devais certifier, dans les mêmes circonstances, la mort d'un citoyen ordinaire sans importance, j'aurais tout simplement refusé le permis d'inhumer. »

Le professeur Mario Fontana dirigeait les Services de Santé du Vatican.

Comment et pourquoi un voile de ténèbres tomba-t-il sur l'Eglise catholique romaine le 28 septembre 1978 ?

Pour établir qu'un meurtre a eu lieu il n'est pas essentiel d'établir un mobile, mais cela peut aider comme le confirmera n'importe quel officier de police chevronné. Sans mobile, vous êtes dans les difficultés. En ce qui concerne la mort d'Albino Luciani, il y a un nombre de mobiles effrayant. J'en ai précisé un certain nombre dans ce livre. J'ai aussi précisé les hommes qui avaient ces mobiles.

Le fait que trois de ces hommes, Villot, Cody et Marcinkus soient des prêtres ne les écarte pas de la liste des suspects. En théorie, les hommes d'Eglise sont au-dessus de tout soupçon. Ils devraient l'être. Malheureusement, depuis la naissance du christianisme, beaucoup ont manifesté le pouvoir de commettre des crimes épouvantables.

Villot, Cody, Marcinkus, Calvi, Sindona, Gelli : chacun avait un mobile puissant. Le cardinal Villot a-t-il tué pour protéger sa situation de secrétaire d'Etat, pour protéger les autres qui étaient sur le point d'être mutés, et par-dessus tout pour éviter le tumulte qui aurait indubitablement suivi une prise de position publique et différente d'Albino Luciani sur la question du contrôle des naissances ?

Est-ce que le cardinal Cody, aidé par certains de ses nombreux amis à l'intérieur du Vatican, a tenté de s'accrocher à sa fonction à Chicago par la corruption en faisant taire un pape sur le point de le décharger de cette fonction ?

Est-ce que l'évêque Marcinkus, installé à la tête d'une banque corrompue, nous l'avons démontré, a agi pour s'assurer qu'il resterait président de l'I.O.R. ?

Il est possible que l'un de ces trois hommes soit coupable. Il est sûr que les actes de Villot après la mort du pape furent criminels : destruction de preuves, faux récit, imposition du silence. Cette conduite laisse beaucoup trop à désirer.

Pourquoi l'évêque Marcinkus errait-il dans le Vatican à une heure si matinale ? Une enquête normale de police exigerait de ces trois hommes un bon nombre de réponses claires, mais cinq ans plus tard, c'est devenu académique. Villot et Cody sont morts ; Marcinkus se terre à l'intérieur du Vatican.

Les signes les plus pertinents pour la défense de ces trois hommes ne sont pas leurs protestations inévitables d'innocence. C'est le fait même de leur état ecclésiastique, le fait qu'ils appartenaient à l'Eglise catholique romaine. Deux mille ans ont appris à ces hommes à prendre du recul. L'histoire du Vatican est l'histoire d'innombrables papes désireux de faire des réformes, noyés et neutralisés par le système. Si l'Eglise en général, et la Cité du Vatican en particulier, le souhaite, elle peut influencer et affecter de façon dramatique les décisions pontificales, et elle le fait. On a déjà rapporté comment une minorité d'hommes imposa sa volonté à Paul VI sur la question du contrôle des naissances. On a déjà rapporté comment Baggio refusa tout net de remplacer Luciani à Venise.

Quant aux changements qu'il était sur le point d'opérer, bien des gens à l'intérieur du Vatican les auraient accueillis avec plaisir mais même ceux qui s'y opposaient le plus profondément auraient vraisemblablement réagi d'une manière moins spectaculaire que par un meurtre. Cela n'écarte pas Villot, Cody et Marcinkus. Cela les met peut-être au bas de la liste des suspects, ce qui fait remonter Calvi et Sindona en tête. Un de ces hommes avait-il la possibilité de réaliser le forfait ? La réponse est brève : oui.

Quel que soit l'assassin d'Albino Luciani il pariait clairement que le prochain conclave et le prochain pape ne donneraient pas suite aux dernières instructions de Luciani. Les six suspects y gagnaient si on élisait l'homme « qu'il fallait ». Un seul d'entre eux tuerait-il simplement pour avoir un mois de grâce ? Si on élisait l'homme « qu'il fallait » ce mois s'étendrait dans l'avenir. Deux de ces hommes, Villot et Cody, étaient en parfaite position pour influencer le conclave suivant. Marcinkus n'était pas dépourvu d'influence, Calvi, Sindona et Gelli non plus.

C'est dans la villa d'Umberto Ortolani que l'on mit la dernière main aux projets d'un groupe de cardinaux qui aboutirent à l'élection de Paul VI à la papauté. Gelli et Ortolani, en tant que chefs de P2, avaient accès à tous les recoins de la Cité du Vatican, exactement comme ils avaient accès au saint des saints de l'administration italienne, aux banques et à l'appareil judiciaire.

D'un point de vue concret, comment pouvait-on réaliser l'assassinat d'Albino Luciani ? La sécurité du Vatican pouvait-elle être pénétrée ? La vérité est qu'au moment de la mort de Luciani la sécurité du Vatican pouvait être pénétrée avec une grande facilité. Avec la même facilité qu'un homme du nom de Michael Fagin a pu entrer calmement dans le palais de Buckingham au milieu de la nuit et, après s'être promené par-ci par-là, il est venu s'asseoir dans la chambre de Sa Majesté et a demandé une cigarette à la Reine d'Angleterre

En 1978, on pouvait entrer au Vatican et déjouer les systèmes de sécurité aussi facilement que la sécurité entourant le président Reagan quand John Hinckley blessa le Président et des membres de son entourage. Ou encore aussi facilement que le mercredi 13 mai 1981 quand Mehmet Ali Agça tira trois balles sur le pape Jean-Paul II.

Jean XXIII avait aboli la pratique d'une sentinelle de garde toute la nuit devant ses appartements. Néanmoins Albino Luciani méritait une meilleure protection que celle qu'on lui accordait. La Cité du Vatican, à peine plus grande que St James Park à Londres, avec ses six entrées ne présentait aucun problème sérieux pour quiconque voulait y pénétrer.

En théorie, le conclave qui avait élu Luciani était l'un des lieux les mieux gardés de la planète. Le lecteur se souvient peut-être des innombrables détails que le pape Paul VI avait décrétés afin que personne ne puisse entrer ni sortir pendant les séances où l'on choisissait le nouveau pape Après son élection, Luciani garda le conclave en session le samedi 26 août. Pourtant, un simple prêtre sans prétentions, le père Diego Lorenzi, m'a rapporté de manière pittoresque comment, désireux de joindre Luciani, il s'était promené sans que personne ne lui pose de questions au cœur même du conclave. Ce n'est qu'en arrivant en vue des 110 cardinaux et de leur pape nouvellement élu que quelqu'un lui demanda qui il était et ce qu'il faisait. A ce moment, il aurait déjà eu la possibilité de faire sauter tout le bâtiment, si telle avait été son intention.

Pendant le conclave d'août, plusieurs auteurs firent des commentaires sur le manque total de sécurité. Pour n'en citer que deux :

> « Il y avait aussi, en cette occasion, la menace permanente bien que silencieuse du terrorisme. A mon avis, la sécurité aux alentours du Vatican n'a pas été impressionnante durant la semaine passée, et le palais biscornu qui s'ouvre sur les rues en de nombreux endroits, pose peut-être des problèmes insurmontables. Raison de plus pour en terminer rapidement avec le conclave. (Paul Johnson, *Sunday Telegraph,* 27 août 1978).
>
> « Pour autant que je puisse en juger les agents de la sécurité s'intéressent principalement aux jolies filles dans les cafés voisins. J'espère que les Brigades Rouges n'ont rien en tête pour la soirée (le jour des funérailles de Paul VI). Elles pourraient arriver et d'un seul coup fatal abattre bon nombre des dirigeants mondiaux. »

Et puis, moins de deux mois plus tard lors des funérailles d'Albino Luciani :

> « Les précautions de sécurité sont énormes. » (Père Andrew Greeley, *The Making of the Popes*).

Il est bizarre qu'après sa mort, la sécurité qui avait été inexistante pendant la vie d'Albino Luciani ait subitement fait son apparition. « Il n'y avait aucun garde de sécurité du côté des appartements pontificaux quand j'y étais avec Albino Luciani », m'a confié le père Diego Lorenzi.

Je me suis entretenu avec le sergent Hans Roggan, des gardes suisses. C'était lui l'officier responsable de la sécurité la nuit de la mort de Luciani. Il m'a raconté comment en fin de journée il était sorti dîner avec sa mère dans Rome. Ils virent de la lumière dans la chambre du pape à leur retour à 10 heures et demie. La mère de Roggan alla se coucher et lui s'en alla travailler. Il m'a dit :

> « Pour une raison que j'ignore ce fut une nuit terrible pour moi. Cette nuit, j'étais l'officier responsable du Palais. *Je n'arrivai tout simplement pas à dormir.* Je me suis levé à trois heures et demie et j'ai vérifié tout le Palais, tout était tranquille. Je suis revenu dans ma chambre et je ne suis toujours pas parvenu à dormir. Finalement, je me suis levé et j'ai été à mon bureau travailler sur deux registres. Normalement, je dors bien. »

Voilà l'officier responsable de la sécurité du Palais la nuit de la mort subite de Luciani qui se retourne dans son lit en essayant de *dormir.* Il paraît presque superflu d'ajouter que personne ne trouva utile de s'enquérir et de vérifier le fait que la lumière de la chambre du pape aurait continué de briller toute la nuit. On formula bien des critiques au moment de l'assassinat du président Kennedy sur les lacunes effrayantes dans le dispositif de sécurité à Dallas. Par comparaison avec l'état de la sécurité autour d'Albino Luciani, le Président était extrêmement bien protégé.

La suite de mes investigations m'a permis d'établir qu'à l'époque du pontificat de Luciani il y avait un garde suisse au sommet de l'escalier de la Troisième Loge. Ses fonctions étaient simplement cérémoniales car peu de personnes entraient par ce chemin dans les appartements pontificaux. L'accès aux appartements se faisait généralement par l'ascenseur — dont beaucoup de personnes possédaient la clef. L'entrée de l'ascenseur n'était pas gardée. Un homme vêtu d'une soutane pouvait entrer et sortir des appartements pontificaux sans être interpellé.

D'autres exemples de la sécurité chaotique à l'intérieur de la Cité du Vatican abondent. Récemment, depuis la mort d'Albino Luciani, on a redécouvert un escalier tout près des appartements pontificaux. Il n'était pas secret, pas caché par une quelconque maçonnerie. Tout simplement, personne ne connaissait son existence. A moins que... ? Peut-être que quelqu'un le connaissait en septembre 1978.

Des gardes suisses officiellement endormis durant leur tour de garde. Des gardes suisses postés devant une entrée que personne n'utilise. Même un assassin amateur n'aurait pas rencontré beaucoup de difficultés et celui, ou ceux qui ont tué Albino Luciani n'étaient pas des amateurs. Pour aider tout assassin potentiel, l'*Osservatore della Domenica* publia un plan détaillé, complété par une photographie des appartements pontificaux. Date de parution : le 3 septembre 1978.

Si Mehmet Ali Agça avait correctement fait son boulot, le pape Jean-Paul II serait mort à l'heure qu'il est. Assassiné comme son prédécesseur. Plus j'avançais, plus il devenait évident que n'importe quel assassin potentiel de Luciani se trouvait devant une tâche assez simple. Accéder aux appartements pontificaux en septembre 1978 pour empoisonner les médicaments, la nourriture ou la boisson du pape avec n'importe lequel des deux cents produits mortels constituait une tâche toute simple.

La certitude virtuelle qu'il n'y aurait pas d'autopsie officielle rendait le forfait encore plus facile. Il n'y avait même pas de médecin de garde 24 heures sur 24. Les services de santé du Vatican ne disposaient pas à l'époque des installations normales de tout hôpital moderne. Il n'existait aucune structure médicale d'urgence. Et, au centre de ce gâchis se trouvait un homme honnête, qui du fait des diverses orientations conférées à son action, avait donné à au moins six hommes de très puissants mobiles de meurtre.

Malgré l'attentat terrifiant dont fut victime le successeur de Luciani, peu de choses ont changé en ce qui concerne la Sécurité au Vatican.

Lors de mon enquête je me suis promené dans les jardins des Augustins, là où Albino Luciani s'était promené avant le conclave d'août. C'était un dimanche de septembre 1982. De l'autre côté de la place Saint-Pierre, Sa Sainteté est sortie sur le balcon pour donner l'angélus de midi. D'où j'étais, le pape se trouvait sur ma ligne de mire, à moins de 200 mètres, et tout le haut de son corps était complètement dépourvu de protection. Si Agça ou un de ses collègues s'était tenu au même endroit, le pape aurait été tué et l'assassin de retour au cœur de Rome en quelques minutes. J'étais entré dans les jardins sans qu'on me demande rien.

Quelques jours plus tard, je pénétrai sans contrôle dans le Vatican par la porte Santa Anna. Je portais une valise assez grande pour contenir des armes ou des bombes et je pus me rendre sans être fouillé ni contrôlé à la banque du Vatican. La semaine suivante, en compagnie de deux enquêteurs, alors que nous portions tous les trois une valise et un sac, nous entrâmes à pied dans le Vatican, sans fouille ni contrôle, et nous nous rendîmes jusqu'au cœur de la Cité pour aller voir le cardinal Ciappi. Ces promenades eurent lieu seulement dix-sept mois après l'attentat contre Jean-Paul II sur la place Saint-Pierre où il faillit mourir.

Est-il possible que dans un pays qui connaît l'un des taux les plus faibles d'Europe pour les maladies de cœur coronariennes, un homme tout à fait en forme dont la seule caractéristique physique habituelle, une faible tension artérielle, va à l'encontre d'un décès par maladie cardiaque, soit effectivement décédé d'un infarctus du myocarde ? Est-il possible que Luciani, ce non-fumeur, ce petit mangeur sobre, qui faisait tout ce que les spécialistes du cœur lui auraient dit de faire, ait été simplement malchanceux ? Malchanceux au point que tout en ayant pris toutes les précautions sanitaires concevables, il soit mort ? Malchanceux au point que, malgré des examens médicaux constants, dont de nombreux électrocardiogrammes, il n'y ait jamais eu un seul signe indiquant une faiblesse cardiaque en soixante-cinq ans ? Malchanceux que sa mort ait eu lieu si subitement, si vite qu'il n'eut même pas le temps d'appuyer sur sa sonnette placée à quelques centimètres de sa main ? Une telle mort naturelle ne peut pas être totalement exclue mais, pour reprendre les paroles des professeurs Rulli et Masini, deux des experts que je consultai à Rome, « il est très improbable que la mort soit rapide au point que l'individu ne puisse entreprendre la moindre action. Très très rare. »

Tout ce que nous savons va véritablement à l'encontre de l'hypothèse de la mort naturelle de Luciani. Les données suggèrent très nettement l'assassinat. En ce qui me concerne je n'ai aucun doute. Je suis également entièrement convaincu qu'au moins un des six suspects que j'ai identifiés détient la clef.

Avec ses 65 ans, Albino Luciani était considéré par le conclave qui l'avait élu comme ayant exactement l'âge qu'il fallait pour devenir pape. Paul VI en avait 66 lors de son élection et avait régné quinze ans. Jean XXIII en avait 77 quand on l'avait élu comme pape « bouche-trou » et pourtant il avait régné cinq ans. Le conclave avait pensé que Luciani régnerait au moins dix ans. Les conclaves sont des affaires coûteuses qui reviennent à plus d'un demi-million de dollars. L'Eglise n'est pas encline à de fréquents conclaves. La mort subite et inattendue de Luciani entraînait la tenue de deux conclaves en moins de deux mois.

Je ne soutiens évidemment pas que la conspiration en vue d'assassiner Albino Luciani fut conçue le 28 septembre 1978. Il ne fait aucun doute que le dernier acte fut perpétré ce jour-là mais la décision fut prise plus tôt. Combien de temps avant, cela reste discutable.

Il se pourrait que cette décision ait été prise dans les jours qui suivirent l'élection de Luciani quand le nouveau pape lança son enquête sur Vatican Entreprise S.A. Il se pourrait aussi qu'elle ait été prise dans les deux premières semaines de septembre quand certains membres du village du Vatican apprirent que Luciani enquêtait sur la Franc-Maçonnerie à l'intérieur du Vatican. Ce pourrait aussi être à la mi-septembre quand l'attitude du nouveau pape et ses projets de mise en œuvre d'une position libérale sur le contrôle des naissances causaient bien du souci à l'intérieur du Vatican. Il se pourrait encore qu'elle ait été prise la troisième semaine de septembre quand il devint certain que Marcinkus et d'autres employés de la banque du Vatican allaient être mutés. Il se pourrait enfin que cette décision ait été prise quelques jours avant sa mort, quand Albino Luciani prit d'autres décisions d'une portée et d'une importance bien plus cruciales. Quelle que soit la date où ce projet prit naissance, son acte ultime n'arriva pas une seconde trop tôt pour les suspects déjà identifiés. Eussent-ils laissé passer encore quelques jours il aurait été trop tard pour eux.

Il n'y a aucun doute que certains feront remarquer qu'une grande partie des preuves et indices apportés est de nature indirecte. Lorsqu'on a affaire à un meurtre, les preuves sont souvent complètement indirectes. Les gens qui préparent un assassinat n'ont pas l'habitude d'annoncer leurs intentions en première page du *Times,* du *Monde* ou du *Washington Post.* Il est relativement rare que des observateurs indépendants soient présents et en mesure d'apporter des preuves incontestables. On s'est bien souvent contenté de preuves indirectes pour envoyer bien des hommes et des femmes au gibet, à la chaise électrique, au peloton d'exécution ou à la chambre à gaz. Quand on examine l'assassinat d'Albino Luciani, un fait présente une importance extrême. S'il devait atteindre son but, il fallait que le meurtre soit commis à la dérobée de telle manière qu'il y ait des chances raisonnables pour que la mort apparaisse naturelle. Pendant presque six ans, les auteurs de l'assassinat d'Albino Luciani ont réussi ce qu'on doit classer comme un des crimes du siècle.

Pour identifier correctement le responsable de l'assassinat d'Albino Luciani il faudrait examiner ce qui arriva lors du second conclave et ce qui arriva par la suite. L'examen de certains événements établira lequel des six hommes se trouvait au cœur de la conspiration pour assassiner le candidat de Dieu.

AU BÉNÉFICE DU MEURTRE
LES AFFAIRES
RESTENT LES AFFAIRES

Quand le scrutin pour élire un successeur à Albino Luciani commença au conclave le dimanche 15 octobre 1978, le Saint-Esprit en fut remarquablement absent. Une longue et amère lutte entre les partisans de Siri et ceux de Benelli domina la première journée de vote. Quels que fussent les responsables de l'assassinat de Luciani, ils se trouvèrent presque confrontés à la tâche de s'assurer qu'un second pape devrait mourir subitement. Au cours des huit tours de scrutin durant deux jours, le cardinal Giovanni Benelli fut à deux doigts d'être élu. Si Benelli avait été élu, il ne fait aucun doute qu'une bonne partie des décisions prises par Luciani aurait été maintenue. Cody aurait été révoqué. Villot aurait été remplacé. Marcinkus, de Strobel et Mennini auraient été jetés à la porte de la banque du Vatican.

Mais il manqua neuf voix à Benelli et le vainqueur final, le cardinal Karol Wojtyla, ressemble bien peu à Benelli. Le pontificat de Wojtyla a donné d'innombrables démonstrations que tout ce que les deux papes ont en commun est le nom de Jean-Paul.

Malgré les efforts de Benelli, de Felici et des autres, le pontificat de Jean-Paul II est placé sous le signe des affaires, comme d'habitude. Les affaires ont profité d'une façon extraordinaire non seulement du meurtre d'Albino Luciani mais aussi des assassinats qui ont suivi cette étrange mort en solitaire au Vatican, fin septembre 1978.

Une fois élu, le pape actuel prit connaissance des changements que Luciani se proposait d'entreprendre. Il apprit les divers entretiens que son prédécesseur avait eus sur un grand nombre de problèmes variés. Les renseignements fiscaux réunis par Benelli, Felici, des membres de l'A.P.S.A. et par d'autres au nom de Luciani furent transmis à Wojtyla. On lui montra les preuves qui avaient conduit Luciani à conclure qu'il fallait remplacer le cardinal Cody à Chicago. On lui montra les preuves qui indiquaient que la Franc-Maçonnerie avait pénétré au Vatican. On l'informa du dialogue de Luciani avec le département d'Etat américain ainsi que de la rencontre prévue avec la commission du Congrès sur la Population et le Contrôle des Naissances. Villot informa aussi complètement le nouveau pape de la position d'Albino Luciani sur le contrôle des naissances. Bref, le pape Jean-Paul II se trouvait dans la situation unique de pouvoir faire aboutir les projets de Luciani. Pas une seule des modifications envisagées par ce dernier ne prit corps. Quel que soit l'assassin du pape, il n'avait pas tué en vain.

Villot fut reconfirmé dans ses fonctions de secrétaire d'Etat. Cody conserva le contrôle de Chicago. Aidé par Mennini, de Strobel et monseigneur de Bonis, Marcinkus continua de contrôler la banque du Vatican et continua de garantir que les activités criminelles avec la Banco Ambrosiano florissaient. Calvi et ses maîtres de P2, Gelli et Ortolani, conservèrent la liberté de poursuivre leurs vols massifs et leurs fraudes sous la protection de la banque du Vatican. Sindona parvint, du moins à court terme, à conserver sa liberté à New York. Baggio ne partit pas pour Venise. Poletti le corrompu resta vicaire cardinal de Rome.

On a écrit bien des millions de mots depuis l'élection de Karol Wojtyla pour essayer d'analyser et de comprendre quelle sorte d'homme il est. Il est de ceux qui peuvent permettre à des hommes comme Villot, Cody, Marcinkus, Mennini, de Strobel, de Bonis et Poletti de rester en fonction. Aucune défense possible pour cause d'ignorance. Marcinkus est directement responsable devant le pape et on n'arrive pas à croire que le pape ne soit pas au courant du degré de culpabilité de Marcinkus. Quant à Cody, Sa Sainteté fut mise complètement au courant des faits en octobre 1978 par les soins des cardinaux Benelli et Baggio. Wojtyla ne décida rien. Nous avons un pape qui réprimande publiquement des prêtres du Nicaragua parce qu'ils se sont engagés dans la politique et qui, parallèlement, accorde sa bénédiction aux grandes quantités de dollars qui sont transférées, en secret et illégalement, à Solidarité en Pologne. C'est le pontificat des deux poids deux mesures : pour le pape et pour le reste du monde. Le pontificat de Jean-Paul II a vu le triomphe des maquignons, des corrompus, des voleurs internationaux comme Calvi, Gelli et Sindona, tandis que Sa Sainteté maintenait une image fortement publicitaire, qui n'est pas sans rappeler certaines stars du rock and roll. Les hommes qui se cachent derrière la star qui baise le sol des aérodromes garantissent que les affaires vont bien comme d'habitude et que les recettes au box office durant les cinq dernières années ont explosé. On ne peut que regretter que les discours hautement moralisateurs ne soient probablement pas entendus dans les coulisses.

Comme je l'ai dit plus haut, après l'élection de Luciani l'évêque Paul Marcinkus avait averti ses collègues à la banque du Vatican par ces mots : « Rappelez-vous que ce pape a des idées différentes du précédent et que beaucoup de choses vont changer ici. »

Avec l'élection de Wojtyla on en est revenu tout droit aux valeurs de Paul VI, avec les intérêts. En ce qui concerne l'infiltration du Vatican par les Francs-Maçons, par exemple. Grâce au pape actuel, le Vatican a non seulement adopté une variété de Maçons venus d'une variété de Loges mais il a aussi acquis sa version « maison ». Elle a pour nom Opus Dei — Œuvre de Dieu.

Le 25 juillet, Albino Luciani avait écrit un article sur l'Opus Dei dans *Il Gazzettino,* le journal de Venise. Ses remarques se limitaient à un bref historique du mouvement et à certaines aspirations de l'organisation à une spiritualité laïque. En ce qui touchait aux aspects plus controversés de l'Opus Dei, soit Luciani les ignorait, ce qui est peu vraisemblable, soit il manifestait une fois de plus sa discrétion personnelle et sans ostentation.

Avec l'élection de Karol Wojtyla la discrétion sans ostentation est devenue une denrée rare. Les preuves ne manquent pas de son affection pour l'Opus Dei. Etant donné que cette secte catholique partage bien des vues et des valeurs de P2 la corrompue et que l'Opus Dei est désormais une force avec laquelle il faut compter à l'intérieur de la Cité du Vatican, il faut se rappeler quelques détails fondamentaux

L'Opus Dei est une organisation catholique romaine de dimensions internationales. Bien que ses membres réels soient relativement peu nombreux, (on estime qu'il se situe entre soixante et quatre-vingt mille) il exerce une vaste influence. C'est une société secrète, quelque chose de strictement interdit par l'Eglise. L'Opus Dei nie être une organisation secrète mais refuse de rendre publique la liste de ses membres. Il fut fondé par un prêtre espagnol, Monseigneur Josemaria Escriva en 1928. Il se situe à l'extrême droite de l'Eglise catholique, fait politique qui a assuré à l'organisation autant d'ennemis que de membres. Ceux-ci se composent d'un faible pourcentage de prêtres, environ 5 pour cent, et de laïcs des deux sexes. Bien qu'on puisse y trouver des gens venant de tous les horizons, il cherche à attirer les membres des catégories socio-professionnelles élevées, y compris les étudiants et les diplômés qui aspirent à des fonctions de direction. Le Dr John Roche, maître de conférences à l'université d'Oxford et ancien membre de l'Opus Dei, le décrit comme « sinistre, secret et orwellien ». Il se peut que ses préoccupations d'automortification soient cause d'une bonne part de l'hostilité des media envers la secte. Il est certain que l'idée de se fouetter le dos nu et de porter des ceintures métalliques avec des pointes vers l'intérieur tout autour des cuisses pour la plus grande gloire de Dieu soit un peu difficile à accepter pour la majorité des gens vivant dans le dernier quart du XXe siècle. Personne ne devrait pourtant mettre en doute la sincérité des membres de l'Opus Dei. Ils sont également voués à une tâche autrement importante : la main-mise sur l'Eglise catholique romaine. Cela devrait susciter une très grande inquiétude non seulement chez les catholiques mais chez tout un chacun. Il ne fait aucun doute qu'il y a des aspects qu'on peut admirer dans cette société secrète. Albino Luciani, un mois avant son élection, fit l'éloge éloquent de certains concepts spirituels de base. Il resta discrètement silencieux sur les problèmes de l'automortification et la philosophie politique fasciste bien plus efficace. Sous le pape Jean-Paul II l'Opus Dei s'est épanoui. Si le pape actuel n'est pas membre de l'Opus Dei il constitue tout ce que ses adhérents pouvaient souhaiter qu'un pape soit. Un de ses premiers actes après son élection fut de se rendre sur la tombe du fondateur de l'Opus Dei pour y prier. Par la suite, il a accordé à la secte le statut de prélature personnelle, étape significative dans le voyage au pays du cardinal Cody où l'on ne devient responsable que devant Rome et Dieu.

Cette organisation, de son propre aveu, a des membres qui travaillent dans plus de 600 journaux, revues et publications scientifiques, répartis dans le monde entier. Elle a des membres dans plus de cinquante stations de radio et de télévision. Dans les années 1960, trois de ses membres ont appartenu au cabinet du dictateur espagnol Franco qui a créé le « miracle économique » de l'Espagne. Le chef de l'énorme conglomérat espagnol Rumasa est membre de l'Opus Dei ; il est aussi actuellement en fuite après la révélation récente d'une structure de corruption semblable à l'empire Calvi. L'Opus Dei possède une fortune très importante qui provient de secteurs comme Rumasa. De fait, jusqu'à il y a peu quand l'affaire changea de mains, quiconque entrait dans un magasin de vins Augustus Barnett, en Angleterre, versait de l'argent dans les coffres de l'Opus Dei.

Jose Mateos, connu pour être l'homme le plus riche d'Espagne, a versé des millions à l'Opus Dei et une part considérable de cet argent venait d'affaires illégales que Calvi perpétrait à la fois en Espagne et en Argentine. Le trésorier de P2 est le trésorier de l'Opus Dei : se pourrait-il qu'il s'agisse là de ce que veut dire l'Eglise quand elle parle des mystérieuses voies de Dieu ?

Depuis la mort d'Albino Luciani et sa succession par Karol Wojtyla la « Solution italienne » qu'on avait appliquée au problème posé par un pape honnête a été souvent appliquée aux problèmes que durent affronter Marcinkus, Sindona, Calvi et Gelli. La litanie de meurtres et d'agressions perpétrés pour dissimuler un pillage réalisé sur une échelle inimaginable n'est pas d'une lecture réjouissante. Après coup, elle est une preuve puissante, qui confirme qu'Albino Luciani fut bien assassiné.

Roberto Calvi, Licio Gelli et Umberto Ortolani ne rentrèrent pas en Italie tant que Luciani régna. Calvi finit par revenir vers la fin octobre, après l'élection de Karol Wojtyla. Gelli et Ortolani continuèrent de surveiller les événements depuis l'Uruguay. Le fait que les trois hommes restaient dans un certain nombre de villes latino-américaines est-il dû au hasard ? Une simple coïncidence ? Est-ce que leurs discussions d'affaires devaient vraiment se poursuivre en août, en septembre jusqu'en novembre ? Gelli et Ortolani devaient-ils vraiment insister pour rester auprès de Calvi pendant le mois de septembre 1978 ? Fallait-il vraiment tout ce temps pour rencontrer des personnes haut placées afin de discuter l'ouverture de nouvelles filiales de la Banco Ambrosiano ?

Le ballon d'oxygène accordé au trésorier de P2 par la mort de Luciani donnait une impression de provisoire après la rencontre entre Calvi et l'inspecteur de la Banque d'Italie, Giulio Padalino, le 30 octobre à Milan. Une fois de plus, Calvi, les yeux fixés sur le bout de ses chaussures, refusa de donner des réponses directes à tout un tas de questions. Le 17 novembre, l'inspection de la Banque d'Italie sur Banco Ambrosiano était terminée.

Malgré la lettre frauduleuse de Marcinkus et de ses collègues de la banque du Vatican concernant la propriété de Suprafin, malgré les mensonges et les silences de Roberto Calvi, malgré l'aide de son protecteur Licio Gelli, les inspecteurs de la banque centrale concluaient dans un rapport très long qu'il y avait bien des choses pourries au royaume de Calvi.

Depuis l'Amérique du Sud, utilisant encore une fois son nom de code spécial, Gelli appela Calvi à sa résidence privée. Pour Calvi qui croupissait toujours plus profondément dans une fange de magouilles mafioso/Vaticano/P2, la nouvelle était mauvaise.

Quelques jours avant que l'inspecteur Giulio Padalino ne rende son rapport au chef de l'Inspection de la Banque d'Italie, Mario Sarcinelli, une copie du rapport complet se trouvait entre les mains de Gelli. Il y était arrivé ni grâce à

Sarcinelli ni par Padalino mais grâce à l'aimable concours du réseau P2. Gelli apprit à Calvi que la Banque d'Italie était sur le point d'envoyer le rapport aux magistrats de Milan et précisément à l'homme dont Gelli avait prédit le nom en septembre, le juge Emilio Alessandrini.

Une fois de plus Calvi vacillait au bord de la révélation et de la ruine complète. On ne pouvait pas acheter Emilio Alessandrini. Très doué et très courageux, il représentait pour Calvi, Marcinkus, Gelli et aussi Sindona une menace très sérieuse. S'il poursuivait ses investigations avec son énergie habituelle, Calvi était certainement fini. Marcinkus serait démasqué. Gelli perdrait le trésor que représentaient les vols permanents d'Ambrosiano et Sindona devrait affronter l'argument le plus puissant jamais avancé en faveur de son extradition immédiate des Etats-Unis.

Début janvier 1979, les milieux financiers de Milan se préoccupaient encore une fois des rumeurs courant sur le Chevalier Roberto Calvi. Le juge Emilio Alessandrini, après avoir étudié avec soin les 500 pages du rapport compilé par la Banque d'Italie, ordonna au Lieutenant Colonel Cresta, chef de la police fiscale de Milan, d'envoyer ses hommes à la « banque des prêtres ». Ils avaient pour instruction de vérifier point par point les nombreuses irrégularités criminelles décrites en détail par le rapport. Personne en dehors des milieux officiels n'avait accès au rapport, personne c'est-à-dire en dehors de Calvi et Gelli.

Le 21 janvier, *l'Espresso* se fit l'écho de rumeurs qui couraient dans la ville, dont la nouvelle inquiétante que Calvi et son directoire au complet étaient sur le point d'être arrêtés et que le passeport de Calvi était sur le point de lui être confisqué. Quelque chose devait être fait rapidement avant que le public ne se rue aux guichets de Banco Ambrosiano.

Le matin du 29 janvier, Alessandrini embrassa sa femme en partant puis conduisit son jeune fils à l'école. Après avoir laissé le garçon il prit le chemin de son bureau. Quelques secondes avant 8 heures et demie il stoppa à un feu Via Muratori. Il regardait encore le feu rouge quand cinq hommes s'approchèrent de sa voiture et se mirent à cribler son corps de balles.

Un peu plus tard dans la journée, un groupe terroriste de gauche qui s'appelait Prima Linea revendiquait la responsabilité de cet assassinat. Le groupe laissa aussi un tract sur l'attentat dans une cabine téléphonique de la gare centrale de Milan. Ni le coup de téléphone ni le tract ne donnaient la moindre raison claire de cet assassinat.

Pourquoi un groupe d'extrême gauche tuerait-il de sang-froid un juge qu'on connaissait dans tout le pays pour ses investigations sur le terrorisme d'extrême droite ? Emilio Alessandrini était l'un des principaux enquêteurs sur l'attentat à la bombe de la Piazza Fontana, atrocité reconnue comme ayant une origine d'extrême droite. Pourquoi Prima Linea assassinerait-elle un homme qui essayait visiblement par des moyens légaux et adéquats d'atteindre ce à quoi ils applaudiraient le plus — à savoir amener des éléments criminels de droite à répondre de leurs actes ?

Les groupes comme Prima Linea et les Brigades Rouges ne se contentent pas de tuer et d'estropier pour des raisons politiques et idéologiques. Ce sont des tueurs à gages. Ainsi, les liens entre les Brigades Rouges et la Camora napolitaine sont bien établis.

Au moment où ces lignes sont écrites, cinq hommes qui ont déjà avoué l'assassinat d'Alessandrini passent en jugement. Les circonstances du meurtre débordent de détails mais quand l'on en vient au mobile le témoignage des assassins soulève plus de questions qu'il n'apporte de réponse.

Marco Donat Cattin, le second des assaillants qui ouvrit le feu sur le juge pris au piège, sans arme ni défense, a déclaré : « Nous avons attendu la sortie des journaux, avec les articles sur l'attentat et nous avons trouvé dans les notices nécrologiques du magistrat les motifs qui justifient l'attentat. »

Trois jours après l'assassinat, l'après-midi du 1er février, Roberto Calvi prenait un verre dans un cocktail milanais. La conversation tourna inévitablement sur ce récent attentat. Calvi essaya rapidement de manifester sa sympathie, non pas pour Madame Alessandrini et ses enfants sans père, mais pour lui-même : « C'est vraiment dommage. La veille seulement avant que cela n'arrive Alessandrini m'avait dit qu'il abandonnait les poursuites et qu'il allait classer le dossier. »

Le meurtre de Luciani avait donné à Marcinkus, Calvi, Sindona et leurs amis de P2 un ballon d'oxygène provisoire. L'assassinat d'Emilio Alessandrini leur procura encore un peu plus de temps. L'enquête lancée par le juge Alessandrini se poursuivit mais à une allure d'escargot.

A la Banque d'Italie Mario Sarcinelli était tout à fait conscient du manque d'élan. Sarcinelli et le Gouverneur de la Banque, Paolo Baffi, étaient décidés à ce que l'investigation longue et complexe ne tourne pas à l'exercice de style.

Au mois de février 1979, Mario Sarcinelli convoqua Calvi à la Banque d'Italie. On l'interrogea à fond sur Suprafin, sur les rapports entre Ambrosiano et l'I.O.R., sur la filiale de Nassau et sur qui précisément possédait la Banco Ambrosiano. Alessandrini mort, Calvi était un homme tout neuf, ou plutôt il était redevenu lui-même. Il avait récupéré son regard glacial. La protection de Licio Gelli lui inspirait une arrogance encore plus grande que d'habitude. Il refusa sèchement de répondre aux questions de Sarcinelli mais la rencontre ne laissa à Calvi aucun doute que l'investigation de la Banque d'Italie n'était pas stoppée par le récent meurtre.

Il parla une nouvelle fois du problème avec Gelli qui l'assura à nouveau que la question serait réglée. Avant que ce problème n'ait reçu une solution les Maçons de P2 connurent un autre sujet d'inquiétude considérable. Il s'agissait du problème posé par l'avocat journaliste Mino Pecorelli. Parmi les nombreuses activités de Pecorelli il y avait celle de directeur d'un hebdomadaire peu ordinaire qui émanait, comme nous l'avons vu, de l'agence de presse O.P.

On a décrit diversement O.P. comme une « feuille à scandales » et un journal « fouille-merde ». C'était les deux. Il ne manquait pas non plus d'exactitude. A travers les années 1970, il avait acquis et par la suite publié un nombre étonnant de rapports et d'allégations concernant la corruption en Italie. Quiconque voulait savoir avec précision qui volait qui, devait faire cette lecture. Malgré les lois strictes sur la diffamation en Italie il menait une vie heureuse. Manifestement Pecorelli avait accès aux informations les plus sensibles. Les journalistes italiens s'associaient souvent à la publication des articles inspirés d'O.P. En privé ils essayaient de savoir qui se tenait derrière cette agence de presse si visiblement au-dessus des lois mais O.P. demeurait un organisme mystérieux. La sœur de Pecorelli, Rosita, affirma lors d'une interview télévisée que l'agence de presse O.P. était financée par le président du Conseil Andreotti.

Au début des années 1970 on associait souvent le nom de Michele Sindona à O.P. Manifestement, Pecorelli avait des sources à l'intérieur des services secrets italiens mais ses contacts principaux se trouvaient dans une organisation plus puissante et effectivement plus secrète que ce genre d'organisme d'Etat officiel. Mino Pecorelli était membre de P2 et c'est de cette Loge Maçonnique illégale que provenait l'essentiel des informations qui faisaient bourdonner les media italiens. Lors d'une réunion de la Loge, Licio Gelli invitait les membres à contribuer par des documents et des renseignements qui seraient transmis à O.P. La fonction principale de O.P. pendant cette période consistait donc à servir les ambitions de Gelli et les buts de P2. Pourtant, vers le milieu de l'année 1978, Pecorelli choisit de travailler un peu pour son propre compte. Il avait obtenu des renseignements sur l'un des plus grands vols de l'histoire financière d'Italie. Le cerveau derrière ce vol avait pour nom Licio Gelli. Grâce à cette machination, on avait dérobé à l'Italie 2,5 milliards de dollars en impôts sur les carburants. En Italie, on se sert du même produit pétrolier pour chauffer les maisons et faire marcher les camions diesel. Pour le distinguer du gas-oil utilisé dans les véhicules, on teint le fuel domestique et on l'impose à un taux 50 fois inférieur à celui qui sert dans les moteurs. C'était une situation en or pour un criminel comme Gelli. Sous sa gouverne, un magnat du pétrole Bruno Musselli, membre de P2, « modifia les colorants ». Le chef de la Brigade financière, le général Rafael Giudice, membre de P2, falsifia les documents afin de garantir que tout le fuel était imposé au taux inférieur. On vendit ensuite le fuel aux détaillants qui payaient le prix fort aux conspirateurs.

Les bénéfices étaient ensuite transférés, grâce à un autre membre de P2, Michele Sindona, via la banque du Vatican vers une série de comptes à numéro dans la banque suisse de Sindona, Finabank. Licio Gelli devint une silhouette familière que l'on voyait passer la porte Santa Anna avec de grosses valises contenant des milliards de lires volées.

Le général Giudice avait été nommé chef de la Brigade financière par le président du Conseil Andreotti, ami intime de Licio Gelli. Cette nomination particulière avait été faite après que le cardinal Poletti Cardinal-vicaire de Rome eut écrit au Président du Conseil pour recommander fermement Giudice à ce poste. Poletti, rappelons-le, était l'un de ceux qu'Albino Luciani avait projeté d'éloigner de Rome. Les liens du Vatican avec ce scandale étaient inconnus de Pecorelli mais il en avait appris suffisamment sur ce gigantesque vol des deniers publics pour entamer la publication de bribes d'information. Une délégation comprenant le sénateur chrétien-démocrate Claudio Vitalone, le juge Carlo Testi et le général Donato lo Prete de la Brigade financière acheta son silence. Les articles sur le scandale cessèrent de paraître.

Se rendant compte qu'il pouvait obtenir encore de l'argent par ces techniques douteuses, Pecorelli commença à écrire des articles sur les Maçons. Son numéro de début septembre 1978, qui contenait les noms de plus d'une centaine de Maçons du Vatican, constituait un coup de semonce pour Gelli. Le fait qu'un exemplaire soit arrivé sur le bureau d'Albino Luciani qui, après avoir soigneusement vérifié, commença à prendre des mesures en fonction de ces informations, constitua l'ironie suprême pour Licio Gelli qui savait déjà quelle menace Luciani faisait peser sur son trésorier Roberto Calvi.

Une fois Luciani abattu, Gelli essaya de traiter avec Pecorelli. Il le soudoya. Inévitablement Pecorelli demanda encore de l'argent pour prix de son silence. Gelli refusa de payer. Pecorelli publia le début de ce qu'il annonça comme une série d'articles. Il révélait que Gelli, le pilier du fascisme d'extrême droite, avait espionné pour les communistes pendant la guerre et avait continué de travailler pour eux après. Pecorelli ayant endossé le manteau de l'intrépide journaliste enquêteur, promit à ses lecteurs de tout révéler sur P2. Pour faire bonne mesure il révéla aussi que Licio Gelli, ancien nazi, ex-fasciste et vieux communiste, entretenait aussi des liens très étroits avec la C.I.A. Voyant qu'il révélait une telle partie de la vérité, les collègues de Pecorelli à P 2 conclurent qu'il les avait trahis.

Le 20 mars, Gelli téléphona à Pecorelli à son bureau de Rome. Il proposa un dîner le lendemain soir pour parler paix. « Si cela te convient. » C'était le cas. Au cours de la conversation, Pecorelli laissa entendre qu'il resterait tard au bureau ce soir-là pour travailler mais que le dîner le lendemain était possible. Ce devait être un repas que Pecorelli ne prendrait jamais.

Mino Pecorelli quitta son bureau de la Via Orazio à 21 heures 15 et se dirigea vers sa voiture garée non loin. Les deux balles qui le tuèrent tandis qu'il s'asseyait au volant de sa voiture furent tirées à l'intérieur de la bouche, geste classique de la Mafia sicilienne, *sasso in bocca,* une pierre dans la bouche d'un mort qui indique qu'il ne parlera plus jamais.

Ne pouvant pas dîner avec son vieil ami, Licio Gelli passa le temps en ouvrant ses dossiers secrets sur les membres de P 2 et il inscrivit « décédé » à côté de l'entrée « Mino Pecorelli ».

Personne ne « revendiqua » jamais l'assassinat de Pecorelli mais en 1983, Antonio Viezzer, autrefois officier de haut rang dans les S.I.D., les services secrets italiens, fut arrêté et accusé de complicité dans le meurtre de Pecorelli. Antonio Viezer était membre de P 2.

Quelques jours avant que Pecorelli ne soit réduit à jamais au silence, un des hommes qu'il avait cités sur la liste des Maçons du Vatican, le cardinal Jean Villot, le précéda dans la tombe. Il mourut alors qu'il détenait encore tous les titres officiels qui avaient été les siens durant le court règne de Luciani. Pour un homme qui, s'il n'était pas partie prenante au complot visant à l'assassinat d'Albino Luciani, apporta presque certainement une aide essentielle, sa mort, dont les différentes étapes furent décrites dans des bulletins de santé détaillés, offre un contraste curieux par rapport à celle de Luciani qui « mourut comme une fleur des champs dans la nuit ».

Tandis que le Vatican enterrait feu son secrétaire d'Etat, la bataille pour une mince purification temporelle se poursuivait sur l'autre rive du Tibre. Le chef de la surveillance de la Banque d'Italie, Mario Sarcinelli et son gouverneur Paolo

Baffi exigeaient maintenant une action rapide dans l'investigation sur Calvi. Ils insistaient sur le fait qu'il y avait plus de preuves qu'il n'en fallait pour justifier une arrestation immédiate. Manifestement, Gelli et Calvi étaient d'accord avec eux.

Le 25 mars 1979 on procéda aux arrestations — mais pas à celle de Roberto Calvi et de ses collègues. Les personnes arrêtées furent Sarcinelli et Baffi. Un magistrat de Rome, le juge Mario Alibrandi, connu pour ses sympathies de droite, accorda à Baffi la liberté provisoire à cause de ses 67 ans. Sarcinelli eut moins de chance et fut jeté en prison. Les charges contre les deux hommes, non-révélation d'un acte criminel, étaient parfaitement spécieuses et au bout de quinze jours Sarcinelli était remis en liberté provisoire. Cependant, l'inculpation allait peser sur Baffi et lui jusqu'en janvier 1980 où l'on admettrait que les charges étaient totalement fausses et dépourvues de la moindre justification. Dans l'intervalle, le magistrat refusa de lever son ordonnance ce qui empêcha Sarcinelli de reprendre sa place à la tête de la surveillance de la Banque pendant une année. Par cette action, P2 avait effectivement mis hors d'état de nuire la Banque d'Italie. Paolo Baffi, hébété et épuisé, démissionna de son poste de Gouverneur de la Banque en septembre 1979. La démonstration du pouvoir de Calvi et de ses associés criminels avait convaincu Baffi que ses hommes et lui luttaient contre une force et un pouvoir bien plus grands et bien plus puissants qu'aucun de ceux exercés par la Banque d'Italie. Entre le scandale de l'incarcération illégale de Sarcinelli et la démission de Baffi, Baffi et son état-major assistèrent à la démonstration finale de la puissance exacte des forces liguées contre eux. Cette démonstration se produisit à Milan. Elle fut organisée et payée par Michele Sindona.

Tandis que Calvi et ses amis traitaient à leur façon spéciale leurs problèmes en Italie, leur collègue de P2 Michele Sindona faisait sa part à New York. Il avait fini par déjouer les tentatives d'extradition vers l'Italie mais la façon dont il avait remporté sa victoire ne lui apportait guère de réconfort.

Le 9 mars 1979, le ministère de la Justice inculpait Sindona et l'accusait de 99 chefs de fraude, parjure et détournement de fonds bancaires. Ces accusations découlaient directement de la faillite de Franklin National Bank. Après avoir versé une caution de 3 millions de dollars, Sindona fut libéré à la condition qu'il se présentât personnellement et tous les jours au commissariat de police.

Dans la première semaine de juillet 1979, un juge du tribunal fédéral décida que Michele Sindona ne pouvait être extradé vers l'Italie pour faire face à des accusations de fraude bancaire parce qu'il allait devoir bientôt affronter les mêmes accusations aux Etats-Unis. Le traité d'extradition entre l'Italie et les Etats-Unis comportait une double clause d'exception. Le procureur adjoint John Kenney affirma que l'Etat américain avait l'intention de renvoyer Sindona en Italie dès que l'affaire qui le concernait aux Etats-Unis serait achevée.

Kenney, toujours en vie malgré le contrat de 100 000 dollars offert contre lui par les amis de Sindona, devait la poursuite de son existence à un seul fait. En Italie, tuer un juge ou un avocat de la partie civile constitue souvent une démarche efficace pour persuader les autorités de ralentir une action judiciaire ou une instruction. L'assassinat d'Alessandrini en fournit un excellent exemple. Aux Etats-Unis, ce genre de meurtre aurait exactement l'effet inverse. Un salaire de 100 000 dollars avait tout pour plaire mais les professionnels savaient qu'assassiner Kenney entraînerait non seulement la poursuite impitoyable de l'assassin mais encore une accélération vigoureuse des poursuites contre Sindona. Il y avait un net fossé culturel entre Sindona et ses amis américains.

Comme Sindona devait affronter la réalité d'un procès à New York avec le tenace Kenney comme procureur, il décida d'employer « la Solution Italienne » sur un autre personnage qui lui occasionnait une gêne encore plus grande : Giorgio Ambrosoli.

Le 29 septembre 1974, Giorgio Ambrosoli avait été nommé liquidateur de la Banca Privata Italiana appartenant à Sindona. Comme nous l'avons déjà expliqué, la Banca Privata fut créée en juillet 1974 par Sindona quand il fusionna deux de ses banques, la Banca Unione et la Banca Privata Finanziara — une grande banque mal en point remplaçant deux banques mal en point de taille moyenne. En 1979 personne n'en savait autant sur les affaires d'escroquerie de Sindona que Giorgio Ambrosoli. Nommé liquidateur par le ministre du Trésor et le Gouverneur de la Banque d'Italie, Ambrosoli avait entamé le travail de cauchemar consistant à désembrouiller les affaires d'un Machiavel moderne. Dès le 21 mars 1975, le prudent et circonspect Ambrosoli, dans un rapport secret destiné au Procureur Général d'Italie, montrait qu'il était convaincu du caractère criminel des activités de Sindona. Les preuves et documents qu'il avait déjà examinés à cette époque lui garantissaient que la faillite loin d'être simplement due à des pratiques d'affaires mauvaises, venait de ce que Sindona et la direction de la banque au début 1974 « voulaient que les opérations de février créent les circonstances de cette banqueroute ». Il s'agissait d'un pillage froidement organisé.

Giorgio Ambrosoli était un homme des plus courageux. A peu près à la même époque où il informait le Procureur Général de ses premières constatations, il confiait une partie de ses sentiments intimes à son épouse. « Quoi qu'il arrive, je paierai certainement le prix fort pour avoir accepté ce boulot. Mais je le savais avant de l'accepter et je ne m'en plains pas car ce fut une chance unique pour moi de faire quelque chose pour le pays... Manifestement je me fais des ennemis personnels. »

Lentement et méthodiquement, Ambrosoli commença à trouver un sens à ce que Sindona avait délibérément rendu insensé. La garde des actions, les rachats, les transferts aveuglant à travers une myriade de sociétés. Tandis que Michele Sindona entretenait des étudiants américains de ses rêves de capitalisme cosmique, le juriste milanais silencieux et circonspect établissait sans l'ombre d'un doute que Sindona était corrompu jusqu'au bout de ses doigts parfaitement manucurés.

En 1977, Ambrosoli fut contacté par un avocat romain, Rodolfo Guzzi, en vue d'une proposition compliquée de rachat de la Banca Privata pour éviter la faillite. Ambrosoli découvrit que Guzzi travaillait pour le compte de Michele Sindona et il déclina l'offre malgré le fait que deux ministres démocrates-chrétiens au moins la soutenaient.

On peu estimer le pouvoir qu'exerçait encore Sindona en

examinant ce rapport ministériel. Ambrosoli reçut un autre exemple de ce pouvoir lorsque le Gouverneur de la Banque d'Italie lui rapporta les pressions exercées par Franco Evangelisti, bras droit du président du Conseil Andreotti, sur la Banque d'Italie afin d'arriver à une solution typiquement italienne. Il voulait que le gouverneur Baffi autorise la banque centrale à couvrir les dettes de Sindona. Baffi refusa courageusement. L'investigation Ambrosoli continua.

Ambrosoli continuait de rencontrer des allusions dans la montagne de documents qu'il épluchait avec diligence, qui concernaient les « 500 » ; d'autres références laissaient clairement entendre que ces 500 personnes étaient les plus gros exportateurs sur le marché noir. Les hommes et les femmes qui, avec l'aide de Sindona et de la banque du Vatican, avaient fait sortir illégalement des montagnes de devises hors d'Italie. La liste réelle continuait d'échapper à Ambrosoli mais c'était à peu près tout. Il vérifia qu'un grand nombre d'organismes et d'institutions respectables comme le géant de l'assurance INPDAI, plaçaient leurs fonds dans les banques de Sindona à un taux d'intérêt inférieur au taux courant du marché — 8 pour cent au lieu de 13 pour cent. Mais, ils recevaient un intérêt occulte qui tombait directement, et secrètement, dans la poche des directeurs de l'INPDAI et des autres augustes sociétés.

Ambrosoli identifia bon nombre des mécanismes employés par Sindona pour exporter l'argent illégalement, y compris l'achat de dollars à un cours supérieur au cours du marché, la différence étant réglée sur un compte étranger à Londres, en Suisse ou aux Etats-Unis.

Ambrosoli commença à compiler sa propre liste de noms de coupables. Elle n'atteignit jamais 500 — Michele Sindona prit des dispositions à cet effet — mais elle en compta pourtant 77, dont ces messieurs de confiance du Vatican, Massimo Spada et Luigi Mennini. Le liquidateur réunit les preuves irréfutables de la complicité de la banque du Vatican dans une large partie des crimes et délits de Sindona. Durant toute la période de son travail au nom de la Banque d'Italie cet homme qui travaillait virtuellement seul, fut soumis à toute la gamme du comportement de Sindona. Celui-ci porta plainte pour détournement de fonds contre Ambrosoli. Puis, la plainte était retirée pour laisser place à une approche différente menée par le gendre de Sindona, Pier Sandro Magnoni, qui invitait Ambrosoli à prendre la présidence de la nouvelle banque de Sindona, « une fois que vous aurez réglé cet épuisante tâche concernant les faillites ».

L'infiltration des amis de Sindona à P2 chez ceux qu'Ambrosoli considérait comme sûrs était tellement totale que Magnoni était capable de citer mot pour mot un passage d'un rapport secret compilé par Ambrosoli et que seule une poignée de fonctionnaires de la Banque avait vu.

En mars 1979, Ambrosoli était capable de donner un chiffre pour évaluer l'ampleur du « Crack Sindona », dans la mesure où la Banca Privata était concernée. La perte se montait à 257 milliards de lires. Egalement en mars 1979, Ambrosoli reçut une série de coups de téléphone de menaces. Les interlocuteurs avaient toujours un accent italo-américain.

Les menaces et les insultes s'intensifièrent à partir de la fin 1978. Les inconnus au téléphone variaient leur tactique qui allait de tenter Ambrosoli en lui proposant de fortes sommes d'argent jusqu'aux menaces directes. On expliqua même une fois au nom de qui ces appels anonymes étaient faits. « Pourquoi n'allez-vous pas voir Sindona aux Etats-Unis ? En ami », lui dit une fois un des inconnus qui parlait avec un fort accent américain. Ambrosoli déclina l'invitation et commença à enregistrer les appels sur magnétophone. Il en parla à ses amis et ses collègues. Finalement, il fit entendre les enregistrements à l'un des avocats de Sindona. Quelques jours plus tard, l'appel suivant arriva : « Espèce de salopard. Tu te crois malin d'enregistrer les coups de téléphone, hein ? » L'avocat dut admettre plus tard qu'après avoir entendu la bande, il avait immédiatement appelé Sindona au téléphone à New York.

Le 10 avril 1979, Sindona dut affronter un autre homme qu'il considérait comme un ennemi. Enrico Cuccia, directeur général de Mediobanca, banque publique d'investissement. Sindona avait raison. Cuccia avait torpillé les manœuvres de Sindona pour prendre le contrôle de Bastogi en 1971. Il en était arrivé à la conclusion, bien avant les autres, que Sindona était un escroc mégalo-maniaque. Lors de leur rencontre d'avril 1979, Cuccia reçut suffisamment de preuves pour justifier la conclusion à laquelle il en était arrivé presque huit ans plus tôt. L'arrivée de Cuccia à New York était la conséquence d'une série d'appels téléphoniques qu'il avait reçus, lui, d'hommes à l'accent américano-italien. Comme ceux d'Ambrosoli, ces appels étaient de nature menaçante. Tandis qu'Ambrosoli avait choisi de rester travailler à Milan, Cuccia décida d'affronter Sindona personnellement.

Sindona lui fit une série de demandes. Il exigea que Cucci fasse retirer le mandat d'arrêt italien — Sindona rejetait comme une affaire triviale et sans importance le fait qu'en son absence il avait été condamné à trois ans et demi de prison en 1976. Sindona exigeait en outre que Cuccia trouve 257 milliards de lires pour remettre Banca Privata à flot. Pour faire bonne mesure, Sindona exigeait aussi que Cuccia rassemble encore davantage d'argent pour donner à la famille Sindona. Mis à part le geste bienveillant de permettre au signor Cuccia de continuer à vivre, on ne sait pas très bien ce qu'offrait Sindona en échange.

Au cours de cette extraordinaire conversation, Sindona, peut-être pour montrer à Cuccia quel danger très réel il courait, amena le sujet sur Giorgio Ambrosoli. « Ce fichu liquidateur de ma banque me cause du tort et par conséquent je veux le faire tuer. Je le ferai disparaître de telle façon qu'il ne laissera aucune trace. » Telle est la réalité de la mentalité de la Mafia. Al Pacino et ses costumes bien coupés, ses enfants adorables et ses pères indulgents et gâteux constituent le monde imaginaire de la Mafia. La réalité, c'est l'ordure, comme Michele Sindona.

Ces menaces furent prononcées moins d'un mois après que Sindona eut été inculpé sur plus de 99 chefs. La même mentalité qui concluait que les procédures d'extradition cesseraient si le Procureur Adjoint John Kenney était assassiné était encore une fois à l'œuvre. Si l'on pouvait faire taire Ambrosoli, les charges criminelles tomberaient probablement dans l'oubli, comme les brumes matinales. Un esprit qui fonctionne de façon aussi pervertie peut projeter de tuer un pape sans la moindre hésitation.

Enrico Cuccia quitta la rencontre pas du tout impressionné. En octobre 1979 une bombe explosa sous la porte d'entrée de l'appartement de Cuccia à Milan. Par bonheur personne ne fut blessé. Giorgio Ambrosoli eut moins de chance.

Toutes les parties concernées par le procès à venir de Sindona savaient parfaitement que le dossier de Giorgio Ambrosoli revêtait une importance primordiale. Pendant la première semaine de juin 1979, le juge nommé pour traiter l'affaire Sindona, Thomas Griesa, organisa une audition d'Ambrosoli, sous serment, le 9 juillet à Milan.

A cette date, l'homme qui avait reçu le contrat de 100 000 dollars pour tuer Giorgio Ambrosoli se trouvait à l'hôtel Splendido, à Milan, pour 24 heures. Il s'était fait passer pour un certain Robert McGovern. On le connaissait aussi sous le nom de « Billy l'Exterminateur ». Son vrai nom était William Arico. Dans cet hôtel de premier ordre, à moins de 50 mètres de la gare centrale de Milan, Arico dîna avec les cinq hommes qui devaient l'assister pour l'assassinat. Ses deux complices principaux s'appelaient Charles Arico, son fils, et Rocky Messina. Parmi leurs armes, on trouve une mitraillette M 11, spécialement munie d'un silencieux, et cinq revolvers P 38. Arico loua une Fiat et commença à filer Ambrosoli.

La demande d'une déclaration détaillée et complète par Ambrosoli avait d'abord été faite par les avocats de Sindona. Ils espéraient démontrer l'absurdité des accusations qui pesaient sur leur client à New York. Leur réveil, qui commença au matin du 9 juillet fut extrêmement rude. Quatre années de travail, plus de 100 000 feuillets de notes soigneusement préparées et l'esprit d'un avocat exceptionnellement doué commencèrent à révéler tranquillement l'effrayante vérité devant un groupe d'avocats américains, deux commissaires spéciaux qui représentaient le juge de New York Griesa et le juge italien Giovanni Galati.

Quand l'audience fut suspendue et renvoyée au lendemain après une première journée d'audition du témoin, les avocats de Sindona furent faciles à identifier à la sortie. C'étaient ceux qui faisaient triste figure.

Tandis qu'Arico le filait, Ambrosoli qui ignorait tout, se rendit à une autre séance. Y assistait le chef adjoint des forces de police de Palerme et chef de la section criminelle de cette ville, Boris Giuliano. Le sujet n'avait pas changé, c'était celui sur lequel Ambrosoli avait témoigné toute la journée : Michele Sindona. Giuseppe Di Cristina, un homme de main de la Mafia employé par les familles Gambino, Inzerillo et Spatola, avait été assassiné à Palerme en mai 1978. Sur son corps, Giuliano avait découvert des chèques et d'autres documents qui montraient que Sindona recyclait le produit des ventes d'héroïne à travers la banque du Vatican et sa propre Smincor Bank en Suisse. Après avoir comparé les notes sur leurs investigations distinctes, les deux hommes tombèrent d'accord pour tenir une réunion complète dès qu'Ambrosoli aurait achevé son témoignage devant les avocats américains.

Toujours le même jour, Ambrosoli n'en avait pas terminé avec Sindona. Il eut une longue conversation téléphonique avec le lieutenant-colonel Antonio Varisco, chef des services de sécurité à Rome. Le sujet concernait l'investigation en cours de Varisco : P2.

Le 10 juillet, tandis que sa déposition se poursuivait, Ambrosoli lâcha une bombe parmi tant d'autres. Détaillant la manière dont la Banca Cattolica del Veneto avait changé de mains et comment Pachetti s'était déchargé grâce à Sindona en faveur de Calvi, Ambrosoli déclara que Sindona avait payé des « frais de courtage de 6,5 millions de dollars à un banquier milanais et à un évêque américain ».

Le 11 juillet Ambrosoli termina sa déposition. On se mit d'accord pour qu'il revienne le lendemain signer le procès verbal de son témoignage et que la semaine suivante il resterait à la disposition du juge pour les questions et les éclaircissements sur ses preuves que voudraient obtenir les procureurs américains et les avocats de Sindona.

Un peu après minuit, le 11 au soir, Ambrosoli arriva devant son immeuble. Depuis la fenêtre de son appartement, sa femme lui fit signe de la main. Ils étaient sur le point de faire un dîner tardif. Tandis qu'Ambrosoli s'avançait vers sa porte, Arico et deux de ses acolytes sortirent de l'ombre. La question sortit de la pénombre.

— Giorgio Ambrosoli ?

— Si.

Arico fit feu à bout portant et au moins quatre balles de P 38 pénétrèrent dans la poitrine de l'avocat. Il mourut sur le coup.

A 6 heures du matin, Arico se trouvait en Suisse. Cent mille dollars passèrent d'un compte de Sindona à la Banca del Gottardo, appartenant à Calvi, vers un compte qu'Arico avait ouvert sous le nom de Robert McGovern au Crédit Suisse à Genève. Le numéro du compte est 415851-22-1.

Le 13 juillet 1979, moins de quarante-huit heures après le meurtre de Giorgio Ambrosoli, le lieutenant-colonel Antonio Varisco se trouvait dans sa voiture, une BMW blanche, à Rome, dans le Lungotevere Arnaldo da Brescia. Il était 8 heures et demie du matin. Une Fiat 128 blanche se rangea à côté. Un fusil à canon scié apparut par la vitre. On tira quatre coups : le lieutenant-colonel et son chauffeur étaient morts. Une heure plus tard, les Brigades Rouges « revendiquaient » la responsabilité de l'attentat.

Le 21 juillet 1979, Boris Giuliano entrait au Lux Bar, Via Francesco Paolo di Biasi, à Palerme pour prendre son café. Il était 8 heures 5 minutes du matin. Après avoir bu son café il se dirigea vers la caisse pour régler. Un homme s'approcha et tira six coups de feu sur Giuliano. A cette heure le café était plein. L'interrogatoire ultérieur de la police établit que personne n'avait rien vu. Personne n'avait rien entendu. Le poste de Boris Giuliano fut occupé par Giuseppe Impallomeni, qui était membre de P2.

Des créatures des Brigades Rouges « revendiquèrent », à tort ou à raison, la responsabilité des assassinats de Giorgio Ambrosoli et de Boris Giuliano. Quand la nouvelle de l'assassinat d'Ambrosoli parvint à New York, Michele Sindona, lui qui avait payé pour qu'un exécuteur s'occupe du liquidateur, réagit de manière tout à fait typique.

« Personne ne doit relier mon nom à cet acte de lâcheté et je prendrai toute mesure légale contre quiconque le ferait. »

Deux ans plus tôt, au cours d'une interview dans *Il Fiorin* Sindona avait fait une déclaration bien plus significative. A propos du « complot qui existe contre moi », il avait fait la liste des meneurs qui, dans l'esprit de Sindona, incluait

Giorgio Ambrosoli. Sindona avait dit : « Il y en a beaucoup qui devraient avoir peur... Je répète, il y en a vraiment beaucoup. »

Giorgio Ambrosoli n'est pas mort en vain. Ses nombreuses années de travail ajoutées à sa déposition non signée devaient se révéler des aides utiles pour l'accusation pendant le procès à venir de Michele Sindona.

Le banquier milanais et l'évêque américain auxquels il était fait allusion dans la déposition sous serment d'Ambrosoli furent rapidement identifiés comme étant Calvi et l'évêque Marcinkus. Ce dernier devait nier sèchement avoir reçu pareille commission. Ambrosoli n'était presque certainement pas la sorte d'homme à proférer une telle accusation sans des preuves accablantes. En ce qui concerne la parole de Marcinkus, rappelons que peu de temps après l'effondrement Sindona, il nia avoir même rencontré Sindona.

Quels étaient les principaux bénéficiaires de cette série de crimes épouvantables et inhumains ? L'énumération commence à devenir familière : Marcinkus, Calvi, Sindona, Gelli et Ortolani.

A Milan on discernait très bien la terreur qui régnait au Palais de Justice après la série d'assassinats. Des hommes qui avaient travaillé aux côtés d'Ambrosoli avaient subitement beaucoup de mal à se rappeler qu'ils l'avaient aidé pendant son enquête sur les affaires de Sindona. Le juge Luca Mucci, qui avait repris l'enquête criminelle après le meurtre d'Alessandrini, avançait si lentement que plus d'un observateur estima qu'il s'était transformé en pierre. Une première analyse des investigations de la Banque d'Italie dans la Banco Ambrosiano concluait de façon surprenante que les explications de Calvi étaient parfaitement acceptables. C'était du moins l'avis de la police financière.

Padalino, le fonctionnaire de la Banque d'Italie qui avait effectivement dirigé l'enquête de 1978, se trouva souvent convoqué à Milan où on le confrontait à des magistrats remplis de doutes. Tandis que l'été 1979 touchait à sa fin, Padalino fut menacé et tracassé par des éléments du système judiciaire milanais. On l'avertit que son rapport sur Ambrosiano équivalait à une diffamation. Le pouvoir de la loge P2 de Gelli et de la Mafia de Sindona réduisait les notions de justice à une pure perversité.

On peut évaluer sur un exemple la mesure exacte de la puissance de l'axe Calvi/Gelli : les événements qui se produisirent au Nicaragua environ à l'époque du meurtre d'Emilio Alessandrini en janvier 1979. Calvi avait ouvert une branche de son empire à Managua en septembre 1977. La banque avait pour nom Ambrosiano Group Banco Commercial. Elle avait pour fonction officielle de « mener des transactions commerciales internationales ». Son rôle réel consistait à déménager de la filiale de Nassau, avec l'approbation de l'évêque Paul Marcinkus qui y était directeur, une bonne partie des preuves qui risquaient de révéler les moyens criminels et frauduleux employés par la banque mère pour faire monter artificiellement les actions à Milan. Le Nicaragua éloignait encore un peu la saleté des regards inquisiteurs de la Banque d'Italie. Comme toujours, il y a un prix à payer. Gelli avait aplani la route en donnant des introductions au dictateur du Nicaragua, Anastasio Somoza. Après que le dictateur eut empoché plusieurs millions de dollars, il déclara que ce serait une excellente idée si Calvi ouvrait une filiale dans son pays. L'un des profits annexes pour Calvi consistait en l'acquisition d'un passeport diplomatique nicaraguaien, qu'il pouvait conserver jusqu'à la fin de ses jours.

Calvi et Gelli firent une évaluation de la situation politique au Nicaragua, avec la possibilité de plus en plus grande d'une prise du pouvoir par les rebelles sandinistes dans un avenir pas trop éloigné. Ces hommes qui portaient à la fois des papiers d'appartenance au Fascisme et aux mouvements de Résistance pendant la Seconde Guerre mondiale, ne risquaient guère de perdre cette habitude aussi ancienne de jouer un double jeu ou, en termes bancaires, d'être prudents. Calvi distribua des sommes d'égale importance aux rebelles — une partie allait à l'achat de grain, une autre à l'acquisition d'armes.

Au début 1979, la prise de pouvoir par la gauche au Nicaragua devint une réalité. Comme beaucoup de mouvements de gauche auparavant, celui-ci nationalisa bientôt toutes les banques étrangères — à une exception : la Ambrosiano Group Banco Commercial continua de fonctionner sous la direction de Roberto Calvi. Il semblerait que même des idéalistes de gauche aient un prix.

A New York, tandis qu'une bonne partie de ses ennemis italiens était réduite au silence, soit en permanence soit de façon temporaire, Michele Sindona, après avoir âprement combattu pendant près de cinq ans toutes les tentatives d'extradition, décida vers la fin juillet 1979 qu'après tout il retournerait en Italie. Illégalement. Le fait qu'il était en liberté sous caution de 3 millions de dollars à New York et qu'il devait se présenter tous les jours au commissariat, sans oublier qu'il avait été condamné à trois ans et demi de prison en Italie et qu'il était recherché pour d'autres chefs d'accusations, tout cela pourrait constituer un formidable ensemble de raisons de ne pas rentrer dans son pays natal. La solution de Sindona était la simplicité même. Avec l'aide de ses amis de la Mafia à New York et en Sicile il organisa son propre « enlèvement ».

Parmi les raisons de Sindona pour rentrer secrètement, illégalement dans son pays, il y avait son besoin de réunir le plus grand soutien en vue de son prochain procès à New York. Sindona estimait qu'un très grand nombre de gens lui devait quelque chose. Il lui semblait temps de faire payer ces dettes. Si les faveurs passées ne persuadaient pas ses amis et collègues italiens de lui renvoyer l'ascenseur, Sindona était prêt à jouer le dernier as qu'il détenait encore. Il donnerait les noms des 500.

La liste des 500 principaux exportateurs italiens de devises au noir avait semblé insaisissable aux autorités italiennes dans les dix dernières années. De nombreux enquêteurs, dont Giorgio Ambrosoli, butaient sans cesse sur des allusions à la liste des 500 qui comprenait soi-disant les noms de beaucoup d'Italiens parmi les plus puissants du pays. Cette liste était devenue le Saint Graal de la finance italienne mais elle n'est pas seulement légendaire, elle existe. Sindona et Gelli en possèdent certainement des copies et Calvi aussi. Sindona croyait que la menace de rendre publics les noms mystérieux suffirait à obtenir sa réhabilitation complète dans la société italienne. La peine de prison serait annulée, toutes les autres accusations en souffrance le concernant seraient abandonnées, il récupérerait ses banques italiennes et le tribunal de New York serait en face d'un homme qui affirmerait avoir été victime de complots abominables, probablement inspirés par les communistes. Un éventail de gens très respectables viendrait témoigner que Michele Sindona était non seulement un homme à qui on avait fait beaucoup de tort mais encore le plus brillant banquier du monde, quelqu'un qui personnifiait le bon capitalisme, propre et sain. Tout cela serait obtenu par l'emploi d'une technique dont Sindona avait souvent fait l'éloge devant Carlo Bordoni et dont il était passé maître : le chantage.

Par la suite, Sindona affirmera qu'il y avait une autre raison à son voyage. Il criera à ceux qui voudront bien l'entendre, qu'il était venu renverser le gouvernement italien en Sicile et déclarer l'indépendance de l'île. Selon Sindona, il aurait ensuite offert la Sicile aux Etats-Unis, pour en faire le 51e Etat de l'Union en échange de l'abandon de toutes les accusations criminelles auxquelles il avait à faire face en Amérique. Sindona affirme que le projet aurait réussi si seulement la Mafia, après avoir procédé à un faux enlèvement, n'en avait pas exécuté un véritable. On peut rire de ce genre de rêves et d'illusions jusqu'à ce que l'on se souvienne que des hommes bons et honnêtes comme Giorgio Ambrosoli ne sont pas morts en riant.

La folie de Michele Sindona n'apparaît peut-être nulle part avec plus de clarté que dans les beaux détails de son plan. Sindona affirme que la famille Gambino était tout à fait prête à abandonner ses laboratoires d'héroïne en Sicile, activité meurtrière qui rapportait aux Gambino, aux Inzerillo et aux Spatola un profit, estimé par les autorités italiennes à environ 600 millions de dollars au moins par an. En échange de cette action mue par un sens public, la famille Gambino recevrait le contrôle du commerce des oranges et Rosario Spatola serait autorisé à construire un casino à Palerme

Sindona disparut comme il convient des rues de New York pendant l'après-midi du 2 août 1979. Il allait manifestement avoir beaucoup à faire si la Sicile devait être annexée et qu'il fallait conclure un marché avec le Président avant le procès prévu pour le 10 septembre. Avec un faux passeport au nom de Joseph Bonamico (bon ami, en italien) et accompagné par Anthony Caruso, Sindona, qui portait des lunettes, une perruque blanche, une moustache et une barbe postiches, embarqua à bord du vol TWA 740 à destination de Vienne à l'aéroport Kennedy. Complétée par des demandes de rançon adressées à une variété de gens par des « kidnappeurs » se présentant comme appartenant à un « Comité prolétarien pour l'éversion (sic) d'une justice améliorée », la farce se poursuivit jusqu'au 16 octobre quand un Sindona « affectivement épuisé et physiquement faible », avec une blessure par balle dans la cuisse en voie de guérison, appela au téléphone un de ses avocats de New York d'une cabine au coin de la 42e Rue et de la 10e Avenue, en plein Manhattan.

A tous égards, son voyage avait été tout sauf une réussite renversante. La Sicile n'avait pas rejoint l'Union. Une grande partie des anciens amis de Sindona restait uniquement cela : d'anciens amis. Malgré toutes les menaces, la liste des 500 n'avait pas été révélée et, dans un avenir proche, Sindona allait devoir affronter des accusations supplémentaires : parjure, rupture de caution et organisation d'un faux enlèvement. Le principal gain pour Sindona semble avoir été un profit de 30 milliards de lires. Cette somme fut payée par Roberto Calvi après que le gentil Licio Gelli eut plaidé la cause de Sindona. En théorie, cette somme fut versée aux « kidnappeurs » de Sindona depuis une banque appartenant à Calvi, la Banca del Gottardo, en Suisse. En théorie, cette somme fut payée à Rosario Spatola, un mafioso, pour la « libération » de Sindona — version italienne du tour de cartes.

A part Sindona lui-même, les principaux conspirateurs se nommaient Anthony Caruso, Joseph Macaluso, Johnny Gambino, Rosario Spatola, Vincenzo Spatola et Joseph Miceli Crimi. Les autorités italiennes établirent que Rosario Spatola, qu'on pouvait habituellement rencontrer autour des rangées de bétonneuses de la grosse société de travaux publics qu'il possédait à Palerme, s'était trouvé à New York précisément à l'époque où Sindona avait disparu. Quand on lui demanda la raison de son séjour, il répondit : « J'avais des affaires de famille. »

Le procès de Sindona, sous un énorme ensemble d'inculpations issues de la banqueroute de la Franklin Bank, commença enfin au début février 1980. Immédiatement avant, le Vatican indiqua clairement que l'Eglise catholique romaine au moins se trouverait aux côtés de son ancien conseiller financier.

Le cardinal Giuseppe Caprio, le cardinal Sergio Guerri et l'évêque Paul Marcinkus avaient accepté une demande de la défense selon laquelle ils aideraient Sindona en déposant sous serment devant des moyens vidéo. Intriguée par ce que ces hommes de religion pourraient avoir à dire sur Sindona, l'accusation n'avait soulevé aucune objection devant cette manœuvre inhabituelle. Il est normal que des témoins prêtent serment avant leurs déclarations, devant un tribunal, en face du juge et du jury. Pour les hommes du Vatican, le juge du procès, Thomas Griesa écarta cette considération et donna l'ordre aux avocats de Sindona de prendre l'avion pour Rome le vendredi (1er février). L'accord stipulait que les dépositions seraient enregistrées le lendemain et que les avocats reviendraient devant le juge avec l'enregistrement dès le lundi. Leur rapport, contenu dans les minutes du procès Etats-Unis d'Amérique contre Michele Sindona, est d'une lecture extraordinaire.

A la dernière minute, ou plus exactement quatre heures avant que les dépositions soient faites sous serment, le cardinal secrétaire d'Etat Casaroli était intervenu. Il n'y aurait pas de déposition. « Elles créeraient un précédent destructeur. Il y a eu tant de publicité malheureuse à propos de ces dépositions. Nous sommes tout à fait désolés que le Gouvernement américain ne procède pas à la reconnaissance diplomatique du Vatican. »

Les avocats raffinés de New York étaient encore sous le coup de l'incrédulité quand ils firent leur compte rendu au juge Griesa. A 11 heures, le samedi matin, le secrétaire du cardinal Guerri, monseigneur Blanchard, avait appelé l'ambassade américaine pour confirmer que les cardinaux et Marcinkus viendraient à 16 heures. Quelques minutes plus tard, il rappela pour dire que Casaroli les avait retirés de la scène. On lui rappela son appel précédent. Le monseigneur nia immédiatement avoir passé le moindre coup de téléphone précédent. Il mêla ce mensonge à un autre en déclarant à l'ambassade « le juge américain est au courant de tout ».

La fonctionnaire de l'ambassade, stupéfaite, peu habituée à une telle manifestation évidente de malhonnêteté vaticane, tenta alors d'entrer en contact directement avec le cardinal Guerri. Quand enfin elle trouva Son Eminence, il avoua ne pas savoir s'il venait déposer sous serment ou pas. En réalité, il ne vint pas. Guerri, Caprio et Marcinkus assurèrent tous aux avocats américains que leur déposition aurait été pleine de louanges pour Michele Sindona — là n'était pas leur difficulté. Le problème s'était posé quand le cardinal Casaroli avait aperçu de terribles implications. Si le jury estimait Sindona coupable, dans ce cas trois prélats haut placés de l'Eglise catholique romaine seraient effectivement qualifiés de menteurs. En outre, si on autorisait ces trois à témoigner, même de leur plein gré, cela ouvrirait une brèche dans le Vatican au travers de laquelle tous les magistrats italiens se précipiteraient pour demander la même coopération. Cela amènerait un manquement au traité du Latran qui accordait à tout cardinal l'immunité totale contre toute arrestation en Italie. L'étape suivante serait un éclairage tout à fait malvenu sur Vatican Entreprise.

Casaroli venait astucieusement de sauver le Vatican à la 11e heure. Ce qu'ignoraient les avocats américains c'est que ce faisant il avait en réalité outrepassé une décision prise par le pape. Jean-Paul II avait joyeusement accepté la demande de Marcinkus et des autres de dire au monde à quel point ils estimaient Michele Sindona.

Le 27 mars 1980, Michele Sindona fut jugé coupable sur 65 chefs, dont la fraude, la conspiration, le parjure, les fausses déclarations bancaires et le détournement de fonds bancaires. Il fut incarcéré à Manhattan, au Metropolitan Correctional Centre, pour attendre la sentence.

Le 13 mai, deux jours avant la sentence, Sindona tenta de se suicider. Il s'ouvrit les veines du poignet superficiellement mais, plus significatif, absorba une certaine quantité de digitaline.

Agissant sur le conseil du grand maître Gelli, Sindona portait sur lui, partout et depuis de nombreuses années, une dose mortelle de digitaline. Gelli avait invité non seulement Sindona mais d'autres membres importants de P2 de toujours emporter cette drogue sur eux. C'était l'assurance de P2 contre le fait qu'un de ses membres soit obligé de révéler des détails sur l'organisation.

La façon dont ce produit était entré dans la prison demeure mystérieuse. Sindona semble prétendre qu'il était cousu dans la doublure d'un costume depuis des années. Faire entrer la digitaline dans la prison de Sindona était bien plus difficile que de pénétrer dans les appartements pontificaux en septembre 1978.

D'abord, l'on crut que Sindona allait mourir, en particulier parce que les médecins ignoraient complètement ce qu'il avait absorbé mais la dose était mal calculée. Après avoir fini par établir qu'il s'agissait de digitaline, ils purent lui administrer un antidote. Sindona se rétablit complètement et le 13 juin 1980 il fut condamné à 25 ans de prison, assortis d'une amende de 200000 dollars. Carlo Bordoni, principal témoin de l'accusation, prit pour 7 ans de prison et 20000 dollars d'amende. Par la suite, Sindona fut reconnu coupable d'avoir organisé son propre enlèvement et condamné à deux ans et demi de prison supplémentaires. Egalement coupables d'avoir conspiré avec lui et de l'avoir aidé à échapper à sa liberté conditionnelle, Anthony Caruso et Joseph Macaluso furent tous deux condamnés à cinq ans de prison.

Tandis que ces événements se succédaient à New York, les camarades de Sindona de la Loge P2, Calvi et Gelli continuaient de vaquer à leurs affaires habituelles de l'autre côté de l'Atlantique. En 1979, Roberto Calvi cherchait des protections dans toutes les directions : armée privée de gardes du corps ; une garde de vingt-quatre heures sur vingt-quatre autour de Calvi, de sa famille, de ses maisons de Milan, de Rome et de Drezzo ; des Alfa Romeo blindées avec pneus à l'épreuve des balles. Ces manifestations des peurs personnelles du maître voleur coûtaient aux actionnaires d'Ambrosiano plus d'un million de dollars par an. Personne en Italie, y compris le Président de la République ou le Président du Conseil n'était aussi bien protégé, et il ne s'agissait que de ce qui se voyait. Il cherchait la protection des partis politiques de toutes couleurs — chrétiens démocrates, socialistes, communistes, tous étaient illégalement financés par Calvi. Il bénéficiait de la protection de la loge P2 de Gelli et de ses amis mafiosi mais ils allaient se révéler des épées à double tranchant qui pouvaient se retourner contre lui.

Les actions de la Banco Ambrosiano acquises illégalement étaient dissimulées dans des sociétés panaméennes, au-delà de la juridiction de la Banque d'Italie, mais Calvi craignait toujours la possibilité que les fonctionnaires découvrent cet aspect de ses nombreuses activités criminelles. D'abord, la filiale de Nassau avait servi à cacher les transactions illégales. Quand la Banque d'Italie arriva à un doigt de prouver ce qu'elle soupçonnait, Calvi déplaça le centre de la fraude vers le Nicaragua. Puis, en 1979 il repoussa encore plus loin, au Pérou, l'essentiel de l'activité centrale qui gouvernait la fraude. Le 11 octobre 1979, Banco Ambrosiano Andino ouvrit ses portes à Lima. Peu après, la majorité des prêts qu'on avait étendus aux sociétés écrans panaméennes et du Liechtenstein furent transférés au Pérou. Ces petites sociétés écrans, dont beaucoup avaient un capital nominal de quelques dizaines de milliers de dollars, continuèrent de proliférer. A la fin, il y en aurait 17. La majorité appartenaient à une société luxembourgeoise au nom parfaitement choisi de Manic S.A. qui, elle aussi, était une possession de la banque du Vatican.

Si les banques internationales qui faisaient la queue depuis des années pour prêter à Calvi des millions et des millions de dollars avaient exécuté leur travail élémentaire, Calvi aurait été démasqué des années avant de subir son sort ultime. Il est exact que le rapport de 1978 de la Banque d'Italie sur la Banco Ambrosiano était hautement confidentiel et qu'on ne pouvait pas se le procurer facilement. C'était encore le cas quand j'en ai obtenu un exemplaire en 1981. Si un écrivain peut obtenir un tel rapport, on peut présumer que Midlands, Lloyds, National Westminster ou n'importe laquelle des 250 autres banques réparties dans le monde entier et qui furent embarquées dans l'escroquerie Calvi qui a volé *notre* argent, pouvaient en faire autant et se procurer ledit rapport. Ces banquiers ont une réputation bien assise d'astuce et de flair ; ils ont pourtant cru aux comptes trafiqués que Calvi leur montrait. Ils acceptèrent les déclarations qu'il leur fit leur garantissant que les grands prêts étaient destinés à financer les exportations italiennes. Personne n'a donc vérifié ? Personne n'a exercé le moindre contrôle a posteriori ? Le fait que plus de 450 millions de dollars ont pu être prêtés par les banques internationales non à une autre banque mais à une simple société holding nommée Banco Ambrosiano Holdings, installée au Luxembourg, société manifestement non soutenue par aucune banque centrale, constitue une condamnation féroce des pratiques de prêts qui règnent sur le marché interbancaire. Les hommes qui siègent au directoire de ces banques prêteuses devraient être tenus responsables devant leurs actionnaires et tous ceux qui ont ouvert un compte chez eux. Il n'est pas agréable de se dire que certains d'entre nous, en Grande-Bretagne, ont indubitablement financé les missiles Exocet dont s'est servie l'Argentine pour tuer tant d'hommes pendant la guerre des Malouines. Pourtant, il ne fait aucun doute que cet enchaînement néfaste s'est produit. Calvi a détourné des millions de dollars en faveur de Licio Gelli qui, à son tour, a employé une partie de cet argent pour acheter des Exocet au compte de l'Argentine. Investir pour l'avenir est parfait mais investir pour assurer que vos amis et vos proches n'ont aucun avenir du tout est une affaire entièrement différente. Il ne fait aucun doute que ceux qui ont négocié ces énormes prêts avec Calvi affirmeraient qu'à l'époque ce n'était, selon les apparences, que de très bonnes affaires.

On ne peut apprécier à quel point d'obscénité cette transaction particulière atteignit que lorsqu'on sait que cet argent fut détourné vers Gelli et Ortolani par le moyen d'une société panaméenne possédée par le Vatican.

La société en question, Bellatrix, était contrôlée par Marcinkus, à la banque du Vatican, mais créée par une trinité de membres de P2, Gelli, Ortolani et Bruno Tassan Din, directeur et stratège financier du groupe d'édition géant Rizzoli. Ces Maçons avaient trait la vache Ambrosiano d'une somme de 184 millions de dollars. Le capital de Bellatrix ? Dix mille dollars. Cet énorme prêt « non consigné » était garanti sur le papier par un dépôt important d'actions Rizzoli. Or, Rizzoli était la propriété commune de P2 et du Vatican. La valeur accordée aux actions Rizzoli dépassait de loin leur valeur réelle.

Astolfine, une autre de ces sociétés panaméennes possédées par le Vatican, pouvait, avec un capital de 10 000 dollars, s'endetter jusqu'à 486 millions de dollars. Ses garanties ? Un gros paquet d'actions sur-évaluées de Banco Ambrosiano.

On comprend que ENI, un des plus gros conglomérats du monde se mette subitement à prêter de l'argent à Calvi ; on comprend que cette énorme société d'Etat pétrolière se mette à fonctionner comme une banque et *prête* de l'argent au lieu d'en *emprunter* à Banco Ambrosiano Holdings au Luxembourg — le président de ENI, Giorgio Mazzanti et le chef de son service financier, Leonardo di Donna, sont tous deux membres de P2. A ce jour, on n'a découvert aucun membre de P2 dans les cercles dirigeants des nombreuses banques internationales qui ont continué de déverser des millions de dollars dans le gosier de Calvi entre 1978 et 1980.

Lorsque l'homme de la rue à Londres, Paris, New York, Copenhague, Tokyo, Ottawa, Sydney et Wellington s'en prend aux intérêts élevés que lui prend sa banque, il ferait mieux de saluer le fantôme de Roberto Calvi ainsi que les toujours insaisissables Licio Gelli et Umberto Ortolani. Il devrait aussi avoir une petite pensée pour la Cité du Vatican. Lorsque nous payons nos frais bancaires si élevés nous les aidons à arrondir leur magot.

Les preuves que le Vatican possède ces mystérieuses sociétés panaméennes remontent à 1971, à l'époque où Calvi et Sindona ont mis l'évêque Marcinkus dans le directoire de la filiale de Calvi à Nassau.

A Milan, pendant l'année 1979, le magistrat Luca Mucci interrogea périodiquement Calvi. Celui-ci examinait alors intensément ses chaussures, marmonnait quelque chose sur le besoin de préserver le secret bancaire, discutait des chances de l'Inter de Milan de remporter son prochain match de football et partait en laissant le juge sur sa faim.

A la fin de 1979 le déficit financier des sociétés écrans possédées par le Vatican mais contrôlées par Calvi comme par le proverbial montreur de marionnettes, dépassait 500 millions de dollars. Par bonheur, les rêves de banque intercosmique de Sindona n'étaient pas encore devenus réalité. Il existait encore des situations financières que Calvi ne pouvait pas contrôler. Le dollar commença à monter contre la lire. Les actifs d'Ambrosiano, tels qu'ils étaient, consistaient très largement en actions libellées en lires. Le jeu prit un aspect frénétique. Rien que rester au niveau de la fraude exigeait des manœuvres démentes de passe-passe, en particulier quand les coûts ordinaires comprenaient des sommes de 30 milliards de lires pour acheter le journal de Venise *Il Gazzettino* afin de satisfaire les chrétiens démocrates, et pour « prêter » 20 milliards de lires au quotidien romain *Paese Sera* pour satisfaire les communistes. Tout le monde tendait la main et il semblait que, toujours, l'homme aux mains les plus grandes s'appelait Licio Gelli.

En janvier 1980, Banco Ambrosiano de America del Sud ouvrait ses portes à Buenos Aires. Il n'y avait pratiquement aucune activité bancaire mais c'est par cet établissement que l'empire de Calvi contribua à financer les achats argentins de missiles Exocet. Il fournit également les fonds nécessaires à l'achat d'armes d'autres régimes sud-américains.

En juillet 1980, le juge Luca Mucci se sentit suffisamment impressionné par l'investigation que la Guardia di Finanza, la police financière, avait menée à bien dans le sillage de l'enquête de la Banque d'Italie en 1978 pour commander à Calvi de rendre son passeport et avertir le banquier qu'il risquait de devoir faire face à des accusations d'ordre criminel. C'était un petit pas en avant au nom de la justice.

Elle allait en faire un grand en arrière quelques mois plus tard quand Calvi obtint de nouveau son passeport, grâce aux bons offices de Gelli. Le grand maître était moins enclin à intervenir quand Massimo Spada, ancien de la banque du Vatican et pour le moment président de la Banca Cattolica del Veneto, fut arrêté et inculpé de complicité criminelle dans le Crack Sindona. Le suivant pour les menottes et les mêmes chefs d'inculpation, du moins provisoirement, s'appelait Luigi Mennini, toujours en activité à la banque du Vatican.

Tandis que le filet commençait à se resserrer autour de Calvi, malgré les vaillants efforts de Gelli pour corrompre tous azimuts, les espoirs du banquier milanais de continuer à piller reposaient en grande partie sur Marcinkus. Le jeu devenait de plus en plus rude et sans la coopération constante de la Banque du Vatican, le voile qui recouvrait les crimes de Calvi se lèverait. Il en avait toujours été ainsi mais, dans le passé, la pression sur le Vatican était restée minimale ; maintenant, avec l'arrestation de Mennini, la pression s'accroissait. Calvi commença à craindre que, malgré les énormes sommes qu'il avait fait passer entre les mains de l'évêque Paul Marcinkus, le temps n'approche bien vite où l'homme de l'autre rive du Tibre pourrait lui retirer son soutien actif et laisser Calvi seul et excessivement vulnérable.

Au début 1981, le ministre du Trésor Beniamino Andreatta, promu à ce poste au mois d'octobre précédent, concluait que le Vatican devait cesser son soutien immédiatement. Il avait étudié le rapport de 1978 de la Banque d'Italie avec une grande attention et ses conclusions, outre toutes les autres informations alors accessibles au ministre, l'obligeaient à tenter de protéger l'Eglise. Il se rendit au Vatican et s'entretint longuement avec le ministre des Affaires étrangères le cardinal Casaroli. Il exposa les grandes lignes de la situation et expliqua que dans l'état actuel des choses cela ne pouvait mener qu'au désastre. Il pressa le Vatican de rompre tous les liens avec Banco Ambrosiano avant qu'il ne soit trop tard. On ignora son conseil. Marcinkus affirmera plus tard qu'il n'a jamais eu connaissance de cette réunion. En tout cas, si Andreatta, pieux catholique, avait été au courant de tous les faits, il aurait su que le Vatican était dans l'impossibilité de rompre tous liens. Il possédait en fait Banco Ambrosiano. A travers le réseau de sociétés panaméennes et du Liechtenstein il avait acquis plus de 16 pour cent de Banco Ambrosiano. Comme le restant des actions de la banque était complètement dispersé entre une multitude de petits porteurs, cela constituait pour le Vatican une participation de contrôle.

Le 2 mars 1981 à midi, l'Office de Presse du Vatican fit

connaître un document qui en dérouta plus d'un. Publié sans explication, il rappelait dans son essence à tous les catholiques les articles du droit canon qui concernaient les Francs-Maçons et soulignait le fait que dans l'état actuel des choses il était « interdit aux catholiques sous peine d'excommunication d'adhérer à des associations maçonniques ou semblables ». Personne ne pouvait comprendre la raison du moment choisi. Les catholiques encouraient une excommunication automatique depuis 1738 s'ils devenaient Francs-Maçons. Pourquoi le leur rappeler en mars 1981 ? La réponse ne se fit pas attendre et indique que le réseau de rassemblement de renseignements de l'Eglise est au moins aussi efficace que celui de Licio Gelli. La déclaration du Vatican n'expliquait pas comment tous les bons catholiques qui figuraient sur la liste de membres de P2 pourraient avoir leur nom effacé des archives avant que les autorités italiennes ne s'en emparent. Pour Calvi, membre de P2, ce problème apparemment insurmontable devait entraîner des conséquences désastreuses.

Quand la révélation publique se produisit enfin, elle passa ironiquement par le biais de l'association de Calvi avec son protecteur Licio Gelli. Les magistrats italiens essayaient encore, en 1981, de clarifier les faits concernant l'auto-enlèvement de Sindona. Le 17 mars 1981, la police fit une descente dans la villa grandiose de Gelli à Arezzo et à son bureau de l'usine textile de Giole. Ils cherchaient des liens montrant l'implication de Gelli dans le voyage-surprise de Sindona dans son pays natal. Au lieu de cela, ils tombèrent sur une boîte de Pandore de scandales. Dans le coffre de Gelli, ils découvrirent une liste de 962 membres de P2. Ils trouvèrent des dossiers et des rapports secrets du gouvernement.

La liste des membres de P2 constituait un véritable *Who's Who* italien. Les forces armées étaient massivement représentées avec plus de cinquante généraux et amiraux. Le gouvernement du jour y figurait avec deux ministres du cabinet, tout comme on y voyait des industriels, des journalistes (dont le directeur du *Corriere della Sera* et plusieurs membres de son comité de rédaction), 36 parlementaires, des pop stars, des pontes et des officiers de police. C'était un Etat dans l'Etat.

On a beaucoup dit que Gelli projetait de prendre le pouvoir en Italie. C'est faux. Il *avait déjà pris* le pouvoir en Italie. Quant au grand maître lui-même, il n'y avait aucun signe de sa présence. L'organisation de la descente de police s'était faite dans le plus grand secret, ce qui signifiait : parlez-en seulement aux officiers de police de confiance et à Licio Gelli. Il s'était enfui en Amérique du Sud.

Le scandale qui s'ensuivit fit tomber le gouvernement italien et donna une énergie considérable à l'investigation du magistrat italien concernant Calvi. Le juge Mucci fut remplacé par le juge Emilio Alessandrini ; deux années de temporisation. Désormais, avec un nouveau juge d'instruction, aidé par les documents compromettants découverts dans le coffre de Gelli, en deux mois Roberto Calvi allait être arrêté et incarcéré à la prison de Lodi.

Le temps était venu pour tous les bons amis de venir au secours de celui qui était si souvent venu à l'aide de tant de gens. Dans les semaines qui suivirent l'arrestation de Calvi, Bettino Craxi, chef du parti socialiste, et Flaminio Piccoli, président de la démocratie chrétienne, se levèrent au Parlement pour faire des remarques agréables sur Calvi et sa banque. Le Vatican garda le silence. A l'évidence, toute son attention était concentrée sur une situation bien plus grave. Sept jours avant l'arrestation de Calvi, le pape Jean-Paul II avait fait la rencontre fatale, place Saint-Pierre, de Mehmet Ali Agça.

Tandis qu'une partie du monde priait pour que le pape vive, Roberto Calvi dans sa cellule se préoccupait entièrement de ce qui lui paraissait un problème infiniment plus important : sa propre survie. A travers sa famille il commença à demander instamment à Marcinkus d'admettre publiquement qu'au fil des ans il se trouvait à côté de Calvi dans la cuisine pendant qu'ils préparaient les livres de comptes.

Après bien des coups de téléphone futiles, Carlo, le fils de Calvi, parvint enfin à parler à Marcinkus. Il expliqua à l'évêque que la gravité de la position de son père serait bien réduite si la banque du Vatican admettait son implication. Les fonds avaient transité par la Banca del Gottardo à Lugano, qui appartenait à Calvi, et elle ne pouvait pas révéler la vérité parce que les lois sur le secret bancaire en Suisse étaient très strictes, mais la banque du Vatican était son propre maître. Elle pouvait donner volontairement les informations. Pourtant, Marcinkus n'avait aucunement l'intention d'accepter publiquement cette responsabilité. Il dit au fils de Calvi : « Si nous le faisions, ce n'est pas seulement l'I.O.R. et l'image du Vatican qui en souffriraient. Vous y perdriez aussi car nos problèmes sont aussi les vôtres. »

Et de fait, ils l'étaient. Les deux banques étaient entièrement liées. Elles l'avaient été pendant des années. L'évêque Marcinkus était coincé. Dire la vérité attirerait sur le Vatican la colère de l'Italie. L'autre solution consistait à laisser Calvi se débrouiller tout seul dans l'espoir que l'implication profonde et constante du Vatican resterait dans l'ombre et qu'après le procès de Calvi tout cela deviendrait une affaire de plus, comme d'habitude. L'évêque Marcinkus choisit la seconde attitude. Indubitablement, cette décision se fondait sur le fait que, de tous les crimes et délits perpétrés par Calvi, les charges auxquelles il devait faire face pour le moment ne concernaient que deux de ses transactions illégales, quand Calvi s'était vendu à lui-même des actions de Toro et de Credito Varesino qu'il se trouvait déjà posséder, à des prix largement gonflés. Cette opération avait impliqué l'exportation illégale de devises hors d'Italie et c'était là l'infraction avec laquelle les magistrats de Milan espéraient pouvoir condamner Calvi. Marcinkus se disait que si tout le monde gardait son calme, le jeu pourrait continuer. Calvi, dans sa prison de Lodi, restait froid devant les messages de son partenaire sanguin du Vatican. Les banquiers internationaux secouaient la tête en signe d'incrédulité comme il continuait de diriger Banco Ambrosiano depuis l'intérieur de la prison.

Le 7 juillet, le gouvernement italien accusa Michele Sindona d'avoir commandé le meurtre de Giorgio Ambrosoli. La réaction de Calvi à la nouvelle fut particulièrement intéressante. Il tenta de se suicider le soir suivant. Il avala une grande quantité de barbituriques et s'ouvrit les veines du poignet. Il expliqua plus tard pourquoi. « A cause d'une sorte de désespoir lucide. Parce qu'il n'y avait pas une trace de justice dans tout ce qui était commis contre moi. Et je ne parle pas du procès. » Si, bien entendu, il avait réellement voulu mettre fin à ses jours il n'aurait eu qu'à prendre la dose de digitaline recommandée par Gelli et introduite en prison. Les juges lors de son procès n'en furent guère impressionnés.

Le 20 juillet, il fut condamné à quatre ans de prison et à une amende de 16 milliards de lires. Ses avocats firent immédiatement appel et il fut libéré sous caution. Moins d'une semaine après sa libération conditionnelle le directoire de Banco Ambrosiano le reconfirmait à l'unanimité comme président de la banque et debout lui faisait une ovation. Une nouvelle fois, les banquiers internationaux secouèrent la tête en signe d'incrédulité. Comme l'avait prédit l'évêque venu de Chicago, les affaires reprenaient, comme d'habitude. P2 pouvait bien avoir été démasquée, elle continuait d'exercer son pouvoir, sans aucun doute. La Banque d'Italie autorisait Calvi à revenir. Le gouvernement italien ne fit rien pour mettre fin au spectacle extraordinaire d'un homme condamné pour délits bancaires qui continuait à diriger une des plus grandes banques du pays.

Un banquier souleva des objections. Le directeur général d'Ambrosiano, Roberto Rosone demanda à la Banque d'Italie d'approuver la révocation de Calvi pour le remplacer par l'ancien président Ruggiero Mozzana. Le regard toujours fixement tourné sur le pouvoir de P2 et les appuis politiques que Calvi avait achetés au fil des années, la Banque d'Italie refusa d'intervenir.

La seconde menace pour l'empire bancaire de Calvi arriva du Pérou et du Nicaragua. Pour y faire face, Calvi s'assura le concours de Marcinkus. L'évêque avait refusé d'apporter à Calvi le moindre soutien public ou privé pendant son procès mais il était maintenant prêt à lui donner toute son aide pour s'assurer que la fraude criminelle perpétrée par les deux hommes demeurerait secrète.

Pendant le procès de Calvi, le Vatican annonça que le pape Jean-Paul II avait nommé une commission de quinze cardinaux pour étudier les finances de l'Eglise catholique romaine. Le rôle de la commission consistait à recommander des améliorations qui accroîtraient les revenus du Vatican.

L'évêque Paul Marcinkus n'était pas membre de la commission mais en tant que chef de la banque du Vatican il avait l'impression de pouvoir néanmoins apporter une puissante contribution à la question souvent débattue des finances du Vatican. Il tint une série de réunions secrètes avec Calvi, le condamné, qui eurent pour résultat que la banque du Vatican admit officiellement une augmentation de ses dettes de près d'un milliard de dollars. C'était le montant que l'on devait aux banques de Calvi au Pérou et au Nicaragua, résultat des prêts aux sociétés panaméennes fantômes. Les obligations et autres sûretés garantissant ces énormes dettes étaient négligeables. Le Pérou et le Nicaragua voulaient une meilleure garantie. Qui paierait l'addition en cas de défaillance ? Qui exactement possédait ces mystérieuses sociétés panaméennes ? Qui avait emprunté autant d'argent avec si peu de garanties ? Les messieurs du Pérou se sentaient particulièrement inquiets ; ils avaient prêté quelque 900 millions de dollars.

A ce stade, en août 1981, Calvi et Marcinkus perpétrèrent leur plus grosse fraude. Les documents seraient connus sous le vocable « lettres de réconfort ». Elles ne réconfortaient aucun catholique ; elles ne rassuraient personne qui croyait à l'intégrité morale du Vatican. Ces lettres furent écrites sur le papier à en-tête de l'Istituto per le Opere di Religione, Cité du Vatican, et datées du 1er septembre 1981. Elles furent adressées à Banco Ambrosiano Andino, à Lima, et à Ambrosiano Group Banco Commercial au Nicaragua. Sur les instructions de l'évêque Marcinkus elles furent signées par Luigi Mennini et Pellegrino de Strobel. En voici le texte :

> « Messieurs,
>
> Nous vous confirmons par la présente que nous contrôlons directement ou indirectement les organisations suivantes :
>
> Manic S.A. Luxembourg
> Astolfine S.A. Panama
> Nordeurop Establishment, Liechtenstein
> U.T.C. United Trading Corporation, Panama
> Erin S.A. Panama
> Bellatrix S.A. Panama

> Belrosa S.A. Panama
> Starfield S.A. Panama
>
> Nous vous confirmons aussi que nous sommes informés de leur endettement envers vous à la date du 10 juin 1981, et vous renvoyons aux extraits de compte ci-joints. »

Les comptes joints montraient que « l'endettement », rien que vis-à-vis de la branche de Lima se montait à 907 millions de dollars.

Les dirigeants du Nicaragua et du Pérou se détendirent. Ils détenaient maintenant la preuve certaine que les dettes massives ressortissaient à la responsabilité de la banque du Vatican. La sainte Eglise catholique romaine se portait garante. Aucun banquier ne pouvait souhaiter meilleure assurance. Il n'y avait qu'un seul petit problème. Les directeurs au Nicaragua et au Pérou ne connaissaient que la moitié de l'histoire. Il y avait une autre lettre. Celle-ci provenait de Roberto Calvi et était adressée à la banque du Vatican. Elle était datée du 27 août 1981. Elle s'était trouvée entre les mains de Marcinkus avant que ce dernier ne reconnaisse que la banque du Vatican accepte pour plus d'un milliard de dettes. La lettre de Calvi était la demande formelle des lettres de réconfort dans lesquelles le Vatican admettrait qu'il possédait les sociétés du Luxembourg, de Panama et du Liechtenstein. Calvi assurait le Vatican que cette reconnaissance « ne comporterait aucune responsabilité ni aucun engagement pour l'I.O.R. ». Il terminait sa lettre par un paragraphe qui confirmait que quoi qu'il arrive la banque du Vatican ne « supporterait aucun dommage ni aucune perte dans l'avenir ». Voilà comment la banque du Vatican était secrètement dispensée de dettes qu'elle était sur le point d'admettre.

Pour que la lettre secrète de Calvi à Marcinkus revête la moindre validité légale il aurait fallu que son existence et son contenu précis aient été révélés aux directeurs au Pérou et au Nicaragua. En outre, l'arrangement entre Calvi et Marcinkus aurait dû recevoir l'approbation de la majorité des directeurs à Milan. Qui plus est, pour constituer un accord légal, il aurait été essentiel que le contenu des deux lettres ait été communiqué à tous les actionnaires de Banco Ambrosiano, y compris les nombreux petits porteurs dans la région de Milan.

Les deux lettres et l'accord entre Calvi et Marcinkus constituent un cas très net de fraude criminelle commis par les deux hommes. Le fait que tout cela a transpiré pour le troisième anniversaire de l'élection d'Albino Luciani à la papauté ajoute à l'obscénité de l'affaire. Luciani, homme dévoué et cngagé dans l'élimination totale de la corruption à l'intérieur du Vatican, avait pour successeur le pape Jean-Paul II, homme qui approuvait de tout cœur l'évêque Paul Marcinkus.

Cette effronterie s'accrut encore quand le 28 septembre 1981, le jour du troisième anniversaire de la mort de Luciani, le pape promut Marcinkus. On annonça qu'il avait été nommé Vice-Président de la commission pontificale pour l'Etat de la Cité du Vatican. Ses fonctions comprenaient la supervision de l'administration quotidienne de l'Etat. Il devenait virtuellement gouverneur de la Cité du Vatican. Il conservait encore son poste de chef de la banque du Vatican et le nouveau poste lui conférait automatiquement l'élévation à l'archiépiscopat.

Grâce à ses origines lithuaniennes, à son accord constant, en termes financiers, aux besoins de la Pologne et à sa proximité du pape du fait de son rôle de garde du corps personnel et de superviseur de toute la sécurité pour les voyages à l'étranger, Marcinkus avait découvert dans la personne de Karol Wojtyla le protecteur le plus puissant que puisse avoir un employé du Vatican. Sindona, Calvi et leurs semblables sont, à en croire le Vatican, de méchants hommes qui ont induit en erreur des prêtres naïfs et confiants. Soit Marcinkus a trompé, a menti et a dissimulé la vérité à Wojtyla depuis octobre 1978, soit le pape actuel est aussi à accuser.

Alors que Karol Wojtyla manifeste un charisme remarquable et qu'il dit au monde qu'un homme qui regarde sa femme avec du désir risque bien de commettre un adultère de cœur, Marcinkus a continué de séduire bien des banquiers du monde. Pendant que le pape de Cracovie démontre qu'il est préoccupé par le maintien du statu quo de l'Eglise catholique romaine en déclarant que des catholiques divorcés qui se remarient ne pourraient recevoir la sainte communion que s'ils s'abstenaient complètement d'avoir des relations sexuelles avec leur partenaire marié, les banquiers du pape se sont montrés moins délicats sur les personnes avec qui ils couchaient.

Dans les années écoulées depuis l'élection de Wojtyla, Licio Gelli, l'incroyant, a continué de démontrer son propre pouvoir et son charisme personnel. Personne ne voudrait l'appeler le représentant de Dieu mais beaucoup continueraient de sauter quand le Montreur de Marionnettes tire sur la ficelle.

Depuis le sanctuaire de son domicile dans la capitale uruguayenne de Montevideo, Licio Gelli restait en contact avec Calvi. Tirant toujours les ficelles, extorquant toujours des sommes énormes au banquier, il téléphonait souvent quand Calvi se trouvait dans sa villa de Drezzo. Sa femme Clara et sa fille Anna ont confirmé que seul Gelli connaissait le numéro, avec Umberto Ortolani — un téléphone rouge pour P2. Gelli ne donnait jamais son nom quand un membre de la famille Calvi demandait qui appelait. C'était toujours le même nom de code : Luciani.

Pourquoi le grand maître de P2 s'attribuerait-il le nom d'Albino Luciani — nom que Gelli a utilisé pour contacter Calvi depuis 1978 ? Etait-ce le rappel constant d'un certain événement ? La menace constante que ce formidable maître-chanteur pourrait révéler les détails de cet événement à moins que l'argent ne continue à couler dans la poche de Gelli. Jusqu'à la fin, Calvi a continué de payer Gelli. Le grand maître en exil et se cachant en Amérique du Sud, recherché par les autorités italiennes pour un bel assortiment de charges, n'exerçait qu'une protection limitée sur Calvi. Pourquoi alors ces millions de dollars que chaque mention du nom « Luciani » envoyait se déverser dans la poche de Gelli ? Calvi a lui-même estimé que Gelli et Ortolani pesaient finalement plus de 500 millions de dollars chacun.

Des mois avant que n'éclate le scandale de la loge P2, alors que le grand maître se trouvait encore en Italie, Calvi essayait nettement de rompre tout lien avec Gelli. Pourquoi Calvi évitait-il les coups de téléphone ? Pourquoi faisait-il dire aux membres de sa famille qu'il était malade ou absent ? D'après les témoignages de la famille de Calvi, Gelli, l'insatiable collectionneur de secrets et d'informations exerçait une emprise effrayante sur Roberto Calvi. Quel était le secret ultime que Gelli connaissait et qui mettait Calvi dans un état de terreur et de sueur froide rien qu'à la mention du nom de Gelli ?

Le pouvoir de Gelli sur Calvi s'exerça jusqu'à la fin de la vie du banquier. Quand il sifflait, Calvi dansait. Vers la fin de 1981, Carlo de Benedetti, directeur général d'Olivetti, devint vice-président de Banco Ambrosiano, à la demande de Calvi. Il conféra à l'image plutôt loqueteuse de la banque dans le public une injection de respectabilité et de santé. En Uruguay, Gelli et Ortolani entendirent la nouvelle avec inquiétude. Un vice-président honnête ne convenait pas à leur projet de continuer à piller Banco Ambrosiano. « Luciani » prit son téléphone et composa le numéro privé de la villa de Drezzo. Après avoir persuadé l'homme d'Olivetti d'entrer dans sa banque, Calvi allait ensuite lui rendre la vie impossible. « Vous devez faire excessivement attention, dit-il à de Benedetti. Les gens de P2 préparent un dossier sur vous. Je vous conseille de faire attention, parce que je sais. » Un peu plus d'un mois plus tard, de Benedetti n'avait d'autre choix que de partir.

Jean-Paul II reçut une longue lettre de doléances, complétée par de nombreux annexes, rédigée par un groupe d'actionnaires de Banco Ambrosiano. Datée du 12 janvier 1982, cette lettre constituait une attaque mordante de la banque. Elle exposait les liens entre Marcinkus, Calvi, Gelli et Ortolani. Les actionnaires se sentaient particulièrement affligés par le fait que Ambrosiano, autrefois sage et catholique, et la banque du Vatican avaient pu conclure une alliance si peu sainte. Comme le faisaient remarquer les catholiques troublés de Milan :

> « L'I.O.R. n'est pas seulement un actionnaire de Banco Ambrosiano. Il est un associé et un partenaire de Roberto Calvi. Un nombre croissant de procès devant les tribunaux révèle que Calvi se trouve

aujourd'hui à cheval sur les principaux carrefours de la plus dégénérée des franc-maçonneries (P2) et des milieux de la Mafia, cela résultant de l'héritage du manteau de Sindona. Une fois encore cela n'a pu se faire qu'avec l'intervention de personnes généreusement élevées et soignées par le Vatican, telles qu'Ortolani, qui fait la navette entre le Vatican et de puissants groupes appartenant aux bas-fonds internationaux.

Etre partenaire de Calvi signifie être partenaire de Gelli et d'Ortolani, étant donné que tous deux le guident et l'influencent fortement. Le Vatican est donc également, que cela lui plaise ou non, à travers son association avec Calvi un partenaire actif de Gelli et Ortolani. »

La lettre contenait un appel au pape Jean-Paul II pour qu'il apporte aide et conseils. Bien que le pape parle de nombreuses langues, dont l'italien, les Milanais firent astucieusement traduire la lettre en polonais et prirent aussi des mesures afin que ni la Curie en général ni le remplaçant de Villot, Casaroli, n'empêche cette missive de parvenir au pape. Elle fut ignorée. Les actionnaires milanais ne furent même pas gratifiés d'une reconnaissance formelle. Il se peut que Sa Sainteté ait été trop occupée à rédiger une homélie sur la charité qui est l'une des plus grandes vertus.

Calvi savait que cette lettre avait été envoyée et il savait également qu'elle avait l'approbation de son directeur général et vice-président Roberto Rosone. Il examina avec son ami intime et collègue de P2 Flavio Carboni la menace que les tentatives de Rosone pour nettoyer la banque pouvaient faire peser.

Les amis et contacts de Carboni couvraient un large éventail. On y trouvait des hommes comme les deux caïds de la pègre de Rome, Danilo Abbruciati et Ernesto Diotavelli.

Le matin du 27 avril 1982, Rosone quittait son appartement quelques minutes avant 8 heures. Par bonheur pour Rosone, il habitait directement au-dessus d'une agence d'Ambrosiano qui, comme toutes les banques italiennes, était protégée

24 heures sur 24 par des gardes armés. Tandis que Rosone émergeait dans la rue un homme s'approcha et commença à tirer. Blessé aux jambes, Rosone s'effondra par terre. Les gardes armés de la banque répondirent. Quelques instants plus tard l'assaillant gisait aussi sur le trottoir. Mort. Il s'appelait Danilo Abbruciati.

Le lendemain de la tentative d'assassinat sur Rosone, le 28 avril Flavio Carboni payait au chef survivant de la pègre de Rome la somme de 530 000 dollars. Le travail avait été mal fait mais Calvi était un homme qui honorait ses dettes — avec l'argent des autres.

Calvi, qui avait indubitablement commandé l'assassinat de son propre vice-président, se trouva rapidement au chevet de son collègue blessé, avec le bouquet de fleurs d'usage.

— Madonna ! Quel monde de fous. Ils veulent nous faire peur, Roberto, pour qu'ils puissent mettre la main sur un groupe qui vaut 20 000 milliards de lires.

En mai 1982 les vis se serrèrent autour de Calvi. Consob, l'agence italienne de régulation des valeurs mobilières, réussit à le forcer à donner la liste publique de ses actions sur la Bourse de Milan. Cette énumération nécessitait une expertise supplémentaire des livres comptables de la banque.

La femme de Roberto Calvi, Clara, a déclaré sous serment que plus tôt dans l'année, lors d'une audience privée avec le pape Jean-Paul II, Calvi avait discuté du problème de la dette d'un milliard de dollars du Vatican créée en grande partie par les efforts de Calvi, Gelli, Ortolani et Marcinkus. Le pape avait soi-disant fait une promesse à Calvi. « Si vous parvenez à sortir le Vatican de cette dette vous pourrez avoir tout pouvoir pour reconstruire nos finances. »

Si cette proposition fut effectivement faite, alors Sa Sainteté cherchait manifestement encore les mêmes choses. Ce serait les affaires comme d'habitude et pour toujours, sans Amen.

Le pape et Calvi n'étaient pas seuls à commencer à s'inquiéter vraiment de la fortune en dollars qui s'était déversée dans les sociétés off-shore appartenant au Vatican. Le 31 mai 1982, la Banque d'Italie écrivit à Calvi et à son directoire à Milan. Elle exigeait que le directoire donne le décompte complet des prêts à l'étranger opérés par le Groupe Banco Ambrosiano. Le directoire, dans une manifestation pitoyable de résistance vota par 11 voix contre 3 l'acceptation de la demande de la banque centrale.

Rentré en secret d'Argentine le 10 mai, Licio Gelli avait d'autres exigences envers Calvi. Gelli était à la recherche de missiles Exocet supplémentaires pour aider son pays d'adoption dans leur guerre des Malouines contre la Grande-Bretagne. Comme l'essentiel des actifs argentins à l'étranger était bloqué et qu'un embargo pesait sur les opérations officielles sur les armes, Gelli dut se tourner vers le marché noir des marchands d'armes qui montraient un certain scepticisme sur la capacité de Gelli à payer ce qu'il offrait pour les redoutables missiles. Il proposait quatre millions de dollars par missile, pour une commande minimum de vingt. C'était six fois le prix officiel et les intérêts en jeu étaient considérables et soumis à la condition que Gelli réunisse la somme. On le connaissait bien sur le marché des armes ; dans le passé il avait fait l'acquisition d'équipements radar, d'avions, de fusils, de chars et des premiers Exocet au nom de l'Argentine. Maintenant, il lui fallait au moins 80 millions de dollars, et de façon urgente. La guerre des Malouines restait en balance.

Ainsi Calvi, qui jonglait déjà avec les besoins du pape Jean-Paul II, sa clientèle de la mafia, ses actionnaires en colère, les chiens de garde du Consob qui surveillaient la Bourse de Milan, un directoire récalcitrant et un assassin incompétent qui n'avait réussi qu'à se faire tuer, Calvi une fois de plus trouvait Gelli la main tendue.

Calvi ne voyait que deux chemins vers la survie. Soit le Vatican l'aidait à combler le trou de plus en plus gros qui apparaissait dans le bilan de la banque, soit Gelli, le Montreur de Marionnettes, devait une fois de plus démontrer qu'il contrôlait toujours le pouvoir en Italie pour sauver son trésorier de P2 de la ruine.

Calvi examina ces possibilités avec Flavio Carboni qui, en secret, continuait d'enregistrer leurs conversations.

A partir des remarques de Calvi, il est clair qu'il considérait que la banque du Vatican devait renflouer l'énorme trou de la Banco Ambrosiano au moins pour la raison qu'elle était la principale bénéficiaire des millions manquants et, en outre, qu'elle y était légalement tenue. Calvi fit remarquer : « Le Vatican devrait honorer ses engagements en vendant une partie de la richesse contrôlée par l'I.O.R. C'est un patrimoine énorme. Je l'estime à 10 milliards de dollars. Pour aider Ambrosiano, l'I.O.R. pourrait commencer par vendre des lots d'un milliard à la fois. »

Si un seul laïc au monde devait savoir combien valait le Vatican cet homme aurait dû être Roberto Calvi. Il avait une connaissance intime de tous ses secrets financiers. Car pendant plus de dix ans il avait été *celui,* le seul, vers qui le Vatican s'était tourné pour tout ce qui concernait les questions financières. J'ai déjà fait remarquer qu'au moment où Albino Luciani est devenu pape, en 1978, la fortune contrôlée par les deux sections de l'A.P.S.A. et par la banque du Vatican se situait, à tout le moins, dans la région des 3 milliards de dollars. Maintenant, début 1982, Roberto Calvi, toujours très prudent dans ses évaluations, situait le patrimoine de l'I.O.R. seul à 10 milliards de dollars.

Il est clair qu'au fur et à mesure que l'année 1982 avançait celui qu'on prenait à tort dans le monde pour « le banquier de Dieu » connaissait une multitude de problèmes. Pour leur majorité ils étaient créés artificiellement. « Voleur de Dieu » serait un titre plus approprié pour cet homme qui volait des millions au nom du Vatican et de P2. Depuis la fin des années 1960 un seul homme avait mérité le sobriquet de « banquier de Dieu » et c'était l'archevêque Paul Marcinkus.

Malgré le formidable éventail de problèmes qu'il devait affronter à l'époque, problèmes dont je ne connaissais qu'une partie, Roberto Calvi fut d'abord remarquablement maître de lui et calme quand je l'interviewai par téléphone en début de soirée, le 9 juin 1982. L'interview avait été organisée par un intermédiaire à qui Calvi faisait manifestement confiance. Elle couvrait un vaste éventail de sujets. Grâce à mon interprète, je commençai à interroger Calvi précisément sur la transaction de la Banca Cattolica del Veneto. On avait dit à Calvi que j'écrivais un livre sur le Vatican et quand je citai la banque de Venise il me demanda quel serait le sujet central de mon livre. Je lui dis : « C'est un livre sur la vie du pape Jean-Paul Ier, le pape Luciani. »

Le style de Calvi subit soudain un changement complet. Le calme et le contrôle disparurent pour être remplacés par un torrent de remarques sonores. Sa voix devint excitée et très affectée. Mon interprète se mit à traduire pour moi.

— Qui vous a envoyé contre moi ? Qui vous a dit de faire cette chose ? Je paie toujours. Je paie toujours. Comment connaissez-vous Gelli ? Que voulez-vous ? Combien voulez-vous ?

Je protestai, je ne connaissais pas Licio Gelli et je ne l'avais jamais rencontré. Calvi s'était à peine arrêté de m'écouter qu'il recommençait.

— Qui que vous soyez, vous n'écrirez pas ce livre. Je ne peux rien vous dire. Ne m'appelez plus. Jamais.

Huit jours plus tard on retrouvait le corps de Roberto Calvi pendu sous le pont de Blackfriars à Londres dans la City, à quelques kilomètres de chez moi.

Quelques jours plus tard, on découvrait un trou dans les comptes de Banco Ambrosiano de Milan. Un trou de 1,3 milliard de dollars.

Le but de mon enquête avait été la mort d'un autre homme, un homme dont Roberto Calvi n'était pas digne de nouer les lacets de chaussures : Albino Luciani. Non un tout-puissant banquier international, mais un pauvre homme habitué aux petites choses et au silence. Villot, Calvi, Marcinkus, Sindona, Cody : un de ces hommes se trouvait au cœur même du complot qui aboutit au meurtre de Luciani. Avant que toi, lecteur, ne considères ton verdict, examinons ces hommes une dernière fois.

Le cardinal Jean Villot, un de ceux qu'Albino Luciani avait décidé de révoquer de son poste, conserva sa fonction de secrétaire d'Etat après l'élection de Karol Wojtyla. Il conserva aussi ses nombreux autres postes dont le contrôle de la section vitale et financière de l'Administration du Patrimoine du Saint-Siège, l'APSA. C'est l'APSA qui joua le rôle de la promise dans le mariage entre Sindona et le Vatican. L'évêque Marcinkus de la banque du Vatican a été souvent critiqué pour avoir fait pénétrer Sindona à l'intérieur de la Cité du Vatican. Il n'a aucune responsabilité dans cet acte. La décision fut prise par le pape Paul, monseigneur Macchi, Umberto Ortolani et les messieurs de l'APSA, dont son chef suprême, le cardinal Villot. Si Luciani avait vécu, la révocation de Villot de la secrétairerie d'Etat aurait également signifié sa révocation automatique de la tête de l'APSA. C'est cet organisme, avec son immense portefeuille d'investissements, et non Marcinkus et sa banque du Vatican, qui est reconnu comme banque centrale par la Banque Mondiale, le Fonds Monétaire International et la Banque Internationale des Règlements à Bâle. C'est une section qui a beaucoup à cacher, remontant à ses implications profondes avec Sindona ; la révocation de Villot aurait révélé à Luciani une situation scandaleuse de plus.

Au moment de l'élection de Luciani, Villot n'avait plus longtemps à vivre. C'était un homme malade, fatigué qui, en septembre 1978 savait qu'il était gravement atteint. Il mourut moins de six mois après Luciani, le 9 mars 1979. D'après le Vatican, sa mort était due à « des attaques de pneumonie bronchiale bilatérale avec complications ; collapsus respiratoire, insuffisance rénale et hépatique ». On savait qu'il avait voulu prendre sa retraite mais on savait aussi qu'il souhaitait décider qui serait son successeur ; or l'homme qu'il avait en tête n'était pas Benelli. Si Benelli découvrait le scandale de l'APSA il en informerait sans aucun doute le nouveau pape. Cela, ajouté aux autres changements que Luciani était sur le point de faire et que Villot connaissait, créait un mobile puissant. S'il se trouvait au cœur d'un complot en vue d'assassiner Luciani ce mobile serait le destin à venir de l'Eglise. D'après le témoignage de trois témoins du Vatican, Villot estimait que les changements sur le point d'être mis en œuvre constituaient « une trahison de la volonté de Paul. Un triomphe pour la restauration ». Il craignait que de tels changements ramènent l'Eglise aux temps pré-conciliaires. Le fait que cette crainte soit sans valeur n'a guère d'importance ici. Villot sentait les choses ainsi et profondément. Il était aussi terriblement opposé au projet de Luciani de modifier la position de l'Eglise catholique romaine sur le contrôle des naissances, ce qui aurait permis aux catholiques du monde entier d'utiliser la pilule contraceptive. Paul VI, créateur de *Humanae Vitae,* à peine mort, Villot observait de tout près la destruction d'un édit qu'il avait soutenu en public bien des fois. Est-ce que Villot en arriva à la conclusion que le plus grand bien de l'Eglise serait servi par la mort de Luciani ?

Son comportement après la mort du pape fut soit celui d'un homme profondément impliqué dans cette mort, soit la conduite de quelqu'un souffrant d'une grave maladie mentale. Il détruisit les preuves. Il mentit. Il imposa un vœu de silence à certains membres de la Maison pontificale. Il précipita l'embaumement avant qu'une majorité de cardinaux se trouvent à Rome, sans même songer à les consulter. Si Villot est parfaitement innocent de la mort de Luciani il reste qu'il a presque certainement aidé matériellement le responsable, quel qu'il soit. Ses actes et ses déclarations ont permis à quelqu'un de se soustraire aux conséquences de son acte. Lui-même avait clairement un mobile ; il est tout aussi clair qu'il avait l'occasion. En outre, de par sa fonction de Camerlingue il exerçait virtuellement un contrôle complet sur tous les événements qui suivraient, ou encore, comme dans le cas du refus de procéder à une autopsie officielle, sur tous les non-événements.

Il se peut bien que les divers actes illégaux perpétrés par Villot après la découverte du corps d'Albino Luciani aient été motivés par ce que Villot considérait comme le facteur suprême, le plus grand bien de l'Eglise catholique, s'il a vu des preuves nettes d'un meurtre, une preuve nette qu'Albino n'était pas mort de mort naturelle. Beaucoup contesteront que ses actes étaient destinés à protéger l'Eglise. Même dans ce cas, personnellement je contesterais qu'il ait pu sembler avoir moralement besoin d'aide.

Le cardinal John Cody, un de ceux que Luciani était déterminé à révoquer, conserva son poste de Cardinal de Chicago à l'élection du successeur de Luciani, Karol Wojtyla. Dans son livre *The Making of the Popes*, le père Andrew Greeley remarque :

> « Le cardinal Cody jeta dans les pourparlers ses contributions financières passées à la Pologne (et certaines nouvelles contributions, selon des sources de Chicago), la taille de la population polonaise à Chicago, sa soi-disant amitié avec le pape dans une contre-offensive réussie contre ses ennemis. Jean-Paul II, d'après ce que le cardinal raconta à ses visiteurs au début décembre (1978) lui offrit simplement un poste à Rome, qu'il refusa. Le pape, donna à entendre le cardinal, indiqua que l'affaire était close. »

Mes propres recherches confirment entièrement cette citation. En outre, les contributions que Cody fit par la suite au Vatican et qui furent acheminées en secret vers la Pologne, faisaient partie d'une opération beaucoup plus vaste que Marcinkus et Calvi entreprirent au nom du pape Jean-Paul II.

Le cardinal Cody continua de jouer les somptueux donateurs de cadeaux. En octobre 1979, le pape Jean-Paul II se rendit aux Etats-Unis. Quand il arriva à l'aéroport O'Hare, à Chicago, il fut accueilli par le cardinal Cody qui fourra une petite boîte en bois entre les mains du pape comme « cadeau personnel ». A l'intérieur de la boîte il y avait 50 000 dollars. Personne ne voudrait dénier au cardinal le droit de faire un cadeau au pape, hormis la grossièreté du geste au moment où le pape posait le pied dans le diocèse, mais la question soulevée par cet acte est l'origine de l'argent. S'agissait-il de fonds diocésains ? S'agissait-il de fonds exclusivement contrôlés par Cody ? Précisément de quelle source ces 50 000 dollars sortirent-ils aussi mystérieusement ?

Dans l'année qui suivit cet incident, le gouvernement des Etats-Unis ordonna une enquête officielle mais secrète sur Cody. Des procureurs américains commencèrent à vérifier les allégations selon lesquelles le cardinal Cody aurait détourné illégalement jusqu'à un million de dollars de fonds de l'Eglise en faveur de son amie de toujours Helen Wilson. Ils se mirent aussi à enquêter sur bien d'autres allégations dont le fait qu'il aurait mélangé des fonds personnels et ecclésiastiques, qu'il aurait versé à Helen Wilson un salaire secret pendant de nombreuses années, qu'il lui aurait alloué sans raison une pension, qu'il lui aurait acheté une maison de 90 000 dollars en Floride. Le fait que toutes les actions aient pu être accomplies grâce à des fonds de l'Eglise, qui sont exonérés d'impôts, en faisait une question fédérale. Etant donné les implications politiques excessivement délicates qu'une telle enquête risquait d'avoir, le fait que le Gouvernement ait lancé une enquête officielle indique bien la valeur des premières preuves et autres indices qui existaient au départ. L'enquête commença en septembre 1980.

En janvier 1981 le Grand Jury Fédéral adressa un certain nombre de citations à comparaître à Cody, exigeant en outre de voir ses comptes financiers. Si Cody était aussi pur que la neige fraîche, on ne saurait comprendre sa conduite ultérieure. Seul le cardinal, ses avocats et un ou deux confidents très proches étaient au courant de l'enquête et des citations. Cody garda pour lui les développements, il n'en fit pas part aux gens de Chicago, ni au Nonce apostolique à Washington ni même au Vatican. Il refusa aussi de se plier aux demandes du gouvernement et refusa de fournir les comptes financiers du diocèse. Pour un citoyen ordinaire, refuser de coopérer aurait signifié la prison mais Cody, qui a déclaré « Je ne dirige pas le pays mais je dirige effectivement Chicago », démontra que cette prétention n'était pas dénuée de sens.

En septembre 1981, quand le *Chicago Sun Times* publia l'affaire, Cody n'avait toujours pas obéi aux citations à comparaître. Le *Sun Times* menait sa propre enquête sur le cardinal depuis près de deux ans. Il commença à livrer à ses lecteurs tous les documents et les renseignements sur un vaste éventail de conduites soi-disant scandaleuses de Cody.

Le cardinal refusa de produire le moindre petit bout de preuve qui aurait réfuté la grande diversité d'accusations et il essaya au lieu de cela de se rallier les deux millions de catholiques de la ville par cette affirmation : « Ceci n'est pas une attaque contre moi personnellement. C'est une attaque contre l'Eglise tout entière. » Bien des gens répondirent à cette affirmation complètement fausse. Beaucoup n'en firent rien. Le dommage massif pour l'image et la réputation de l'Eglise catholique romaine qu'Albino Luciani avait correctement prévu était maintenant devenu réalité. La ville se divisa. Il est tout à fait clair qu'au début la majorité soutenait Cody mais, comme les mois passaient, un fait fondamental commença à se graver dans les mémoires. Cody n'obéissait toujours pas aux citations du Gouvernement. Ses propres partisans, proches, commencèrent à exiger qu'il obéisse. La réponse de Cody, à travers ses avocats commença par être « Je ne suis responsable que devant Dieu et Rome. » C'était une conception qu'il emporta dans la tombe. En avril 1982, tandis que le tribunal attendait toujours des réponses, le cardinal Cody mourut. Bien qu'il ait eu une longue vie pleine de maladies, le corps de Cody, au contraire de celui d'Albino Luciani, fut soumis à une autopsie. Sa mort avait été causée par « une grave maladie de l'artère coronaire ».

Il laissait un dernier message qui devait être lu après sa mort. Il ne contenait aucune preuve de son innocence eu égard aux accusations très graves qui pesaient sur lui. Il contenait au contraire un trait de l'arrogance qui avait tant marqué toute sa vie. « Je pardonne à mes ennemis mais Dieu ne leur pardonnera pas. »

Le despotique et tyrannique Cody décédé, on spécula immédiatement sur le nom de son successeur. On citait souvent le nom de l'archevêque Paul Marcinkus, citoyen de Cicero, banlieue de Chicago, qui trempait actuellement dans le scandale en Italie. La hiérarchie de l'Eglise américaine souleva des objections et informa le Vatican que donner Chicago à Marcinkus « reviendrait exactement au même ». Finalement, le poste échut à l'archevêque Joseph Bernardin de Cincinnati qui promit une enquête immédiate de l'Eglise sur l'affaire Cody.

Le Gouvernement annonça qu'il refermait sa propre enquête et l'investigation du Grand Jury Fédéral se termina sans qu'aucune accusation ne soit formulée. Du fait que celui qu'on accusait était mort il n'avait guère le choix.

En décembre 1982, Bernardin publia une lettre pastorale de deux pages pour les catholiques de Chicago. La lettre ne contenait aucun document pour garantir ce qu'elle avançait. Bernardin concluait que l'examen des finances de Cody ne montrait aucune malversation, qu'il avait peut-être injustement accordé une pension à Helen Wilson, qu'il « n'avait pas toujours suivi les procédures comptables prioritaires ». Fait plus significatif les comptables que Bernardin avait employés refusèrent de certifier « l'exactitude des chiffres de recettes et de dépenses estimées » bien qu'ils aient trouvé que les chiffres « restaient dans un ordre de grandeur raisonnable et acceptable pour l'objet de l'enquête ». La raison pour laquelle les comptables refusèrent de certifier les comptes tenait à ce que, comme l'admettait Bernardin, certains des dossiers financiers de l'archevêché demeuraient introuvables et « si on devait les retrouver, les conclusions risquaient bien de devoir être réévaluées ». Plus d'un an après, ces dossiers financiers manquent toujours.

Cody, despote arrogant, avait un mobile très clair et très puissant de participer à un complot visant à assassiner Albino Luciani. On peut laisser un point d'interrogation quant à sa corruption financière, selon le point de vue de chacun. Il n'y a pourtant aucun doute que Cody connaissait des troubles mentaux et qu'il souffrait d'une paranoïa aiguë. S'il était psychotique paranoïaque il est parfaitement cohérent qu'il ait cherché à résoudre ses problèmes, réels ou imaginaires, de manière violente. Manifestement, si un pape quel qu'il soit devait révoquer Cody de Chicago ce serait sur un cadavre — soit celui de Cody soit celui du pape. Pendant toutes les années qu'il avait passées à Rome puis au cours de ses nombreuses visites, Cody avait réussi à entrer dans les bonnes grâces de deux futurs papes, Pacelli et Montini, et avait édifié un vaste réseau d'amitiés et d'informateurs. Le fait que cet homme ait pu envoyer promener le pape Paul VI constitue un signe de son pouvoir. Les nombreux cadeaux en espèces, non seulement à la Pologne mais aussi à des membres favorisés de la Curie romaine, achetaient aussi une sorte spéciale de loyauté. Cody possédait sa propre Mafia, ou P2, implantée profondément au cœur de la Cité du Vatican — des hommes qui avaient constamment accès aux appartements pontificaux.

L'archevêque Paul Marcinkus, un de ceux qu'Albino Luciani était déterminé à révoquer, conserva son poste à la tête de la banque du Vatican après l'élection de Karol

Wojtyla. De fait, comme on l'a déjà mentionné, il fut promu archevêque et on lui donna encore plus de pouvoir. Pour un homme qui avait fait remarquer lors de sa nomination à la banque du Vatican « ma seule expérience en matière de finances est la quête dominicale », Marcinkus a fait du chemin. Il mérite bien plus le titre de « Banquier de Dieu » que ses deux anciens amis intimes et associés d'affaires Roberto Calvi et Michele Sindona. Il peut aussi prétendre avec justesse avoir plus contribué que n'importe quel autre individu de notre époque au grand discrédit de l'Eglise catholique romaine.

Il ne fait vraiment aucun doute qu'au milieu des années 1970, Calvi et Marcinkus ont conçu un dispositif qui a provoqué une multitude de crimes. Il est tout aussi clair que les sociétés panaméennes et autres structures off-shore que le Vatican possédait et possède encore aujourd'hui servaient au profit mutuel de la Banco Ambrosiano et de la banque du Vatican.

Le Vatican a prétendu, depuis la mort de Calvi, que la première fois qu'il avait entendu parler des sociétés off-shore et de qui les possédait se situait au mois d'août 1981. Les preuves établissent qu'il s'agit ici encore d'un autre mensonge du Vatican. Les documents montrent que dès 1978, l'évêque Marcinkus s'assurait activement du fait que ces sociétés n'apparaissent plus comme étant la propriété du Vatican. Quant au manque de connaissance du Vatican sur les sociétés qu'il possédait, un exemple suffira. U.T.C. United Trading Corporation, du Panama, est l'une des sociétés auxquelles il est fait allusion dans les lettres de réconfort, société dont le Vatican affirme aujourd'hui qu'il ne savait rien jusqu'à peu de temps avant que ces fameuses lettres ne soient écrites par Marcinkus. Une documentation en date du 21 novembre 1974, signée comme il se doit par les dirigeants de la banque du Vatican, demande à la Banca del Gottardo de Calvi d'arranger, au nom du Vatican, la formation d'une société appelée United Trading Corporation.

Pour Calvi, le dispositif illégal possédait de nombreuses vertus. Que gagnaient Marcinkus et la banque du Vatican ? Ils gagnaient de l'argent. De très grosses sommes. Calvi s'achetait à lui-même ses propres actions à un prix excessivement gonflé mais sur le papier ces actions restaient légalement la propriété, *et elles le sont toujours,* de sociétés panaméennes qui, à leur tour étaient la propriété du Vatican. Calvi envoyait comme il se doit les dividendes annuels de l'énorme paquet d'actions à leur propriétaire légitime, la banque du Vatican. Les sommes en question variaient selon les années mais la moyenne se situait annuellement aux environs de 2 millions de dollars.

Ce n'était que la partie émergée de l'iceberg. On peut retrouver la trace de bénéfices plus substantiels. En 1980, par exemple, la banque du Vatican vendit 2 millions de parts dans la société de construction internationale installée à Rome, Vianini. Les actions furent vendues à une petite société panaméenne du nom de Laramie. C'était la première étape d'un accord par lequel on projetait que le Vatican vendrait à Laramie 6 millions d'actions de Vianini. Le prix des actions étaient grossièrement gonflé. Les 2 premiers millions coûtèrent 20 millions de dollars à Laramie. Laramie est encore une des sociétés possédées par le Vatican. On pourrait estimer que c'est un exercice futile que de se vendre à soi-même des actions que l'on possède à un prix gonflé. Cela devient moins futile si l'on se sert de l'argent de quelqu'un d'autre comme Calvi l'a démontré pendant des années. Les 20 millions de dollars pour payer les actions venaient de Roberto Calvi. Et la banque du Vatican garda les actions qu'elle possédait déjà ainsi que les 20 millions de dollars. En outre, elle n'a jamais possédé 6 millions d'actions dans Vianini. Sa participation maximale dans la société n'a jamais dépassé 3 millions d'actions. C'est avec des opérations comme celle-ci que Calvi remboursait Marcinkus.

En mars 1982, l'archevêque Marcinkus accorda une rare interview. Elle fut donnée à l'hebdomadaire italien *Panorama.* Ses commentaires sur Roberto Calvi sont particulièrement éclairants. C'est une opinion sur Calvi qui vint huit mois après que le banquier eut été condamné à une amende de 13,7 millions de dollars et à une peine de quatre ans de prison, et seulement sept mois après que le Vatican et Marcinkus eurent découvert (si nous en croyons la version du Vatican) que Calvi avait volé plus d'un milliard de dollars et laissé le Vatican payer l'addition.

> « Calvi mérite notre confiance. Je n'ai aucune raison d'en douter. Nous n'avons aucune intention de céder les actions de Banco Ambrosiano en notre possession : et qui plus est, nous avons d'autres investissements dans ce groupe, par exemple, dans la Banca Cattolica, qui marchent très bien. »

Cela colle parfaitement avec l'autre éloge prononcé par Marcinkus devant les procureurs des Etats-Unis et les hommes du FBI venus enquêter sur l'implication éventuelle de Marcinkus dans une escroquerie de faux titres portant sur un milliard de dollars en avril 1973. A cette occasion, on pourra se rappeler que Marcinkus faisait l'éloge des vertus d'un homme qu'il affirme aujourd'hui n'avoir presque jamais rencontré. Un homme qui, de son côté, insiste : « Nous nous sommes rencontrés bien des fois au fil des années pendant que nous faisions des affaires ensemble. Marcinkus était mon partenaire dans deux banques. » L'homme s'appelle Michele Sindona qui, outre ses nombreux autres crimes est le responsable du plus grand désastre bancaire de l'histoire des Etats-Unis et que Marcinkus estimait être « bien en avance sur son temps pour ce qui concerne les affaires bancaires ».

On pourrait dire en faveur de Marcinkus que cette remarque fut prononcée un an avant le Crack Sindona. En 1980, six ans après le krach Sindona, Marcinkus était prêt, désireux et impatient de témoigner en faveur de Sindona et seule l'intervention du cardinal Casaroli l'en empêcha, car ce dernier s'était senti obligé de prendre le contre-pied d'une décision du pape Jean-Paul II.

Aujourd'hui, il n'y a qu'une raison pour laquelle Marcinkus n'a pas encore été élevé à la dignité de cardinal. Malgré le discrédit massif que les activités de Marcinkus ont fait peser dans le monde entier sur le Vatican, Karol Wojtyla nourrit toujours le projet de donner la barrette à l'homme de Cicero. Là encore, seule l'insistance de Casaroli sauva la mise. Manifestement, le pape a une opinion plus tolérante vis-à-vis des péchés commis derrière un comptoir de banque que de ceux commis dans un lit.

En ce qui concerne l'assassinat d'Albino Luciani, Marcinkus avait à la fois le mobile et l'occasion. Une des nombreuses fonctions qu'il exerçait pour Paul VI était celle de garde du corps personnel et de conseiller à la sécurité, tâches qu'il a par la suite accomplies avec un singulier manque de réussite pour le pape Jean-Paul II. En cette qualité, sa connaissance des dispositifs de sécurité, tels qu'ils étaient, n'avait pas d'égale. Pour quelle raison exactement le Président de l'I.O.R. se promenait-il dans la Cité du Vatican peu après 6 heures et demie du matin le jour où l'on découvrit Albino Luciani mort ? Cela reste encore à établir. Après enquête, il apparaît que Marcinkus ne devait normalement pas se trouver près de la banque à une heure aussi matinale. Au contraire de Villot, il n'habitait pas à l'intérieur des murs du Vatican mais à la Villa Stritch, dans Rome. Marcinkus apportait de nombreuses facettes dans son travail à la banque du Vatican, et non des moindres des éléments de sa tendre enfance dans le Cicero d'Al Capone. « Comment vont vos amis gangsters de Chicago, Paul ? » était une plaisanterie courante au début des années 1970. On l'entendit moins après le procès de Sindona. On ne l'entend plus du tout après la débâcle de Calvi.

S'il n'est pas activement impliqué dans le complot qui a abouti au meurtre de Luciani, il reste possible que Marcinkus ait agi en catalyseur, délibérément ou non. Il y a bien des années, un roi anglais a crié « Personne ne me débarrassera donc jamais de cet intrigant de prêtre ? » et, peu après, l'Eglise catholique romaine eut un martyr en la personne de Thomas Beckett. Il ne fait aucun doute que Marcinkus a communiqué la totalité de ses craintes quant à la nouvelle papauté à Roberto Calvi. Il ne fait non plus aucun doute qu'Albino Luciani était sur le point de révoquer Marcinkus de la banque du Vatican et de couper tous les liens avec Banco Ambrosiano. Est-ce que les craintes que Marcinkus exprima non seulement à Calvi mais aussi à d'autres à propos de ce nouveau pape ont provoqué l'enchaînement d'événements qui, au matin du 29 septembre, laissèrent l'évêque Marcinkus bouche bée et abasourdi quand un garde suisse lui apprit que le pape était mort ?

On parle souvent de Michele Sindona comme du « Banquier de Dieu ». A tort. Un qualificatif plus exact, du moins en ce qui concerne ses liens avec les finances du Vatican serait « Spéculateur de Dieu ». A l'époque de l'assassinat d'Albino Luciani, Sindona luttait contre une demande d'extradition lancée par l'Etat italien. On le recherchait aussi pour lui poser quelques questions sur une variété de délits financiers dans bon nombre d'autres pays. En septembre 1978, la probabilité que les autorités américaines entament une procédure criminelle contre Sindona pour ce qui concernait la faillite de Franklin Bank devenait de jour en jour plus certaine. Cette procédure lui épargnait l'extradition mais le plaçait immédiatement en situation périlleuse aux Etats-Unis. Le seul as qui lui restait et qu'il pouvait espérer jouer était la coopération du Vatican. Si l'évêque Marcinkus, le cardinal Guerri et le cardinal Caprio donnaient des preuves en sa faveur, Sindona croyait qu'un jury serait fortement influencé par les déclarations de personnages aussi augustes. Avec Albino Luciani comme pape, la possibilité d'un témoignage du Vatican, sans même parler d'un témoignage favorable, s'évanouissait.

En tant que membre à la fois de la Mafia et de P2, Sindona avait non seulement un mobile et l'occasion d'un meurtre mais aussi, comme les événements ultérieurs allaient le démontrer, il en avait la capacité. C'était un homme assez dérangé pour croire que si un procureur adjoint était assassiné ses ennuis aux Etats-Unis se termineraient — un homme assez dérangé pour croire que s'il ordonnait le meurtre de Giorgio Ambrosoli ses problèmes italiens disparaîtraient. Un homme comme lui avait clairement le pouvoir de supprimer le problème que lui posait un pape honnête et réformateur.

Sindona reste un homme très demandé. Il y a la sentence de trois ans et demi de prison déjà prononcée contre lui en Italie. Il y a l'enquête en cours sur la tentative de le faire évader de prison en Amérique par hélicoptère, en janvier 1981. Il y a l'inculpation de juillet 1981 par les autorités italiennes accusant Sindona d'avoir commandé le meurtre de Giorgio

Ambrosoli. Figurent également dans ce mandat d'arrêt son fils Nino Sindona et son gendre Pier Sandro Magnoni. Il y a l'inculpation de janvier 1982 prononcée à Palerme en Sicile, dans laquelle lui et 65 membres des familles de la Mafia, Gambino, Inzerillo et Spatola étaient accusés de se livrer à un trafic d'héroïne entre la Sicile et les Etats-Unis pour 600 millions de dollars par an. Il y a encore d'autres inculpations en Sicile qui accusent Sindona de complicité, de port d'armes illégal, de fraude, d'usage de faux passeports et de violation des règlements sur les devises. Il y a les autres inculpations prononcées par les autorités italiennes en juillet 1982 où Sindona est accusé, entre autres, dont Massimo Spada et Luigi Mennini du Vatican, d'une longue liste de délits et d'infractions criminelles liés à la banqueroute frauduleuse de la Banca Privata Italiana. Il n'est que justice que les dossiers de l'accusation dans cette dernière affaire reposent en très grande partie sur le travail valeureux de Giorgio Ambrosoli qui fut assassiné. Aucun de mes mots ne saurait mieux décrire ni avec plus de précision quelle sorte d'homme est Sindona et quelle sorte de famille il a fondée, que ceux prononcés par son fils Nino Sindona. Il parlait devant un magnétophone à l'écrivain Luigi di Fonzo. (La bande se trouve désormais dans le bureau du procureur à New York). Cette longue interview eut lieu pendant la soirée du 18 mars et aux premières heures du 19 mars 1983.

> « Mon père a reconnu devant moi que c'est Arico... qui a commis le meurtre[1]. Ils menaçaient Ambrosoli et cela a donné des résultats pendant un moment. On envoya Billy Arico à Milan, sur l'ordre de Venetucci (un trafiquant d'héroïne et soi-disant membre de la famille Gambino) et à la demande de mon père ; il était censé tirer sur Ambrosoli mais pas

1. Le dimanche 19 février, William Arico trouva la mort en essayant de s'évader du Metropolitan Correctional Center dans Manhattan. Arico et Michele Sindona devaient assister à une audience d'extradition deux jours plus tard. Les autorités italiennes voulaient inculper les deux hommes pour l'assassinat de Giorgio Ambrosoli.

> le tuer. Au lieu de cela, Arico a commis le meurtre... la famille Ambrosoli ne mérite aucune pitié. Je n'ai aucune compassion pour ce sale type et ce n'est pas assez pour un fils de pute comme lui. Je suis désolé qu'il soit mort sans souffrir. Soyons bien d'accord sur ce point. Je ne vais jamais condamner mon père parce qu'Ambrosoli ne mérite pas d'être sur cette terre... Mon père en a assez supporté. Maintenant, il est temps que nos ennemis payent un peu eux aussi. Griesa, Kenney, c'est à leur tour de souffrir. Pas à mon père, pas à nous. Nous n'avons rien fait... Pour obtenir justice il n'y aurait aucun crime que je craigne de commettre. Des gens comme Kenney et Griesa pourraient mourir dans les pires souffrances, pour moi ce serait seulement l'occasion de célébrer l'événement au champagne. Je crois en l'homicide légitime. »

Thomas Griesa était le juge du procès Sindona aux Etats-Unis. John Kenney était le procureur chargé de l'accusation. Luigi di Fonzo demanda à Nino Sindona comment il pouvait justifier le meurtre.

> « Je pourrais le justifier en une seconde et demie. Comme je pourrais justifier l'assassinat politique en une seconde et demie. Supposons que je veuille tuer le juge Griesa. Pour moi c'est de l'autodéfense... parce qu'il a commis le crime énorme de mettre mon père en prison pour la vie. Et il n'y a aucune chance d'un nouveau procès tant que le juge Griesa est en vie. Donc, en tuant le juge nous obtiendrons une chance de faire rejuger l'affaire. Donc, autodéfense. »

Manifestement, pour des gens comme Michele Sindona et son fils tuer un pape qui leur barrerait le chemin constituerait de « l'autodéfense ».

Roberto Calvi. Lénine a dit un jour : « Donnez à un capitaliste assez de corde et il se pendra lui-même. » Il n'y a aucun doute que le premier « jury du coroner » (sorte de jury d'instruction, en Grande-Bretagne) qui examina la mort de Calvi était d'accord avec Lénine. Il donna un verdict de suicide. Le fait que l'audience fut limitée à un seul jour, que des témoins vitaux manquèrent, que deux témoins commirent des parjures confirmés, et que l'on ne présenta que très peu de preuves pertinentes permettant de comprendre l'environnement de l'affaire, ne parut pas troubler le Coroner outre-mesure. En Italie, le verdict fut accueilli, à juste titre, par l'incrédulité. En 1983, un second jury du Coroner approcha davantage de la vérité quand il rendit un verdict ouvert sur l'homme qu'on avait trouvé pendu auprès d'une bouche d'égout.

Je n'ai pas le moindre doute que Calvi a été « suicidé » par ses amis de P2 — encore un exemple des risques très élevés que l'on court secondairement lorsqu'on poursuit une carrière de banquier en Italie. Quelques heures avant la mort de Calvi sa secrétaire à Milan, Graziella Corrocher, fut « suicidée » d'une fenêtre du quatrième étage du siège de Banco Ambrosiano à Milan. Sa « dernière lettre », où l'on pouvait lire des insultes à l'encontre de Roberto Calvi, fut découverte par Roberto Rosone qui marchait encore avec des béquilles après qu'on eut attenté à sa vie. Quelques mois plus tard, le 2 octobre 1982, Giuseppe Dellacha, directeur de la banque, fut aussi « suicidé » d'une fenêtre du siège de la banque à Milan. Il se peut qu'avec le temps on découvre la vérité entourant la mort de Calvi. Ce n'est pas l'objet de ce livre que d'établir qui est responsable de la mort de Calvi bien que, après avoir examiné beaucoup de documents et de preuves, je croie qu'il ne reste guère de doute sur l'endroit où il faut situer la responsabilité. Sa veuve, Clara Calvi n'a pas non plus de doute ; elle a rejeté la faute sur les portes de bronze du Vatican : « Le Vatican a fait tuer mon mari pour dissimuler la banqueroute de la banque du Vatican. »

Si cela est vrai, et tel n'est pas mon avis, ce serait peut-être alors une justice poétique. Le dossier de Roberto Calvi dans l'affaire de l'assassinat d'Albino Luciani est solide en ce qui concerne son implication directe dans cette mort. Très solide.

Calvi était engagé dans le vol progressif, permanent de plus d'un milliard de dollars, vol qui aurait été complètement démasqué si Luciani avait vécu. Cette mise au jour aurait eu lieu en 1978. Luciani une fois mort, Calvi se retrouvait libre de continuer à commettre cette colossale et effrayante série d'actes criminels. Plus de 400 millions de dollars de l'argent qui a apparemment disparu dans le triangle de Panama fut emprunté par Calvi *après* la mort d'Albino Luciani.

Calvi disait à tout le monde de lire *le Parrain* parce que, comme il avait l'habitude de dire, « vous comprendrez alors comment marche le monde ». Il s'agissait certainement du monde dans lequel il vivait.

Jusqu'à la fin de sa vie il a blanchi de l'argent pour la Mafia, rôle qu'il avait hérité de Michele Sindona. Il recyclait aussi de l'argent pour P2. Ces fonctions étaient exécutées avec l'aide de la banque du Vatican, avec l'argent sortant de Banco Ambrosiano vers un compte du Vatican en Italie, puis vers la Banco Gottardo ou l'U.B.S. en Suisse. Il blanchissait l'argent qui provenait des kidnappings, de la vente de drogue, du trafic d'armes, des hold-up, des vols de bijoux et d'œuvres d'art. Ses contacts criminels allaient de ce qu'on appelle la Haute Mafia aux assassins ordinaires, en passant par les organisations terroristes de droite.

Le trou de 1,3 milliard de dollars dans Banco Ambrosiano fut créé non seulement par l'achat frauduleux d'actions de la propre banque de Calvi. De nombreux millions allèrent soutenir ses protecteurs politiques en Italie. D'autres millions allèrent soutenir Gelli et Ortolani. Par exemple, 55 millions de dollars furent détournés par Calvi du Pérou vers un compte à numéro à l'U.B.S. de Zurich. Le propriétaire de ce compte s'appelait Licio Gelli. Une autre somme de 30 millions de dollars fut détournée vers des comptes en Suisse appartenant à un collègue de P2, Flavio Carboni.

Au début 1982, Calvi transféra directement de sa banque mère à Milan 470 millions de dollars au Pérou. Il donna ensuite à sa secrétaire un billet d'avion pour Monte-Carlo ainsi qu'une pile de télex. Les messages expédiés comme il se doit depuis Monte-Carlo envoyèrent l'argent dans une variété de comptes à numéro en Suisse.

Les partis politiques italiens comme les démocrates chrétiens, les communistes et les socialistes n'étaient pas les seules factions politiques à pouvoir mordre dans la pomme d'or. On distribua des millions sur les instructions directes de Gelli aux régimes militaires qui contrôlaient alors l'Argentine et gouvernent encore aujourd'hui l'Uruguay et le Paraguay. L'argent volé par Calvi servit à la junte militaire argentine pour acheter des missiles Exocet aux Français ; la banque de Calvi au Pérou aida à conclure cette transaction. Des millions allèrent en secret et illégalement en Pologne pour aider Solidarité. Cette affaire particulière mêlait de l'argent volé par Calvi et des fonds de la banque du Vatican collectés auprès des fidèles catholiques. Calvi parlait souvent de cette transaction à des amis de confiance. On y trouvait Carboni qui, comme tout bon membre de P2, enregistrait secrètement sur un magnétophone :

> « Marcinkus doit faire attention à Casaroli qui est à la tête d'un groupe qui s'oppose à lui. Si Casaroli devait rencontrer un de ces financiers de New York travaillant pour Marcinkus, qui envoie de l'argent à Solidarité, le Vatican s'effondrerait. Ou même si Casaroli devait découvrir une seule de ces feuilles de papier que je connais — Au revoir Marcinkus. Au revoir Wojtyla. Au revoir Solidarité. La dernière opération suffirait, celle pour 20 millions de dollars. J'en ai aussi parlé à Andreotti mais on ne sait pas très bien de quel côté il est. Si les choses tournent d'une certaine façon en Italie, le Vatican devra louer un immeuble à Washington, derrière le Pentagone. C'est bien loin de Saint-Pierre. »

Le montant total des sommes transférées illégalement et en secret au nom du Vatican à Solidarité dépassait cent millions de dollars. De nombreux partisans de Solidarité pourront bien applaudir à ce genre d'action. Mais se mêler de cette façon des affaires d'un autre pays crée un dangereux précédent. Pourquoi ne pas envoyer en secret encore cent millions de dollars à l'I R.A. pour tuer et faire des attentats en Grande-Bretagne ?

Un milliard de dollars aux Sandinistes pour faire sauter quelques gratte-ciel à New York, Chicago et San Francisco ? Jouer à Dieu, même pour un pape peut se révéler un métier dangereux. Que Karol Wojtyla réprimande publiquement des prêtres du Nicaragua parce qu'ils participaient à des activités politiques tandis qu'il se mêle de manière aussi profonde des affaires de la Pologne constitue une hypocrisie à vous couper le souffle.

> « Nous n'avons aucun biens temporels à échanger, aucun intérêts économiques à négocier. Nos possibilités d'intervention sont spécifiques et limitées, elles possèdent un caractère particulier. Elles n'interfèrent pas avec les affaires purement temporelles, techniques et politiques, qui sont des matières réservées à vos gouvernements. »

Ainsi parlait Albino Luciani devant les membres du corps diplomatique accrédités au Vatican. Il est bien clair que celui qui lui a succédé a adopté exactement le point de vue contraire.

En ce qui concerne le meurtre d'Albino Luciani, Calvi avait le mobile, l'occasion et, indubitablement, comme Michele Sindona, la capacité.

Avant l'assassinat de Luciani, les amis de Calvi à P 2 avaient démontré leur capacité de tuer par une variété d'attentats à la bombe. Leur capacité à tuer un sujet précis fut démontrée par l'assassinat de Vittorio Occorsio. Après la mort du pape, le meurtre et les voies de fait commencèrent à s'accorder au rythme des gigantesques vols auxquels se livrait Calvi. Le fait qu'Emilio Alessandrini, Mino Pecorelli, Giorgio Ambrosoli, Antonio Varisco et Boris Giuliano sont tous morts constitue la preuve la plus parlante de la sorte de compagnie dont s'entourait Calvi. Le fait que le gouverneur de la Banque d'Italie et l'un de ses collègues les plus fidèles ont pu être accusés faussement, que Sarcinelli a dû endurer six semaines d'un emprisonnement totalement injustifié, que pendant des années des hommes qui connaissaient la vérité ont eu peur d'agir, constitue la démonstration du terrifiant pouvoir aux mains de Calvi : un pouvoir qui provenait de bien des sources différentes, dont Licio Gelli, grand maître de P2.

Licio Gelli, le Montreur de Marionnettes, dispose de quelques milliers de ficelles à tirer. Des ficelles qui semblent mener partout. Au cœur du Vatican. A la Maison-Blanche. Aux palais présidentiels dans bon nombre de pays. Gelli, avec son singulier conseil aux membres importants de P2 selon lequel ils devaient toujours porter sur eux une dose fatale de digitaline, dose mortelle qui causerait, pour utiliser un terme laïc, une attaque cardiaque. Tout examen ultérieur par un médecin, examen purement externe, confirmera que la mort a été causée par un infarctus du myocarde. Le poison n'a pas d'odeur et on ne peut en repérer les traces à moins de procéder à une autopsie.

Licio Gelli qui utilisait ce nom de code si étrange chaque fois qu'il appelait son trésorier de P2 sur sa ligne privée, « Luciani ». La simple mention de ce nom suffisait-elle pour envoyer millions sur millions dans les divers comptes en banque de Gelli ?

D'après les membres de la famille de Calvi, celui-ci attribuait tous ses problèmes aux « prêtres ». Il précisa souvent de quels prêtres il voulait parler — ceux du Vatican. En septembre 1978, un prêtre en particulier représentait pour Roberto Calvi la plus grande menace qu'il ait jamais dû affronter. Il s'était rendu en Amérique du Sud avec Gelli et Ortolani, au mois d'août 1978, pour préparer d'autres plans malhonnêtes. Quelqu'un peut-il croire vraiment que Gelli et Ortolani se sont contentés de hausser les épaules quand Calvi leur a appris qu'Albino Luciani était sur le point de prendre des décisions qui signifiaient que la fête était finie ?

Le meurtre d'un magistrat ou d'un juge, ou encore d'un policier peut se faire ouvertement. Soit la mort restera un mystère soit elle sera attribuée à l'une des innombrables organisations terroristes qui sévissaient alors en Italie. Mais le meurtre d'un pape devait être réalisé furtivement. Il devait soulever aussi peu d'intérêt que possible. Car, pour réussir dans ses objectifs, le meurtre devait passer pour une mort naturelle.

Le coût, quel qu'il soit, en pots de vin, contrats, honoraires, commissions, n'avait aucune importance. Si l'objet de la mort du pape consistait à protéger et à maintenir Roberto Calvi tandis qu'il volait des millions, il fallait tirer par-dessus un voile virtuel de vérité. Le problème du vice-président Roberto Rosone, que Calvi examina sous tous ses aspects avec son collègue de P2 Carboni, devait être résolu par le contrat de meurtre de Rosone. Il survécut mais Carboni paya cependant 530000 dollars, le lendemain de l'attentat, au gangster survivant Ernesto Diotavelli. Un demi-million pour un vice-président de banque. Combien pour un pape ? Quand vous avez une banque entière à votre disposition ?

Après la mort de Roberto Calvi, la nécrologie la plus pertinente vint de Mario Sarcinelli, une des innombrables personnes qui avait personnellement éprouvé le pouvoir que Calvi savait évoquer. « Il commença comme un serviteur, puis devint un maître, seulement pour devenir le serviteur d'autres maîtres par la suite. »

Le dernier maître de Calvi fut celui que je crois occuper le cœur même du complot destiné à assassiner Albino Luciani. Licio Gelli. Licio Gelli.

Ce livre a déjà rapporté de nombreux exemples du pouvoir et de l'influence exercés par Gelli. Au moment de la mort d'Albino Luciani, en septembre 1978, Licio Gelli dirigeait pratiquement l'Italie. Il ne connaissait aucun rival quant à ses possibilités d'accès à toute personne ou à tout lieu de la Cité du Vatican, grâce à Umberto Ortolani. Le fait que ces deux hommes se soient trouvés en Amérique du Sud ne constitue pas un alibi dans le sens juridique conventionnel. Sindona goûtait un dry Martini pour commencer la soirée, à New York, au moment précis où Giorgio Ambrosoli était assassiné par William Arico à Milan. Cet arrangement ne sauvera pas Sindona si les autorités italiennes réussissent jamais à le faire extrader des Etats-Unis.

Le Montreur de marionnettes, qui se sert du nom de code de Luciani, continue de faire la démonstration impressionnante qu'il est un monsieur à l'influence extraordinaire. En 1979, Gelli et Ortolani commencèrent à travailler à la réconciliation politique entre le chef de la démocratie chrétienne et ancien président du Conseil Giulio Andreotti et le leader socialiste Bettino Craxi. Le dévoilement de presque un millier de membres de P2 en 1981 ralentit ces délicates négociations. Elles portent aujourd'hui leur fruit. Au moment où ces lignes sont écrites, le président du Conseil italien s'appelle Bettino Craxi, le ministre des Affaires étrangères Giulio Andreotti. Les deux hommes doivent bien des remerciements à Licio Gelli.

Le 8 avril 1980, Gelli écrivit d'Italie à Phillip Guarino, membre influent du Comité National du Parti Républicain qui, à l'époque, concentrait tous ses efforts pour faire élire Ronald Reagan à la Présidence. Gelli écrivait : « Si vous croyez qu'il puisse être utile à votre candidat présidentiel qu'on publie des informations favorables en Italie, envoyez-moi ce que vous voulez et je le ferai publier dans un journal ici. »

Quand on ignore quel pouvoir exerce Gelli cette proposition pourrait paraître curieuse. Comment un homme qui ne possède aucun journal officiellement pourrait-il garantir un traitement favorable et une couverture sympathique à Reagan ? Un consortium de membres de P2 plus le Vatican contrôlent Rizzoli, l'énorme groupe de presse et d'édition qui possède des intérêts jusqu'en Argentine à Buenos Aires. Parmi les nombreux magazines et quotidiens, on trouve le *Corriere della Sera*, le journal le plus prestigieux d'Italie. Il y a d'autres membres de P2 installés un peu partout à la télévision, dans les radios et les journaux du pays. Les commentaires favorables à Ronald Reagan, soigneusement placés par Licio Gelli, parurent en Italie.

En janvier 1981, Licio Gelli fut un invité d'honneur lors de l'inauguration présidentielle. Guarino fit tristement remarquer par la suite : « Il avait un meilleur fauteuil que le mien. »

En mai 1981, après que la découverte de la liste de presque un millier de membres de P2, qui comprenait plusieurs ministres en exercice, eut conduit à la chute du gouvernement italien, Gelli continua d'exercer son pouvoir depuis un certain nombre de bases latino-américaines. On peut voir un signe que Gelli était loin d'être une force finie dans le mouvement de 95 millions de dollars, effectué par Calvi depuis la Banco Ambrosiano vers la société panaméenne dénommée Bellatrix, une des sociétés écrans contrôlées par P2. Ce virement, via un bon nombre de chemins exotiques, dont Rothschild de Zurich, Rothschild de Guernesey et la B.N.P. de Panama, pulvérisa de l'argent dans les directions les plus invraisemblables, dont quelque vingt millions de dollars chez Ansbacher & Co, une petite banque privée de Dublin.

Un an plus tard, en mai 1982, tandis que la guerre des Malouines entre la Grande-Bretagne et l'Argentine battait son plein, Licio Gelli, qui se cachait, en fuite, recherché pour d'innombrables chefs d'inculpation, vint tranquillement en Europe pour aider ses amis argentins. Les premiers missiles Exocet que Gelli avait achetés pour la junte s'étaient révélés être une arme dévastatrice. Comme nous l'avons précédemment rapporté, Gelli vint en acheter d'autres. Il habitait avec Ortolani dans une villa du Cap Ferrat et entama des négociations secrètes non seulement avec un échantillon de marchands d'armes mais aussi avec l'Aérospatiale, qui fabrique les missiles. Les Renseignements britanniques eurent vent de ces négociations et ils alertèrent leurs homologues italiens qui commencèrent bientôt à se rendre du côté de la villa du Cap Ferrat. Ils furent empêchés de parvenir jusqu'à Gelli par la D.S.T. qui se montra au-dessous de tout en refusant de laisser arrêter Gelli. Voilà un exemple du pouvoir de Licio Gelli.

Tout en négociant avec tout un tas de fournisseurs possibles d'Exocet, Gelli restait aussi en contact quotidien avec Calvi. Les deux Francs-Maçons avaient encore tellement de choses en commun. La seconde semaine de juin 1982, Calvi était devenu, comme Gelli, un homme en fuite. Son empire Ambrosiano sur le point de s'effondrer, il avait quitté l'Italie illégalement, se rendant d'abord en Autriche puis ensuite à Londres. Gelli et lui avaient une fois de plus vraiment besoin l'un de l'autre. Calvi avait besoin d'une protection contre les autorités italiennes, Gelli avait besoin de nombreux millions pour acheter les Exocet. Mes recherches indiquent que les Français avaient l'intention de trouver une façon de tourner l'embargo sur les ventes d'armes alors imposé à l'Argentine.

Les missiles trouveraient le chemin de l'Argentine via le Pérou. Des techniciens français étaient prêts à partir par avion pour modifier les Exocet et les adapter à l'aviation argentine.

Les priorités de Gelli et de Calvi se heurtèrent fatalement. La guerre n'attendit pas que le Montreur de Marionnettes tire ses ficelles italiennes. Calvi, sur le conseil de Gelli, se rendit à Londres vers sa mort. Il fut « suicidé » le 17 juin 1982, le jour même où le général Galtieri était remplacé à la tête de l'Argentine par le général Bignone. L'Argentine avait perdu la guerre. Les collègues de Calvi à P2 estimèrent qu'en ne parvenant pas à détourner rapidement de l'argent pour les Exocet il avait contribué à cette défaite.

Au mois d'août 1982, la junte argentine décida en secret de réouvrir les hostilités contre les forces britanniques qui gardaient les Malouines. Elle estimait qu'un certain nombre d'Exocet pourrait lui rapporter la victoire et les îles.

Cette fois, Gelli traita avec un ancien officier des services secrets italiens, le colonel Massimo Pugliese, membre de P2. Une fois encore, le Contre-Espionnage britannique eut vent de l'affaire envisagée. Ils s'assurèrent qu'elle avorte.

Le même mois, en août 1982, Gelli rencontra un problème avec un de ses comptes secrets en Suisse. Il ne répondait pas aux instructions. Chaque fois que Gelli, qui se trouvait en Amérique du Sud, essayait de transférer de l'argent, l'U.B.S. de Genève refusait d'obtempérer. Gelli apprit qu'il devrait se présenter à la banque en personne.

Utilisant un faux passeport argentin, Gelli s'envola pour Madrid puis Genève le 13 septembre 1982. Il présenta ses faux papiers et fut informé qu'il faudrait attendre un peu. Quelques minutes plus tard, il était arrêté. Il venait d'entrer dans un piège soigneusement préparé. Le compte avait été gelé sur la demande du gouvernement italien que les Suisses avaient tranquillement averti de l'identité réelle du titulaire.

Le compte avait été ouvert pour Gelli par Roberto Calvi. Le banquier milanais y déversa plus de 100 millions de dollars. Au moment de son arrestation, Gelli essayait de faire transférer les 55 millions de dollars qui y restaient vers l'Uruguay.

Les procédures d'extradition commencèrent immédiatement tandis que Gelli entonnait la chanson déjà chantée auparavant par Sindona et Calvi. « Je suis victime d'une persécution politique. C'est un complot de la gauche. » Pendant que les magistrats helvétiques examinaient les problèmes, Licio Gelli était détenu dans l'une des prisons les plus sûres de Suisse, à Champ Dollon. Les procédures d'extradition impliquant tout membre de P2, ainsi que ce livre l'a déjà établi, ont tendance à traîner en longueur. Gelli se trouvait encore à Champ Dollon durant l'été 1983.

Comme l'Italie était sur le point de faire face à une autre élection générale en juin, la commission parlementaire qui avait enquêté sur P2 fut suspendue. Le parti chrétien démocrate présenta au moins cinq membres de P2 à l'élection. La signorina Tina Anselmi qui avait été présidente de la commission, fut interrogée sur ce qu'elle pensait de P2 après deux années d'étude intensive de cette société secrète. Elle déclara :

> « Il est faux de dire que P2 est morte. Elle a toujours du pouvoir. Elle travaille à l'intérieur des institutions. Elle se déplace dans la société. Elle a de l'argent, des moyens et des outils toujours à sa disposition. Elle possède des centres de pouvoir totalement opérationnels en Amérique du Sud. Elle est aussi encore en mesure de conditionner, du moins en partie, la vie politique en Italie. »

Les preuves et les documents confirment de manière écrasante la véracité des déclarations de la signorina Anselmi. Quand on apprit en Argentine la nouvelle de l'arrestation de Gelli, l'amiral Emilio Massera, membre de la junte au pouvoir, observa : « Le signor Gelli a rendu un inestimable service à l'Argentine. Ce pays lui doit bien des remerciements et restera à jamais son débiteur. »

L'amiral Massera, comme le général Carol Suarez Mason, commandant de la Première Armée, comme l'organisateur des Escadrons de la Mort argentins, Jose Lope Rega, est membre de la section argentine de P2. En Uruguay, les membres de P2 comprennent l'ancien commandant en chef des forces armées, le général Gregorio Alvarez.

Si quiconque en Italie, ou ailleurs, estimait que Tina Anselmi essayait simplement de gagner quelques voix avant une élection, ils ont dû recevoir un coup le 10 août 1983. Champ Dollon avait un prisonnier de moins que la veille. Licio Gelli s'était échappé. Pour essayer de dissimuler leur profond embarras, les autorités suisses sont actuellement en train de rejeter toute la responsabilité, et le blâme, sur un gardien corrompu, Umberto Cerdana, qui reçut de Gelli un pot-de-vin à peine supérieur à 6 000 livres sterling pour l'aider à s'évader. Si un seul lecteur de ce livre croit que Gelli s'est évadé de Suisse avec l'aide d'un seul gardien de prison, il croit sans doute aussi qu'Albino Luciani est mort de mort naturelle. Un gardien prend l'équivalent de quatre mois de salaire pour commettre un acte qui pourrait lui valoir maintenant une peine de sept ans et demi de prison.

Neuf jours après son évasion, les autorités suisses approuvaient la demande d'extradition italienne. L'ennui c'est qu'il n'y avait plus de Gelli à extrader. Il fut d'abord conduit par son fils en France, dans une B.M.W. de location ; puis ils prirent tous les deux un hélicoptère pour Monte-Carlo dont le pilote ignorait tout. L'excuse invoquée pour que le pilote n'atterrisse pas à Nice mais dans la Principauté était que Gelli avait très mal aux dents. Sur un yacht qui appartenait à Francesco Pazienza, homme qui prétend avoir été un excellent ami de feu Roberto Carboni, Gelli continua à chercher un bon dentiste en Uruguay où, quand ces lignes sont écrites, il est encore installé et d'où il tire ses ficelles d'un ranch à quelques kilomètres au nord de Montevideo. Il est recherché dans de nombreux pays, accusé de nombreux crimes mais la masse d'informations qu'il a si assidûment réunies pendant des années lui garantit une protection sans faille.

Les élections italiennes se conclurent par l'arrivée de monsieur Bettino Craxi, un des nombreux bénéficiaires des largesses de Calvi, au poste de président du Conseil. Quand on lui raconta l'évasion de Gelli, il dit : « La fuite de Gelli confirme que le Grand Maître possède un puissant réseau d'amitiés. »

Si, et il s'agit vraiment d'un énorme si, Licio Gelli tombe jamais vivant entre les mains des autorités italiennes, il aura à faire face à tout un ensemble d'accusations criminelles dont celles-ci : Extorsion, chantage, trafic de drogue, contrebande d'armes, complot en vue de renverser le gouvernement légal, espionnage politique, espionnage militaire, détention illégale de secrets d'Etat, complicité dans une série d'attentats à la bombe dont celui de la gare de Bologne qui fit 84 morts.

La chaîne qui de maillon en maillon conduit d'un pape assassiné à l'évêque Paul Marcinkus, à Roberto Calvi, à Umberto Ortolani et à Licio Gelli est solide. Pour que les preuves indirectes suffisent, elle doit être solide, elle doit supporter l'examen le plus minutieux avant qu'un jury puisse donner un verdict de « culpabilité ». Aucun jury à qui l'on présenterait les preuves contenues dans cet ouvrage ne rendrait de verdict de « mort due à des causes naturelles ». Aucun juge, aucun juge d'instruction au monde n'accepterait un tel verdict au vu des pièces à conviction que nous avons exposées. Il n'y a pas de discussion possible là-dessus. Il n'existe aucune preuve, aucun indice pour affirmer que la mort d'Albino Luciani fut la conséquence d'un accident. Il nous reste l'assassinat. Et pas, à mon avis, par une ou plusieurs personnes inconnues mais par des gens bien trop connus avec, au cœur du complot, Licio Gelli. Cet homme qui comptait parmi ses membres de P2 le frère du cardinal Sebastiano Baggio, Francesco Baggio. Gelli, dont les rencontres avec les puissants et les célèbres incluaient des audiences avec le pape Paul VI. Gelli, avec des amis proches comme le cardinal Paolo Bertoli. Gelli, dont le plus proche conseiller de P2, Umberto Ortolani, connaissait mieux les couloirs et passages de la Cité du Vatican que bien des cardinaux. Ortolani, avec son tiroir plein d'honneurs et de récompenses du Vatican. Cet homme était si près du centre nerveux du pouvoir du Vatican que c'est dans sa villa, et c'est lui qui recevait, qu'eut lieu une réunion secrète où fut mise au point la stratégie définitive qui aboutit à l'élection de Paul VI. Ortolani, qui conçut l'idée de la vente pour plusieurs millions de dollars des intérêts du Vatican dans Società Generale Immobiliare, Ceramiche Pozzi et Condotte. Ortolani, le marieur de P2 qui fit travailler ensemble le mafioso et collègue de P2 Sindona et Sa Sainteté le pape Paul VI. Il y récoltait de grosses commissions du premier et des honneurs pontificaux du second. A travers Ortolani, aucune pièce de tout l'Etat de la Cité du Vatican ne pouvait refuser son accès au Montreur de Marionnettes ou aux hommes et aux femmes qu'il contrôlait. Gelli, qui réunissait des informations et ces renseignements si étranges, dont des photographies du pape Jean-Paul II complètement nu à côté de sa piscine. Quand Gelli montra ces clichés au dirigeant du Parti Socialiste Vanni Nistico, il fit remarquer : « Voyez les problèmes de la plupart des services secrets. Si l'on peut prendre ces photos du pape, imaginez comme il est facile de lui tirer dessus. » C'est vrai. Ou d'empoisonner son prédécesseur.

> Puis Jésus entra dans le Temple et chassa tous les vendeurs et acheteurs qui s'y trouvaient : il culbuta les tables des changeurs, ainsi que les sièges des marchands de colombes. Et il leur dit : « Il est écrit : *Ma maison sera appelée maison de prières ; et vous, vous en faites un repaire de brigands !* »
>
> Matthieu 21. 12/13

Albino Luciani avait un rêve. Il rêvait d'une Eglise catholique romaine qui répondrait vraiment aux besoins de son peuple sur des problèmes vitaux et cruciaux comme le contrôle des naissances. Il rêvait d'une Eglise qui se passerait de la richesse, du pouvoir et du prestige qu'elle avait acquis grâce à Vatican Entreprise S.A. ; d'une Eglise qui quitterait le marché et rejetterait les prêteurs d'argent là où le message du Christ avait été corrompu ; d'une Eglise qui s'appuierait une fois encore sur ce qui fut toujours son plus grand atout, la source de son vrai pouvoir, sa plus belle revendication à un prestige exceptionnel : l'Evangile.

Le soir du 28 septembre 1978, Albino Luciani avait pris les premières mesures en vue de la réalisation de son rêve extraordinaire. A 21 heures 30, il ferma la porte de sa chambre et le rêve se termina.

Aujourd'hui, en Italie, on parle de faire d'Albino Luciani un saint. On a déjà réuni plusieurs milliers de signatures. Finalement, si cet homme qui était « un pauvre homme, habitué aux petites choses et au silence » est béatifié, ce sera mieux que convenable. Le 28 septembre 1978 il connut le martyre pour ses croyances. En face d'un homme comme Albino Luciani, avec les problèmes que sa présence permanente risquait de poser, on appliqua la « Solution Italienne ». On prit la décision que le pape devait mourir et on assassina le candidat de Dieu.

ÉPILOGUE

Si tout le bien que représentait Albino Luciani a été enterré avec ses restes, le mal perpétré par Roberto Calvi lui a très certainement survécu.

Dans les heures qui suivirent l'identification de son corps à Londres, les sonnettes d'alarme retentirent dans bien des endroits dans toute l'Italie. Le lundi 22 juin, premier jour d'ouverture des banques après qu'on eut trouvé le Chevalier pendu non loin de l'endroit où les Carmes offraient un sanctuaire aux voleurs, escrocs, filous et autres bandits au Moyen Age, la Banco Ambrosiano à Milan commença à connaître un fort courant de retraits. Ce que l'on ignore généralement, jusqu'à présent, c'est que la banque du Vatican connut le même sort. De nombreux millions de dollars furent retirés par ces mêmes membres de l'Establishment italien qui, au courant des faits, savaient qu'on découvrirait bientôt un trou d'un milliard trois cents millions de dollars dans le groupe Ambrosiano et que ce trou n'était pas sans rapport avec les longues relations d'affaires et les liens personnels avec Paul Marcinkus et l'I.O.R.

En septembre 1982, l'homme qui n'avait jamais quitté les côtés du pape pendant son séjour en Grande-Bretagne en mai et juin, était devenu virtuellement prisonnier au Vatican. On le remplaça en tant qu'organisateur et gardien avancé des voyages internationaux du pape — car s'aventurer hors de la Cité du Vatican aurait provoqué l'arrestation immédiate de la part des autorités italiennes.

Marcinkus continua de diriger la banque du Vatican et, hormis le fait qu'il reconnut que le Vatican accepterait la responsabilité des 250 millions de dollars qu'il avait empruntés directement à la filiale péruvienne de Calvi, il déclara que le Vatican n'acceptait pas et n'accepterait aucune responsabilité pour les 1,3 milliards de dollars qui avaient disparu.

Arrogante jusqu'au bout, la Curie romaine refusa d'accepter les documents judiciaires que les Italiens tentaient de signifier à Marcinkus et à d'autres membres de la banque du Vatican. Il faut observer le protocole sans dérogations, insistait la Curie, même quand il s'agit du vol de plus d'un milliard de dollars. Les documents devaient passer par l'ambassadeur d'Italie auprès du Vatican.

La Cité du Vatican instaura une commission d'enquête après les fortes pressions du gouvernement italien. Simultanément les avocats de la banque du Vatican s'occupaient d'une autre enquête. En même temps, le gouvernement italien créait une commission d'enquête. Désormais, il y avait du travail pour presque tout le monde. Les avocats qui travaillaient pour Marcinkus parvinrent les premiers à leurs conclusions :

> 1. L'Institut pour les Œuvres de Religion n'a reçu ni du Groupe Ambrosiano ni de Roberto Calvi les moindres fonds et, par conséquent, il n'a rien à rembourser.
>
> 2. Les sociétés étrangères endettées auprès du Groupe Ambrosiano n'ont jamais été dirigées par l'I.O.R. qui n'a aucune connaissance des opérations menées par celles-ci.
>
> 3. Il est établi que tous les règlements effectués par le Groupe Ambrosiano aux sociétés citées ci-dessus l'ont été avant les soi-disant « lettres de réconfort ».
>
> 4. Ces dernières, du fait de leur date d'émission, n'ont exercé aucune influence sur ces mêmes paiements.
>
> 5. Dans toute vérification à venir des faits, toutes les affirmations ci-dessus seront démontrées en toute vérité.

J'ai déjà établi que ces « faits » du Vatican sont très éloignés de la vérité.

La commission d'enquête mise en place par le Vatican doit encore faire son rapport. Ses conclusions devaient être rendues à la fin mars 1983, puis à la fin avril 1983, puis août 1983, puis octobre, novembre.

La commission comprend quatre « sages ». Deux d'entre eux, par leur présence dans une commission d'enquête que le cardinal Casaroli a qualifiée « d'objective », invalident complètement toutes les constatations qu'elle pourrait finalement faire. L'un d'eux se nomme Philippe de Weck, ancien président de l'U.B.S. de Zurich. De Weck entretient toujours des liens très étroits avec l'U.B.S. C'est la banque qui détient au nom de Licio Gelli 55 millions de dollars de l'argent volé. C'est la banque qui détient au nom de feu Roberto Calvi et de Flavio Carboni plus de 30 millions de dollars de l'argent volé. C'est la banque qui détient au nom de la maîtresse autrichienne de Carboni, Manuela Kleinszig, 2 millions de dollars de l'argent volé.

Philippe de Weck est aussi l'homme que l'on trouve au cœur de ce qu'on appelle en France l'affaire des avions renifleurs. Cette affaire implique la merveilleuse invention d'un technicien italien, Aldo Bonassoli, et comte Alain de Villegas, un citoyen belge. L'invention présentait deux parties, l'une logée dans un avion renvoyait à la partie installée à terre des relevés des strates géologiques des milliers de mètres sous la surface de la terre.

Les possibilités étaient illimitées. Outre la prospection instantanée pour une faible part du coût des méthodes traditionnelles, il y avait aussi des implications militaires : tout œil capable de localiser des réserves de pétrole à des milliers de mètres sous la surface de la terre pouvait aussi repérer un sous-marin nucléaire en immersion. Encouragé par le président Giscard d'Estaing, le géant pétrolier français Elf versa environ 120 millions de dollars sur le compte de la société panaméenne Fisalma. Villegas était l'unique actionnaire et la société était dirigée par Philippe de Weck. Le temps que les Français se rendent compte qu'on s'était moqué d'eux, 60 millions de dollars avaient disparu. De Weck raconta aux Français que l'argent avait été consacré à la recherche et à « des œuvres charitables ». Un des hommes travaillant pour l'U.B.S. de Zurich et qui avait observé cet intéressant travail de pionnier dans l'art du vol international s'appelait Ernst Keller qui, en même temps, était aussi actionnaire de Ultrafin AG, société appartenant à Calvi et liée à Ambrosiano Holding Luxembourg. Ultrafin était le canal par lequel la société panaméenne du comte reçut ses premiers règlements.

Un autre membre de cette commission est Hermann Abs qui fut le patron de la Deutsche Bank de 1940 à 1945. La Deutsche Bank fut la banque des nazis pendant toute la Seconde Guerre mondiale. Abs était en réalité le trésorier d'Hitler. Pendant cette même période, Abs figura aussi au directoire d'I.G. Farben, le conglomérat chimique et industriel qui apporta un tel soutien à l'effort de guerre d'Hitler. Abs était présent lors des réunions du directoire d'I.G. Farben quand ses membres examinèrent l'utilisation de « main-d'œuvre » esclave dans une usine de caoutchouc de Farben située dans le camp de concentration d'Auschwitz.

Qu'importe le nombre d'anciens présidents de banque ou de trésoriers nazis qu'emploie le Vatican, la vérité ne disparaîtra pas. Au moins un milliard de dollars de la somme due aux diverses banques relève de la responsabilité du Vatican. C'est peut-être la plus douce des ironies que quel qu'ait été le bénéfice, grand ou petit, tiré des sociétés fantômes éparpillées au Panama et ailleurs, il possédait les sociétés lorsque les dettes se formèrent. A la vérité, le Vatican en a énormément profité mais si les banques à qui l'on doit de l'argent sont décidées à le récupérer, il n'y a qu'une seule procédure logique : poursuivre le Vatican en justice. Plus précisément, poursuivre la banque du Vatican et le pape Jean-Paul II en justice, car 85 pour cent des profits de la banque vont directement au pape. La manne d'un milliard de dollars s'arrête au troisième étage des appartements pontificaux.

A l'époque de sa mort, Calvi était en train, selon les déclarations sous serment faites par la suite par des membres de sa famille, de négocier avec l'Opus Dei qui avait accepté de racheter les 16 pour cent de Banco Ambrosiano que possédait le Vatican. Si cette affaire avait pu être menée à son terme le trou de 1,3 milliard de dollars aurait été rempli, l'empire de Calvi serait demeuré intact et l'archevêque Paul Marcinkus en serait sorti sans dommage. Ils étaient nombreux, y compris Marcinkus, à s'opposer à ce secours de la onzième heure venant d'un tel organisme.

Aujourd'hui, Calvi étant mort, le Vatican se querelle avec le gouvernement italien et un consortium représentant la banque internationale depuis bientôt deux ans. Finalement, en février 1984, la nouvelle qu'on était parvenu à un accord commença à filtrer des salles de conférence à Genève. Les banques internationales obtiendront à peu près les deux tiers des 600 millions de dollars qu'elles avaient prêté à la société holding de Calvi au Luxembourg. Sur ce montant, quelque 250 millions de dollars seront versés par la banque du Vatican. Cela représente un prêt accordé au Vatican par la banque péruvienne de Calvi sur lequel il est parfaitement impossible de discuter. La dette existe.

Les fidèles devraient ne pas tenir compte de tous les appels qui seront indubitablement lancés dans les églises catholiques de par le monde. Tout ce que fait la banque du Vatican c'est de rendre l'argent qu'on lui a prêté. Et puis, elle a quand même réussi à se sortir de l'affaire en conservant des millions et des millions de dollars qui représentent un montant substantiel des sommes encore manquantes.

Au moment où j'écris ces lignes, l'archevêque Paul Marcinkus s'accroche toujours à son poste. Il a été plusieurs fois passé par pertes et profits et pourtant il survit. Il se cache toujours au Vatican, craignant d'en sortir sous peine d'être arrêté sur-le-champ par les autorités italiennes. Son collègue et partenaire dans tant d'affaires criminelles et délictueuses se cache aussi au Vatican : Luigi Mennini. Un autre se cache aussi au Vatican : Peregrino de Strobel. C'est de cette manière que le pape Jean-Paul II préside aux destinées de sa banque du Vatican en avril 1984.

Tandis qu'ils restent tous les trois recherchés par la justice italienne, les autorités italiennes ont mis sous séquestre tous les biens italiens appartenant à Mennini et de Strobel. Ils sont tous les trois recherchés par un grand nombre d'autorités italiennes dans bon nombre de villes. Pourtant, un autre collègue que Luciani aurait vite révoqué s'il avait vécu, Monsignor Donato de Bonis, secrétaire de l'I.O.R., se cache derrière les murs du Vatican des magistrats de Turin qui enquêtent sur un scandale d'évasion fiscale mettant en jeu un milliard de dollars. De Bonis, à qui les magistrats ont confisqué son passeport, continue, comme ses trois collègues, de travailler à la banque du Vatican. C'est de cette manière que le pape Jean-Paul II, devant qui ces hommes sont responsables, préside aux destinées de sa banque du Vatican en avril 1984.

Le cardinal Ugo Poletti, cardinal vicaire de Rome, que Luciani souhaitait révoquer, est encore un de ceux pour qui les preuves ne manquent pas qui illustrent la sagesse de la décision de Luciani. Poletti est responsable d'avoir recommandé au président du Conseil de l'époque Giulio Andreotti de placer le général Raffaele Giudice à la tête de la police financière. Par la suite, ce membre de P2, Giudice, organisa le scandale de l'évasion fiscale d'un milliard de dollars, détournant en faveur de Licio Gelli d'énormes sommes d'argent. En 1983, le cardinal Poletti nia avec indignation avoir usé de son influence pour faire nommer Giudice à son poste. Les magistrats de Turin montrèrent alors au cardinal vicaire de Rome une copie de sa lettre à Andreotti. Poletti reste cardinal vicaire de Rome. C'est de cette manière que le pape Jean-Paul II préside aux destinées de l'Eglise catholique romaine en avril 1984.

Le nouveau concordat récemment signé entre le Vatican et le gouvernement italien constitue une épitaphe appropriée au règne du pape actuel. L'Italie, considérée depuis près de deux mille ans par les catholiques comme la patrie de leur foi, n'a plus désormais le catholicisme comme « religion d'Etat ». La position privilégiée de l'Eglise en Italie touche à sa fin.

Un dernier changement doit faire naître un sourire sur le visage de Licio Gelli. Le nouveau droit canon qui entra en vigueur le 27 novembre 1983, a abandonné la règle selon laquelle les Francs-Maçons sont soumis à une excommunication automatique. Les survivants de la liste des Maçons du

Vatican adressée en son temps à Luciani sont tranquilles. La purge qu'il avait projetée ne sera pas pratiquée par son successeur.

Comme nous l'avons déjà rapporté, aucun des changements envisagés par Luciani n'est entré en vigueur. Vatican Entreprise S.A. fonctionne toujours. Sur tous les marchés.

L'AUTEUR

Son premier livre *To Encourage Others* (pour encourager les autres) obligea le gouvernement britannique à rouvrir l'affaire concernant l'assassinat Craig-Bentley. Le livre suscita un grand débat à la Chambre des Lords au cours duquel Lord Arran dit : « Soit David Yallop est le plus grand menteur pas encore pendu de l'histoire britannique soit, en ce qui concerne cette affaire de meurtre il a dit la vérité, toute la vérité et rien que la vérité. »

L'ouvrage et le drame-document adapté pour la télévision en convainquirent plus d'un, depuis l'ancien Garde des Sceaux Lord Gardiner, Lord Arran et Lord Goodman, jusqu'à des écrivains comme Arthur Koestler, qu'un grave déni de justice avait eu lieu.

Son second livre *The Day the laughter stopped* (le jour où le rire cessa) fut largement applaudi des deux côtés de l'Atlantique ; on le considère comme la biographie définitive et la réhabilitation posthume de la star du cinéma muet Roscoe (Fatty) Arbuckle. Le livre résolvait aussi un mystère concernant un meurtre vieux de cinquante ans.

Son troisième livre *Beyond reasonable Doubt ?* (Au-delà d'un doute raisonnable ?) amena directement à la libération d'un homme emprisonné à vie pour un double meurtre. Arthus Thomas avait déjà bénéficié de deux procès et deux appels et avait déjà fait plus de sept ans de prison quand Yallop s'intéressa à ce qui était devenu une affaire célèbre en Nouvelle-Zélande. Après la parution du livre de Yallop, Thomas bénéficia de la grâce royale et, après les délibérations d'une commission royale, d'une compensation en dommages et intérêts d'un million de dollars.

Le 4e livre de Yallop, *Deliver us from evil* (Délivre-nous du mal) naquit du désir d'*envoyer* un homme en prison Pendant plus de deux ans, Yallop chassa le Tueur du Yorkshire dans le nord de l'Angleterre. Cet assassin échappa à toutes les polices britanniques pendant plus de cinq ans tout en tuant et tuant encore pour aboutir à ce qui allait être la chasse à l'homme la plus grande et la plus chère du monde.

En juin 1980, Yallop interviewa George Oldfield, commissaire en chef adjoint, celui qui avait conduit la chasse de la police pendant des années. Au cours de cet entretien enregistré, David Yallop déclara :

« Je crois que l'homme que vous recherchez est un chauffeur de camion qui vit à Bradford et travaille dans les quartiers Baildon-/Bingley/Shipley de cette ville. Je suis aussi convaincu que ce tueur est marié mais sans enfant. Qu'il a environ trente-cinq ans, des cheveux foncés et qu'il porte une moustache à la Jason King, bien que ce dernier point ne soit pas permanent, car pendant les années où il a assassiné il l'a rasée de temps en temps.

« Je crois aussi, M. Oldfield, que ce soi-disant Eventreur n'est pas responsable de la bande magnétique Geordie dont vous êtes convaincu qu'elle provient de l'assassin. Pas plus que ce n'est lui qui a envoyé les lettres. Pas plus qu'il n'a tué Joan Harrison, mais il a tué et tenté de tuer un bon nombre de femmes que vous n'avez pas liées à la série de meurtres... »

Sept mois plus tard, l'Eventreur du Yorkshire, Peter Sutcliffe était pris.

Sutcliffe avait 34 ans au moment de son arrestation. Il était marié et sans enfant. Il était chauffeur de camion. Il vivait à Bradford. Il travaillait dans les quartiers Baildon/Shipley/Bingley de cette ville. Il avait les cheveux foncés et portait une moustache à la Jason King, bien que de temps en temps il l'ait rasée. Il n'avait pas envoyé la bande Geordie. Il n'avait pas écrit les lettres. Il fut établi qu'il n'avait pas tué Joan Harrison. Il fut aussi établi que tous les noms supplémentaires fournis par David Yallop sept mois avant son arrestation à la police étaient en fait des victimes de Sutcliffe.

L'auteur a donc établi un extraordinaire ensemble d'enquêtes. Il reçoit sans arrêt des lettres du monde entier pour lui demander d'enquêter sur tel ou tel meurtre ou soi-disant déni de justice. Il a reçu une demande particulièrement singulière concernant une enquête sur une mort très spéciale. Cette requête venait du Vatican. La mort était celle du pape Jean-Paul Ier, le pape souriant qui régna 33 jours en 1978.

Apportant à cette tâche l'ensemble de ses remarquables talents, Yallop, né catholique romain, se lança dans ses investigations. Un des points essentiels de toutes ses enquêtes a toujours été ses recherches minutieuses. Pendant les deux dernières années, les travaux de Yallop ont couvert l'ensemble de la scène : Les secrétaires pontificaux, la Mafia, les cardinaux, les sociétés secrètes, les dossiers du Département d'Etat, les dossiers du FBI.

David Yallop a maintenant terminé son enquête sur une mort qui, officiellement, ne présentait rien de mystérieux, qui ne comportait officiellement aucune violence, qui officiellement, ne relevait d'aucune intrigue. Sa conclusion est claire : il y a eu meurtre.

TABLE DES MATIÈRES

Achevé d'imprimer en mai 1984
sur presse CAMERON
dans les ateliers de la S.E.P.C.
à Saint-Amand-Montrond (Cher)

Dépôt légal : mai 1984.
N° d'Édition : 652. N° d'Impression : 1155-809.
Imprimé en France.